中原油田储气库
“五化”建设实践

张庆生　刘　伟　朱德智　王令群◎编著

中国石化出版社
·北京·

内 容 提 要

全书共分九章，总结了中原油田储气库“五化”建设管理特色及成果，重点介绍了标准化设计、工厂化预制、信息化管理、关键及配套技术、建设管理、运行与维护等内容，为同类储气库建设、运维管理提供了经验参考。

本书可供石油工程建设领域的设计、施工、运维等相关行业的管理人员和技术人员参考，也可为储气库、管道建设等油气生产上下游关联模块的标准化、数字化建设提供借鉴。

图书在版编目（CIP）数据

中原油田储气库“五化”建设实践 / 张庆生等编著 .
—北京：中国石化出版社，2023.11
ISBN 978-7-5114-7368-4

Ⅰ.①中… Ⅱ.①张… Ⅲ.①地下储气库－工业企业管理－研究－河南 Ⅳ.① F426.22

中国国家版本馆 CIP 数据核字（2023）第 238024 号

中国石化出版社出版发行

地址：北京市东城区安定门外大街58号
邮编：100011　电话：（010）57512500
发行部电话：（010）57512575
http：//www. sinopec-press. com
E-mail：press@ sinopec. com
北京捷迅佳彩印刷有限公司印刷
全国各地新华书店经销

*

787 毫米 ×1092 毫米　16 开本　24.5 印张　495 千字
2023 年 11 月第 1 版　2023 年 11 月第 1 次印刷
定价：220.00 元

▲ 集团公司副总经理刘宏斌在卫 11 储气库调研指导工作

▲ 集团公司副总经理牛栓文在卫 11 储气库调研

▲ 集团公司工程部总经理吴文信在卫 11 储气库、文 13 西储气库调研指导工作

▲ 中原油田分公司执行董事、党委书记张庆生在白 9 储气库调研指导工作

▲ 中原油田分公司执行董事、党委书记张庆生，石油工程建设公司执行董事、党委书记杜广义一同在卫 11 储气库调研指导工作

▲ 中原油田分公司总经理刘伟在文 13 西储气库调研指导工作

▲ 中原油田分公司副总经理王飞在清溪储气库调研指导工作

▲ 中原油田首席专家朱德智在现场检查指导工作

▲ 中原油田分公司副总工程师、基建设备部经理王令群现场检查指导工作

▲ 集团公司油田事业部地面工程和信息管理室经理曲丹龙在卫 11 储气库指导工作

▲ 工程过程创优末次会

▲ 集团公司优质工程复查组现场复查

▲ 安全技术交底

▲ 文 13 西储气库压缩机房和空冷器间

▲ 卫 11 储气库

▲ 白 9 储气库全貌

▲ 清溪储气库全貌

▲ 卫 11 储气库标准化现场

▲ 标准化工地

▲ 钢结构验收

▲ 管材验收

▲ 工厂化预制

▲ 注采工艺模块配管施工

▲ 注采站工艺管道施工

▲ 施工现场

▲ 白 9 储气库集气站阀组

▲ 压缩机基础浇筑

▲ 文 13 西储气库双筒体火炬安装

▲ 卫 11 储气库压缩机滑移安装

▲ 注采气工艺模块第一个子橇块就位

▲ 质量检查 -1

▲ 质量检查 -2

▲ 卫 11 储气库中交验收

▲ 卫 11 储气库标准化现场

▲ 文 13 西储气库中交验收

▲ 文 13 西储气库试注投产

▲ 卫 11 储气库首轮正式注气

《中原油田储气库“五化”建设实践》

编委会

主　编： 张庆生　刘　伟

副主编： 朱德智　王令群

编　委： 牛保伦　焦玉清　徐新波　朱文琪　庞　军　廖德云
梁建伟　胡文明　赵泽宗　陈新国　李晓东　郑　焯
高继峰　王向阳　李超华　韩慧军　韩献军

编写组

组　长： 朱德智　王令群　庞　军　王向阳　李超华

成　员： 梁成宁　李宁鸽　孙树军　姚永生　胡志园　孙叶庆
米　克　王惠东　刘书权　高晓芳　廖宪国　于亚东
袁德辉　李　阳　周正葳　程志伟　吴曾科　陈清涛
叶　健　公明明　任宁宁　秦跃雁　赵　钦　吴佳伟
段其照　曾丽瑶　史世杰　丁　峰　路　宽　徐晓梦
王　力　黄　巍　银俊宏　张树中　杨　兴　任　丽
王　勇　黄　璐　向　军　李东兴　王　磊　任晓刚
张亚雄　律兴运　吉文华　曾九令　田雨晨　王敬美
张卫亮　魏海洋　刘　宁　王建军　李志鹏　陈雪原

中原储气库建设题记

豫鲁故地，千古风云，盛世中华，璀璨中原。

辛丑春秋，黄河古道，风起云涌，鼙鼓连天。

中原铁军，星夜鏖战，钻地立架，建库敷线。

终使气龙入地，蛰伏沃野。

龙形深潜，伏脉千里，汇通四海，惠箦万阖。

壮哉！不世之勋，泽被子孙，吾辈参承，幸甚至哉！

回首册记，谨以励勉。翘首前瞻，征途漫漫。

嗟夫！姊妹弟兄，壬虎长啸，策马奔腾，再谱百亿华章！

前言

PREFACE

近年来，天然气作为清洁能源，全球消费量快速增长，预计 2040 年天然气将成为第一大消费能源。我国自 2004 年西气东输一线建成投产以来，天然气消费量逐年递增，已经成为我国主体消费能源之一。我国资源禀赋多煤少油缺气，天然气占比较低，对外依存度已持续攀升至 40% 以上，预计 2025 年将超过 50%。目前，我国建成天然气中亚、中缅、中俄三大陆上进口战略通道，同时建成 LNG 接收站 25 座，西气东输、北气南下、海气上岸的资源流向不断强化，形成天然气长输管道“四大战略通道 + 五纵五横”的骨干管网格局。由于对外依存度高、冬夏峰谷差大等因素，导致用气不均匀性突出，迫切需要我国加快储气能力建设，保障应急调峰储备需求。

地下储气库（简称储气库）作为天然气“产供储销”产业链中重要组成部分，具有调峰保供、应急供气、战略储备等功能，已有 100 多年的发展历史。在我国加速绿色低碳转型发展，践行“碳达峰碳中和”目标的战略背景下，中国石化积极响应国家号召，依托枯竭油气藏资源，加快储气库建设，全力构建清洁低碳、安全高效的能源体系。2020 年，中国石化秉承“全球视野、国际标准、石化特色、高点定位”的理念，全面推进地面工程“标准化设计、工厂化预制、模块化施工、机械化作业、信息化管理”（简称“五化”）工作，建立健全“五化”技术和管理体系，规范“五化”全生命周期管理，提高生产效率和管理水平，实现“省心、省力、省时、省人、省钱”目标。

按照中国石化统一部署，中原油田牵头组织完成储气库标准化设计，定型工艺流程10类、平面布置6类、橇装化产品25项；中原油田储气库建设积极践行“五化”理念、推广应用标准化体系文件，标准化设计覆盖率达到90%，设计周期缩短30%；通过橇装、模块化制造，实现工厂化预制、模块化施工，较传统模式占地减幅60%，施工效率提高20%以上；通过智能化、数字化设计，实现井场“无人值守”，注采站“集中监控、少人值守”，全力打造储气库建设“中原品牌”和“五化”示范工程。

为了更好地总结储气库“五化”建设管理经验，组织编写《中原油田储气库“五化”建设实践》一书。全书共分为九章，重点介绍标准化设计、工厂化预制、信息化管理、关键及配套技术、建设管理、运行与维护等内容，较好地总结了储气库“五化”建设管理特色及成果，希望能够为同类储气库建设、运维管理提供借鉴和参考。

本书第一、二章主要由李宁鸽编写，第三章主要由公明明编写，第四章主要由田雨晨编写，第五章主要由王勇编写，第六章主要由秦跃雁编写，第七章主要由向军编写，第八章主要由陈清涛编写，第九章主要由于亚东编写。编写人员均为参与中原储气库群建设的业主、设计、施工、监理单位的管理、技术人员，他们不仅为储气库建设付出了艰辛的劳动和汗水，也为本书的编辑出版做了大量工作。但由于经验和水平有限，难免存在不妥之处，恳请广大读者提出宝贵意见。

目录

CONTENTS

第三章 储气库标准化设计

第五章　储气库机械化作业与模块化施工

第六章 储气库信息化建设

第七章 储气库建设一体化管控

第八章　储气库关键及配套技术

第九章　储气库运行与维护

第一章

储气库建设综述

天然气是优质高效、绿色清洁的低碳能源。储气库是天然气产供销体系中重要的组成部分，具有天然气“粮仓”的美誉。储气库一般是指地下储气库，是将天然气重新注入地下空间而形成的一个人工气田或气藏，通常建在天然气消费城市附近。

一 储气库发展简史

储气库已有 100 多年的发展历史，因储气量大，安全可靠，已被世界各国广泛采用，在世界能源保障体系中不可或缺，主要用于季节调峰、应急保供、市场调节、战略储备。

世界上典型的储气库有 4 种类型，分别为枯竭油气藏储气库、含水层储气库、盐穴储气库、废弃矿坑或岩洞储气库。其中枯竭油气藏储气库在建设时，可最大程度地利用油气田原有的生产设施，具有储气规模大、投资低、安全系数高的特点，是最常用、最经济的储气库。目前，全球运营此类储气库 518 座，占运营储气库总数的 73%。

1915 年，加拿大安大略省在气田中进行了世界上第一次试验性储气，这次事件通常被认为是世界储气库建设的开端。1916 年，美国纽约州建成世界第一座枯竭气藏储气库。1954 年，美国德克萨斯州建成世界第一座枯竭油藏储气库。1958 年，美国肯塔基州建成世界第一座含水层储气库。1961 年，美国密歇根州建成世界第一座盐穴储气库。1963 年，美国科罗拉多州建成世界第一座废弃矿井型储气库。

根据国际天然气联盟（IGU）统计，截至 2021 年年底，全球在役运营储气库 701 座，工作气量为 4162 亿立方米，占全球天然气消费总量的 10.6%。

二 国内外储气库分布情况

（一）国外储气库分布

国际天然气市场通常划分为北美、南美、欧洲、独联体、中东、非洲和亚太七大区域市场。全球储气库主要分布在北美、欧洲等发达地区（表 1–1–1），拥有全球 93% 的运营储气库。

世界最大气藏储气库——北斯塔夫波尔储气库，由俄罗斯于 1979 年建成，工作气量 240 亿立方米，有注采井 708 口、监测井 116 口，最大注气能力 1.48 亿立方米 / 天，最大采气能力 1.66 亿立方米 / 天。

世界最大含水层储气库——斯卡西莫夫储气库，由俄罗斯于 1968—1993 年分期建成，库容 220 亿立方米，工作气量 120 亿立方米，有注采井 287 口、监测井 143 口，年运行注采周期 3 次，最大采气量 1 亿立方米 / 天。

世界最大盐穴储气库——埃策尔储气库，由德国于 2012 年建成，有盐腔 51 个，单腔有效体积 25 ~ 80 万立方米，总工作气量 45 亿立方米，最大采气能力 1.2 亿立方米 / 天。

表 1-1-1　北美、欧洲运营储气库统计表　　截至 2022 年 8 月

序号	国家	数量 / 座	序号	国家	数量 / 座
一	北美：464 座				
1	美国	398	2	加拿大	66
二	欧洲：187 座				
1	德国	51	12	荷兰	5
2	俄罗斯	24	13	西班牙	4
3	法国	14	14	白俄罗斯	3
4	乌克兰	13	15	斯洛伐克	3
5	意大利	13	16	丹麦	2
6	奥地利	10	17	塞尔维亚	1
7	英国	9	18	葡萄牙	1
8	捷克	9	19	保加利亚	1
9	波兰	9	20	拉脱维亚	1
10	罗马尼亚	7	21	瑞典	1
11	匈牙利	5	22	比利时	1

在全球各类运营储气库中，有气藏型 476 座、盐穴型 108 座、含水层型 72 座、油藏型 42 座，以气藏型为主，占总数的 68%（图 1-1-1）。废弃矿坑或岩洞改建为高压储气库时，首先要进行加固和密封，但密封难度非常大，故此类储气库非常少。目前，全球仅有 3 座在役岩洞储气库，分别位于美国、捷克和瑞典。

根据国际天然气联盟（IGU）2022 年 5 月发布的《2022 年全球天然气报告》，2021 年全球储气库总工作量 5219 亿立方米，其中北美 1670 亿立方米，独联体 1250 亿立方米，欧洲 1090 亿立方米，亚洲 520 亿立方米，中东 313 亿立方米，其他 376 亿立方米。全球各区域储气库总工作气量见图 1-1-2。

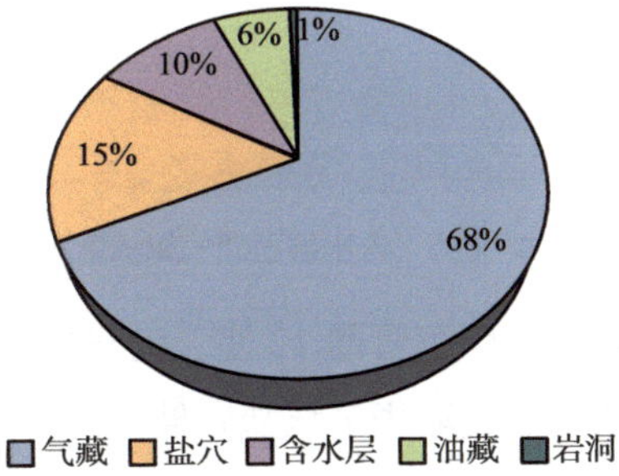

图 1-1-1　全球运营的各类型储气库比例

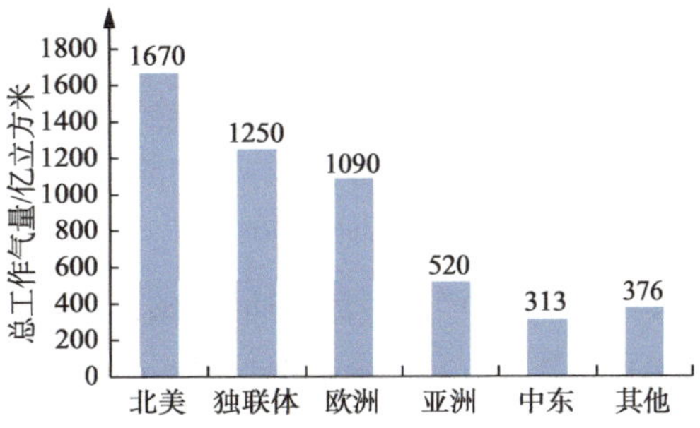

图 1-1-2　全球各区域储气库总工作气量情况

（二）国内储气库分布

我国储气库主要是由中国石油天然气股份有限公司（简称中国石油）、中国石油化工集团有限公司（简称中国石化）利用老油田枯竭的油气藏建设，助力老油田转型发展，保障民生用气，促进经济再发展。2019 年 12 月 9 日，国家石油天然气管网集团有限公司（简称国家管网）成立，已建的部分储气库，划拨国家管网运营管理。

截至 2021 年年底，我国已建成气藏型、油藏型、盐穴型、含水层型四类储气库共 44 座，分布在东北、环渤海、长三角等 7 个大区域（油气藏型储气库见图 1-1-3、盐穴型储气库见图 1-1-4、含水层型储气库见图 1-1-5）。按地域可分为 10 座库群，具体为东北地区的大庆和辽河油田储气库群；环渤海地区的大港、华北和胜利 3 个油田储气库群；长三角地区的江苏金坛盐穴储气库群；中部地区的中原油田储气库群；西南地区的西南油田储气库群；中西部地区长庆油田储气库群和西北地区新疆油田储气库群。其中 2013 年 6 月建成的新疆呼图壁储气库，是我国目前最大的气藏型储气库，总库容 107 亿立方米，工作气量 45.1 亿立方米。

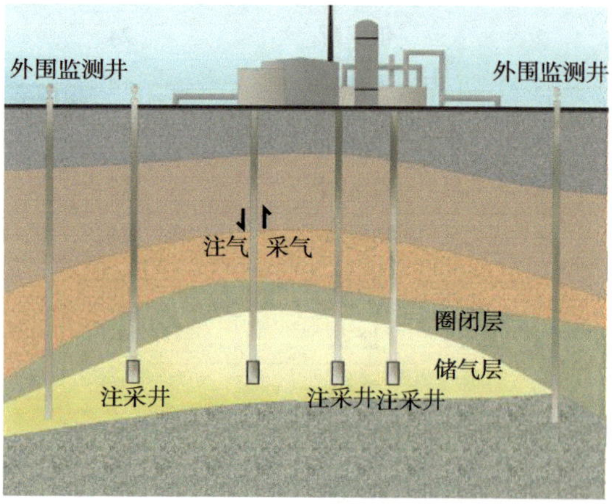

图 1-1-3　油气藏型储气库示意图

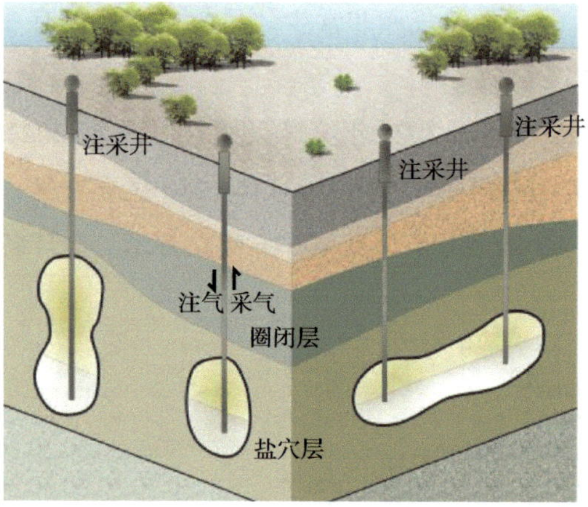

图 1-1-4　盐穴型储气库示意图

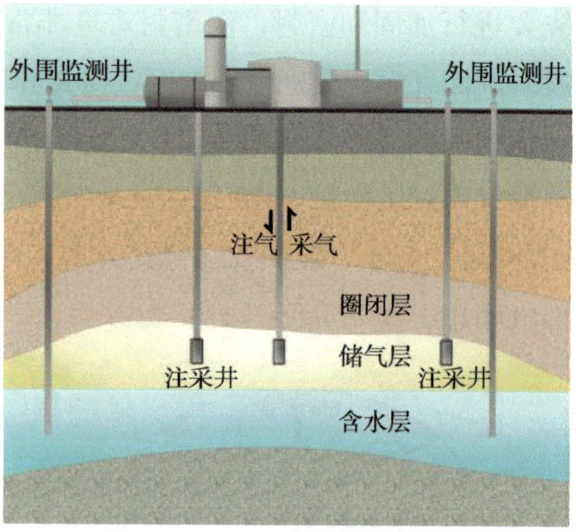

图 1-1-5　含水层型储气库示意图

在 44 座储气库中，中国石油 21 座，中国石化 10 座，国家管网 12 座，港华燃气 1 座，具体分布详见表 1-1-2。港华燃气于 2018 年在江苏常州建成港华金坛盐穴储气库（一期），是我国目前唯一一个参与储气库建设的私营企业。

根据《中国天然气发展报告（2022）》显示，2021 年我国天然气消费量 3690 亿立方米。目前，我国储气库总调峰能力约 195 亿立方米，约占天然气消费量的 5.3%，远低于 12%~15% 的世界平均水平。因此，加大我国储气库建设，对我国调整能源结构、提高人民生活水平、促进节能减排、减少大气污染具有重要的战略意义。

表 1-1-2　中国储气库（群）分布表　　截至 2021 年 12 月

序号	库群（库）名称	储气库名称	地址类型	数量 / 座	地点	库容 / 亿立方米	工作气量 / 亿立方米	建成年份
一	中国石油			21		367.91	160.62	
1	大庆油田储气库群	喇嘛甸、四站、朝 51	气藏型	3	黑龙江大庆（喇嘛甸）黑龙江肇东（四站和朝 51）	30.17	13.6	1975、2021
2	新疆油田呼图壁储气库		气藏型	1	新疆昌吉州	107	45.1	2013
3	华北油田苏桥储气库群	苏 1、苏 20、苏 4、苏 49、顾辛庄	气藏型	5	河北廊坊	67.38	23.32	2013~2019
4	西南油田储气库群	相国寺、黄草峡	气藏型	3	四川重庆	62.03	31.33	2013~2021
5	大港油田板南储气库群	白 8、白 6、板 G1	油藏型	3	天津大港区	10.13	4.27	2014
6	长庆油田储气库群	陕 224、榆 37、苏东 39–61	气藏型	3	陕西靖边（陕 224）陕西榆林（榆 37）内蒙古乌审旗（苏东 39–61）	38.7	18.5	2014、2021、2022
7	辽河油田储气库群	双 6（油藏）、雷 61（气藏）	油气藏型	2	辽宁盘锦	41.3	19.4	2016、2019
8	吉林油田双驼子储气库		气藏型	1	吉林松原	11.2	5.1	2019
二	中国石化			10		77.14	32.35	
1	中原油田储气库群	文 96、卫 11、文 13 西、白 9、清溪	气藏型	5	河南濮阳 山东菏泽（白 9）四川达州（清溪）	28.74	15.19	2012、2021
2	江苏金坛储气库		盐穴	1	江苏常州	11.79	7.2	2015
3	江汉油田黄场储气库		盐穴	1	湖北潜江	2.37	1.4	2021
4	胜利油田永 21 储气库		含水圈型	1	山东东营	4.96	2.38	2021
5	东北油气分公司孤西储气库		气藏型	1	吉林四平	4.6	1.18	2021
6	西北油田大涝坝储气库		气藏型	1	新疆库车	24.68	5	2021

续表

序号	库群（库）名称	储气库名称	地址类型	数量 / 座	地点	库容 / 亿立方米	工作气量 / 亿立方米	建成年份
三	国家管网			12		230.67	104.8	
1	大港油田板桥储气库群	大张坨、板 876、板中北、板中南、板 808、板 828	油藏型	6	天津大港区	76.82	34.57	2000~2006
2	江苏金坛储气库		盐穴	1	江苏常州	26.4	17.1	2007
3	华北油田京 58 储气库群	京 58、京 51、永 22	油藏型	3	河北廊坊	18.7	7.5	2010
4	江苏油田刘庄储气库		油藏型	1	江苏淮安	4.55	2.45	2011
5	中原油田文 23 储气库		气藏型	1	河南濮阳	104.2	42.46	2019
四	港华燃气			1		1.4	0.8	
1	金坛储气库（一期）		盐穴	1	江苏常州	1.4	0.8	2018

注：华北油田苏桥储气库群是世界最深储气库，库群平均深度 4900 米以上。

三　国内储气库建设

（一）前期发展

我国储气库建设起步较晚。20 世纪 60 年代，大庆油田利用废弃油气藏进行储气库建设尝试，1969 年建成萨尔图 1 号储气库，运行 10 年后，因市区扩建而拆除。1975 年建成喇嘛甸储气库，经两次扩建后，总库容 25 亿立方米，运行至今。

20 世纪 90 年代初，随着陕京天然气管道建设，国家开始大力度研究储气库建设技术。为保证北京市和天津市的调峰供气，2000 年 11 月利用大港油田枯竭凝析气藏建成大张坨储气库，总库容 69 亿立方米。随后在大港油田，陆续建设板 876 和板中北等 8 座储气库，形成大港油田储气库群。为保证京津地区安全平稳供气，自 2012 年开始，陆续在华北油田建成苏桥、京 58 等 8 座储气库，形成华北油田储气库群。

为满足西气东输管线（包括一线、二线）沿线和下游长三角地区用户调峰需求，中国石油在江苏先后建成 2 座西气东输的重要调峰设施。2007 年在江苏常州建成的金坛储气库，是中国首座盐穴储气库，库容 26.38 亿立方米。2011 年在江苏淮安，利用江苏油田枯竭油气藏建成刘庄储气库，库容 4.55 亿立方米。

“十二五”期间，随着天然气消费量快速增长，为满足冬季调峰保供需求，中国石油、中国石化利用枯竭油气田藏，先后在四川、新疆、河南等地建成一批储气库。

（二）现阶段发展

2017 年 10 月 18 日，习近平总书记在第十九届全国代表大会上提出：建设人与自然和谐共生的现代化，以满足人民日益增长的优美生态环境需要；推进能源生产和消费革命，构建清洁低碳、安全高效的能源体系。

2018 年 9 月 5 日，国务院印发《关于促进天然气协调稳定发展的若干意见》要求：加强产供销储体系建设，促进天然气供需动态平衡；构建多层次储备体系，鼓励符合条件的市场主体，利用枯竭油气藏、盐穴等建设地下储气库。

在党中央、国务院的决策部署下，中国石油和中国石化加快储气库建设，调整能源结构，改善人民生活水平，促进节能减排，建设美丽中国。

1. 中国石油储气库建设

2019 年 1 月 9 日，中国石油召开 2019—2030 年储气库建设规划部署会议，将建立东北、华北、中西部、西北、西南、中东部六个区域储气中心。按照“先东后西、先易后难”的布局原则及“达容一批、新建一批、评价一批”的工作部署，明确至 2030 年，中国石油将扩容 10 座储气库（群），新建 23 座储气库。

2. 中国石化储气库建设

2021 年 2 月 9 日，中国石化召开 2021 年天然气储气能力建设推进会，明确了“2021 年 9 月 30 日前新增储气能力 22.62 亿立方米”的工作目标。

2021 年中国石化采取多学科联合攻关，加强组织领导，顺利建成卫 11、永 21、大涝坝等 8 座储气库，新增库容 59.47 亿立方米，圆满完成工作任务。未来，中国石化将依托丰富的建库资源，利用各类型储气库及沿海 LNG 接收站，打造华北、长江经济带及华南三大区域调峰中心。

在华北地区，建立储气库与 LNG 接收站协同运作的调峰体系；在长江经济带，建立储气库与 LNG 接收站互补的调峰体系；在华南地区，建立 LNG 储罐为主、储气库为辅的调峰体系；在东北及西北地区，建立以储气库为主的调峰站。2035 年建成 300 亿立方米储气能力，打造中国石化储气调峰体系。

3. 中原油田储气库建设

中原油田气藏资源丰富。截至 2020 年年底，东濮气层气探明已开发地质储量 510.1 亿立方米，采出程度 8.26%~71.51%。油田位于大华北腹地，地域优势显著，紧靠天然气消费中心；周边国家干线管网密集，适合承担季节调峰及应急供气任务，具有市场竞争优势。中原油田将以枯竭气藏建库为主，兼顾凝析气藏提高采收率协同储气库建设，整体规划、分步实施，推进中原储气库群建设，推动油田老区转型升级。

“十四五”末，中原油田将建成“中原百亿方储气库群”，成为大华北地区的“国家级储气库调峰中心”。中原储气库群“十四五”规划见表 1–1–3。

表 1-1-3　中原储气库群“十四五”规划表

区域	分类	储气库名称	库容/亿立方米	工作气量/亿立方米	建设时间	备注
东濮	常规气藏	文 96	5.88	2.96	2012	已建
		文 23	104.21	40.32	2019	已建
		卫 11	10.09	5.08	2021	已建
		文 13 西	5.69	3.32	2021	已建
		文 24	5.51	2.56	2022	已建
		文 68 储气库群	12.91	6.27		拟建
		户部寨	19.64	8.41		拟建
	凝析气藏	白 9	3.59	1.54	2021	已建
		桥 69	3.72	1.91		拟建
		白庙浅层	10.48	4.47	2023	在建
		桥口	11.73	4.69		拟建
		文 203-58	16	8.1		拟建
	气顶气藏	卫城气顶	10.4	4.65		拟建
		文南气顶	10.1	5.41		拟建
普光	碳酸盐岩气藏	清溪	3.49	1.94	2021	已建
合计 15 座			233.44	101.63		

第二章

储气库“五化”工作背景

近年来，工程建设领域大力推广“标准化设计、工厂化预制、模块化施工、机械化作业、信息化管理”，以便满足工程建设模式从传统的现场施工模式向工厂化预制“制造＋安装”发展转变的需要，满足从劳动密集型施工模式向机械化、信息化、智能化发展转变的需要，通过“五化”提高工程质量，缩短建设工期，降低工程投资，实现设计、施工、采购、运维全生命周期的一体化管控。

第一节 “五化”工作概述

一 标准化设计

标准化设计是“五化”工作的龙头，是工厂化预制、模块化施工、机械化作业和信息化管理的基础。以工程设计统一标准为引领，以标准化定型图集为支撑，以单元标准化设计和一体化集成设计为抓手，形成标准化、模块化、定型化、集成化、系列化、通用化设计文件成果（标准化设计文件体系构架见图 2–1–1）。推广应用三维设计和建模技术，规范视觉形象、统一建设标准，让设计成果“所见即所得”，形成“方案最优、模块设计、投资最省”的标准化设计体系（图 2–1–2）。

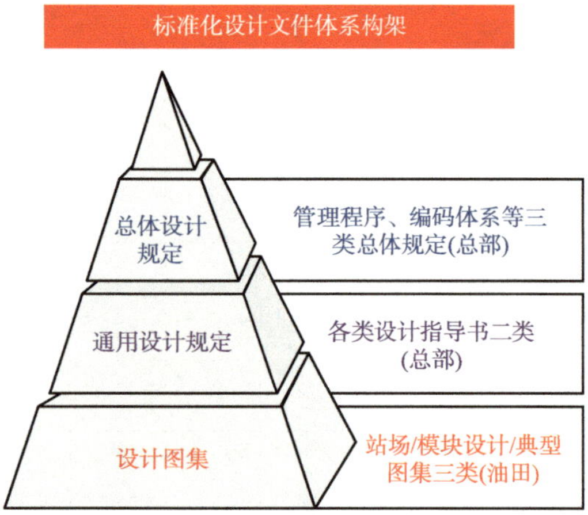

图 2–1–1　标准化设计文件体系构架

标准化设计文件体系

序号	名称	内容
1	管理程序文件	规定标准化设计文件编制、审查、发布、更新等方面的内容
2	编码体系文件	规定文件文档结构及编码规定、PID 绘制规定、图例等内容
3	标准体系文件	各专业执行的法律法规、标准规范等
4	专业技术规定	各专业设计统一技术规定
5	标准化采购文件	统一主要设备的采购规格书
6	标准化站场文件	统一各类站场的平面布置原则
7	标准化模块	统一典型模块流程、配管、自控设计
8	典型图集	仪表、接线箱等安装形式的典型图

图 2–1–2　标准化设计文件体系

二 工厂化预制

工厂化预制是标准化设计的延伸，是将标准化设计模型和数字设计的部分成果，形成“三维设计、厂内预制、流水作业”的预制式制造体系，由现场预制转移到工厂内预制，在工厂内完成特定功能模块、橇块、组件的加工制造过程，工厂化预制流程见图 2-1-3。通过二次设计和加工设计转换，优化模（橇）块拆分节点，制定科学合理的管理程序，提高工厂化预制能力，最大程度减少现场安装工程量，为模块化施工创造条件。工厂化预制不受天气影响，作业环境好，降低了安全风险，提高了工作效率。

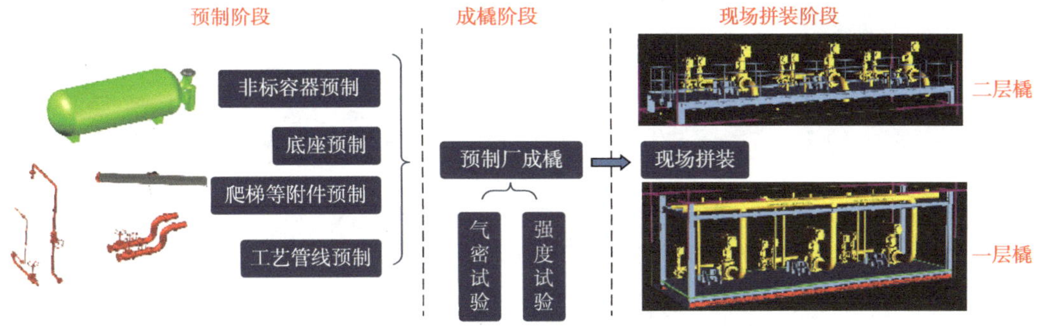

图 2-1-3 工厂化预制流程

三 模块化施工

模块化施工是在工厂化预制的基础上，利用大型模块组装技术进行模块组件的现场安装，通过预制和并行作业，形成“现场拼装”的“搭积木”模块化建设体系，模块化施工流程见图 2-1-4。建立模块化施工的标准规范、作业程序及工法，利用先进管理软件完善施工网络计划，做到流程化管理、专业化施工、流水式作业，达到有效缩短工期，节约占地、降低成本的目标，是标准化设计和工厂化预制的落脚点。

图 2-1-4 模块化施工流程

四 机械化作业

机械化作业是大幅降低劳动强度、提高施工效率、确保质量安全的重要措施，是实现模块化施工的重要手段。利用性能优越先进的机械设备逐步实现机械化换人、自动化减人的目的，大力推广使用机械化作业，通过配备机械化施工装备、软件和施工组织优化，提升工厂化预制、模块化施工能力，全自动焊接、百吨级大型吊装、管沟开挖回填等都采用机械方式作业，降低人工作业量，提高劳动效率的同时加强安全保障。机械化作业应用场景见图 2-1-5。

图 2-1-5　机械化作业应用场景

五 信息化管理

信息化管理是提升工程建设效益、转变管理方式的必然趋势和有效手段。信息系统建设要突破局部优化，聚焦全局优化，充分运用互联网、大数据、云平台、移动应用互联、交互传输等技术手段，树立从工程项目设计、采购、施工、监理、交付、运维的全生命周期管理理念，全面实现信息共享，确保信息系统高效平稳运行。信息化管理流程见图 2-1-6。

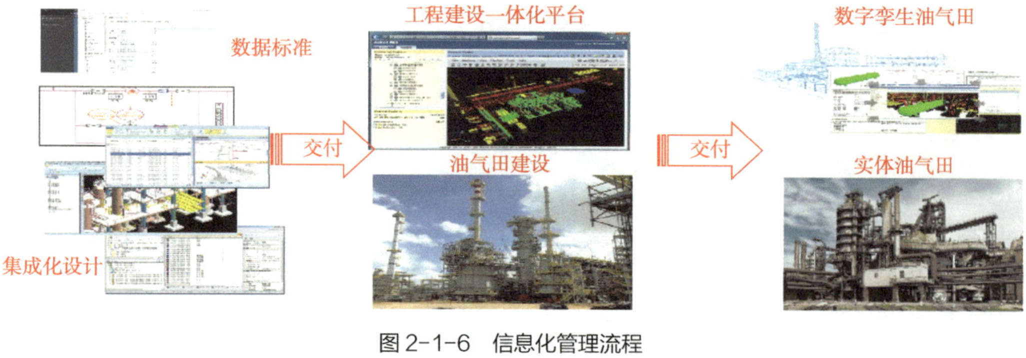

图 2-1-6　信息化管理流程

第二节 中国石化“五化”工作历程

“五化”工作从最初提出的“三化”模式，到后来随着信息化提升，又提出的“四化”方案，在此基础上进一步发展，进而形成了日趋完善的地面工程“五化”建设方案，成为油气田地面工程建设的常态化管理模式。

一 “三化”工作历程

2012年4月23日，中国石化召开“标准化设计、模块化建设、标准化采购”工作视频会议，正式启动“三化”工作。

2012年9月17日，中国石化印发《中国石化标准化设计、模块化建设、标准化采购工作规定》，确定总体目标、组织机构和职责。要求按照“打好基础、先易后难、由点到面、层次推进”原则，从集团公司和油田分公司两个层次推进标准化实施。2012年启动并抓好试点工程；2013年全面推进，三年打好基础，初步形成标准化设计的体系；“十二五”末，油田板块地面工程标准化设计覆盖率60%以上；“十三五”末，建立较完善的标准化设计体系，标准化设计覆盖率85%以上。确定胜利春风排601-20区块、元坝海相一期试采工程、华北大牛地气田等6项标准化设计示范工程。

二 “四化”工作历程

在“三化”工作推进过程中，中国石化2014年提出“信息化提升”的新思路，开启地面工程“四化”工作新阶段。

1. 成立“四化”工作组

负责牵头推进标准化设计、模块化建设、标准化采购、信息化提升工作。

负责组织编制和落实标准化设计、模块化建设、标准化采购、信息化提升工作的规划、计划和方案。

2. 明确示范工程

确定涪陵50亿立方米/年产能建设国家重点示范工程、新疆准噶尔50万吨/年产能建设、塔河125万吨/年产能建设等7项“四化”重点试验示范工程。

3. “四化”推广应用

集团公司有关部室建立定期例会制，积极组织技术交流，开展“四化”管理培训班。在此期间，召开4次推进会、3次专题研讨会。自2014年开始，每年召开“四化”年度成果总结及工作部署会，陆续举办六届“四化”管理及技术研讨班。

三 “五化”工作历程

在总结上游地面工程“四化”建设成果和中国石油地面工程“五化”建设经验的基础上，2020年5月20日集团公司油田事业部召开“五化”工作视频推进会，印发《中国石化国内上游地面工程“五化”推进方案》，全面推进“五化”工作。“五化”发展简图见图2-2-1。

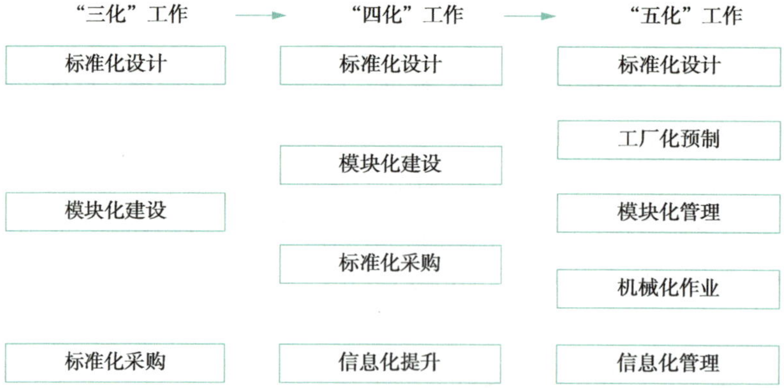

图2-2-1 “五化”发展简图

1.“五化”工作内容

（1）标准化设计。统一设计标准，定型标准化图集，单元标准化设计，一体化集成设计；形成标准化、模块化、定型化、集成化、系列化、通用化设计文件成果。

（2）工厂化预制通过二次设计和加工设计，将钢结构、工艺装置等设施，转化为构件、橇块或模块组装。在工厂进行模橇块预制加工，最大程度减少现场安装工程量，为模块化施工创造条件。

（3）模块化施工。借鉴国际先进的大型模块组装技术，制定模块化施工的标准规范、作业程序及工法。

（4）机械化作业。学习借鉴汽车、高铁等行业的机械化作业经验，采用先进机械，由传统的人海战术转变为机械作业。

（5）信息化管理。推广工程设计、采购、施工、监理、交付、运维的全生命周期管理理念，实现信息技术全面共享。

2. 推广应用成果

经过“五化”推广应用，各油田分公司逐步建立标准化设计体系，形成一批油气田地面工程标准化图集和设计标准、标识规范。中小型站场标准化设计覆盖基本达90%，完成了“十三五”末标准化设计覆盖率“达到85%以上”的目标。

地面建设投资降低约 15%；设计和施工周期缩短约 30%；由传统的选购产品变为定制产品，由单项目招标变为订单式规模采购，采购率达到 70%；油气田躺井率降低 3%，单井用工率降低约 36%。

各油田分公司积极开展数字化交付，数字化运维管理，成功打造集监视、监控、调度、管理、决策等多功能一体的数字化智能油气田。

（1）胜利油田

建成青东 5、排 601–20 等 5 个示范工程，初步形成 5 种油藏类型的“五化”建设模式，将“一块一方案”转变为“一类型一模式”。设计周期比常规设计缩短 20%，简单工程标准化设计覆盖率达 90%，设计图纸重复利用率达 40%。

①标准化模块。在青东 5 区块开展模块化建设，设计使用标准化模块 8 个。

②标准化采购。在原工作流程基础上，探索建立标准化技术产品选型定型流程。

开展标准化采购，优选战略供应商，实现“十统一”。

③信息化应用。胜利油田排 601–20 示范区采用功图量油、电子巡井，增压站、单井无人值守，减少管理层次，总用工由 249 人减少至 98 人，减少 61%。

（2）中原油田

①“四化”建设

a. 标准化设计

根据集团公司油田事业部的整体部署，按照“打好基础、先易后难、由点到面、层次推进”原则，制定《地面工程标准图集编制规定》，统一标准化设计文件和图纸；编制《设计文件编制规定》，确定地面工程标准化设计目录（图 2–2–2）。

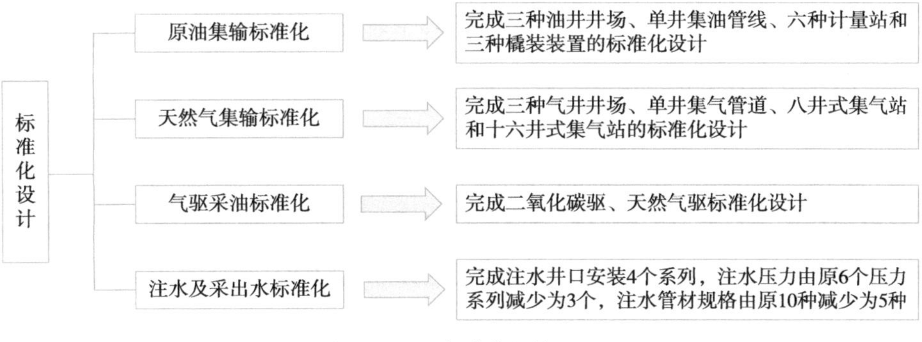

图 2–2–2 标准化设计目录

b. 模块化建设

按照“单元划分、功能定型、设施橇装、工厂预制、快速组装”原则，实施模块化建设，加快施工进度。小型设备实现橇装化，结构成橇，整体拉运；工艺管汇实现预制化，整体预制、现场连头；大中型设备实现组装化，工厂预制，现场组装。例如：CO_2 驱标准化分为平面布置标准化（图 2–2–3）、注气井口标准化、橇装式二氧化碳注入装置（图 2–2–4）、低温二氧化碳储罐标准化四部分。

图 2-2-3 平面布置标准化

图 2-2-4 橇装式二氧化碳注入装置

c. 标准化采购

规范产品技术标准。发布中原油田 74 种采油助剂的采购技术标准；将修井工具划分为套磨铣、修套、打捞等 5 大类 23 个小类；制定修井工具技术规范，依据技术规范重新编制 1941 条编码，使用单位按照物料编码，提报需求数量即可。

组建采购技术专家库。强化采购技术标准管理，会同各专业职能管理部门，遴选油田各领域技术专家 214 名，为油田标准化采购提供有力的技术支撑。

设备配置选型标准化。完成集气站、注水站等 12 项地面工程，配套设备设施、仪器仪表的模块化设计，推行设备配置选型标准化。结合全生命周期成本分析结果进行标准化改造，采用低压防爆异步电机占到总量的 81%，油气生产所需电机和泵的标准化水平得到大幅提升。

d. 信息化提升

自 2014 年开始，按照油田事业部统一部署，组织实施采油气管理区的生产信息化建设。截至 2018 年年底，东濮老区 24 个采油（气）管理区全部完成信息化提升，实现视频监控、电子巡井、中心值守、人机联动等 6 大功能。实现计量站、部分接转站无人值守。

②“五化”建设

a. 油气混输一体化增压装置标准化设计

通过梳理相关项目及对混输泵厂家调研情况，研究确定依据压力和排量，形成 4 个系列标准化设计，6 大类 49 项设计文件。东濮老区标准化设计目录见图 2-2-5。

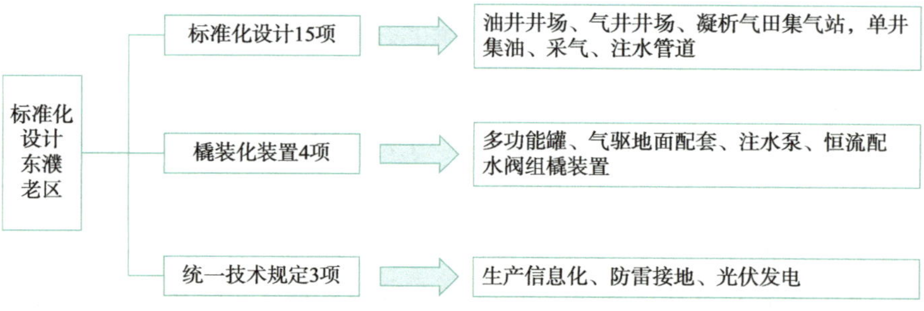

图 2-2-5 东濮老区标准化设计目录

b. 东濮老区标准化设计

通过总结提炼、优化提升已形成的标准化设计成果，完成 3 大类 22 项标准化设计。2020 年完成设计图集 4 项，包括油井井场设计图集第一分册、气井井场设计图集第一分册、单井集油管道设计图集、单井采气管道设计图集。东濮老区标准化设计成果见表 2-2-1。

表 2-2-1 东濮老区标准化设计成果

序号	标准图集 / 模块	序号	标准图集 / 模块
一	标准化设计	13	单井输油管道设计图集
1	油井井场设计图集第一分册（抽油机）	14	单井采气管道设计图集
2	油井井场设计图集第二分册（气举）	15	单井注水管道设计图集
3	油井井场设计图集第三分册（单拉）	二	橇装化装置
4	油井井场设计图集第一分册（常规）	1	多功能罐橇装装置
5	油井井场设计图集第二分册（加热井场）	2	《气驱地面配套设计图集》
6	油井井场设计图集第三分册（加热分离）	3	注水泵橇装装置
7	凝析气田集气站设计图集第一分册	4	恒流配水阀组橇装置
8	注水井标准化设计	三	统一技术规定
9	长输管线同沟敷设硅芯管（光缆）线路设计图集	1	油田生产信息化设计技术规定
10	10kV 及以下高压变、配电室设计图集	2	油田防雷接地设计技术规定
11	6（10）kV 架空线路设计图集	3	光伏发电系统设计技术规定
12	地热新能源利用		

c. “五化”示范工程建设

濮城油田南区及文 51 块地面系统提质降本增效示范区建设工程，项目投资 2282 万元，将 108 口单井集输管线串联，撤销 34 座计量站和 27 座加热炉，北二集输干线与南四集输干线合并，提高输油效率，减少运行成本。“五化”示范工程项目总结见图 2-2-6。

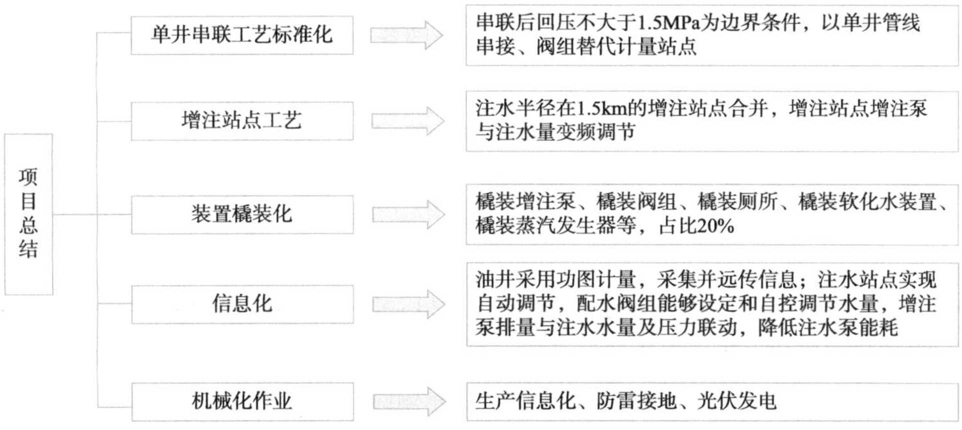

图 2-2-6 “五化”示范工程项目总结

d. 储气库“五化”建设

根据集团公司“五化”工作安排和《中国石化国内上游地面工程“五化”推进方案》分工，中国石化中原油田分公司（简称中原油田）自 2020 年 5 月开始，积极制定《储气库标准化设计》工作方案，依托中原储气库群地面工程全面展开“五化”推进，本书后续章节将重点介绍中原储气库“五化”建设工作。

四 “五化”工作提升方向

（一）标准化设计

（1）建立中国石化国内上游统一的管理制度和技术标准规范等。

（2）标准化设计水平需进一步提升，一体化集成装置应用少，大型站场标准化设计覆盖率较低，标准化设计还不足以支撑工厂化预制、模块化施工。

（3）油田企业与设计单位一体化统筹运行机制不完善，标准化设计成果共享难度大。

（二）工厂化预制

（1）工厂化预制能力主要分布在东部，预制水平需要进一步提高。

（2）中国石化石油工程建设公司（简称石工建）共有 4 家油建公司，建有标准化预制厂，预制能力 9.7 万吨 / 年，主要分布于东部，西部仅有 1 座胜利油建的轮台橇装场地。西部是中国石化主要的产能建设阵地，仅顺北百万吨地面建设，需求量达 1.6 万吨，内部预制厂不能满足西部地面建设需求。石工建工厂化预制能力见表 2–2–2。

表 2-2-2　石油工程建设公司工厂化预制能力

预制工厂	年加工能力	设备状况	人员
胜利油建	8 万吨	焊接设备、切割设备、成型设备、机加工设备、热处理等加工设备 800 余套，无损检测设备 28 台，理化试验设备 33 台	橇块技术及技能操作人员 400 余人
中原油建	0.5 万吨	焊接设备、切割设备、成型设备、机加工设备等加工设备 240 余套	橇块技术及技能操作人员 150 余人
江汉油建	0.3 万吨	焊接设备、切割设备、成型设备、机加工设备等加工设备 140 余套，理化设备 9 台套；无损检测设备 13 台	橇块技术及技能操作人员 80 余人
河南油建	0.9 万吨	焊接设备、切割设备、成型设备、机加工设备等加工设备 134 余套，理化设备 11 台；无损检测设备 15 台	橇块技术及技能操作人员 180 余人
合计	9.7 万吨		

（3）现有预制厂缺乏自动焊机、数控下料坡口一体化装备、自动定位和测量等自动化装备，工厂化预制信息化管理软件不成熟，产品图纸分解、三维图纸转化、加工二次设计等能力不足，限制了大型、高质量模块的工厂化预制能力。

（三）模块化施工

（1）模块化建设程度较低。中国石油通过三种站场模块化建设模式，站场模块化建设率达到80%；中国石化已定型模块主要为单一生产功能的模块，如生产分离器模块、加热炉模块等，站场模块化建设率仅为17%。

（2）机械化作业水平待提升。工程建设单位的施工作业设备、机械、机具更新改造升级力度相对不大，大型吊管机、全自动焊设备、坡口机等数量较少，难以满足机械化作业要求。

（四）信息化管理

（1）目前，工程项目设计、采购、施工、监理、交付等环节，大多处于传统方式，数字化、信息化管理水平较低；各环节基本停留在孤立阶段，没有形成协同推进、统一管理机制。

（2）近几年，国内上游企业随着信息化建设发展提升，油气田数字化水平得到迅速发展，但数字化建设主要集中在生产过程动态信息的采集和管理，距离数字化工厂，还有较大差距，未能实现设计、采购、施工、生产、运维等全生命周期管理，阻碍了智能油气田建设。

第三节　储气库“五化”顶层设计

通过对标国外、中国石油先进的工程建设技术，中国石化2020年印发《中国石化国内上游地面工程“五化”推进方案》，对中国石化地面工程建设做全面规划和指导。旨在通过“五化”实施，持续提升地面工程技术和管理水平，打造智能化油气田，降低运营成本，追求全生命周期价值最大化。

一　储气库建设现状

（一）国外储气库

国外储气库建设起步阶段远早于国内，且比较关注储气库的运行管理智能化程度，多在建设前期进行智能化功能研究和设计，通过对油气藏进行数值模拟精细刻画，以及利用神经网络、智能矩阵图等方法建立智能控制，实现储气库智能管理，逐步改变储气库的运行模式。如意大利SNAM能源公司从20世纪60年代即开始自动化建设。自2019年开始，对储气库进行进一步的智能化升级，运用智能矩阵图给储气库智能化功能打分，投资按等级划分，优先提升智能化水平。升级后的储气库自动化控制水平较高，每个库仅有 14 名管理人员，生产运行调配与监控更多的是依靠调控中心。

（二）中国石油储气库

中国石油自 2016 年开始推广"五化"建设，储气库工程均实现数字化建设，充分利用大数据和物联网技术，集成数据采集、状态监控、风险预警、远程集中等控制功能，建立了集配站和单井无人值守、区域集中控制、调控中心远程支持协作的管理模式，实现生产自动化、办公数字化、管理智能化。

（三）中国石化储气库

与中国石油类似，储气库自动化设备设施完善，基本实现自动化监测、控制和管理，自动化系统一般包括：注采井站 SCADA 系统、集注站 DCS/ESD 系统、集配站 PLC/ESD 系统、注采井无人值守 RTU 系统、火气系统、压缩机 PLC 系统、周界防范系统。

二 储气库建设发展方向

通过储气库大数据挖掘、知识管理、过程控制和人工智能，做到"全面感知、自动操控、预测趋势、优化决策"。

（1）基础设施方面

全面建设和完善信息基础设施、数据采集设备，实现生产工况"全面感知"。

（2）自动控制方面

深入研究储气库生产各环节的特点和规律，充分采集应用实时、历史、预警数据，进行大数据分析，建立生产（故障）模型，实现生产全过程的自动控制。

（3）系统建设应用方面

按照物联网建设要求，研发智能储气库相关子系统，如智能气藏管理系统、智能注采井管理系统、智能产量管理系统、智能生产运行指挥系统、智能应急管理系统、集输管网智能调峰系统、专家辅助系统等。

（4）三维一体化方面

建立地质体 – 井筒 – 地面三维一体化平台，通过对气藏、注采井、管网、设备进行全方位管理和监测，对实时数据进行分析、故障预判、预测报警，实现储气库安全高效生产。

（5）全面运营调度方面

加强天然气管网干线和区域管道的互联互通建设，充分利用物联网、大数据、云计算、人工智能等技术，实现储气库系统"全数字化移交、全智能化运营、全业务覆盖、全生命周期管理”，构建全方位感知、综合性预判、一体化管控、分析智能化、自适应优化的智慧互联运营系统。

三 储气库“五化”顶层设计

根据集团公司“五化”工作安排，负责牵头组织开展储气库标准化设计体系文件编制，建立标准化设计文件体系、统一建设标准和工艺技术、开展定型文件设计、提升预制和机械化能力，着力聚焦储气库群标准化设计及建设。

（一）设计理念

世界眼光、国际标准、石化特色、高点定位。

一次性投资要足，运行成本要低，追求全生命周期价值最大。

（二）设计原则

系统性原则、适应性原则、先进性原则、市场化原则、质量效益原则、安全绿色原则。

（三）“五化”工作目标

1. 总体目标

建立储气库地面工程“五化”技术和管理体系，提升标准化设计水平，统筹标准化采购工作一体化运行，增强工厂化预制、模块化施工、机械化作业能力，提升信息化管理水平，缩短建设工期，实现全生命周期成本最低，形成“集中监控、无人值守、少人巡检、专人维修”的智能化储气库，打造中国石化储气库“五化”建设样板工程。

2. 具体目标

（1）标准化设计

标准化设计覆盖率达到 80%

橇装化率≥ 95%

站场三维设计率 100%

总体设计效率提高 20%

（2）工厂化预制、模块化施工、机械化作业

工艺管道预制率：80%（按寸径）

钢结构预制率：90%

（3）信息化管理

数字化设计和交付达到 100%

标准化设计成果线上管理达到 100%

（4）标准化采购

标准化采购率：80%

（5）“五省”指标

省人：减少劳动定员 30%

省时：缩短建设工期 10%

省钱：工程投资费用降低≥ 5%

省力：通过施工“三化”实现省力

省心：通过信息化管理实现省心

（四）总体部署

1. 标准化设计

（1）制定统一的管理制度、技术标准规范，建立统一的标准化设计文件体系。

（2）制定标准化设计成果知识产权保护配套制度，总结评价已有标准化设计成果。

（3）推广应用三维设计软件技术，强化模块化、橇装化设计理念，形成统一的具有中国石化特色的标准化设计成果。

（4）以一体化集成、模块化设计为核心，建立一体化集成装置的研发、制造、测评等一套产业化工作机制。

（5）以“三统一、四定型”为原则，开展标准化设计工作，为“五化”建设夯实基础。

①三统一

统一设计体系：管理程序、编码体系、标准体系统一

统一建设标准：工艺、配套、信息化、视觉形象统一

统一工艺技术：集输处理方式、工艺流程统一

②四定型

定型典型平面、流程：定型井场、注采站的流程、平面

定型典型模块：定型多专业协同一体化集成模块

定型标准图集：定型多专业标准化、系列化的图集

定型采购标准：设备定型化及采购文件标准化

（6）制修订统一的采购技术标准；加强供应链延伸管理，建立标准化工作流程；做好工程设计、需求提报、技术标准、采购执行、物资储备、评价管控等方面的全链条协同合作。

2. 工厂化预制、模块化施工、机械化作业

（1）抓好工厂化预制、模块化施工和机械化作业能力建设。

（2）结合国内上游工程建设部署，做好预制加工能力建设和区域布局。

（3）提高加工设计转化能力，优化模块、橇块拆分节点，优化预制工序和流程。

（4）加强模块运输、吊装、安装、试运等各环节的施工工艺、工法研究，建立健全施工管理标准规范、施工工艺及工法。

（5）科学筹划施工组织管理，利用信息化做到流程化管理、专业化施工。

（6）推广应用先进机械设备和机具，实现厂内预制和现场施工机械化的有机结合。

3. 信息化管理

（1）稳步开展智能化油气田和智能化管道建设。

（2）推动信息化与勘探开发业务“两化融合”和信息管理专业化，实现生产动态实时感知、生产全流程监控和精准高效的运行指挥。

（3）革新传统生产模式，压扁管理层级，优化工艺流程和生产运行。

（4）树立全生命周期管理理念，推行数字化交付，建设数字孪生体，实现工程项目设计、采购、施工、监理、交付、运维的全生命周期信息化。

第三章

储气库标准化设计

根据集团公司油田事业部审定的《储气库地面工程“五化”建设工作方案》，2021 年中原油田以“卫 11 、文 13 西 、清溪、白 9”四座储气库为载体，按照“三统一、四定型”原则，组织开展标准化设计，为“五化”建设夯实基础。

四座储气库建设采用 EPC 联合体管理模式。由中石化中原石油工程设计有限公司（简称中原设计）牵头，联合中石化中原油建工程有限公司（简称中原油建）、中石化中原建设工程有限公司（简称中原建设）三家单位共同组成 EPC 联合体，负责四座储气库的设计、采购、施工一体化建设，对项目实施过程进行全面管理和控制。

在四座储气库设计过程中，中原设计结合文 96、文 23 储气库成功设计经验，组织开展典型站场标准化流程、典型站场标准化平面布置、典型站场标准化模块等设计工作，完成储气库地面工程标准化设计 V1.0 版，合计 10 大类 1659 项文件的编制，实现建设标准、工艺、建构筑物型式及视觉形象的统一，并用于指导现场施工。标准化设计成果 100% 推广应用，工厂预制化率 86%，橇装化率 96%，实现省人、省时、省力、省心、省钱的“五省”目标；劳动定员减少 30%，运行成本预计降低 5% 以上，建设周期压缩 50%，实现全专业数字化交付和标准化智能工地建设；劳动定员≤ 20 人，实现井场无人值守，站场少人值守的目标。

第一节　储气库标准化设计体系

目前，大部分设计单位沿用传统设计思路，在承接设计任务之后，质量管理部门只对最终设计文件做相应的控制，即设计文件产品能够满足现行规范要求、能够满足业主对质量和进度的要求。对设计生产过程中，设计人员采用的设计工具、设计思路、设计手法等不做具体的规定。这种设计方法，给设计人员的自由度很大，有足够的发挥空间，但同时也造成设计的个性化烙印非常重，同一个设计院交付的设计产品存在风格不统一的现象。且由于每个人的设计风格、设计习惯不同，造成效率、进度、质量等方面难以有效控制。总的来说，这种设计方法，是“以个人为中心”的作坊式生产方式，一切以设计人员为中心，设计人员的能力决定了项目的进度和质量。设计人员的能力不同，造成设计项目的结果不同，如果项目组中途换人，对项目影响也很大。

纵观现代化工业生产，流水线上的工人换了一茬又一茬，可最终产品的产量和质量并无差异。究其原因，生产线上每一道工序都是事先定好的标准工序，所用零件也都是标准零件，整个生产过程是一个标准化的过程，与具体操作人员无关。这种标准化流水作业的模式，不但生产效率高，人为因素小，而且质量控制点明确，产品的合格率也高。作为设计企业，借鉴这种模式，对设计生产方式做一些变革，减少设计过程中人的因素，逐步转化为“以项目（产品）为中心”的生产方式。

“标准化设计体系（Standardized Design System，SDS）”就是为满足这种“以项目（产品）为中心”的生产方式的一种制度，即将设计工作中大量、重复性的工作，进行标准化统一，使之成为设计文件中的“标准模块”或者“标准框架”。在设计流程中，通过在“标准框架”中插入相应内容，或者直接插入“标准模块”的方法，完成重复性的设计工作，从而提高设计的劳动生产率，节约大量宝贵时间和精力，使设计人员专注于设计方案和内容构思。

中原设计公司根据“标准化设计体系”理念，确定四座储气库地面工程标准化设计工作思路，制定系列的标准体系文件、管理程序文件等设计管理文件，为储气库标准化设计打下坚实基础。

一 标准化体系建立原则

储气库标准化设计体系框架、结构、层次建立原则：

（1）科学性原则。体系在结构划分和逻辑关系上要严谨、合理，既要符合储气库建设生产实际，又能满足标准化设计的需要。

（2）优化原则。体系结构由若干元素组成，反映不同侧面和不同层次之间的关系。体系的结构形式，既要避免过于庞杂，又要避免缺项。

（3）扩展性原则。体系既要适于体现现行技术水平和生产实际，又要有利于随着标准化设计工作的开展不断升级、完善。

二 标准化体系的构成

整个标准化设计体系，除设计内容标准化外，还包括设计流程标准化、工程管理标准化等相关内容，使之真正成为一个可以依托的体系平台，所有设计，都应该遵从这个平台要求，通过该平台对设计全过程进行质量管控。

构建这样一个体系平台，应该从设计的各个阶段入手，分析每个阶段的特点，使标准化体系涵盖设计前期、中期、后期的全部内容，包括：工程编号和名称标准化、文档外观标准化、图纸外观标准化、技术措施标准化、技术接口标准化、设计软件标准化、文件存储结构标准化、通用图库管理标准化。

各阶段、各方面的标准化内容，可以归为两类：一类是设计文档外观，比如文档外观标准化、图纸外观标准化、工程名称标准化等，这部分可以为客户提供外观整齐统一的设计文件，称之为“表达方式标准化”；另一类是设计文件内涵，包括技术措施标准化、技术接口标准化、文件存储结构标准化等，这部分主要体现设计质量水平和技术水平，称之为“技术措施标准化”。

储气库标准化体系主要包括以下 10 大类：管理程序文件、编码体系文件、标准体系文件、设计指南、标准图、典型站场标准化流程、典型站场标准化平面布置、典型站场标准化建筑图集（含视觉形象）、典型站场标准化模块、标准化采购文件设计，合计 10 大类 1659 项文件。

三 储气库标准化体系建立

在项目起始阶段，EPC 联合体组织设计团队编制各类管理程序文件，促进储气库标准化设计工作的开展。

（一）文件索引

项目文件索引，能够体现项目的总体特征和一些基本信息。在设计前期阶段，重点是项目名称、编号标准化、文件标准格式，因此，EPC 联合体首先组织制定项目管理原则、项目文件标准格式等文件。

（二）文件管理规定

规范并统一各类成果文件的编制格式，满足储气库地面工程标准化设计前期（方案设计、可行性研究）、初步设计及施工图设计项目、竣工图设计项目的文档结构及文件编号规则管理的要求。

（三）文件标准格式

规定文件编写的基本要求、格式和模板，包含文字类设计文件、表格类设计文件和图纸类设计文件，满足储气库地面工程标准化设计前期（方案设计、可行性研究）、初步设计及施工图设计、竣工图设计文件的编制格式，

四 编码体系文件

一套适用的命名和编号制度，是项目管理的良好开端。储气库编码体系文件中，项目编号包括开始时间、设计部门、工程类别、流水号、工程阶段等基本信息。在某些场合，根据需要还设计一些短名称和短编号。

（一）项目文档结构及文件编号规定

规范并统一各类成果文件的编制格式，主要适用设计文件、技术文件和一般性管理文

件的编制，包括图纸、规格书、设备表、材料表、数据表、周月报、程序文件、各类专项报告等，及包括项目文档结构划分、设计类文件编号规则及管理类文件编号规则。

（二）P&ID 绘制规定

规定储气库初步设计及施工图设计项目 P&ID 绘制的基本要求，明确设备外形、物流管线、工艺数据、设备基础、图例说明等表示方法，以及 P&ID 绘制中设备、管线、管阀件及仪表编码规则。

（三）可研报告设计文件编制规定

规定储气库可研报告设计文件的编制内容和深度要求，说明立项的必要性、可行性及实现效果。从技术上、资金投入情况、投资回报、安全运行、生产能力上，多角度论证项目合理性和效益。

（四）初设文件编制规定

规定储气库初步设计阶段设计文件的编制内容和深度，应满足业主审查、工程物资采购准备和施工准备、开展详细工程设计的要求，还应满足“消防设计”“环境保护”“安全设施设计”“职业卫生”“节能”和“抗震设防”专项设计审查的要求，包括总说明书、各专业的设计图纸和说明以及工程概算书。

（五）施工图文件编制规定

规定储气库施工图阶段设计文件的编制内容和深度，应达到能满足材料采购、设备制造与安装、工程施工及装置投产运行的要求。设计文件包括工艺、静设备、动设备、工业炉、总图运输、装置布置及配管、仪表、电气、通信、建筑、结构、暖通空调、分析化验、给排水、消防设计文件。各部分设计文件应有文件目录。

（六）竣工图文件编制规定

规定储气库竣工图阶段设计文件，要求准确无误地反映出已经建设完成的工程项目的实际情况，特别是隐蔽工程部分，竣工图的编制更接近于勘测产品，不存在任何设计功能与要求，强调实事求是。

五 设计指南

储气库地面建设工作充分结合储气库的范围广、气井压力高、压力变化大、井数多的特点，克服地面设施多，建设施工和生产管理成本高的困难，在方案设计和施工建设过程中，从工艺流程、技术路线、设备选型和系统配套等多方面不断总结优化，按“标准化设计、模块化建设、数字化管理、市场化运作”的模式，形成一系列技术。

（一）设计统一规定

根据已建的文 96、文 23 等储气库特点，将工程分为站场、井场、线路三大部分，实现储气库的高效设计，统一设计标准，制定标准化、数字化设计技术规定。

（二）工艺专业设计指南

制定储气库工艺专业设计指南，包括线路系统、脱水系统、脱烃系统、脱固系统、注气压缩机、安全卸放设计、仪表风设计，以及储气库设计标准化统一规定。

（三）给排水专业设计指南

包括给排水系统设计规定和卤水系统设计指南。在储气库设计中，保持统一的给排水设计风格，制定站场工程给排水专业设计规定。使设计成品满足相关要求，达到统一的设计标准和水平。

（四）机制专业设计指南

包括压力容器技术规定、中低温用全螺纹螺柱、螺母制造技术条件、压力容器上高压法兰螺柱紧固程序、材料选用技术规定。

（五）仪控专业设计指南

包括计量系统设计规定和调压系统设计规定。

（六）通信专业设计指南

包括光缆线路设计规定和通信系统设计规定。

（七）电气专业设计指南

主要是供配电设计规定。

（八）勘察专业设计指南

包括测量统一技术规定和岩土工程勘察技术规定。

（九）防腐专业设计指南

包括站场、井场防腐保温及阴极保护设计技术规定。

（十）配管专业设计指南

包括配管统一规定、成橇技术规定及施工验收说明。

六 标准化工程设计基础库

建设项目模块化预制、组装化施工，要求必须有精准的设计。传统的二维设计很难满足要求，采用三维绘图可以大幅提高设计质量。与二维 CAD 设计相比，三维设计在自动纠错能力、自动绘制轴侧图、平面图和剖面图等方面，及材料表全自动生成等方面具有更大的优势。相对来说，二维平面设计费时、费力，容易出现设计错误，而有些错误是较难避免的，如制图错误（投影关系等）、材料统计错误和误差等。

采用三维软件设计可最大限度地减少设计错误，提高设计、预制质量和效率。国外大型工程设计公司，在基础设计和详细设计（施工图）阶段，已经广泛采用三维设计。三维设计是地面工程设计发展的必然趋势，是标准化设计的必要手段。

（一）数字化交付统一规定

规范并指导开展数字化交付工作，阐明交付的内容、交付方式以及交付过程。《石油化工工程数字化交付标准》（GB/T 51296）第 5 章交付内容与形式明确要求："交付内容应包括数据、文档和三维模型。工厂对象与数据、工厂对象与文档、工厂对象与三维模型等不同信息之间应建立关联关系。"

（二）数字化交付三维模型内容规定

明确储气库模型设计深度、颜色、格式应满足的规范和业主要求。交付模型中不应包含临时信息、测试信息及其他与交付无关的信息。

（三）智能化管理系统应用设计规定

规定储气库的智能化建设内容与要求，具体包括：智能化管理系统建设总体框架、工作流程和实施步骤；采集数据种类、质量要求、提交数据的形式；数据库建设技术路线和过程；应用软件系统建设的基本要求、总体结构、工作流程、详细步骤和质量控制要求；项目实施组织结构、人员安排，以及项目进度控制；项目验收、人员培训、数据更新和系统维护要求等。

（四）信息化设计规定

储气库信息化建设以业主业务需求为导向，以业务应用为核心，采用先进、成熟、可靠的技术和方案，不盲目追求最新技术，坚持技术先进性与经济实用性相结合的原则。信息化系统建设遵循统一规划、分步实施的原则，兼顾勘察设计、施工建设、运营维护整个储气库生命周期的业务需求。牢牢把握七个原则：安全性原则、实用性原则、先进性原则、开放性原则、扩展性原则、规范性原则、经济性原则。

（五）压力等级规定

规定注采站、注采井场管道组成件（包括管子、管件、法兰及阀门等）在材料、规格及标准方面的相关要求。站内管道主要输送介质包括天然气、污水、氮气、仪表风、三甘醇、润滑油等。管道组成件除应满足管道的设计条件（设计压力、设计温度、结构要求）外，还应满足管道的耐腐蚀性要求，同时须满足相应标准规范要求。管道材料等级是根据设计温度、设计压力和输送介质的要求，以及材料性能和经济合理性等因素，经过科学严谨计算，综合研判、考虑后确定的。

第二节　储气库标准化平面布局

对同类型的储气库工程，根据生产单元功能的不同，对站场、井场进行标准化平面布局，科学合理地整体规划，力争工艺流程简洁顺畅，严格遵循消防安全环保规定。同时，坚持生产、辅助分开，实现安全分区，不仅运营操作安全方便，空间设计也更加合理，能够有效减少共性问题的发生，使站场、井场的实用性达到最大化。

一　总体布局集约化设计原则

储气库总体布局集约化设计理念：功能集中、设置简约。形成“集中建站、井站合一、生产调控和生活设施集中、生产管理系统上层集中”的布局模式。

将注采站布置在井网的中心，实现注采气集中处理，实现配套工程和生产运行、维护、管理最优化。注采站与中心位置井场合建，缩短集输线路和管径，大幅减少道路和供电等配套系统建设。整合调控中心与倒班公寓，满足生产和生活需求，提升后勤保障能力，节约生产成本。组织机构精简，实现“分级负责，层层受控”。注采站履行生产和执行职能，调控中心为生产受控中心，实现监控和远程操作及调度功能，做到人员集中、信息共享，全面提升生产管理效率。

二 地面集输模式设计优化

针对储气库地面集输系统建设投资高、设备闲置率高、运行能耗高的现状，EPC 联合体设计团队创建“井站合建、设备橇装化、按功能分区布局”的总体集输工艺优化模式，弱化注采站场建设，简化采集系统流程，优化集输系统功能。采用橇装化设计技术，取消固定式站场的设计，实现工厂化预制和模块化施工，减少现场工作量，缩短建设工期，确保产能建设的灵活性，最终形成集约化工艺技术以指导新区块产能建设。

三 地上地下结合，优化简化井口设施

目前，井口一般都会设置加热炉或移动式注甲醇橇。东北地区的储气库为应对采气开工初期的低温情况，在井口同时设置加热炉和注醇橇。

储气库在设计过程中，将地面工艺与地下工艺相结合，在提高单井气量和提升井口温度的同时，计算井口至注采站不形成水合物的最佳输送距离，并据此布站，使得集输过程中不形成水合物，从而简化或去掉井场的加热注醇工艺，提质增效。

四 注采站 井场功能及平面布局要求

（一）注采站

注采站地面工艺一般由注气系统、采气系统、脱水、脱烃及再生系统、调压计量系统及井场系统构成。与常规气田地面建设相比，储气库具有强注强采、注采循环、运行压力高、气量压力波动大、使用寿命长、工程费高等特点。

1. 主要工艺流程及功能

注气流程：接收长输管道来气，站内经过滤分离、计量、增压后输往井场。

采气流程：接收井场来气，在站内经进站分离、空冷器冷却（根据地质条件）、过滤分离、脱水脱烃和计量后，输往长输管道。

注气流程采用的过滤分离器，对直径大于 3μm 的颗粒过滤效率一般应达到 99.9%，0.5 ~ 3μm 的颗粒过滤效率应达到 99.5%。采气流程通过注醇或加热后节流等方式，避免水合物形成；通过注乙二醇节流脱水或三甘醇脱水保证天然气外输水露点、烃露点能够满足输送要求。

注采站除去过滤分离、计量、增压外输、控制采出气烃、水露点等功能外，还可以配套凝析油回收、轻烃储存、排污、放空和注甲醇等工艺系统。

2. 注采站平面布局要求

注采站通常包括工艺装置区、压缩机房区、空冷区、辅助生产区、变配电区、火炬区、

综合办公区等区域，其等级划分及站内外安全间距要求，参照《石油天然气工程设计防火规范》（GB 50183—2004）相关规范要求。

3. 压缩机组布局及技术要求

（1）对注气压缩机组及管线进行气流脉动和管线机械振动分析，脉动控制系统的分析应考虑多台压缩机组并联操作，及机组橇外的工艺配管。

（2）对包括压缩机进、出口管线的配管系统，进行应力分析计算。

（3）压缩机组出口应设置抗脉动的止回阀，各级出口应设置安全阀。

（二）井场

1. 主要功能

根据井场内的单井数量、井的功能、井场与注采站距离等进行井场平面布置。注采井场的主要功能包括单井高压输送、注气流量分配、检修放空、采气计量、单井加热、注醇、清管等。

2. 井场平面布局要求

油气井布置时主要考虑油气井与周围建（构）筑物、设施的防火间距。《石油天然气工程设计防火规范》（GB 50183—2004）将井场定为五级站场，井场区域及站内设施安全间距应符合该规范及其他规范的相关要求。油气井与周围建（构）筑物、设施的防火间距详见表 3-2-1。

表 3-2-1　油气井与周围建（构）筑物、设施的防火间距　　m

名称		自喷油井、气井、注气井	机械采油井
一、二、三、四级石油天然气站场储罐及甲、乙类容器		40	20
100 人以上的居住区、村镇、公共福利设施		45	25
相邻厂矿企业		40	20
铁路	国家铁路线	40	20
	工业企业铁路线	30	15
公路	高速公路	30	20
	其他公路	15	10
架空通信线	国家一、二级	40	20
	其他通信线	15	10
35kV 及以上独立变电站		40	20
架空电力线	35kV 以下	1.5 倍杆高	
	35kV 及以上		

注：1. 当气井关井压力或注气井注气压力超过 25MPa 时，与 100 人以上的居住区、村镇、公共福利设施及相邻厂矿企业的防火间距，应按本表规定增加 50%。

2. 无自喷能力且井场没有储罐和工艺容器的油井按本表执行有困难时，防火间距可适当缩小，但应满足修井作业要求。

五 注采站 井站一体化优化布局

总体布局时，尽量将注采站与井场毗邻建设（如清溪储气库），注采管道合一设置或分开设置。不仅可实现高压集输管道均在站场内部敷设，避免站外建设高压集输管道的危险性。同时，由于井口与注采站距离近，可依托注采站的配套设施防治水合物，简化井口的水合物防治工艺。凝析气藏型储气库，可将井口单井气液分离计量橇设置在集注站内，减少井场占地。

近年来，中原设计通过自行设计，观摩学习国内其他储气库的建设经验，积累形成储气库工艺流程、平面布局等系列核心设计技术。在储气库标准化设计过程中，通过井站一体化、小型注采站、大型注采站、井场（丛式井场、单井井场）标准化设计，定型 7 类站场平面布置，满足装置模块化，提高集成度，最大限度减少用地。标准化平面布置效果见图 3-2-1。

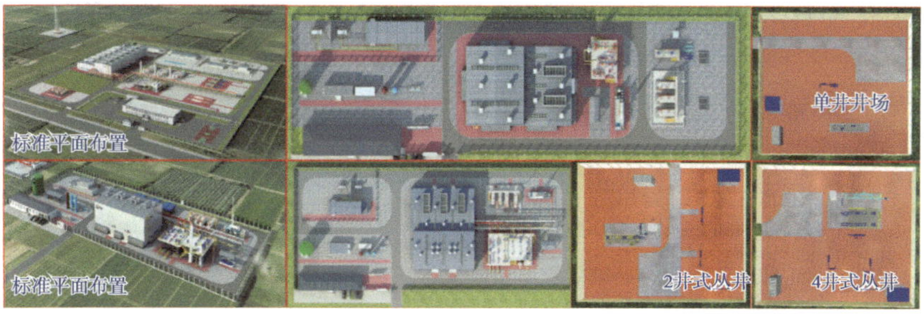

图 3-2-1 标准化平面布置效果图

（一）中小型 - 注采站（注采 240/300-450/500 系列）

1. 设计方案一

（1）生产区、辅助区分开，实现安全分区。

（2）综合用房对外设置职工通行门，与生产区主大门分开，实现人车分流。

（3）本方案选择实体围墙、压缩机房和空冷器间、消防泵房（北方）设计。注采站平面效果见图 3-2-2、详细平面布置见图 3-2-3、平面布置说明见表 3-2-2。

图 3-2-2 注采 240/300-450/500 系列方案一平面效果图

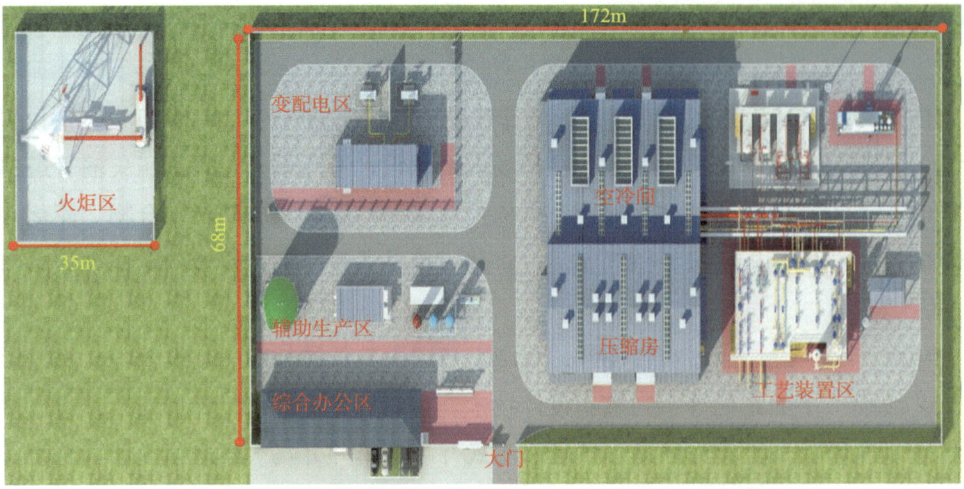

图 3-2-3　注采 240/300-450/500 系列方案一平面布置图

表 3-2-2　注采 240/300-450/500 系列方案一平面布置说明

占地面积	17.55 亩❶（172m × 68m）
区域划分	生产区：压缩机、空冷器、注采模块 辅助生产区：配电、消防、综合
建构筑物	压缩机房、综合用房（集装箱组装） 实体围墙、消防泵房（集装箱式）
橇块分类	注采工艺模块、储罐模块、空氮橇、三甘醇再生橇、火炬分液罐橇 35kV 预制舱、集装箱组合式辅助用房
对比	节约用地 8～9 亩

2. 设计方案二

（1）生产区、辅助区分开，实现安全分区。

（2）综合用房对外设置职工通行门，与生产区主大门分开，实现人车分流。

（3）本方案选择栅栏围墙、压缩机房（空冷器露天）、消防泵棚（南方）设计。注采站平面效果见图 3-2-4、详细平面布置见图 3-2-5、平面布置说明见表 3-2-3。

图 3-2-4　注采 240/300-450/500 系列方案二平面效果图

❶ 1 亩≈666.67m^2，工程建设实际使用亩衡量面积大小的情况较多，为便于参考使用本书保留亩的表达方式。

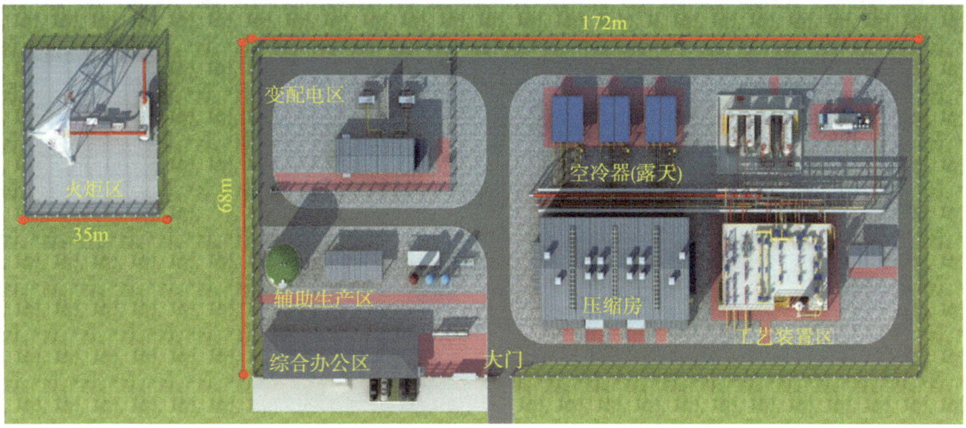

图 3-2-5 注采 240/300-450/500 系列方案二平面布置图

表 3-2-3 注采 240/300-450/500 系列方案二平面布置说明

占地面积	17.55 亩（172m × 68m）
区域划分	生产区：压缩机、空冷器、注采模块 辅助生产区：配电、消防、综合
建构筑物	压缩机房、综合用房（集装箱组装）铁栅栏围墙、消防泵棚
橇块分类	注采工艺模块、储罐模块、空氮橇、三甘醇再生橇、火炬分液罐橇 35kV 预制舱、集装箱组合式辅助用房
对比	节约用地 8 ~ 9 亩

3. 设计方案三

（1）生产区、辅助区分开，实现安全分区。

（2）综合用房对外设置职工通行门，与生产区主大门分开，实现人车分流。

（3）本方案选择栅栏围墙、降噪罩式压缩机房（空冷器露天）、消防泵棚（南方）设计。注采站平面效果见图 3-2-6、详细平面布置见图 3-2-7、平面布置说明见表 3-2-4。

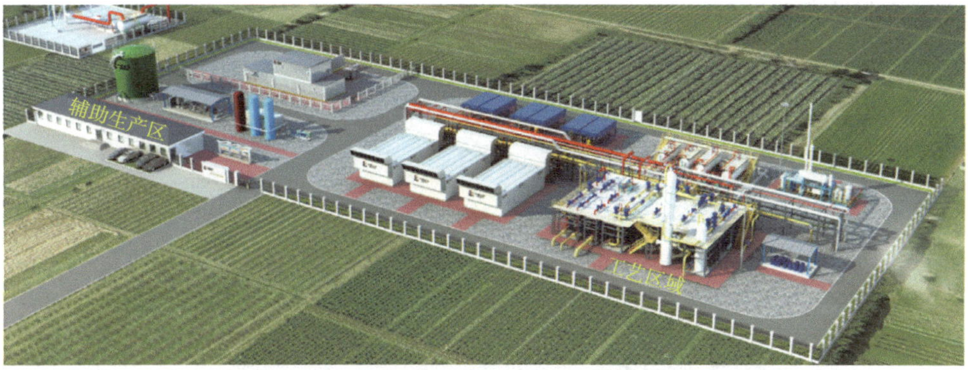

图 3-2-6 注采 240/300-450/500 系列方案三平面效果图

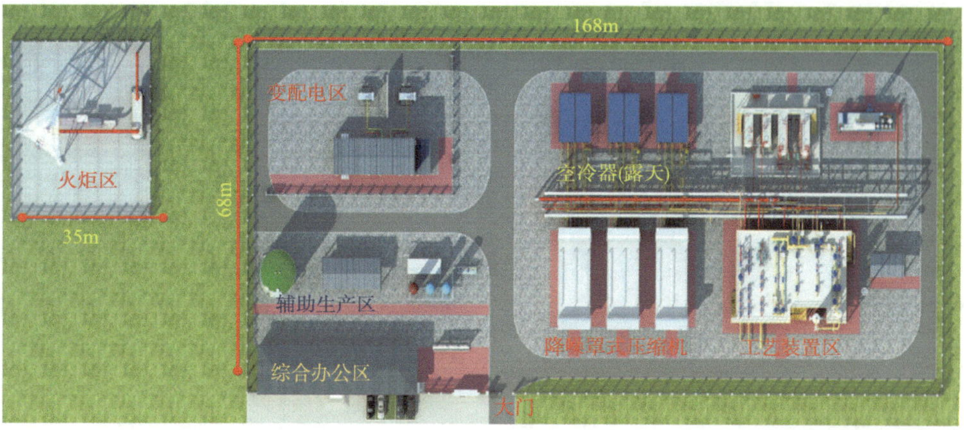

图 3-2-7　注采 240/300-450/500 系列方案三平面布置图

表 3-2-4　注采 240/300-450/500 系列方案三平面布置说明

占地面积	16.6 亩（168m × 66m）
区域划分	生产区：压缩机、空冷器、注采模块 辅助生产区：配电、消防、综合
建构筑物	压缩机房、综合用房（集装箱组装）、铁栅栏围墙、消防泵棚
橇块分类	注采工艺模块、储罐模块、空氮橇、三甘醇再生橇、火炬分液罐橇 35kV 预制舱、集装箱组合式辅助用房
对比	节约用地 9 ~ 10 亩

该中小型 - 注采站方案可实现用房集约化，优化整合，减少占地；装置模块化，通过模块立体拼插组合，提高集成度，节省占地；布局紧凑化，最大限度减少用地。综合用房与围墙公用，人车分离。

（二）大型 - 注采站（注采 600/1200 系列）

大型注站场（注采 600/1200 系列）平面效果见图 3-2-8、详细平面布置见图 3-2-9、平面布置说明见表 3-2-5。

图 3-2-8　注采 600/1200 系列平面效果图

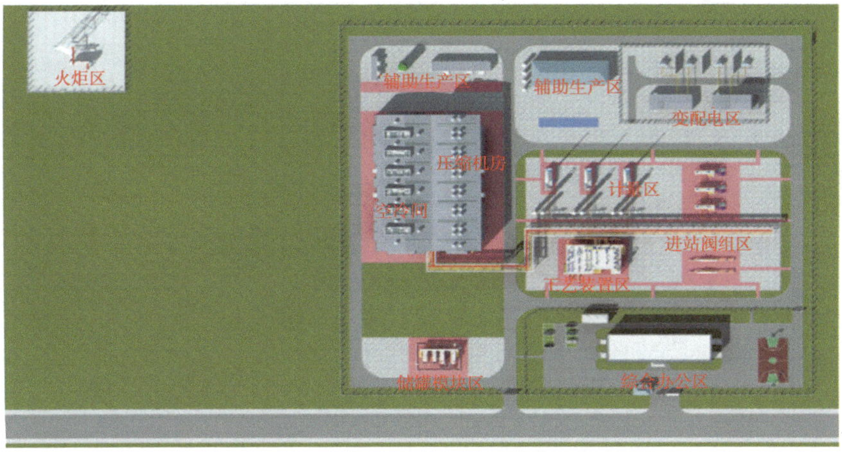

图 3-2-9 注采 600/1200 系列平面布置图

表 3-2-5 注采 600/1200 系列平面布置说明

占地面积	88 亩
区域划分	综合办公区、工艺装置区、压缩机区、变配电区火炬区
建构筑物	综合办公楼、压缩机房、变电站、集装箱式辅助用房和库房
橇块分类	收发球筒橇、过滤分离橇、计量橇、压缩机模块、火炬分液罐橇、空氮系统、排污罐橇、润滑油橇、进站分离橇、脱水分离橇、三甘醇储存橇、三甘醇回收橇、三甘醇再生橇、自用气橇、预装式变电站、在线分析小屋、集装箱式辅助用房
对比	节约用地 10 亩

（三）井站一体化站场（注采 120/200 系列）

井站一体化站场设计说明：

（1）生产区、辅助区分开，实现安全分区。

（2）综合用房对外设置职工通行门，与生产区主大门分开，实现人车分流。

（3）本方案选择栅栏围墙、压缩机房和空冷器间、消防泵房（北方）、站场井场一体化。一体化站场平面效果见图 3-2-10、详细平面布置见图 3-2-11、平面布置说明见表 3-2-6。

图 3-2-10 注采 120/200 系列平面效果图

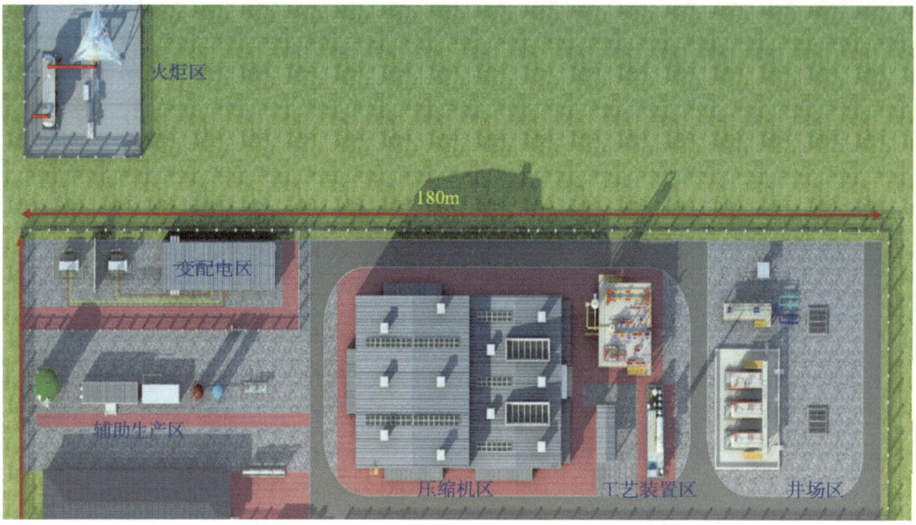

图 3-2-11　注采 120/200 系列平面布置图

表 3-2-6　注采 120/200 系列平面布置说明

占地面积	12.4 亩（184m × 45m）
区域划分	工艺装置区、压缩机区、辅助生产区、变配电区、井场区、火炬区
建构筑物	压缩机房、预制舱、集装箱式辅助用房
橇块分类	注采工艺模块、储罐模块、空氮模块、三甘醇再生橇、预制舱、集装箱式辅助用房
对比	节约用地 2～4 亩

（四）井场标准化设计

对单井井场、丛式井场的平面和设施进行标准化设计，在达到同样功能要求的基础上进行优化和简化，实现工程建设的标准化作业，缩短建设工期，减少土地占用面积，显著降低建设成本，促进地面工程高效快速运行。井场详细平面布置见图 3-2-12、平面布置说明见表 3-2-7。

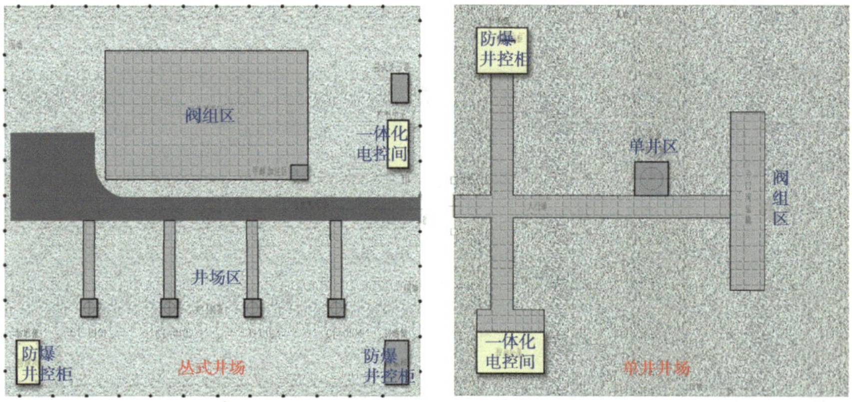

图 3-2-12　丛式、单井井场平面布置图

表 3-2-7 丛式、单井井场平面布置说明

丛式井场		单井井场	
占地面积	8.6 亩（4 井式）	占地面积	2.4 亩
区域划分	阀组区、井场区	区域划分	阀组区、井场区
建构筑物	一体化电控间、井控柜	建构筑物	一体化电控间、井控柜
橇块分类	井口节流橇、甲醇加注橇、进出站阀组橇	橇块分类	井口节流橇、甲醇加注橇
对比	节省用地 1.4 亩（14%）	对比	节省用地 2.6 亩（50%）

六 4 座储气库标准化平面布局应用

EPC 设计团队根据卫 11、清溪等 4 座库的站场、井场功能和规划用地，灵活应用已定型的 7 类站场平面布置，对 4 座库的注采站、注气站和井场进行科学合理的布局设计。

（一）注采站

1. 卫 11、问 13 西储气库注采站布局

卫 11、文 13 西储气库利用枯竭的油气藏建设，均采用一级布站方式，放射状集输管网，设注采站 1 座、丛式井场数座、单井井场数座。注采站工艺流程、功能布局类似，由进出站阀组、分离、脱水、增压、计量、空氮、放空、排污 8 个工艺单元，以及相关的总图、电气、给排水、消防等配套公用工程组成。站内生产区布置根据功能设置生产区和辅助生产区。卫 11 储气库三维设计模型见图 3-2-13，文 13 西储气库三维设计模型见图 3-2-14。

（1）生产区：包括工艺装置区、增压区、放空区等。

①工艺装置区：包括注采气工艺模块、储罐模块、再生装置。

②增压区：该区设置 1 座压缩机房和 1 座空冷器间，包括 3 台压缩机和空冷器。

③放空区：主要建设放空火炬 1 座以及 1 座火炬分液罐橇。

（2）辅助生产区：包括综合用房 1 座、消防泵房 1 座、1 座 500m^3 消防水罐、电气装置区、空氮橇块及其配套。

生产区的流程根据产品流向进行设置，使管线短捷顺畅，装置区间道路连接，既满足运输，又满足消防要求。放空区位于站场最小频率风向的上风侧，距注采站的围墙外不小于 90m。

（3）两库不同之处

①卫 11 储气库建设 35kV 变电站一座。

②文 13 西储气库用电取自附近的金堤变电站。

图 3-2-13　卫 11 储气库三维设计模型

图 3-2-14　文 13 西储气库三维设计模型

2. 清溪储气库注采站布局

清溪储气库位采用一级布站方式，设注采站 1 座、丛式井场 1 座，注采站与丛式井场合建。注采站在清溪 1# 集气站原位置扩建，清溪储气库三维设计模型见图 3-2-15。

注采站为清溪储气库的枢纽站，站内布置根据功能和地形设置办公区、消防区、工艺装置区、增压区、井场、放空区和 35kV 变电站等 7 个功能区。各区相对独立，又相互联系，既减少相互影响，又满足生产需求。全站分为 7 个功能区，分别为：

（1）办公区：包括 1 座综合用房、1 座卫生间、电气装置区。

（2）消防区：1 座消防泵房、1 座 1000m^3 消防水池（已建）。

（3）工艺装置区：包括注采气工艺模块、储罐模块、再生装置。

（4）增压区：该区设置 1 座压缩机房和 1 座空冷器间。

（5）井场：3 口注采井。

（6）放空区：位于最小频率风向的上风侧，距注采站的围墙外不小于 90m，用栅栏式围墙围成一个独立区域。

（7）35kV 变电站：2 座变压器、1 座 10kV/35kV 预制舱和 1 座事故油池。

图 3-2-15　清溪储气库三维设计模型

3. 白 9 储气库注气站布局

白 9 储气库利用低产的白 9 油气藏建设地下储气库，注气气源主要为中开线管道气，是通过注气保压驱油开发，实现提高采收率协调储气库建设。白 9 储气库三维设计模型见图 3-2-16。

储气库注气工艺采用一级布站方式，设注气站 1 座、计量阀组 1 座（设在白 2# 集气站）、配套 9 口单井（老井）管网。采气工艺已投现有的集输管网，采用二级布站方式，天然气处理依托白 2# 集气站及天然气处理厂。

注气站包括进出站阀组、过滤计量、增压、空氮、放空、排污 6 个工艺单元，以及相关的总图、建筑、自控、电气、给排水消防等配套公用工程。全站分为 4 个功能区，分别为：

（1）辅助生产区：包括综合用房 1 座、消防泵房 1 座、1 座 700m^3 消防水罐、电气装置区、空氮橇块及其配套。

（2）工艺装置区：包括过滤计量、排污等。

（3）增压区：该区设置 1 座压缩机房和 1 座空冷器间。

（4）放空区：主要建设放空火炬 1 座。

图 3-2-16　白 9 储气库三维设计模型

（二）井场

井场布置根据相关功能及周围的环境确定，井场为无人值守井场。

单井井场根据功能分为井口装置区（含井口的注采气工艺设施）和辅助生产区，辅助生产区设电控一体化小屋、视频监控设施等。

丛式井场根据功能分为井口装置区（多口注采气井，含井口的注采气工艺设施）和辅助生产区，辅助生产区设电控一体化小屋、视频监控设施等。丛式井场见图 3-2-17。

图 3-2-17　丛式井场

第三节　储气库标准化工艺技术及应用

受地质条件、采出物组分等条件影响，储气库地面工程建造、运行工况复杂。虽然中国储气库建设相对滞后，但是经过 30 多年的发展，目前形成的地面工程工艺技术满足储气库建设需求。

储气库地面工程工艺主要包括注气工艺、采气工艺，采取周期运行方式。每年夏季为注气期，冬季为采气期。注气与采气的期间为检测、维修平衡期。天然气长输管网和目标市场天然气出现盈余时进行注气，称为注气期。反之，出现不足时，需要采气井采气弥补不足，称为采气期。地面工程工艺是储气库的重要组成部分，对提高储气库的整体功能和效益有关键性的作用。

一 注气工艺

（一）概述

储气库注气流程有以下 2 种基本形式：

（1）注气压缩机增压注气

压缩机增压注气示意见图 3-3-1。

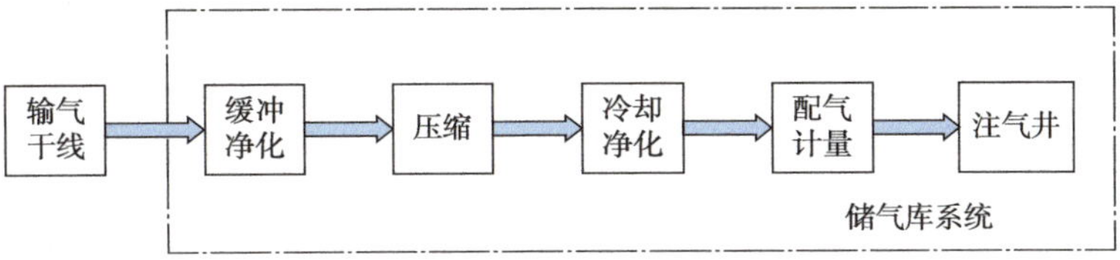

图 3-3-1 压缩机增压注气示意图

（2）采气干线的管压注气

采气干线的管压注气示意见图 3-3-2。

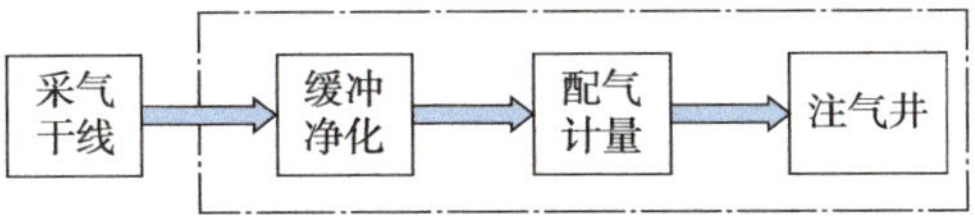

图 3-3-2 采气干线的管压注气示意图

两种流程差别在于是否设注气压缩机，需要结合天然气长距离管道系统全面考虑。当储气库联络线运行压力高于储气库最高注气压力时，不需要设注气压缩机。显然，国内外绝大多数天然气长输管网储气库需要设注气压缩机。

卫 11、清溪等 4 座库全部采用压缩机增压注气的工艺流程。

（二）注气净化

储气库注气流程不管是否增压，都需要对注气天然气进行净化处理。按照功能可分为流量计和压缩机前端的过滤分离，主要是过滤分离出天然气中所含的液体与固体颗粒、粉尘，满足天然气计量仪表、增压设备要求；压缩机增压后的天然气过滤，主要是分离天然气中携带的润滑油等杂质、水分，满足注气井注气质量要求。

以上 2 种注气净化方式 4 座储气库均采用。

（三）注气增压

储气库增压注气工艺与其他增压工艺相比较，最大特点是注气压力高达 35.0MPa，承受交变载荷周期运行模式。注气受制于储气库气层吸气能力。压缩机出口至注气井口的管网系统压力，随着地层压力上升而上升，周期运行，且上升幅度大。其次，气源受制于长距离输气管道，出现盈余时注气，气量由低到高、由高到低周期变化，且变化幅度大。多气源管道供气时，压力存在不均衡性，需要分别增压。

目前，离心式储气库压缩机主要应用在欧洲地区，国内储气库压缩机主要是电机驱动往复式活塞压缩机，多为国外进口设备。近年来，储气库压缩机国产研究取得显著成就，中国石化文 96、文 23 储气库（一期）国产压缩机出口压力分别达到 25.0 MPa、35 MPa，配套功率达到 1500kW、4500kW，压缩机设计制造及运行参数均能满足工程要求。

截至目前，中原储气库在用的压缩机共 25 台，其中 16 台为国产，工程造价节约 50% 以上，国产压缩机配置见表 3–3–1。

表 3–3–1　中原储气库国产压缩机配置表

技术参数	文 96 储气库	文 23 储气库 （一期）	卫 11 储气库	文 13 西 储气库	清溪 储气库	白 9 储气库
进气压力 /MPa	5.0 ~ 7.0	5.0 ~ 8.0	5.0 ~ 8.0	5.5 ~ 7.6	5.5 ~ 7.0	4.0 ~ 7.0
排气压力 /MPa	23.5	18 ~ 34.5	18 ~ 25	14.7 ~ 40	9 ~ 40	20.5 ~ 52
注气规模 /（$10^4Nm^3/d$）	200	1800	450	240	120	74
单台排气量 /（$10^4Nm^3/d$）	62	150	150	80	60	25
数量 / 台	1（共 3 台， 2 台进口）	6（共 12 台， 6 台进口）	3	3	2	1（共 2 台， 1 台进口）

（四）4 座储气库注气工艺流程

4 座库全部采用压缩机增压注气的工艺流程。

1. 定型注气工艺基本流程

EPC 设计团队统一不同类型储气库注气单元工艺流程，结合储气库注采间歇特点，简化过滤、压缩等单元备用设备，提高设备利用率，定型注气基本流程：来气→清管装置→旋风分离→过滤分离→计量→增压→注采井，流程图见图 3–3–3。

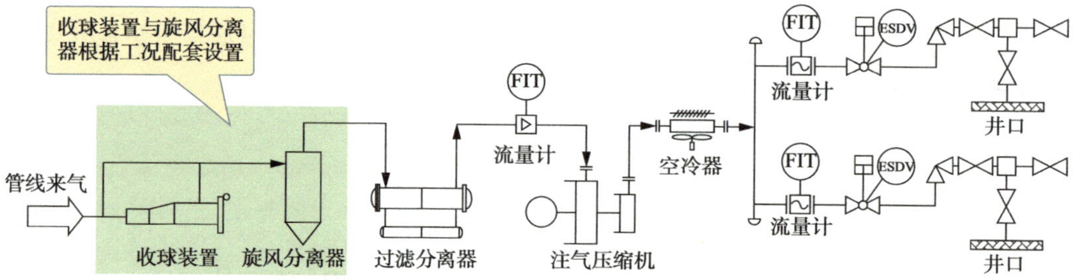

图 3–3–3　注气单元基本工艺流程图

2. 储气库注气流程具体应用

（1）卫 11、文 13 西、清溪储气库

自长输管道来的天然气（压力 5～8MPa、温度 5～25℃）进入注采站，经过过滤分离、计量后，进入压缩机系统增压，经注气压缩机组两级压缩后压力达 25～40MPa（g），空冷至 65℃后，送入注气汇管分配，再经注气干线至丛式井场。由丛式井场经单井输气管线注入地下储气库。

输气管道→过滤分离→计量→增压→注气井→地下储气库

（2）白 9 储气库

注气气源采用黄河南阀室引入的管道气（压力 4～7MPa）进入注气站，经过过滤分离、计量后，进入压缩机系统压缩，经注气压缩机组三级压缩后至 52MPa（g）、空冷至 65℃后通过注气干线输送至白 2# 集气站计量阀组计量，计量后分配至各单井井场注入到地下储气库。白 9 储气库注采工艺流程见图 3-3-4。

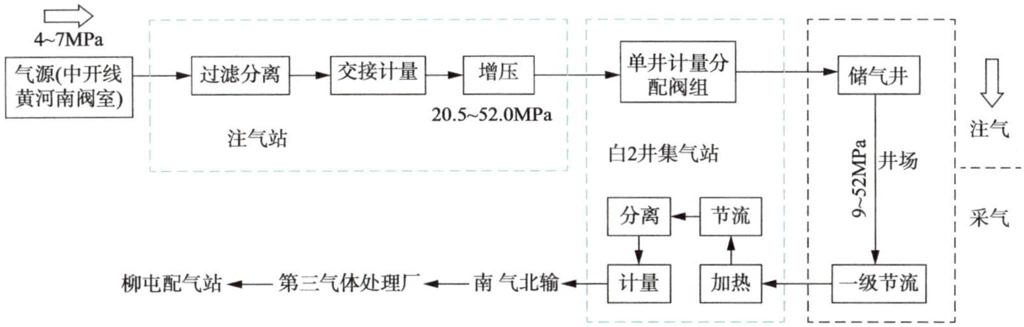

图 3-3-4 白 9 储气库注采工艺流程图

3. 井场注气流程

（1）卫 11、文 13 西、清溪储气库

注采站来气→紧急关断阀→流量计→紧急关断阀→采气树→地下储气层

（2）白 9 储气库

注气站来气→紧急关断阀紧→计量阀组→紧急关断阀→采气树→井口紧急切断阀→地下储气层

二 采气工艺

（一）概述

储气库采气流程是指注采井（采气井）至注采站（集气站）的集气流程，一般有两种基本形式。

（1）依靠地层压力将采出天然气输至输气干线，流程见图 3-3-5。

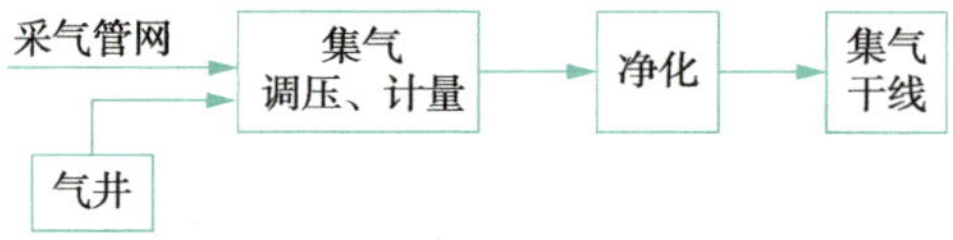

图 3-3-5　依靠地层压力外输的流程图

（2）依靠地层压力和压缩机增压将采出气输至输气干线，流程见图 3–3–6。

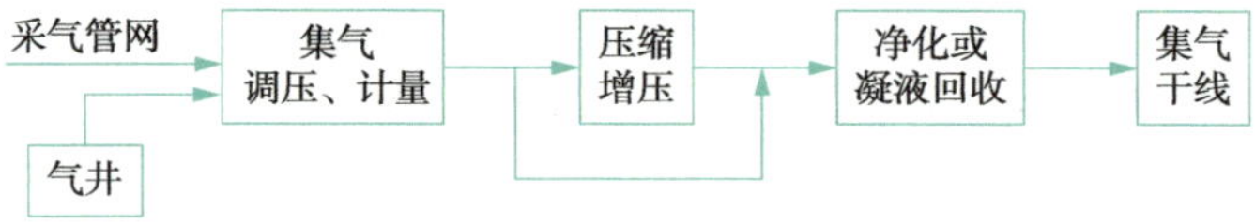

图 3-3-6　依靠地层压力和压缩机增压的输气流程图

两种流程的区别在于是否设外输气压缩机。普遍做法是：储气库距离天然气目标市场近，供气压力低的储气库不设置增压机，依靠气井压力直接输送至长输管网；反之，距离目标市场远、供气压力高的储气库，宜配套天然气增压机组，实现储气库增压输气。

4 座储气库采气流程：全部采用第一种集气流程，即依靠地层压力将采出天然气输至输气干线。

（二）采出气净化

储气库采出气净化处理目的是满足天然气长输管道管输商品天然气的要求。储气库采出气净化流程是指对采出气进行气液分离，脱出游离水、凝析油，再对天然气露点控制（脱水、脱烃），使其达到管输气标准的工艺流程。

干气气藏储气库采出气净化处理比较简单，一般不需要脱烃与烃露点控制。凝析气藏储气库采出气需要进行脱水、脱烃露点控制。油气藏储气库采出气则需要进行油气分离、天然气脱水、脱烃露点控制，特别是非枯竭油气藏储气库采出气含有原油时，应首先考虑原油与天然气的分离与回收，由于原油回收工艺比较复杂，管理较为困难。

储气库采出气脱出游离水、凝析油，常用重力式气液分离器及配套工艺。水露点控制常用甘醇吸收法脱水工艺。烃、水露点都需要控制时，应综合选用脱水、脱烃工艺，常用方法：一是采用低温分离方法，在脱水同时将烃脱出；二是采用先脱水再脱除烃的方法，该方法对于枯竭油藏烃含量较低的储气库非常实用，脱烃工艺使用年限短、工艺简单、规模小，可以节省投资与运行费用。

1. 低温法脱烃脱水

低温法是将天然气冷却至烃露点以下某一低温，得到一部分富含较重烃类的液烃（即天然气凝液或凝析油），并在此低温下使其与气体分离，故其也称冷凝分离法。按提供冷量的制冷系统不同，低温法可分为膨胀制冷（节流制冷和透平膨胀机制冷）、冷剂制冷和联合制冷法三种。

除回收天然气凝液时采用低温法外，目前也多用于含有重烃的天然气同时脱烃（即脱液烃或脱凝液）脱水，使其水、烃露点符合商品天然气质量指标或管道输送的要求，即通常所谓的天然气露点控制。

为防止天然气在冷却过程中，由于析出冷凝水而形成水合物，一种方法是在冷却前采用吸附法脱水，另一种方法是加入水合物抑制剂。前者用于冷却温度很低的天然气凝液回收过程；后者用于冷却温度不是很低的天然气脱烃脱水过程，即天然气在冷却过程中析出的冷凝水和抑制剂水溶液混合后，随液烃一起在低温分离器中脱除（即脱烃脱水），因而同时控制气体的水、烃露点。

自 20 世纪中叶以来，国内外有不少天然气在井口、集气站或处理厂中，采用低温法控制天然气的露点。

4 座储气库脱烃处理：对于卫 11、文 13 西和清溪等 3 座储气库，通过对已建储气库注入的管道气与原始地藏气分析，及对采出气组分进行模拟计算，在输送压力下，采出气的烃露点为 0℃。由于输送的地温为 6℃，在输送条件下不会有液烃析出，因此 3 座库的采出气不需要进行脱烃处理。按照设计规范，储气库水露点按 -10℃（10MPa）设计。白 9 站内不设置脱水脱烃装置，采出气输至黄河北进处理厂处理。

2. 甘醇脱水工艺

（1）适用范围

甘醇法脱水主要用于天然气露点符合管道输送要求的场合，一般建在集中处理厂（湿气来自周围气井和集气站）、输气首站或天然气脱硫脱碳装置的下游。甘醇法脱水深度虽不如吸附法，但气体露点降仍可达到 40℃，甚至更大。采用汽提法再生时，干气的露点甚至可低至约 -60℃。

（2）工艺流程

现以广为应用的三甘醇脱水装置为例介绍甘醇脱水工艺，脱水流程见图 3-3-7。此装置由高压吸收和低压再生两部分组成。原料气先经吸收塔塔外和塔内的分离器（洗涤器）除去游离水、液烃和固体杂质，如果杂质过多，还要采用过滤分离器。由吸收塔内分离器分出的气体，进入吸收段底部，与向下流过各层塔板或填料的甘醇溶液逆流接触，使气体中的水蒸气被甘醇溶液吸收。离开吸收塔的干气经气体 / 贫甘醇换热器，先使贫甘醇进一步冷却，然后进入管道外输。

吸收了气体中水蒸气的甘醇富液（富甘醇）从吸收塔下侧流出，先经高压过滤器（图中未画出）除去原料气带入富液中的固体杂质，再经再生塔顶回流冷凝器及贫 / 富甘醇换热器（贫甘醇换热器）预热后，进入闪蒸罐（闪蒸分离器），分出被富甘醇吸收的烃类气体（闪蒸蒸气）。此气体一般作为本装置燃料，但含硫闪蒸蒸气则应灼烧后放空。从闪蒸罐底部流出的富甘醇，经过纤维过滤器（滤布过滤器、固体过滤器）和活性炭过滤器，除去固、液杂质后，再经贫 / 富甘醇换热器进一步预热后，进入再生塔精馏柱。从精馏柱流入重沸

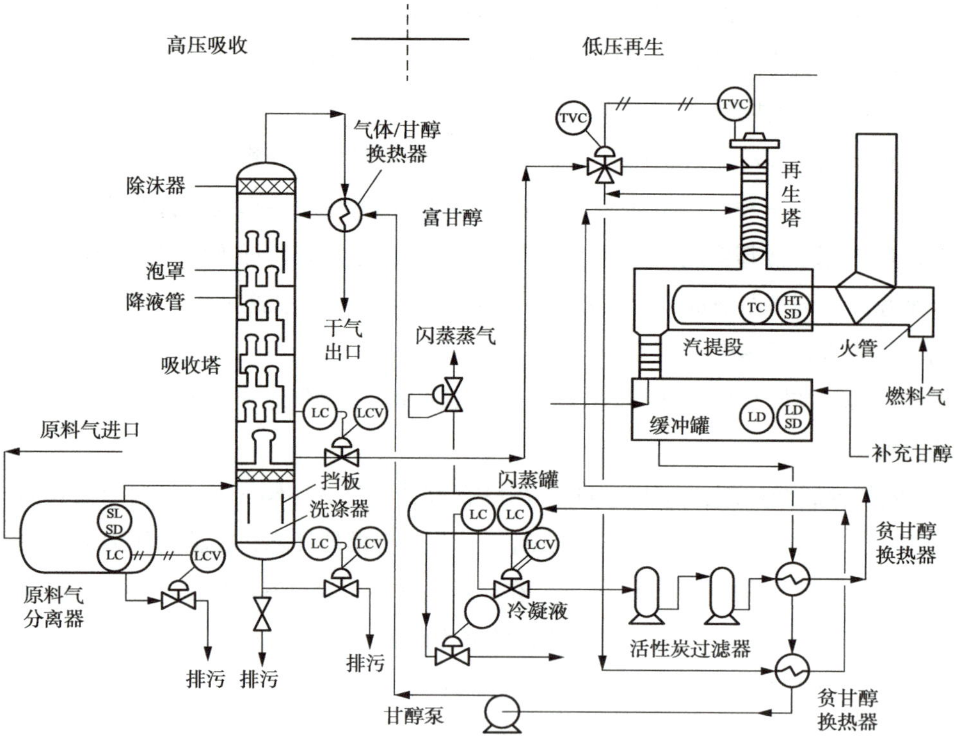

图 3-3-7　三甘醇脱水工艺流程图

器的甘醇溶液被加热到 177 ~ 204℃，通过再生脱除所吸收的水蒸气后，成为贫甘醇。

为使再生后的贫甘醇液浓度（质量分数）在 99% 以上，通常还需向重沸器或重沸器与缓冲罐之间的贫液汽提柱（汽提段）中通入汽提气，即采用汽提法再生。再生好的热贫甘醇先经贫 / 富甘醇换热器冷却，再由甘醇泵加压，经气体 / 贫甘醇换热器进一步冷却后，进入吸收塔顶循环使用。

（3）4 座储气库甘醇脱水工艺

根据中原储气库“强注强采”的特点，及兼备应急采气的功能，EPC 设计团队选用溶剂吸收法的三甘醇脱水工艺，利用注醇防止水合物形成，该工艺性能相对稳定。对采出气进行气液分离，脱出游离水、凝析油后，再对天然气露点控制（脱水、脱烃），使其达到管输气标准。主要脱水设备包括吸收塔和三甘醇再生橇。定型的三甘醇再生工艺流程见图 3-3-8。

（三）采出气增压

输气压缩机选型及工艺参数设计类似于注气压缩机，不仅与天然气长输管线及目标市场需求配套，还要与储气库地质、注采工程方案配套设计。通过单井集气管线、天然气净化处理装置处理后的天然气能够顺利进入压缩机增压，然后通过联络线输送至长输管网，压缩机运行工况出气参数要与天然气管网参数相匹配、与集气处理流程相匹配，做到压缩

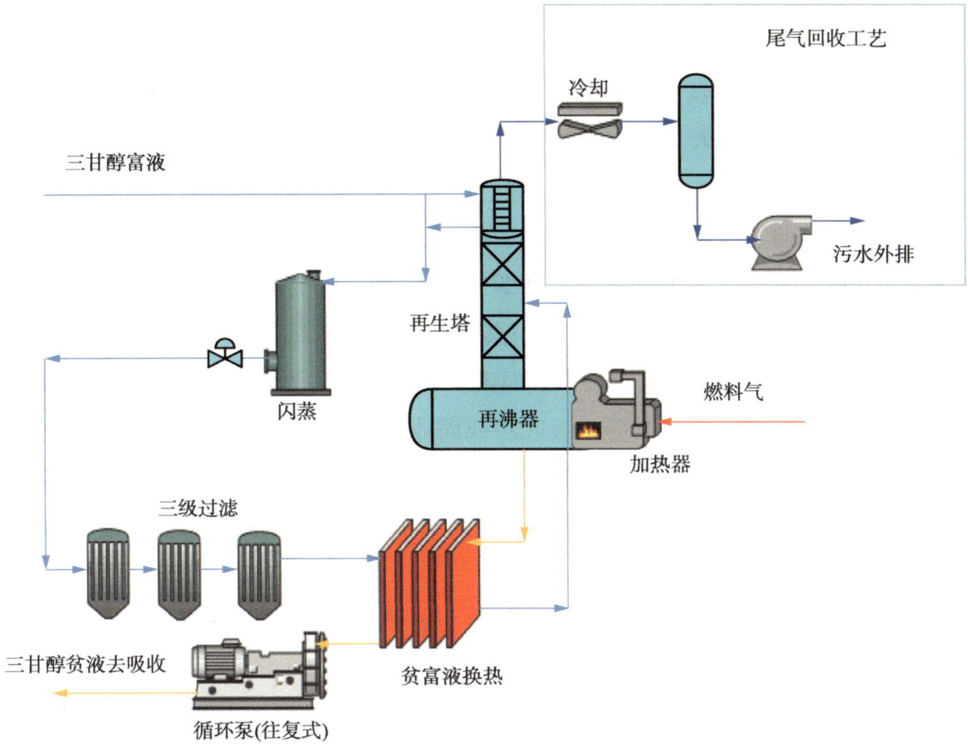

图 3-3-8　定型的三甘醇再生工艺流程

机进口集气处理流程不节流、压缩机出口联络线输气不憋压等。

储气库增压输气工艺最大特点是周期运行模式、进口压力波动范围大。输气压缩机出口压力一般是 8.0MPa 或 10.0MPa，进口压力一般在 1.5～8.0MPa，天然气流量由大至小变化。采气单井通过集气管网、净化处理装置至压缩机的集气量由高到低周期变化，至压缩机进口，天然气压力随着地层压力（单井集气管网压力）下降而下降，由高到低下降幅度大于数倍，给压缩机选型设计造成困难。输气压缩机出口压力一般≤ 12MPa，选用一级或二级压缩，国内压缩机制造厂家完全可以满足要求，且压缩机型号、制造厂家选择余地较多。

4 座储气库采出气外输：采用高压集输系统，采气井口压力较高 25～9MPa（g），满足集输压力和外输需求，无需设置输气压缩机增压，依靠节流后的输气压力，自行外输天然气。

为保证储气库平稳外输供气，4 座储气库采气工艺压力系统采用两级节流保证注采站出口压力稳定。一级节流，在单井采出管线上设置井口角式节流阀，将节流阀与超声波流量计联锁，通过流量控制装置限制采气冲蚀流量，井口节流阀后压力由下游系统背压约束。二级节流设置在脱水橇块三甘醇分离器后，设调压阀，稳定脱水橇块吸收塔的运行压力。脱水的天然气经调压计量后，进入外输管网。

（四）防冻堵工艺

井口采出或矿场分离器分出的天然气一般都含水。含水天然气当其温度降低至某一值后，极易在阀门、分离器入口、管线弯头及三通等处，形成固体水合物，堵塞管道与设备。防止固体水合物形成的方法有三种：

第一种方法是将含水的天然气加热，如果加热时天然气的压力和水含量不变，则加热后气体中的水含量就处于不饱和状态，亦即气体温度高于其露点，因而可防止水合物的形成，在气井井场采用加热器即为此法的一个案例。

当管道或设备必须在低于水合物形成温度以下操作时，就应该采用第二或第三种方法。第二种方法是利用溶剂（如三甘醇）吸收法或固体（如分子筛）干燥剂吸附法将天然气脱水，使其露点降低至操作温度以下。第三种方法是向气流中加入化学剂。目前，广泛采用的化学剂是热力学抑制剂，但自 20 世纪 90 年代以来研制开发的动力学抑制剂及防聚剂，也日益受到重视和应用。

天然气脱水是防止水合物形成的最好方法，出于经济上考虑，一般在集中处理站内进行脱水。否则，考虑加热或加入化学剂等其他工艺方法。

储气库在开井初期，地层温度场建立较慢，井口温度较低，单井管道易冻堵，且随着井口参数不断变化，冻堵存在间歇性、短时性和不确定性。

对于气藏型或凝析气藏型地下储气库，根据采气特性，井口大多采用节流注水合物抑制剂不加热工艺［图 3–3–9（a）］，该工艺具有使用流量范围大、流程简单、防冻效果好的特点。

对于油藏型地下储气库，采气时采出井流物中，常携带地层残存的原油。井口一般采用加热节流与注水合物抑制剂相结合的工艺，在井口设置加热炉与注醇设施。当储气库仅开井初期需加热时，加热炉可多口井共用一台［图 3–3–9（b）］。

（1）加热法

提高天然气节流前的温度，或敷设平行于采气管线的热水伴随管线，使气体流动温度保持在天然气水露点以上，是防止水合物生成的有效方法。矿场常用的加热设备有套管加热器和水套加热炉。

（2）抑制剂法

用于防止天然气水合物生成的抑制剂分为有机抑制剂和无机抑制剂两类。有机抑制剂有甲醇和甘醇类化合物，无机抑制剂有氧化钠、氯化钙及氧化镁等。天然气集输矿场主要采用有机抑制剂，这类抑制剂中又以甲醇、乙二醇和二甘醇最常使用。抑制剂的加入会使气流中的水分溶于抑制剂中，改变水分子之间的相互作用，从而降低表面水蒸气分压，达到抑制水合物形成的目的。广泛采用的醇类天然气水合物抑制剂的物理化学性质如表 3–3–2 所示。

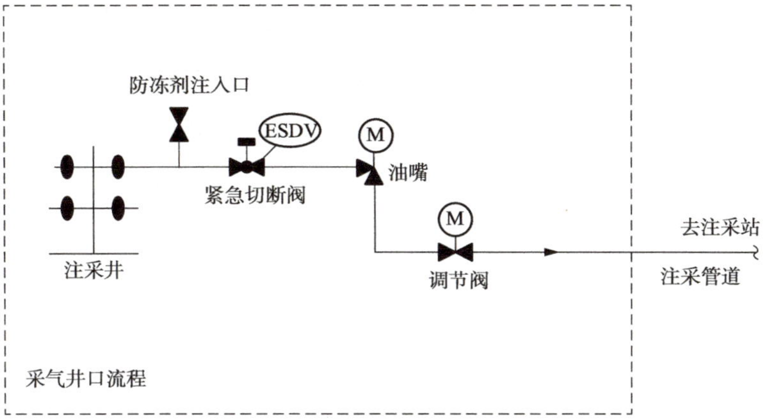

(a)不加热工艺

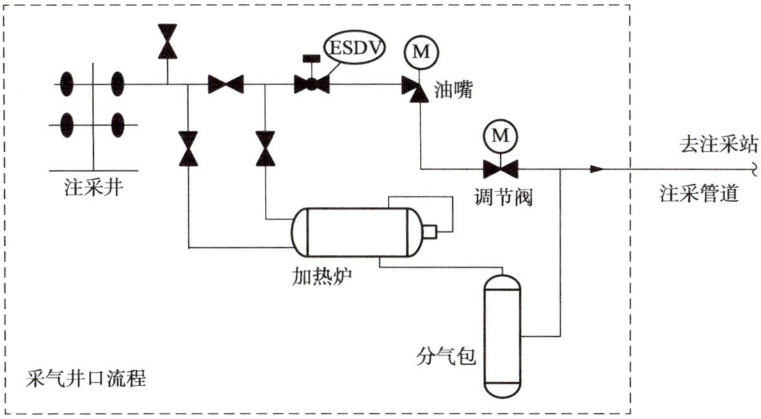

(b)加热工艺

图 3-3-9　井口防冻工艺示意图

水合物热力学抑制剂是目前广泛采用的一种防止水合物形成的化学剂。其作用机理是通过改变水溶液或水合物的化学位，使水合物形成温度更低或压力更高。目前普遍采用的热力学抑制剂有甲醇、乙二醇、二甘醇、三甘醇等。

4 座储气库防冻堵工艺：4 座库属于气藏型或凝析气藏型地下储气库，根据采气特性，井口采用节流 + 注水合物抑制剂 + 不加热工艺，即井场不设置加热设备，只采取注入抑制剂甲醇，使采出气中的水分溶于抑制剂中，改变水分子之间的相互作用，达到抑制水合物形成的目的。

（五）4 座储气库采气工艺流程

EPC 设计团队统一不同类型储气库采气单元工艺流程，定型采气基本流程：采气井→气液分离器→过滤分离器→脱水装置→干气分离器→输气管道，流程图见图 3-3-10。

表 3-3-2　常用抑制剂的优选结果配置

项目	甲醇	乙二醇	二甘醇	氯化钙
分子式	CH_3OH	$CH_2CH_2(OH)_2$	$O(CH_2CH_2OH)_2$	$CaCl_2$
相对分子质量	32.04	62.07	106.10	54.00
相对密度	0.7915	1.1088	1.1184	2.1500
水溶解度（20℃）	完全互溶	完全互溶	完全互溶	一定溶解度
绝对黏度（20℃）/ mPa·s	593	21.5	35.7	
性　质	无色易挥发、易燃液体	甜味无臭、黏稠液体	无色无臭、黏稠液体	白色晶体
适用性	水合物形成不严重，发生频率低，需紧急处理的工况	气体脱水，防止水合物生成，温度较高	气体脱水，防止水合物生成，温度较高	地层水矿化度较高；需测定凝固温度、沉淀物析出的可能性、水合物形成的平衡条件
同浓度下抑制效果	温降最大	温降次之	温降最小	温降次之
同过冷度下经济性	35175~48072.5 元 / 天	34768~40672 元 / 天	57273~58396 元 / 天	11473~12516 元 / 天
优　点	适用性强，效果好	凝固温度最低；在烃类气体中，具有低溶解性	在烃类气体中具有低溶解性	成本低
缺　点	易挥发，加入量大（包括气相损失及液相损失两部分）	在凝析油中含芳香烃时损耗大，以细小液滴注入	用量大，价格高，以细小液滴注入	长期使用可能会导致晶体的形成

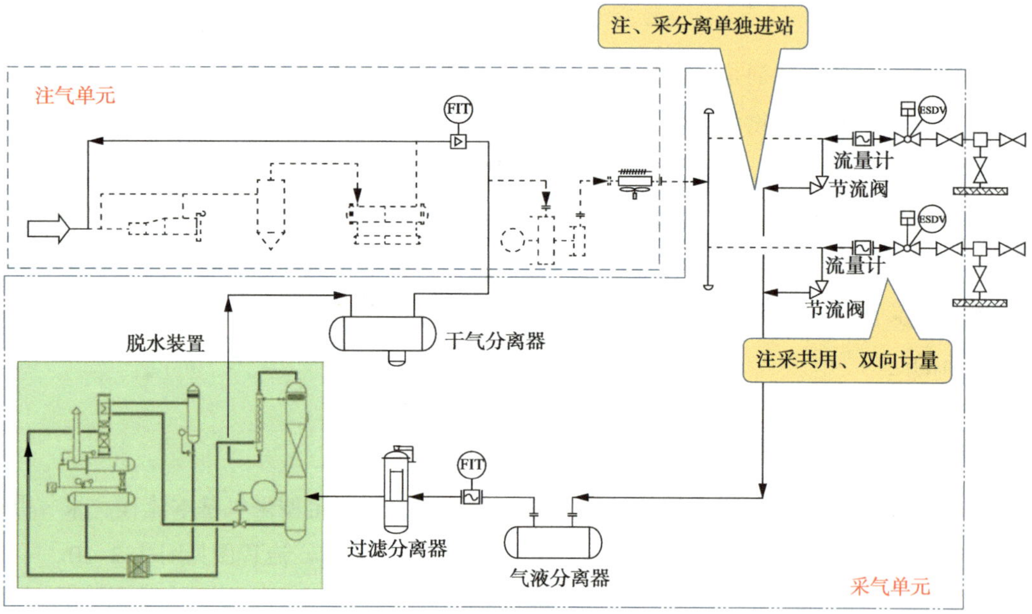

图 3-3-10　定型的采气工艺流程

1. 卫 11、文 13 西、清溪储气库

（1）注采站采气流程

来自气井的湿天然气，经井口超声波流量计计量、角式节流阀调压和流量控制后，汇入井场采气汇管，气液混输送至注采站采气汇管，经进站分离器、过滤分离器，分离其中的游离水及杂质后，进入三甘醇脱水装置脱水。脱水的天然气经调压计量后，送入外输管网。

地下储气库→采气井→进站分离→过滤分离→三甘醇脱水→计量→输气管道

（2）井场采气流程

井口来气→紧急关断阀→超声波流量计→调节阀→紧急关断阀→注采站

2. 白 9 储气库采气工艺流程

采气井来气，井口节流后输往白 2# 集气站，在白 2# 集气站加热节流、分离、计量后外输。

地下储气库→井口紧急切断阀→限流音速喷嘴→角式节流阀→闸阀→白 2# 集气站→水套炉→单井计量分离器→生产分离器→湿气外输

三　集输工艺

（一）概述

集输管线是集输系统重要的组成部分。从气井至集气站第一级分离器入口之间的管线称为采气管线。集气站至净化厂或长输管线首站之间的管线称为集气管线。集气管线分为集气支线和集气干线。由集气站直接到附近用户的直径较小管线也属集气管线范畴。由集气干线和若干集气支线（或采气管线）组合而成的集气单元称为集气管网；一个地区的集气管网则是指一个储气库或几个储气库的集气管线组合而成的集气单元。

图 3-3-11 为一储气库集输管网的示意图，净化后的天然气进入输气管线。

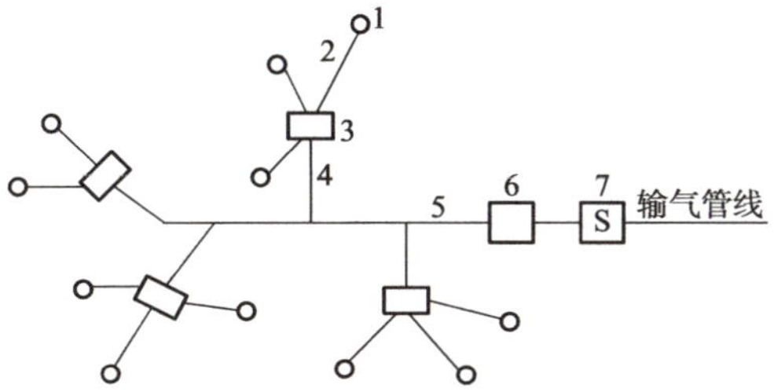

图 3-3-11　集气系统示意图

1—井场装置；2—采气管线；3—多井集气站；4—集气支线；5—集气干线；6—集气总站；7—天然气净化厂

（二）集输系统分类

集输系统按布站方式可分单井集气（一级布站，在井场实施节流、调压、分离、计量、加温、注醇、排水采气等）和多井集气（二级布站，分离、计量集中在集气站）等。

按集气管线的操作压力通常分为高压、中压和低压集气管线，压力范围见表3-3-3。

表3-3-3　按管压管线分类

管线名称	压力范围/MPa
高压集气管线	$10 \leqslant P \leqslant 16$
中压集气管线	$1.6 \leqslant P \leqslant 10$
低压集气管线	$P < 1.6$

按注采管线是否分开，分为注采合一和注采分开两种。注采管线是否分开，应综合考虑注采规模、管道压力、管道长度、采出物油水含量、设备与管材、运行管理等方面，对注采管道同管、异管进行技术经济比选。注、采输送气量接近，且注、采管道压力接近时，采用注采管道合一建设可降低投资成本。但受无缝钢管生产能力限制，当注气设计输量大于$800 \times 10^4 m^3/d$时，注采合一管道需采用双管，与注、采分开设置相比，并不能减少管道数量；当注气设计输量大于$1000 \times 10^4 m^3/d$时，注采合一的经济性优势不明显。

按输送介质可分为干气输送和湿气输送两种。所谓干气输送是指在矿场井（集气站）对天然气进行脱水处理后，再集输。湿气输送是指在矿场井（集气站）对天然气仅降压气液分离，脱出液相后进行集输。干气输送、湿气输送的优缺点如表3-3-4所示。

表3-3-4　干气、湿气输送的优缺对比

类别	优点	缺点
干气输送	输气管线运行阻力小、管线内腐蚀轻	工艺复杂、投资高、运行费用高
湿气输送	工艺相对简单、投资低、运行费用低	存在水合物堵塞管线、管线腐蚀问题，需要配套防止水合物堵塞、管线内防腐技术

根据集输管网的拓扑结构可分为四种型式：线型管网、放射型管网、成组型管网、环型管网。集输管网流程类型如图3-3-12所示。

（1）线型管网流程

线型管网流程的管网呈树枝状，经储气库主要产气区的中心，建一条贯穿储气库的集气干线，将位于干线两侧各井的气集入干线，并输到集气总站，如图3-3-12（a）所示。适用于气藏面积狭长，且井网距离较大的储气库。特点是适宜单井集气。

（2）放射型管网流程

放射型管网是有几条线型集气干线，自一点（集气站）呈放射状分开，如图3-3-12（b）所示。适用于储气库面积较大，井数较多，且地面被自然条件所分割的矿场。

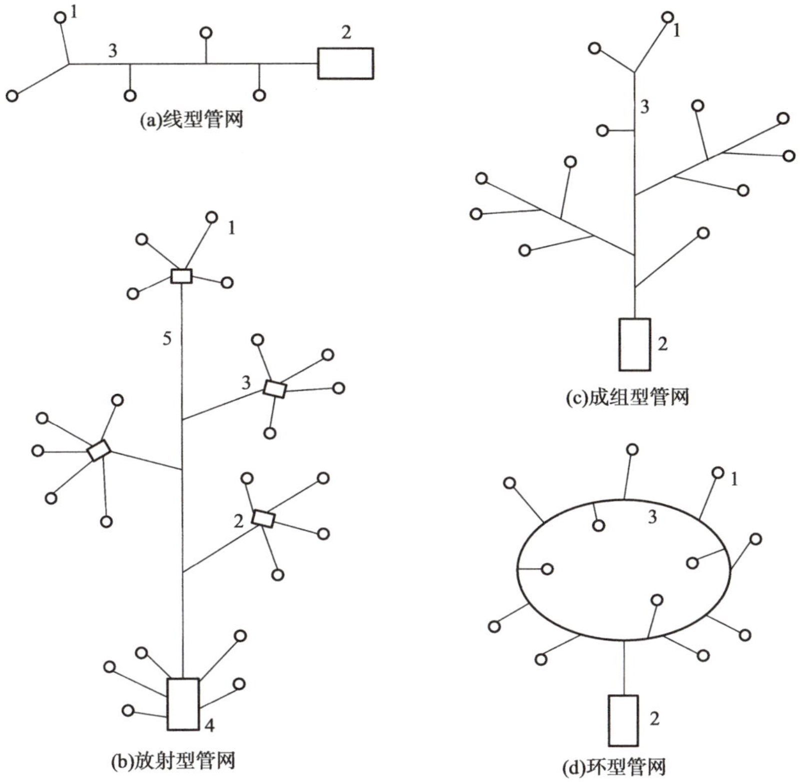

图 3-3-12 集输管网流程的类型

1—气井；2—集气站；3—集气管道；4—集气总站或增压站

（3）成组型管网流程

成组型管网流程如图 3-3-12（c）所示，适用于若干气井相对集中的一些井组的集气，每组井中选一口设置集气站，其余各单井到集气站的采气管线成放射状，亦称多井集气流程。其优点是便于天然气的集中预处理和集中管理，能减少操作人员。

（4）环型管网流程

环型管网流程如图 3-3-12（d）所示，适用于面积较大的圆形或椭圆形储气库。具备上述条件的储气库，如果地形复杂，储气库处于大山深谷中，则不宜采用，而宜采用放射型管网。其特点是气量调度方便，环形集气干线局部发生事故也不影响正常供气。

（三）集输系统的设置原则

大型储气库不局限于一种集气管网流程，可用两种或三种管网流程的组合。管网类型主要取决于储气库的形状、井位布置、所在地区的地形、地貌以及集输工艺等诸多因素。因此，管网布局是一个较为复杂的“系统”工程，要进行优化布置，对提高储气库开发经济效益有关键意义。

1. 满足储气库开发方案对集输管网的要求

（1）以储气库开发方案提供的产气数据为依据。产气区的地理位置、储层的层位和可采储量；开发井的井数、井位、井底和井口的压力和温度参数（包括井口流动压力和流动温度）；各气井的天然气组分构成，开采中的平均组分构成；气井凝液和储气库水的产出量和组分构成等数据，是储气库开发方案编制的依据，也是集输管网建设所需的基础数据。

（2）按储气库开发方案规定的开发目标和开发计划，确定集输管网的建设规模，安排建设进度。开发方案根据储气库的可采储量、天然气的市场需求和适宜的采气速度，对储气库开发的生产规模、开采期、年度采气计划、各气井的总采气量和采气率作具体规定。集输管网的建设规模应与天然气生产规模相一致。当天然气生产规模要求分阶段实施时，集输管网的分期建设计划，可根据开发期内年度采气计划规定的年采气量变化来制定。

2. 集输管网设置、集气工艺应用与集输场站设置相一致

集输管网设置、集气工艺技术应用、集气生产流程安排和集输场站的合理布点要求密切相关。采用不同的集气工艺技术和不同的集输场站设置方案，对集输管网设置提出不同的要求，带来某些有利和不利的因素，影响到集输管网的总体布置和建设投资。通过优化组合集输管网和场站建设方案，将这两项工程建设的总投资额降到最低，是集输管网设置希望达到的主要目标之一。

3. 集输管网内的天然气总体流向合理

管网内主要管道的安排和具体走向，与当地的自然地理环境条件和地方经济发展规范协调。

矿场集输中的天然气终端是天然气净化厂，但经净化后的天然气，最终要输送到天然气用户区。集输管网内的天然气总体流向，不但要与产气区到净化厂的方向相一致，还应与产气区到主要用户区的方向一致。为此，需要把集输管网设置和天然气净化厂选址结合起来，把净化厂选址在产气区与主要用户区之间的连线上，或与这个连线尽可能接近的区域，并力求净化厂与产气区的距离最短。

管网中，集气干管道和主要集气支管道的走向，与当地的地形、工程地质、公路交通条件相适应。避开大江、大河、湖泊等自然障碍区和不良工程地段以及高度地震区，使管道尽可能沿有公路的地区延伸。远离城镇和其他居民密集区，不进入城镇规划区和其他工业规划区。

4. 符合生产安全和环境保护要求

（1）腐蚀控制

腐蚀是导致集输管道在内压作用下发生爆破的主要原因。需要根据天然气中腐蚀性物质的种类和含量，有针对性地制定防护措施和选用管道材质，防止爆破事故的发生。

（2）设置事故时的气源自动紧急截断装置

爆破事故发生时，自动紧急截断通向事故点的气源，这是集输管网设置中的安全原则

之一。在气井井口处设置高、低压安全截断阀，在下游管道超压或失压时，自动关闭井口。在管道上分段设置能在管道爆破时，自动紧急截断上、下游气源的截断阀，将事故时的天然气自然泄放量和天然气中有毒物质的绝对泄放量，都控制在限定值以内。这些都是降低事故危害作用，防止后续事故发生的通行作法。

（四）4 座储气库集输工艺

1. 集输工艺

各储气库采用注采分离、气液混输的集输工艺，放射状集输管网流程。

4 座库距离气源均较近（≤ 10km 左右），注采站（注气站）主要设置在各井场附近，且尽量利用中原油田已建场地及部分设施，节约工程投资。例如：文 13 西储气库利用已建文东气举站（南院）闲置场地建设，放空区利用文 96 已建放空区域，注采站不产生新征地。

根据储气库采出气矿化度高（$\geq 10\times10^4$mg/L）、含有少量轻质油的特点，为防止积盐腐蚀、堵塞管道，采用注采分离、气液混输集输工艺。为避免轻质油污染脱水剂，采出气进站设置高效分离器，将轻质油组分彻底分离。

2. 集输管网腐蚀控制

储气库气源管线和集输管线沿线土壤电阻率绝大部分在 20 ~ 50Ω·m，个别地区土壤电阻率大于 50Ω·m，土壤腐蚀性主要为中等腐蚀。

EPC 设计团队认真分析管道沿线的腐蚀环境特点，制定有效的防腐措施，对埋地金属管道采用防腐层和阴极保护联合保护的防腐措施，不仅行之有效，且最为经济合理。

（1）防腐层

储气库气源管线外防腐采用常温型加强级三层 PE，注、采气管线和单井管线外防腐采用高温型加强级三层 PE。

一般线路管道补口采用“无溶剂液体环氧涂料 + 聚乙烯热收缩带”的结构。

定向钻穿越处管道补口采用“无溶剂液体环氧涂料 + 定向钻专用聚乙烯热收缩带”的结构。4 座库的定向钻穿越长度均小于 1200m，属于中小型定向钻穿越，补口处不加外防护层。

（2）阴极保护

在注采站设 1 座阴极保护站，对站外集输管网进行强制电流阴极保护。

阴极保护站由恒电位仪（2 台恒电位仪与控制台组装在同一台机柜内）、连接电缆、阳极地床、埋地参比电极、绝缘设施以及测试设施等构成。

3. 事故时的气源自动紧急截断装置

储气库的气源自动紧急截断装置为自力式压力切断阀。当井口压力超过设定压力时，井口自力式压力切断阀关闭，以保证下游管网不超压；当井口压力低于设定压力时，井口自力式压力切断阀关闭，确保井口有足够的压力以完成输送至外部管网的供气任务。同时设单向阀及压差检测防止管线出现爆管事故时气井内的天然气外溢。

四 天然气计量

天然气计量是天然气长距离管道及储气库生产运行、营销管理的重要手段之一。目前，绝大多数天然气计量以体积流量计量为主。

储气库天然气计量包括进、出注采站的交接贸易计量，及单井、单体工艺设备的生产过程计量。天然气流量计种类繁多，但适用于储气库高压力、宽压力工况、大量程比、双向计量，长周期运行要求的有超声波流量计、靶式流量计、智能旋进旋涡流量计。

（1）贸易计量

储气库进、出站天然气交接（贸易）计量宜选用超声波流量计，配套在线连续分析仪分析天然气组分。

（2）井口计量

注采气井口计量在储气库注采循环中是一项至关重要的工艺环节。单井注采气计量数据是评价地层天然气储存能力和采出能力的重要依据，准确的井口计量能有效指导生产，优化运行参数，科学评价注采效果，提高天然气注采率。

储气库计量特点：储气库压力和气量变化频次多，具有“反复注采”的特点，对计量设备的抗疲劳能力要求高；中国储气库产量变化大（天然气瞬时流量上下限可达 40：1），压力变化范围大（单井采出气压力变化范围可达 8～32MPa），对计量设备适应性有较高要求；储气库采气期流体介质组成各异，凝析气藏或油藏型储气库含天然气、凝析油或黑油、游离水；气藏型储气库含天然气、游离水，对计量设备提出较高要求。

根据以上特点，单井注气、采气可以是单井连续计量或选用井周期计量方式。单井、单体工艺设备宜选用智能旋进旋涡天然气流量计，管径大或需要双向计量时，宜选用二声道的超声波流量计。

中国部分已建储气库采取的调节计量工艺见表 3-3-5。

表 3-3-5　中国部分已建储气库调节计量工艺

类型	储气库	调节计量工艺	
		计量方式	节流阀
气藏型	文 23 储气库（一期）	双向	双向
	文 96 储气库	单向	单向
	卫 11 储气库	双向	双向
	雷 61	双向	双向
	陕 224	双向	单向和双向
	双坨子	双向	双向
	相国寺	双向	单向

续表

类型	储气库	调节计量工艺	
		计量方式	节流阀
凝析气藏型	苏桥	单向	单向和双向
	呼图壁	双向	单向
	大张坨	单向	单向
油藏型	刘庄	单向	单向
	板南	单向	单向
	京 58	双向	单向
	双 6	单向和双向	单向
盐穴型	金坛	双向	单向

注气管道所输介质为经过处理的洁净天然气，使用单相流量计进行注气计量即可。

储气库采气计量受储气库类型、采出流体介质影响较大。对于采出气较洁净的储气库，如气藏型储气库、采出气含微量油凝析气藏或油藏型储气库，可采用双向流量计对注气和采气流量进行计量，工艺流程简单。一般采用靶式或超声波双向流量计，注采流量调节一般采用轴流式双向调节阀。双向计量工艺流程示意见图 3–3–13。

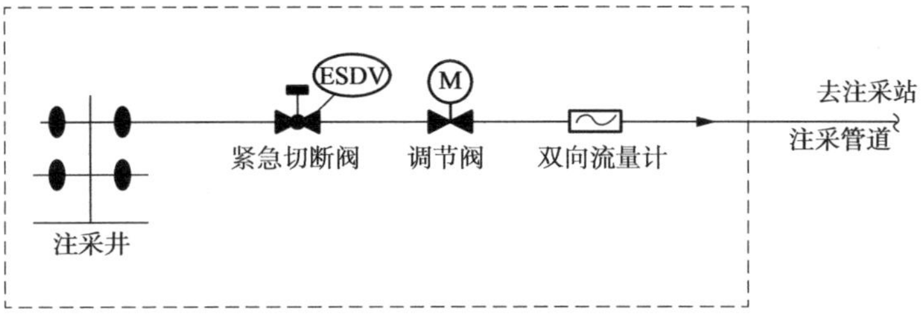

图 3-3-13 双向计量工艺流程示意图

对于采出流体介质较复杂的储气库，如采出气含油量较高的凝析气藏或油藏型储气库，根据地质专业要求，需要计量油、气、水三相流量。注气系统采用调节球阀 + 单井流量计，采气系统采用角式节流阀 + 两相分离轮换计量。目前，国内采用分离计量工艺对每口采气井进行轮换计量，即在注采站或丛式井场内设置 1 台两相或三相计量分离器将油、气、水分离后计量。苏桥储气库、大张坨储气库均采用上述注采分开计量、采气管道分离计量的工艺。采气分离计量流程示意见图 3–3–14。

（3）4 座储气库计量流程

来气计量：长输管道来气通过进站阀组后，进入过滤分离器进行分离，再进入超声波流量计进行计量，计量后的天然气进入压缩机增压注气。

外输计量：脱水后的天然气，经超声波流量计计量后，输送至进出站阀组区，计量后外输。该流量计与注气流程共用。

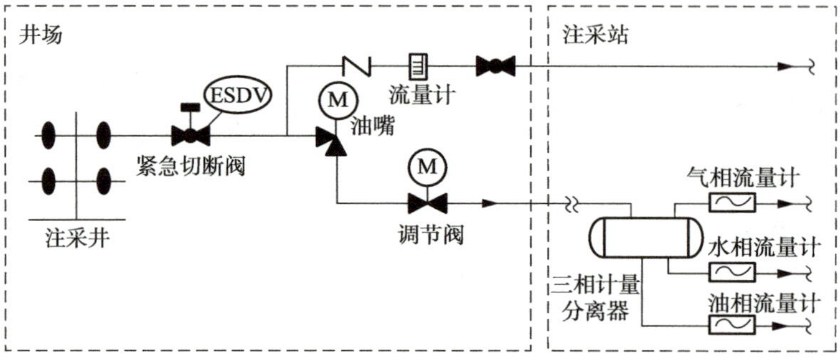

图 3-3-14　采气分离计量流程示意图

单井计量：注采井选用双向计量，减少仪表数量。卫 11 和文 3 西储气库单井计量流量计选用超声波流量计，清溪和白 9 储气库选用槽道流量计。

五　4 座储气库标准化工艺流程

EPC 设计团队结合 4 座储气库的实际特点，科学选用注气、采气、集输等工艺技术，首先定型储气库标准化流程（图 3–3–15），再结合每座库的实际情况，灵活针对性地制定每座库的具体工艺流程。

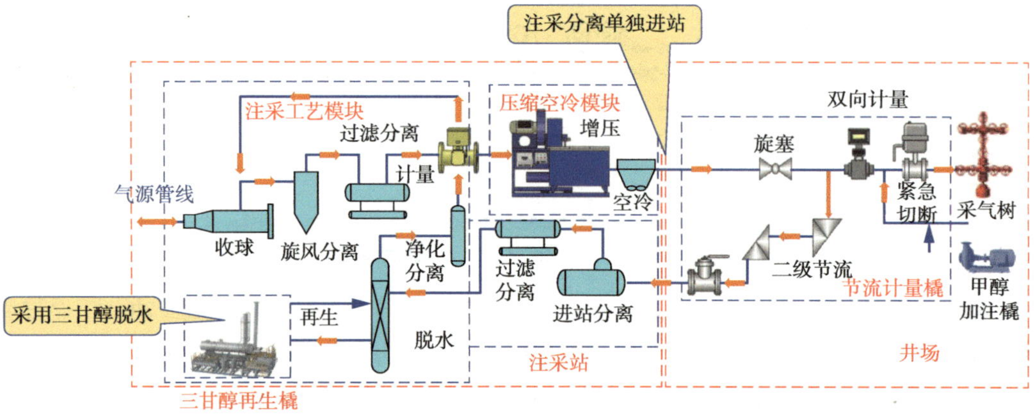

图 3-3-15　储气库标准化工艺流程

4 座库均采用一级布站方式，主要工艺包括集输工艺、注气工艺、采气工艺，标准化流程特点如下：

（1）集输工艺：采用一级布站、双向计量、井口节流的工艺模式，降低投资，保证平稳外输供气。针对"地层高矿化度"情况，选用"注采分离、气液混输"工艺，避免堵塞管路。

（2）注气工艺：采用宽工况、单气源、多机组的注气工艺；采用过滤分离后计量、增压工艺。

（3）采气工艺：采用分离 + 过滤 + 三甘醇脱水的工艺，对采出气进行气液分离，脱出游离水、凝析油，使其满足外输标准。

（4）井场：单井双向计量、两级节流 + 注醇采气工艺。

卫 11、文 13 西、清溪储气库工艺流程基本遵循储气库标准化工艺流程步骤。白 9 储气库工艺流程与标准化流程略有出入，总体流程框图如图 3-3-16 所示。

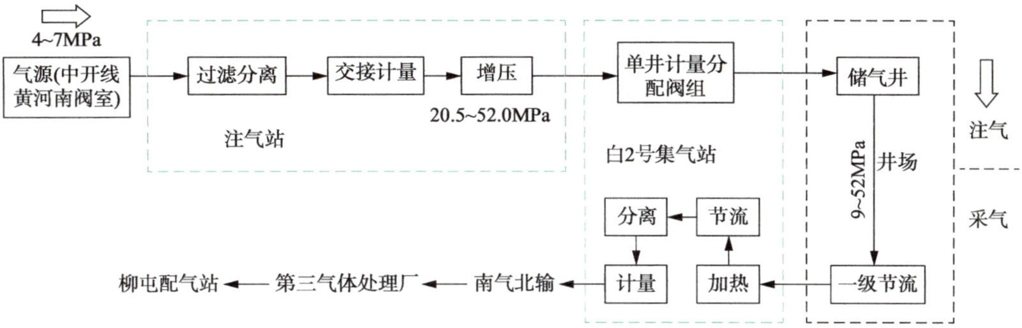

图 3-3-16　白 9 储气库注采工艺流程图

第四节　储气库标准化模块划分与成橇设计

根据储气库规模、生产单元功能，进行模块划分与成橇设计。通过生产单元功能分析，综合梳理工艺流程（PID），合理划分组块，严谨设计布局，形成单橇或组合橇模块化设备。设计时，要考虑运输可行性、工艺功能性、系列化使用性和操作空间等需求，管路系统应整齐排列、连接端面中心对齐，橇块之间采用法兰连接，方便现场安装。

卫 11、文 13 西、清溪三座储气库的规模较大，适合开展模块化设计和施工。白 9 储气库规模较小，适合采取传统的设计、施工模式。

一　概述

（一）模块设计优点

（1）减少现场施工量，缩短周期

传统的现场安装固定设备，需要经过设备采购、现场安装和调试等环节，施工周期长。要求施工单位具有丰富的施工经验，掌握设备厂家及配套设施的安装要求，业主需要配备专业的技术人员予以配合。模块化装备则是一体化供货，组装、测试和检验等作业全部在工厂内完成，现场只需在进出口管道和电仪设备接线处进行连接，安装调试方便，施工周期较传统现场安装时间缩短一半甚至更多。

（2）提高工程效率，保证建设质量

现场安装固定设备，需要施工人员具有较高的专业水平和施工经验。模块化装备则是整体供应，质量容易保证，避免现场因焊接不合格造成返工等问题发生，提高了建设质量和效率。

（3）节约工程资源，降低建设投资

模块化装置高度集成化，能够充分利用三维空间，设备布置紧凑，且可节省材料用量，其占地面积仅为现场安装固定设备所占面积的40%~60%，节约土地资源。装备整体供货，减少对现场施工技术人员的需求，降低现场施工费用，节省设备现场安装指导服务费；减少现场调试工作量，降低调试费用。

（4）方便运行维护

现场安装的固定设备，供货商通常不是一家，对设备出现的问题以及备品备件的采购，需要供货商提供足够的技术支持，后续运行维护费用和管理难度较大。模块化装备出现问题，可由供货商及时解决，提高装置运行的稳定性、可靠性，同时也便于设备的维护管理。

（5）重复利用价值高

模块化装备移动性强，灵活度高，重复利用率高。橇装模块可多次、多地重复整体搬迁使用，设备的再次利用率≥90%，特别是具有通用型号的井场节流计量橇、三甘醇储罐模块、采出水及仪表风储罐等。

（二）模块设计原则

（1）严格执行国家、行业及地方现行的法规、标准、规范、规程和管理规定。

（2）采用先进、成熟、可靠的技术、材料、设备和工艺流程，确保工程安全可靠，长期平稳运行。

（3）在保证安全、可靠的前提下，设备材料的选用充分考虑其经济性最佳。

（4）结合运输路径和限制条件，确定橇块运输尺寸，以及随橇块一起运输的设备及设施。

（5）设计布置设备和管道时，最大程度地包含设备和管道等设施，实现高度集成化。

（6）模块划分结合现场机具吊装能力，做好橇块的内部构成。

（7）模块划分注意结合上下层之间、左右相邻橇块之间的连接、拆分和预制。

（8）模块内固定管道的支吊架及紧固件，应做好防松脱措施。

（9）以“三统一、四定型”为依据，统一体系、标准和工艺技术，定型典型平面、典型模块、标准图集和采购标准，为“五化”建设夯实基础。

（三）工艺特点

储气库工艺流程特点：

（1）井口注采一体、双向计量、注醇节流工艺。

（2）注、采分开的集输工艺。

（3）三甘醇脱水工艺。

（四）设计内容

根据储气库注采气规模，确定注采 120–200、240–500、450–500 三种工艺系列，自行设计 17 类模块，共计 60 座单橇块，其中注采站模块 10 类，含注采工艺模块、储罐模块、独立橇块；井场模块 7 类，含井场节流计量模块、井场进出站阀组模块。主要模块见表 3–4–1。

表 3–4–1 储气库模块划分汇总表

<table>
<tr><th>单元代号</th><th>单元名称</th><th>适用规模</th><th>主要设备组成</th><th>备注</th><th>数量 / 套</th><th>使用点</th></tr>
<tr><td>01</td><td>井场节流计量模块（Ⅰ型）</td><td>2 × 150 × 10^4m^3/ 天</td><td>注采阀组、流量计</td><td>2 层</td><td>1</td><td>清溪</td></tr>
<tr><td>02</td><td>井场节流计量模块（Ⅱ）</td><td>2 × 50 × 10^4m^3/ 天</td><td>注采阀组、流量计</td><td>2 层 2 井式</td><td>1+2</td><td>卫 11+ 文 13</td></tr>
<tr><td>03</td><td>井场节流计量模块（Ⅲ）</td><td>4 × 50 × 10^4m^3/ 天</td><td>注采阀组、流量计</td><td>2 层 4 井式</td><td>2+1</td><td>卫 11+ 文 13</td></tr>
<tr><td>04</td><td>井场节流计量模块（Ⅳ）</td><td>50 × 10^4m^3/ 天</td><td>注采阀组、流量计</td><td>1 层单井</td><td>6+4</td><td>卫 11+ 文 13</td></tr>
<tr><td>06</td><td>井场进出站阀组橇（Ⅰ型）</td><td>800 × 10^4m^3/ 天</td><td>清管阀组</td><td>1 层 4 井式</td><td>1</td><td>卫 11</td></tr>
<tr><td>06</td><td>井场进出站阀组橇（Ⅱ型）</td><td>500 × 10^4m^3/ 天</td><td>清管阀组</td><td>1 层 4 井式</td><td>1</td><td>文 13</td></tr>
<tr><td>07</td><td>井场进出站阀组橇（Ⅲ型）</td><td>200 × 10^4m^3/ 天</td><td>清管阀组</td><td>1 层 4 井式</td><td>1</td><td>卫 11</td></tr>
<tr><td rowspan="3">08</td><td rowspan="3">注采气工艺模块（Ⅰ型）</td><td>120 × 10^4m^3/ 天</td><td>发球筒、过滤分离器、进站计量（注气分离计量子模块）</td><td>2 层</td><td rowspan="3">1</td><td rowspan="3">清溪</td></tr>
<tr><td>200 × 10^4m^3/ 天</td><td>过滤分离器、脱水缓冲罐（采气脱水分离子模块）</td><td>2 层</td></tr>
<tr><td>200 × 10^4m^3/ 天</td><td>进站分离器、自用气橇（采气进站分离子模块）</td><td>2 层</td></tr>
<tr><td rowspan="5">09</td><td rowspan="5">注采气工艺模块（Ⅱ型）</td><td>750 × 10^4m^3/ 天</td><td>过滤分离器（注采）、计量（进站过滤分离子模块）</td><td>2 层</td><td rowspan="5">1</td><td rowspan="5">卫 11</td></tr>
<tr><td>500 × 10^4m^3/ 天</td><td>脱水缓冲罐、自用气橇（采气脱水分离子模块）</td><td>2 层</td></tr>
<tr><td>450 × 10^4m^3/ 天</td><td>气源阀组、注气出站阀组（进出站阀组子模块）</td><td>2 层</td></tr>
<tr><td>500 × 10^4m^3/ 天</td><td>采气进站阀组含清管阀（采气进站阀组子模块）</td><td>2 层</td></tr>
<tr><td>500 × 10^4m^3/ 天</td><td>进站分离器（进站分离子模块）</td><td>2 橇</td></tr>
</table>

续表

单元代号	单元名称	适用规模	主要设备组成	备注	数量 / 套	使用点
10	注采气工艺模块（Ⅲ型）	$500 \times 10^4 m^3$/ 天	过滤分离器（注采）、计量（进站过滤分离子模块）	2 层	1	文 13 西
		$500 \times 10^4 m^3$/ 天	脱水缓冲罐、自用气橇（采气脱水分离子模块）	2 层		
		$500 \times 10^4 m^3$/ 天	气源阀组（进出站阀组子模块）	2 层		
		$500 \times 10^4 m^3$/ 天	采气进站阀组含清管阀、注气出站阀组（注采进出站阀组子模块）	2 层		
		$500 \times 10^4 m^3$/ 天	进站分离器（进站分离子模块）	2 橇		
11	储罐模块（Ⅰ型）	$25 \sim 25m^3$	排污罐橇、三甘醇储存橇、三甘醇回收罐	3 橇	1	清溪
12	储罐模块（Ⅱ型）	$40 \sim 25m^3$	排污罐橇、三甘醇储存橇、三甘醇回收罐	4 橇	1	卫 11
13	储罐模块（Ⅲ型）	$40 \sim 25m^3$	排污罐橇、三甘醇储存橇、三甘醇回收罐	3 橇	1	文 13
14	火炬分液罐橇（150 型）	$150 \times 10^4 m^3$/ 天	火炬分液罐、泵		1	清溪
15	火炬分液罐橇（500 型）	$500 \times 10^4 m^3$/ 天	火炬分液罐、泵		1+1	卫 11+文 13
16	润滑油橇	$2m^3$	润滑油储罐		6	通用
17	空氮调节阀组橇		仪表风和氮气调节阀组		3	通用

注：注采站自行设计模块共计 10 类，其中清溪储气库 3 类，卫 11 储气库 2 类，文 13 西 2 类，通用 3 类；井场自行设计模块 7 类，单座橇数量共计 60 座。

二 装置布置与管线走向

（一）工艺布置原则

橇块布置应符合国家有关规定，同时保证橇块的实用性、经济性和美观性。储气库橇块工艺布置设计遵循以下原则：

（1）满足工艺及流程

工艺布置设计满足工艺及流程的要求。如重力流等，一律按管道级仪表流程图（P&ID）的标高要求布置设备。

（2）方便操作

橇块布置考虑能给操作者创造一个良好的操作条件，主要包括：必要的操作通道和平台；楼梯与安全出入口符合规范要求；合理安排设备间距和净空高度等。

（3）便于安装、运输和维修

橇内设备安装和维修，尽量采用可移动式起吊设备，充分考虑安装、运输所需的占地面积和空间。

橇内设备布置考虑在定期大修时，有足够空间对设备进行检修。对换热器、过滤器等管束抽芯，考虑有足够的场地，避免拉出管束时延伸到相邻通道上。对转动设备部件的检修和更换，考虑提供足够的检修区。

（4）经济合理

设备布置在符合工艺要求的前提下，以经济合理为主，并注意整齐美观。除热膨胀（冷收缩）有要求的管道外，设备布置时考虑管道尽量短而直。

（5）设备布置说明

橇块设备布置遵循以上布置原则，具体布置还要符合业主提供的项目总体布置图。

（二）管道布置

橇块生产过程中使用的物料主要是天然气，火灾危险性为甲类，压力管道类别级别为GC1、GC2。在满足工艺需要的前提下，尽量做到布局合理、经济适用、整齐美观。配管设计宜成排成组布置管道，并考虑其荷重。

三 橇块设计

（一）注采站橇块

综合考虑四川山地运输条件，清溪储气库单体橇块尺寸确定为10m×3.2m×3.5m，以满足橇块山区长途运输。中原地区储气库单体橇块尺寸确定为＜17m×3.5m×4.0m，满足橇块平原地区的常规运输。

1. 注采工艺模块

（1）功能

负责注采站注气系统清管、过滤分离、进出站计量和采气系统的进站分离、过滤、脱水以及全站场自用气供给。根据注采站注采气规模不同，设计完成3类模块，内含收发球筒、注气过滤分离器、进站分离器、采气过滤分离、吸收塔、脱水缓冲罐、自用气橇及附属阀门、电气和仪表。

（2）分类

注采工艺模块分类见表3–4–2。

表 3-4-2　注采工艺模块分类表

类型		模块组成	单体模块	模块内涵
Ⅰ型	满足注气 $120\times10^4Nm^3/d$、采气 $200\times10^4Nm^3/d$ 工况需求	整座模块由 3 座独立橇块组合完成，每座橇块上下两层	进站过滤分离子模块	含过分离器（注气）、计量
			采气脱水分离子模块	含过滤分离器（采气）、脱水缓冲罐
			采气进站分离子模块	含进站分离器、自用气橇
Ⅱ型	满足注气 $450\times10^4Nm^3/d$、采气 $500\times10^4Nm^3/d$ 工况需求	整座模块由 5 座独立橇块组合完成，每座橇块上下两层	进出站阀组子模块	含气源阀组、高压注气阀组
			进站过滤分离子模块	含过滤分离器（注气期）、计量阀组
			采气进站阀组子模块	含采气阀组
			采气脱水分离子模块	含过滤分离器（采气期）、吸收塔出口缓冲罐和自用气橇
			进站分离子模块	含进站阀分离器 2 座
Ⅲ型	满足注气 $240\times10^4Nm^3/d$、采气 $300\times10^4Nm^3/d$ 工况需求	整座模块由 5 座独立橇块组合完成，每座橇块上下两层	进出站阀组子模块	含气源阀组
			进站过滤分离子模块	含过滤分离器（注气期）、计量阀组、过滤分离器（采气期）
			注采进出站阀组子模块	含采气进站阀组很注气出站阀组
			采气脱水分离子模块	含吸收塔出口缓冲罐和自用气橇
			进站分离子模块	含进站阀分离器 2 座

（3）工艺流程

注气工艺：气源经进站阀组或发球筒、过滤分离器、计量去注气压缩机增压后，进入注气阀组橇外输至站外注气干线。

采气工艺：采气经采气阀组、进站分离器、过滤分离器进入脱水装置，脱水后的干气，经过吸收塔出口缓冲罐，进入计量阀组（注、采共用）外输至气源管线。

共设计 3 种类型的注采气工艺模块，分别为注采气工艺模块Ⅰ型（图 3-4-1）、Ⅱ型（图 3-4-2）、Ⅲ型（图 3-4-3），模块应用实例见图 3-4-4 和图 3-4-5。

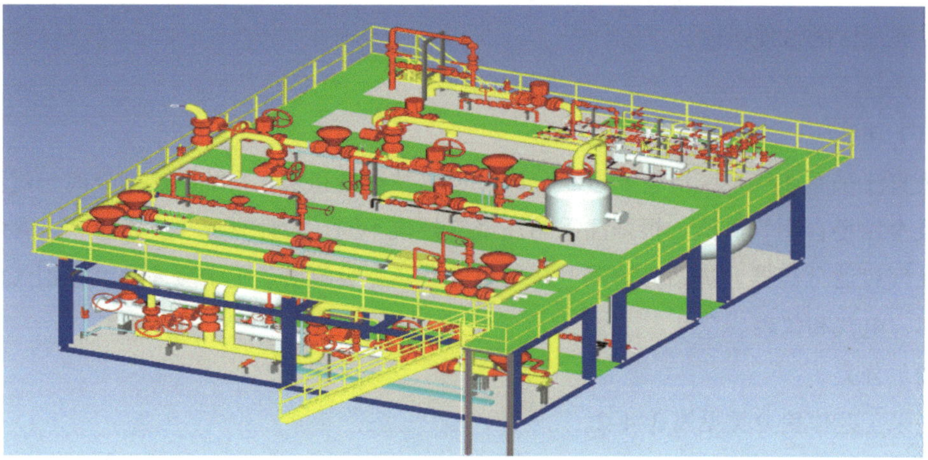

图 3-4-1　注采气工艺模块Ⅰ型（清溪）

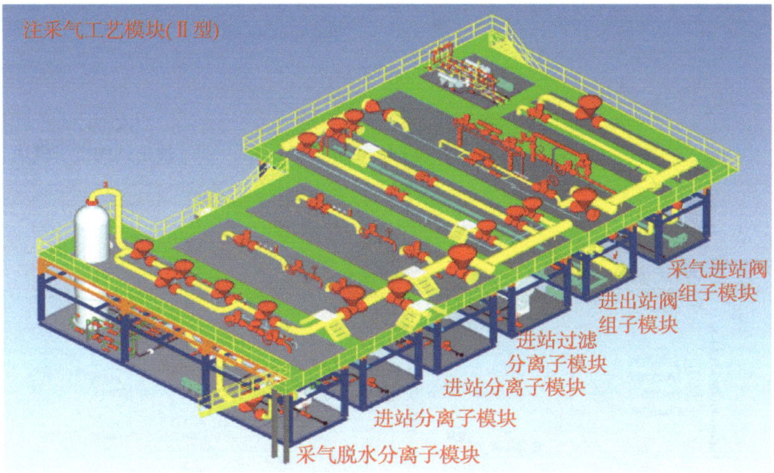

图 3-4-2 注采气工艺模块Ⅱ型（卫 11）

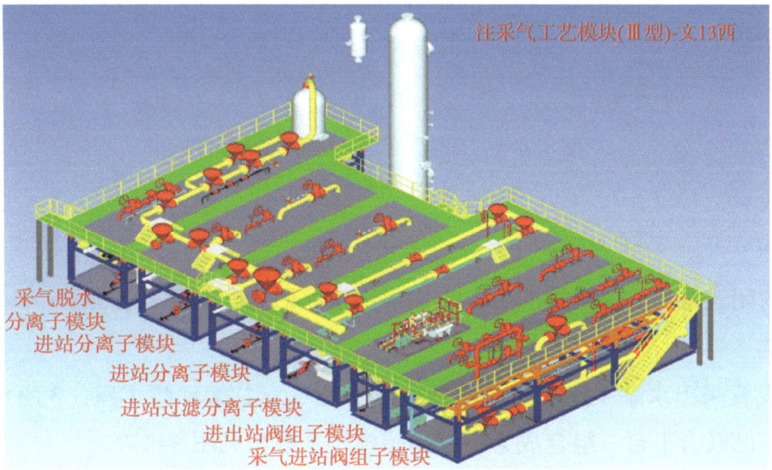

图 3-4-3 注采气工艺模块Ⅲ型（文 13 西）

图 3-4-4 注采气工艺模块

图 3-4-5 注采工艺模块

（4）工艺管道及仪表流程图

注采工艺管道及仪表流程示例见图 3-4-6。

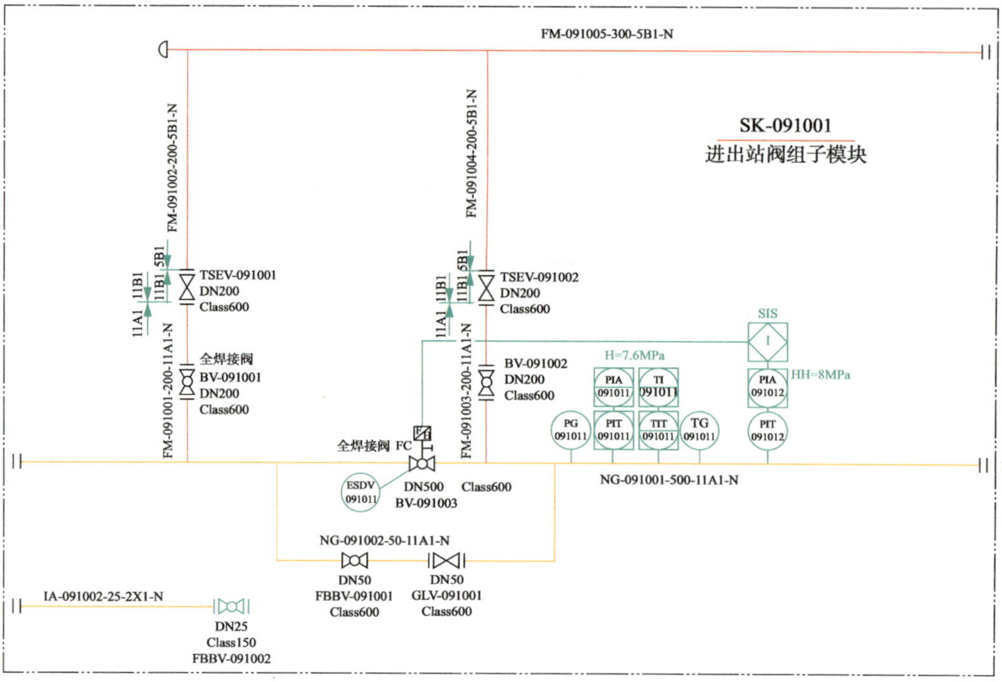

图 3-4-6　注采工艺管道及仪表流程示例

2. 储罐模块

（1）功能

注采站内闭式排污。储罐模块负责收集采出水，回收、储存三甘醇。

（2）分类

Ⅰ型：设置采出水罐 1 座、三甘醇回收罐 1 座、三甘醇储罐 1 座。3 座压力容器独立成橇，设置顶部联合平台，组合成为一座储罐模块，模型见图 3–4–7。

Ⅱ型：设置采出水罐 2 座、三甘醇回收罐 1 座、三甘醇储罐 1 座。4 座压力容器独立成橇，设置顶部联合平台，组合成为一座储罐模块，模型见图 3–4–8。

Ⅲ型：设置采出水罐 1 座、三甘醇回收罐 1 座、三甘醇储罐 1 座。3 座压力容器独立成橇，设置顶部联合平台，组合成为一座储罐模块，模型见图 3–4–9，应用实例见图 3–4–10。

（3）橇块三维模型图

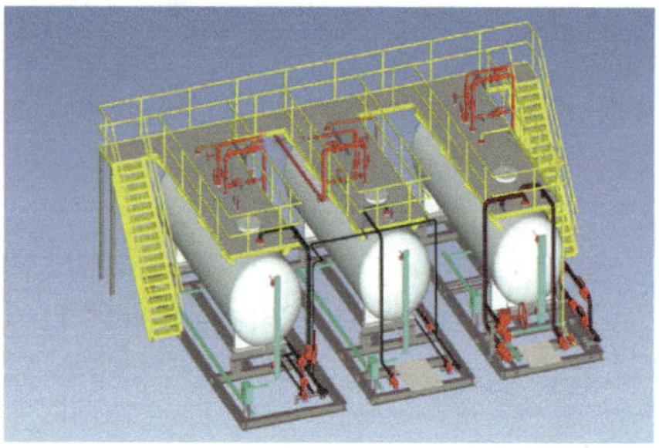

图 3-4-7　储罐模块Ⅰ型（清溪）

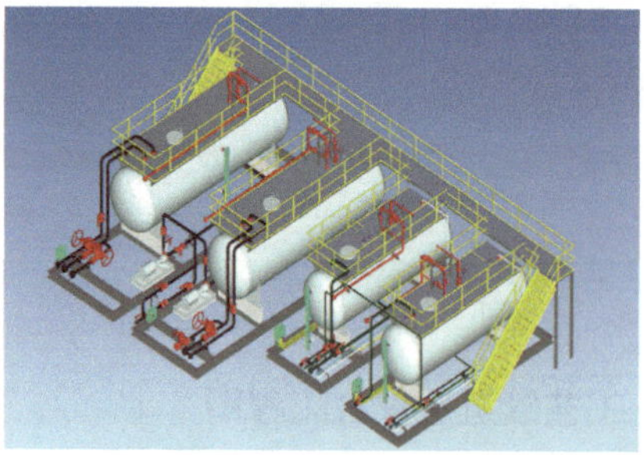

图 3-4-8　储罐模块Ⅱ型（卫 11）

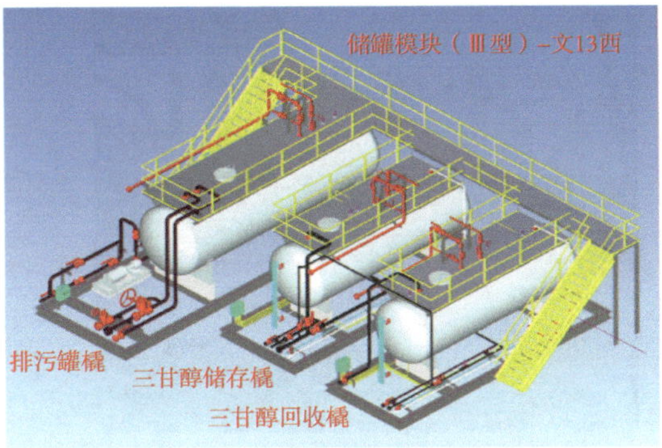

图 3-4-9　储罐模块Ⅲ型（文 13 西）

图 3-4-10　储罐模块

（4）工艺管道及仪表流程图

储罐模块工艺管道及仪表流程局部示例见图 3-4-11。

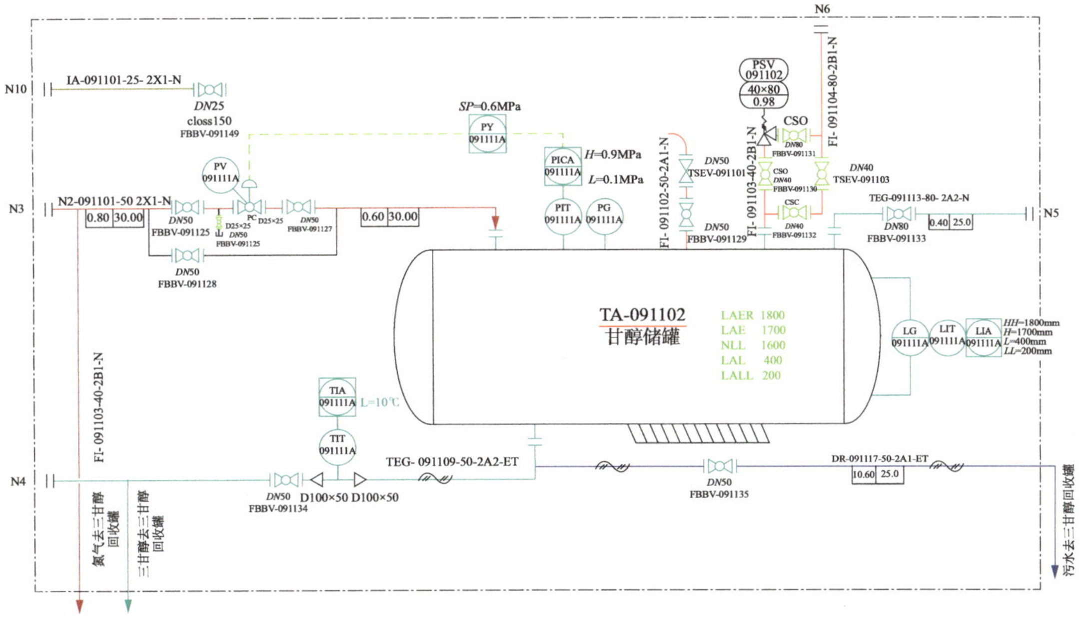

图 3-4-11　储罐模块工艺管道及仪表流程局部示例

3. 火炬分液罐橇

（1）功能：对站内放空气进行液体分离并缓冲。

（2）分类

Ⅰ型：满足 $150\times10^4Nm^3/d$ 泄放量需求，设置火炬分液罐 1 座、设置顶部平台，独立成橇。

Ⅱ型：火炬分液罐满足 $500\times10^4Nm^3/d$ 泄放量需求，设置火炬分液罐 1 座、设置顶部平台，独立成橇。

（3）橇块三维模型图

火炬分液罐橇（150 型）三维模型见图 3-4-12，应用实例见图 3-4-13。

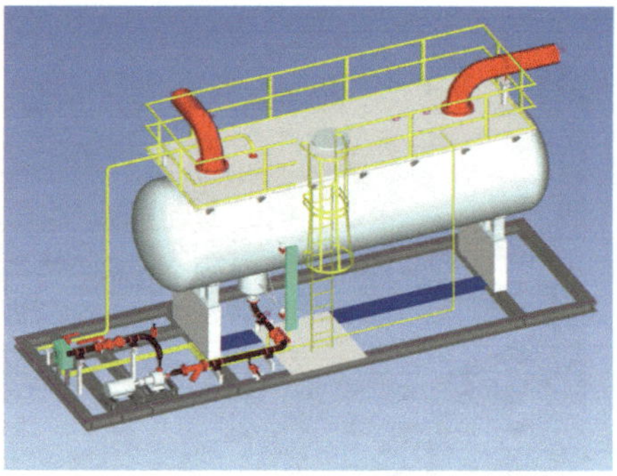

图 3-4-12 火炬分液罐橇（150 型）

图 3-4-13 火炬分液罐橇

（4）工艺管道及仪表流程图

火炬分液罐橇块（150 型）工艺管道及仪表流程示例见图 3-4-14。

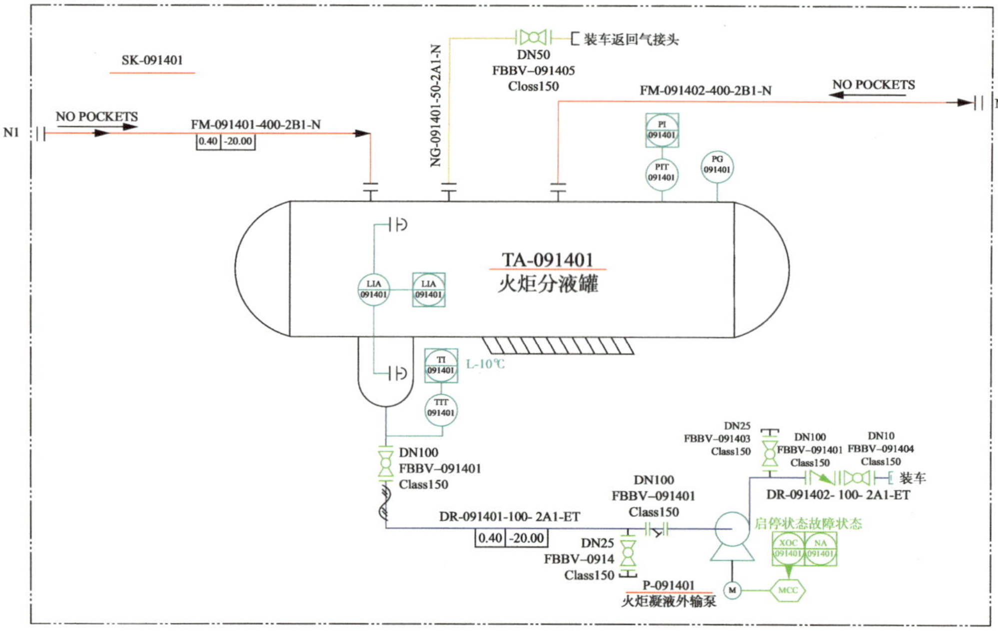

图 3-4-14 火炬分液罐橇块（150 型）工艺管道及仪表流程示例

4. 润滑油储罐橇

（1）功能：储存润滑油与冷却液，满足站内注气压缩机加注润滑油和冷却液的要求。润滑油或冷却液加注采用氮气压方式。

（2）橇块三维模型图

润滑油橇（$2m^3$）三维模型见图 3-4-15。

（3）工艺管道及仪表流程图

润滑油储罐橇块见图 3-4-16。

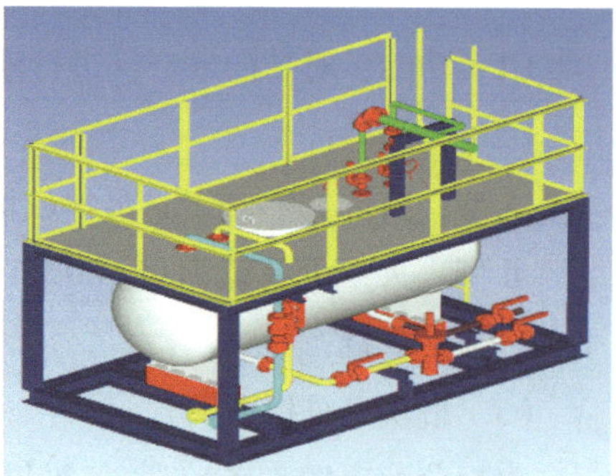

图 3-4-15 润滑油橇（$2m^3$）

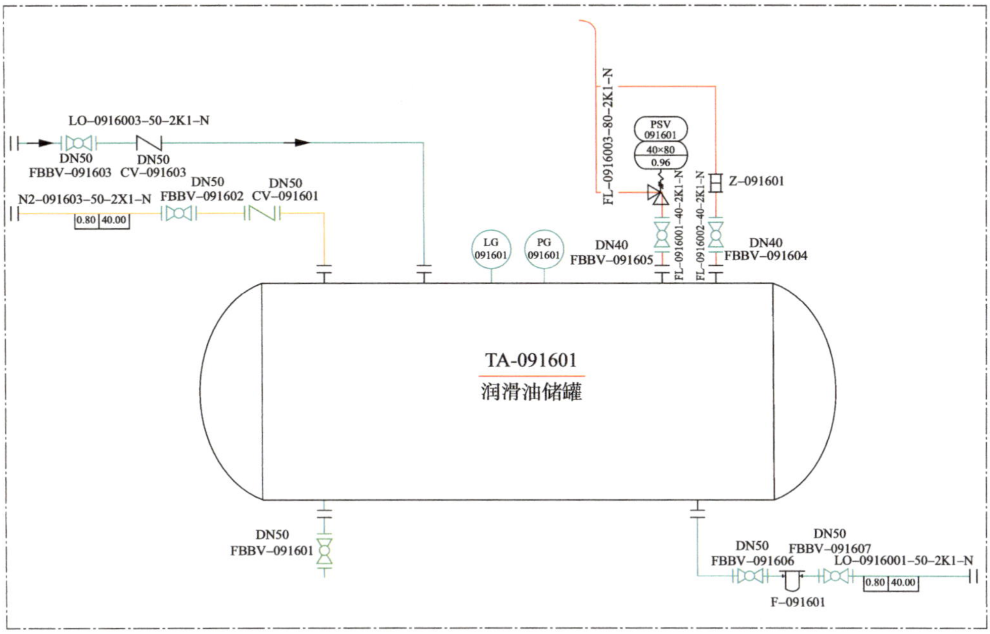

图 3-4-16　润滑油储罐橇块

5. 空氮调节阀组橇

（1）功能：将站内仪表风和氮气储罐外调节阀组独立成橇，实现注采站仪表风、氮气的稳压功能。

（2）橇块三维模型图

空氮调节阀组橇三维模型见图 3-4-17，应用实例见图 3-4-18。

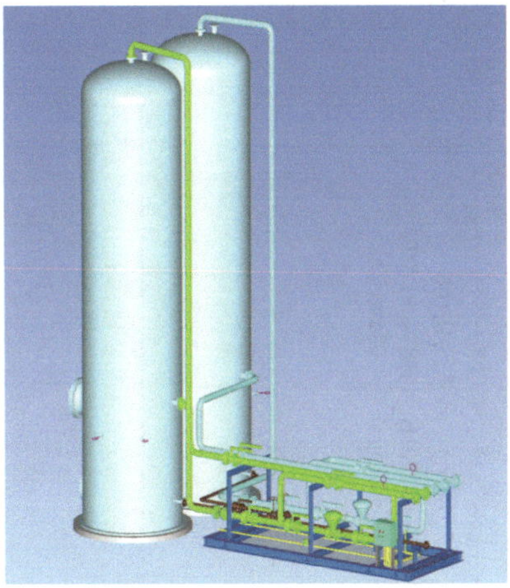
图 3-4-17　空氮调节阀组橇

图 3-4-18　空氮调节阀组橇

（3）工艺管道及仪表流程图

空氮调节阀组橇块工艺管道及仪表流程示例见图 3-4-19。

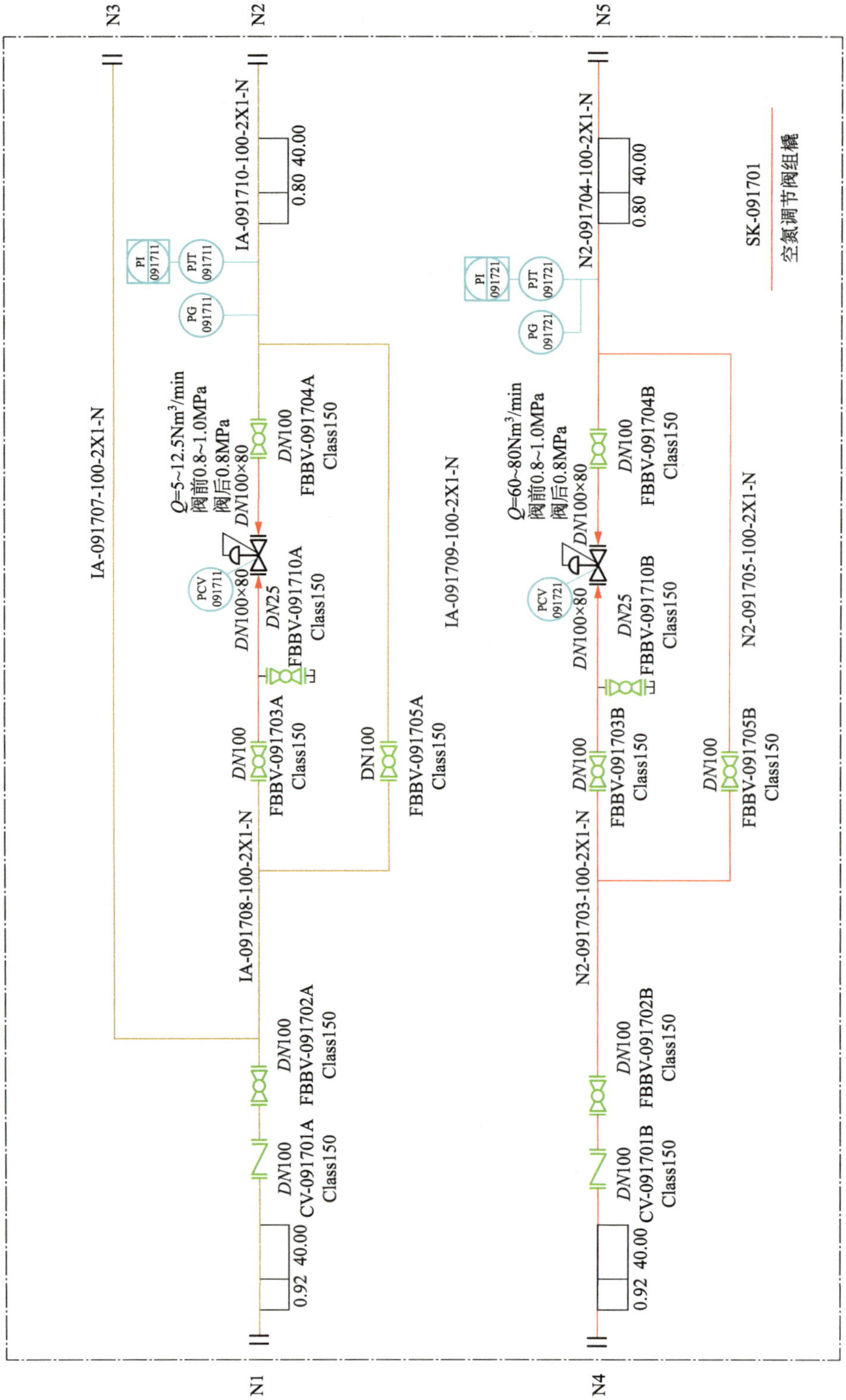

图 3-4-19 空氮调节阀组橇块工艺管道及仪表流程示例

6. 外购集成装备

外购集成设备包括：压缩机模块（含空冷器）、三甘醇再生橇、空氮系统橇、甲醇加注橇四类定型成橇设备。

（1）压缩机模块（含空冷器）

储气库项目共建 9 台压缩机及配套空冷器，其中 8 台国产，1 台进口（白 9 储气库），具体分布详见表 3-3-1。压缩机、空冷器实体见图 3-4-20 和图 3-4-21。

图 3-4-20 压缩机

图 3-4-21 空冷器

（2）三甘醇再生橇

三甘醇再生原理：利用三甘醇（TEG）对天然气、烃类的溶解度低，对水的溶解度高和水汽吸收能力强的特点，使天然气中的水分被溶解和吸收，然后再将含水三甘醇溶液与天然气分离，溶剂经再生除去水分后可循环使用。三甘醇再生橇三维模型见图 3-4-22，应用实例见图 3-4-23。

图 3-4-22 三甘醇再生橇三维模型

图 3-4-23　三甘醇再生橇

（3）空氮系统橇

空氮系统主要为全厂气动仪表提供仪表空气，为全厂工艺装置吹扫置换提供氮气及为生产装置提供工艺空气。空氮系统橇是将空气压缩、空气净化、变压吸附制氮等系统的部分设备集成，集中布局在钢结构集装箱式房屋内。空氮橇三维模型见图 3–4–24，工厂制造实例见图 3–4–25。

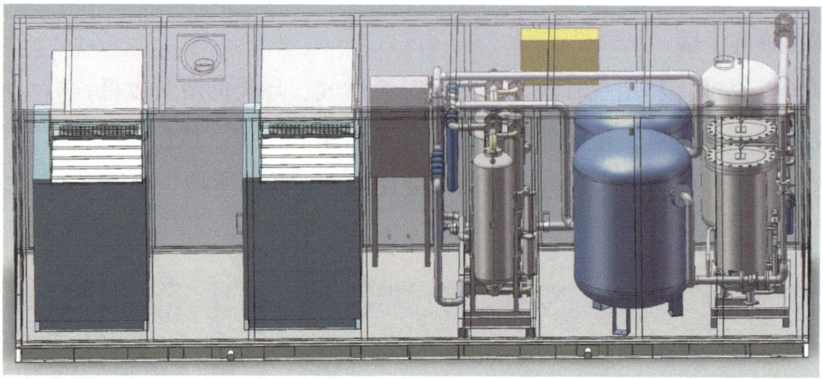

图 3-4-24　空氮橇三维模型

图 3-4-25　工厂制造中的空氮系统橇

（4）甲醇加注橇

甲醇是一种防止天然气水合物生成的有机抑制剂。在井口高压注入甲醇，使采出气气流中的水分溶于甲醇中，改变水分子之间的相互作用，防止采气管线内形成天然气水合物，避免井场管道或设备堵塞。

甲醇加注橇是将加注泵、过滤器、甲醇储罐、阀门等一体化集成，安装在橇座上，组成橇装设备。本项目采用的是移动式甲醇加注橇，每套加注量为 $0.3m^3/h$，加注压力为 40MPa，应用实例见图 3-4-26。

图 3-4-26　甲醇加注橇

（二）井场模块

1. 井场节流计量模块

根据井场注采井数量和功能，设计完成 4 类模块，内含超声波流量计（槽道流量计）、电动节流阀及附属电气、仪表。

（1）功能

负责注采井的注气计量和采气计量、注醇、节流；采气井的计量、节流。

（2）分类

Ⅰ型：2 井式，1 口注采井，1 口采气井，1 座上下两层橇块，满足 1 注 2 采工艺需求，三维模型见图 3-4-27。

Ⅱ型：2 井式，2 口注采井，1 座上下两层橇块，满足 2 注 2 采工艺需求，三维模型见图 3-4-28，应用实例见图 3-4-28。

Ⅲ型：4 井式，4 口注采井，2 座Ⅱ型组合，顶层为联合平台，满足 4 注 4 采工艺需求，三维模型见图 3-4-29。

Ⅳ型：单井，1 口采气井，1 座橇块，单层，满足单井采气工艺需求，三维模型见图 3-4-30。

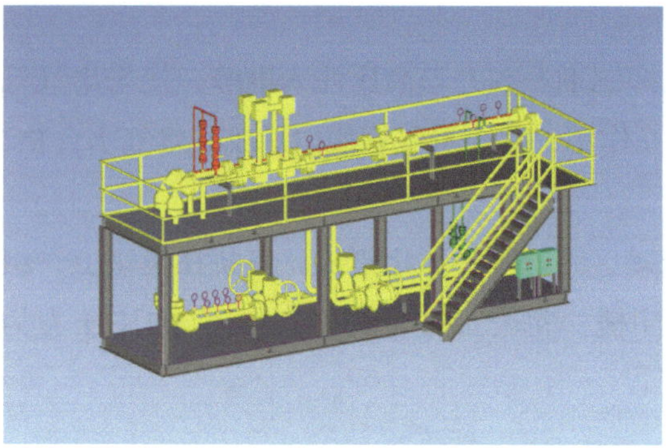

图 3-4-27　井场节流计量模块（Ⅰ型）

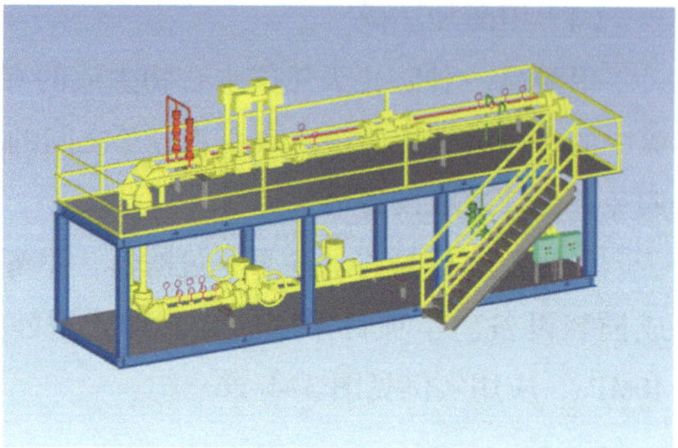

图 3-4-28　井场节流计量模块（Ⅱ型）

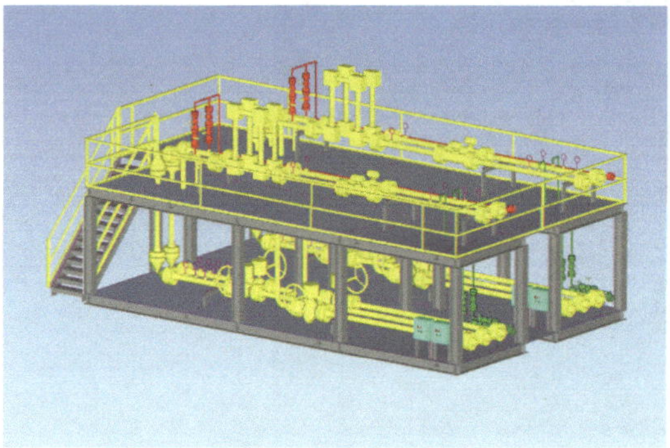

图 3-4-29　井场节流计量模块（Ⅲ型）

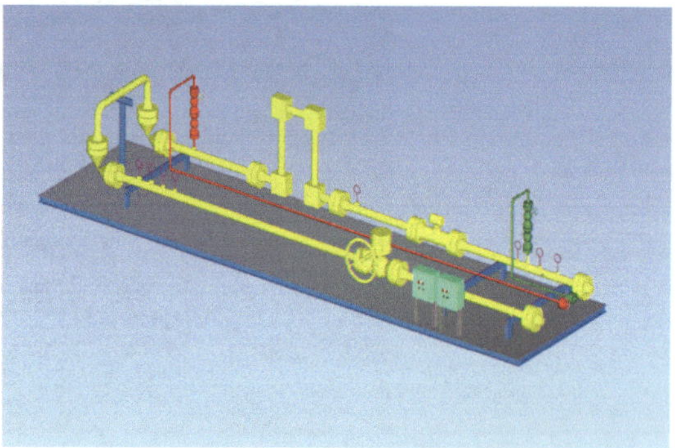

图 3-4-30　井场节流计量模块（Ⅳ型）

（3）工艺流程

注气：接收注采站来气，经球阀、旋塞阀后计量，计量后的天然气出橇，经紧急切断入井。

采气：注采井采气经计量、两级节流出橇外输至注采站。

注醇流程：丛式井场（图 3-4-31）设置 1 座甲醇加注橇，开井初期，通过轮换注甲醇防止节流低温形成水合物冻堵。

图 3-4-31　丛式井场节流计量模块（Ⅱ型）

（4）工艺管道及仪表流程图

井场节流计量模块工艺管道及仪表流程示例见图 3-4-32。

2. 井场进出站阀组橇

（1）功能

负责集输管线的清管功能。根据井场采气规模不同，设计完成 3 类橇块，内含清管阀、附属阀门、电气和仪表。

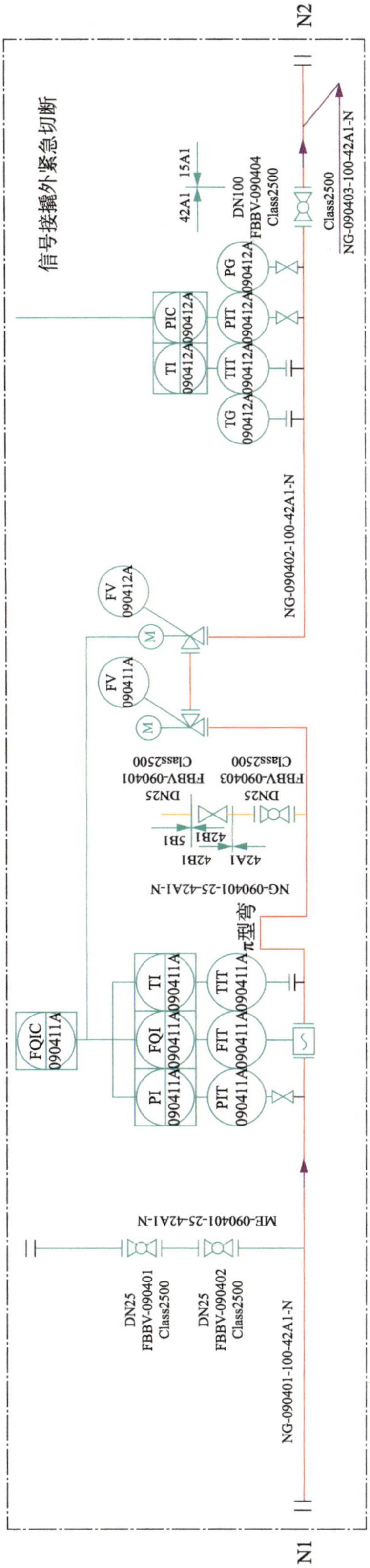

图 3-4-32 井场节流计量模块工艺管道及仪表流程示例

（2）分类

Ⅰ型：满足采气量 $800 \times 10^4 Nm^3/d$ 规模，清管阀选择 *DN*400，单橇单层，三维模型见图 3–4–33。

Ⅱ型：满足采气量 $500 \times 10^4 Nm^3/d$ 规模，清管阀选择 *DN*350，单橇单层，三维模型见图 3–4–34。

Ⅲ型：满足采气量 $200 \times 10^4 Nm^3/d$ 规模，清管阀选择 *DN*250，单橇单层，三维模型见图 3–4–35。

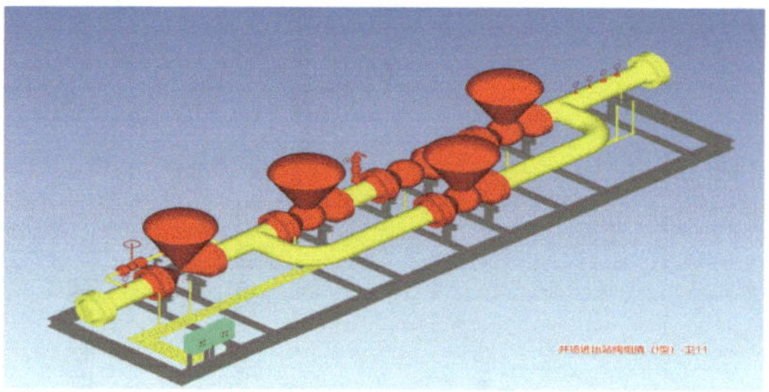

图 3-4-33　井场进出站阀组橇Ⅰ型（卫 11）

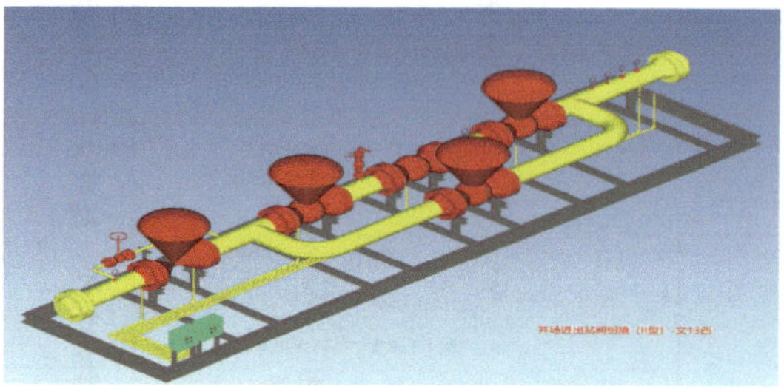

图 3-4-34　井场进出站阀组橇Ⅱ型（文 13 西）

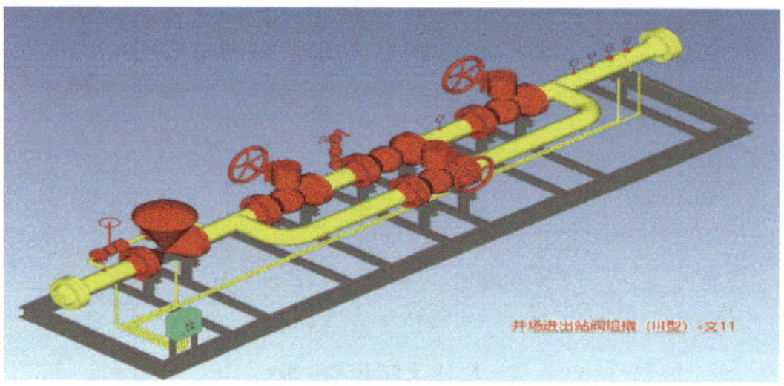

图 3-4-35　井场进出站阀组橇Ⅲ型（卫 11）

（3）工艺流程

采气工艺：采气由井场节流计量模块经手阀、紧急切断出橇去外输。

清管工艺：关闭采气主路手阀，打开清管阀两侧手阀。清管球由清管阀进入，通过气流顶推进入管线进行清管作业。

（4）工艺管道及仪表流程图

井场进出站阀组橇工艺管道及仪表流程示例见图 3–4–36。

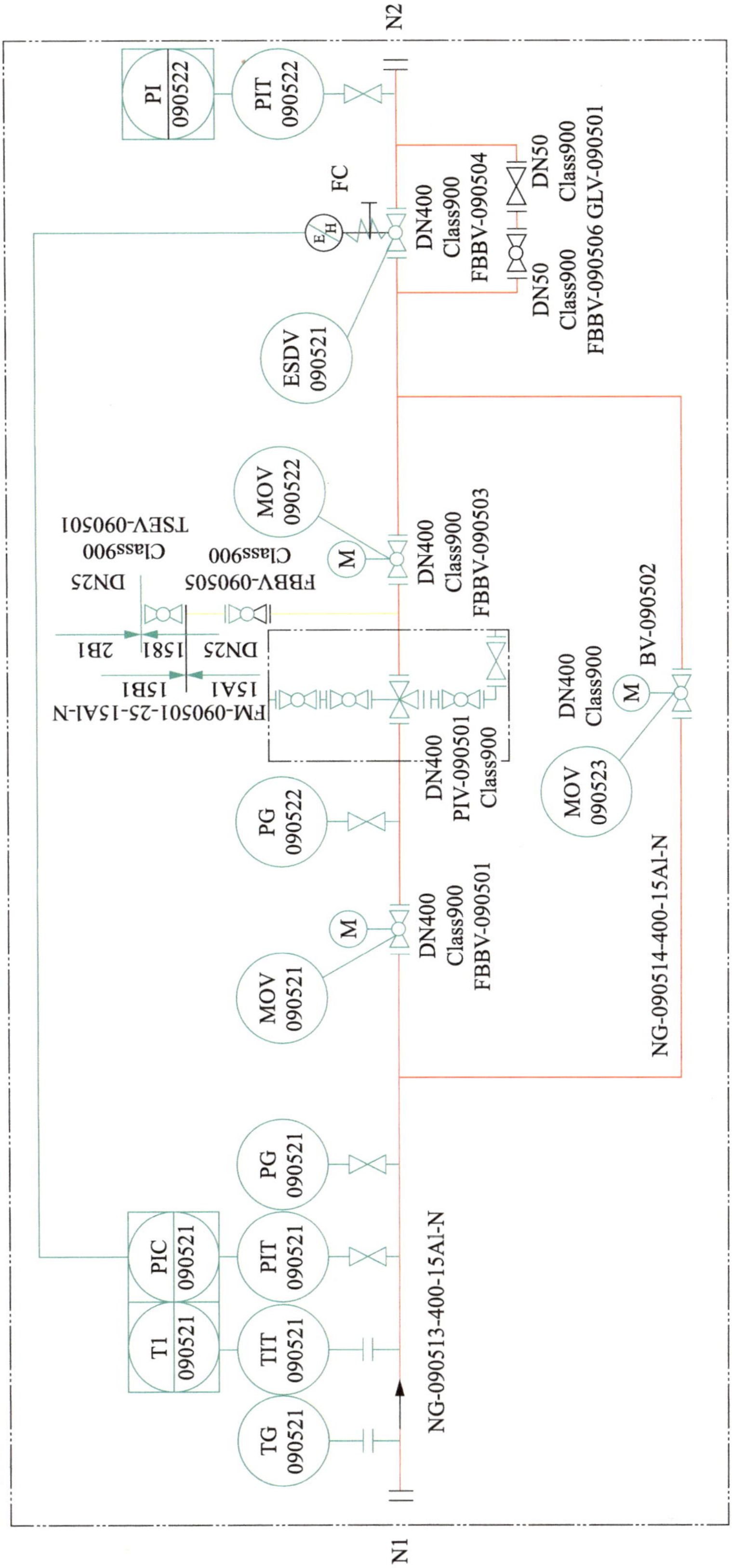

图 3-4-36 井场进出站阀组橇工艺管道及仪表流程示例

第五节　储气库标准化材料等级

储气库 EPC 联合体设计团队制定了地面工程管道、管配件及阀门的材料、规格及标准的选用规则。

一　标准化材料选用依据

（一）钢管

（1）《输送流体用无缝钢管》	GB/T 8163—2018
（2）《高压化肥设备用无缝钢管》	GB/T 6479—2013
（3）《石油天然气工业 管线输送系统用钢管》	GB/T 9711—2017
（4）《压力管道规范 工业管道》	GB/T 20801—2020
（5）《无缝钢管尺寸、外形、重量及允许偏差》	GB/T 17395—2008
（6）《流体输送用不锈钢无缝钢管》	GB/T 14976—2012
（7）《低温管道用大直径焊接钢管》	GB/T 37577—2019
（8）《平端钢管、焊接和无缝钢管单位长度尺寸和质量表》	ISO 4200—1991
（9）《气体分输管道系统》	ASME B31.8

（二）管件

（1）《钢制对焊管件 类型与参数》	GB/T 12459—2017
（2）《锻制承插焊和螺纹管件》	GB/T 14383—2021
（3）《优质钢制对焊管件规范》	SY/T 0609—2016
（4）《钢制对焊管件 技术规范》	GB/T 13401—2017
（5）《钢制承插焊、螺纹和对焊支管座》	GB/T 19326—2022
（6）《低温压力容器用钢板》	GB/T 3531—2014
（7）《石油天然气输送管用热轧宽钢带》	GB/T 14164—2013
（8）《锅炉和压力容器用钢板》	GB/T 713—2014

（三）法兰、垫片及紧固件

（1）《管法兰和法兰接头 NPS 1/2 到 NPS 24 公制 / 英寸标准》	ASME B16.5
（2）《用于管法兰环形接头、螺旋缠绕和夹套的金属垫片》	ASME B16.20
（3）《钢管法兰》	MSS SP-44
（4）《方头、六角、重型六角和斜头螺栓和六角、重型六角、六角法兰、凸头和拉力螺钉（英制系列）》	ASME B18.2.1
（5）《通用螺母：机用螺母、六角螺母、四角螺母、六角法兰螺母和连接螺母（英制系列）》	ASME B18.2.2
（6）《连续螺纹螺柱和法兰螺栓螺柱（双头螺栓）（英制系列）》	ASME B18.31.2

（四）阀门

（1）《工业阀门 – 金属阀门的压力测试》	ISO 5208
（2）《阀门 – 法兰、螺纹和焊接端》	ASME B16.34
（3）《钢制闸阀 法兰和对焊端，螺栓连接的阀盖》	API 600
（4）《用于石油和天然气行业的 NPS 4（*DN*100）和更小尺寸的钢制闸阀、截止阀和止回阀》	API 602
（5）《金属球阀 – 法兰、螺纹和焊接端》	API 608
（6）《管道和管道阀门规范》	API 6D
（7）《阀门耐火试验规范》	API 6FA
（8）《角行程阀门和配备非金属阀座的阀门的防火测试》	API 607
（9）《阀门检验与测试》	API 598
（10）《止回阀：法兰式、凸耳式、对夹式和对焊式》	API 594
（11）《止回阀耐火试验规范》	API 6FD

二 材料等级说明

管道主要输送介质为天然气、油气层产出水、空气（氮气）、润滑油、甲醇、甘醇、凝析油等。管道材料、管件及法兰等除应满足管道设计压力、温度、结构要求外，还应满足管道的耐腐蚀、耐磨蚀性要求，同时须满足相应标准规范的要求。选材应符合经济合理、安全可靠的原则。

管道材料等级是根据输送介质的性质、设计压力、温度的要求，以及材料的性能和经济合理性确定的。管道和管道组成件的材质、品种和规格型号应根据 P&ID 上的管道材料等级，按本规定选用。

（一）管道等级代号确定

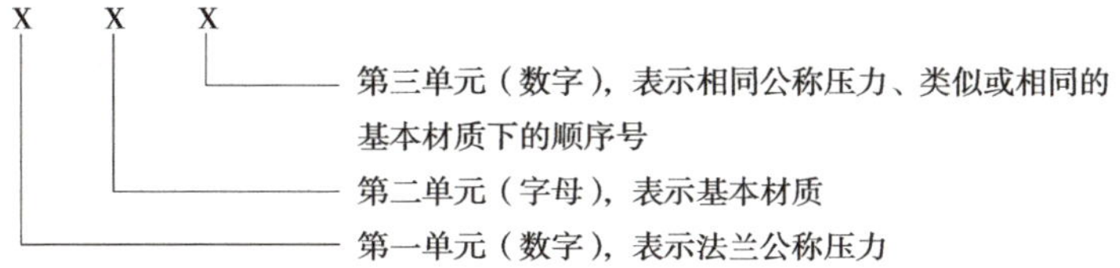

例如：20A1 表示管道公称压力为 20MPa，材质为碳钢，管道顺序号 1。

1. 法兰公称压力等级

管道材料等级中法兰公称压力及代号见表 3–5–1。

表 3-5-1　等级代号第一单元表示含义

第一单元代号表示含义	
20	表示法兰公称压力为 Class 150（*PN*20）
50	表示法兰公称压力为 Class 300（*PN*50）
110	表示法兰公称压力为 Class 600（*PN*110）
150	表示法兰公称压力为 Class 900（*PN*150）
260	表示法兰公称压力为 Class 1500（*PN*260）
420	表示法兰公称压力为 Class 2500（*PN*420）
690	表示法兰公称压力为 10000 psi（*PN*690）

2. 基本材质代号

管道材料等级中采用的基本材质及代号见表 3–5–2。

表 3-5-2　第二单元字母代号表示含义

A	基本材质为碳钢
B	基本材质为低合金钢或低温钢
K	基本材质为不锈钢
X	基本材质为碳钢 + 镀锌
E	基本材质为高密度聚乙烯
S	材质为钢丝网骨架和热塑性塑料聚乙烯
U	材质为聚氯乙烯

3. 管道顺序号

表示由于适用介质、腐蚀裕量等不同的原因，引起管道和管道组成件规格的变化。该序号用阿拉伯数字顺序编列。

（二）管道材料等级分界

不同压力等级的管道连接时，除非有盲板等隔断设施，连接点处低等级管道的阀门应按高等级管道选用，并标明管道材料等级分界。

（三）管道材料等级索引

管道材料等级索引见表 3–5–3。

表 3-5-3 管道材料等级索引表

等级号	适用介质	公称压力	设计压力/MPa	设计温度/℃	基本材质	腐蚀余量/mm
20A1	燃料气、采出水、氮气	Class 150（*PN*20）	1.2	-20~60	GB/T 8163-20	1.5
20K1	润滑油、仪表风、氮气	Class 150（*PN*20）	1.2	-20~100	GB/T 14976-06Cr19Ni10	0
20X1	仪表风	Class 150（*PN*20）	1.2	-20~70	GB/T 8163-20+ 镀锌	1.5
20B1	放空气（中低压）	Class 150（*PN*20）	1.2	-40~60	GB/T 6479-Q345E GB/T 37577-16MnDR	1.5
50B1	放空气（高压）	Class 300（*PN*50）	5.0	-40~50	GB/T 6479-Q345E GB/T 37577-16MnDR	1.5
110A1	注气进站天然气	Class 600（*PN*110）	10.0	-20~60	GB/T 9711-L415Q PSL2	1.5
150A1	井场进站天然气、三甘醇	Class 900（*PN*150）	12.0	-20~60	GB/T 9711-L415Q PSL2	1.5
260A1	增压后天然气	Class 1500（*PN*260）	26.0	-20~70	GB/T 9711-L415Q PSL2	1.5
420A1	增压后天然气	Class 2500（*PN*420）	42.0	-20~70	GB/T 9711-L415Q PSL2	1.5
420A2	增压后天然气	Class 2500（*PN*420）	28.0	-20~70	GB/T 9711-L415Q PSL2	1.5
420A3	增压后天然气	Class 2500（*PN*420）	32.0	-20~70	GB/T 9711-L415Q PSL2	1.5
690A1	增压后天然气	10000 psi（*PN*690）	56.0	-20~70	GB/T 9711-L415Q PSL2	1.5

三 管道、管件和阀门要求

钢管选用应符合 GB/T 8163、GB/T 6479、GB/T 9711 等标准。钢管壁厚是根据管道在等级表中的设计条件按照 GB/T 20801 计算，并考虑钢管腐蚀裕量及壁厚负偏差向上圆整。管道壁厚、制造检验标准在各等级中列出。钢管的外径和壁厚系列执行 GB/T 17395。

（一）管道

1. 钢管种类和材质

（1）站内工艺管道 *DN* ≤ 400 采用无缝钢管

①设计压力＜ 4.0MPa

设计温度≥－20℃时，执行《输送流体用无缝钢管》（GB/T 8163—2018），材质选用 20#；介质为仪表风、氮气的管道，材质为 20+ 镀锌。

当 -40℃≤设计温度下限＜ -20℃时，执行《高压化肥设备用无缝钢管》（GB/T 6479—2013），材质选用低温碳钢 Q345E。

②设计压力≥ 4.0MPa

设计温度≥－20℃时，执行《石油天然气工业管线输送系统用钢管》(GB/T 9711—2017)，材质选用管线钢 L415Q 无缝钢管。

-40℃≤设计温度下限< -20℃的工艺管道，执行《高压化肥设备用无缝钢管》(GB/T 6479—2013)，材质选用低温碳钢 Q345E。

(2) 站内工艺管道 *DN* > 400

设计温度≥ -10℃时，执行《石油天然气工业管线输送系统用钢管》(GB/T 9711—2017)，材质为 L450M，选用直缝埋弧焊钢管。

设计温度下限< -10℃时，执行《高压化肥设备用无缝钢管》(GB 6479—2013)，材质为 Q345E。

2. 管道外形尺寸

钢管外径为 GB/T 17395 中的系列 1，具体尺寸见表 3-5-4。

表 3-5-4　管子外径系列对照表

管子公称直径	*DN*15	*DN*20	*DN*25	*DN*32	*DN*40	*DN*50	*DN*65	*DN*80	*DN*100
钢管外径	21.3	26.9	33.7	42.4	48.3	60.3	76.1	88.9	114.3
管子公称直径	*DN*125	*DN*150	*DN*200	*DN*250	*DN*300	*DN*350	*DN*400	*DN*450	*DN*500
钢管外径	139.7	168.3	219.1	273	323.9	355.6	406.4	457	508
管子公称直径	*DN*600	*DN*700	*DN*800	*DN*900	*DN*1000				
钢管外径	610	711	813	914	1016				

(二) 管件

1. 管件分类

管件包括对焊管件、承插焊 / 螺纹管件。

(1) 对焊管件包括：弯头、三通、管帽、大小头、支管座。

(2) 承插焊 / 螺纹管件包括：弯头、三通、管帽、管塞、支管座、单承口管箍、双承口管箍。

2. 管件选型

(1) *DN* ≤ 40 的管件采用承插焊连接，应符合《锻制承插焊和螺纹管件》(GB/T 14383—2021) 的规定，其中主管材质 20# 的管件材质为 20#，执行 NB/T 47008—2017；主管材质为 L415Q 的管件材质为 16Mn，执行 NB/T 47008—2017；主管材质为 Q345E 的管件材质为 16MnD，执行 NB/T 47009—2017。

（2）$DN \geqslant 50$ 的管件采用对接焊连接。其中 $DN \leqslant 400$ 的管件应符合《钢制对焊无缝管件》（GB/T 12459—2017）的规定；$DN > 400$ 的管件应符合《优质钢制对焊管件规范》（SY/T 0609—2016）的规定。

（3）弯头应选用 R=1.5DN 的长半径弯头，通球处采用 R=6DN。

（4）选用对接焊连接管件时，管件的材质、压力等级或壁厚规格（管子表号）应与所连接管子一致或相当。

（5）对于不同压力等级的支管连接应按材料等级规定执行。支管连接应采用三通管件，当采用支管座连接时，支管座应符合《钢制承插焊、螺纹和对焊支管座》（GB/T 19326—2022）的要求。

（三）阀门

（1）阀门的制造、检验及试验应符合 ASME B16.34、API 6D、ISO 5208、API 598 及相关阀门规范的要求。

（2）对焊端阀门的对焊端、承插焊端阀门承插口的尺寸应与配接管子一致。

（3）管道材料等级表同一等级中列入承插焊阀门和内螺纹阀门时，在确认质量性能可靠的情况下，优先选用承插焊阀门。

（4）法兰连接阀门的法兰应与阀门所在材料等级下的管法兰相一致；螺纹连接阀门的螺纹应为 NPT 管螺纹。

（5）不同材料等级的管路相连接时，连接处阀门应选择材料等级要求较高的阀门。

（6）阀门在工作温度下的允许最高工作压力参见 ASME B16.34。

四　法兰、垫片及紧固件

（一）法兰（含法兰盖）

口径≤ 40mm 的法兰选用承插焊钢制锻造法兰；口径＞ 50mm 的法兰选用带颈对焊钢制锻造法兰。根据介质、温度、压力的不同，选用不同的材质。

（1）设计温度≥ −20℃的介质，低压碳钢钢管的法兰材质选用 A105，中高压碳钢钢管的法兰材质可参考表 3–5–6；镀锌钢管法兰材质选用 A105+ 镀锌。

（2）设计温度 −40℃＜ $T \leqslant$ 60℃的介质，$DN \leqslant 600$ 法兰材质选用 A350 LF2，$DN >$ 600 法兰材质选用 A694 F70；不锈钢管法兰材质选用 A182 F304。

$DN \leqslant 600$ 的法兰，执行 ASME B16.5；$DN > 600$ 的法兰执行 ASME B16.47 A 系列。

法兰和阀门的端部壁厚应该与相连直管的壁厚相匹配。仪表风管线选用带颈平焊突面法兰，执行 ASME B16.5。常用法兰与配套螺栓 / 螺母材质见表 3–5–5。

表 3-5-5 常用法兰与配套螺栓 / 螺母材质表

接管材质	法兰材质		螺柱 / 螺母材质	
	常温工况（-29℃以上）	低温工况（-46℃以上）	常温工况（-29℃以上）	低温工况（-46℃以上）
L245	ASTM A105 ASTM A350 LF6 class2	ASTM A350 LF2 class1 ASTM A350 LF6 class2	ASTM A193 Gr B7 ASTM A194 Gr. 2H	ASTM A320 Gr L7 ASTM A194 Gr. 7
L360	ASTM A350 LF6 class1 ASTM A350 LF6 class2	ASTM A350 LF6 class1 ASTM A350 LF6 class2		
L415	ASTM A350 LF6 class2	ASTM A350 LF6 class2		
L450	ASTM A694 F65 PSL2	ASTM A694 F65 PSL2		
L485	ASTM A694 F70 PSL2	ASTM A694 F70 PSL2		
304/316	A182 F304、A182 F316	A182 F304、A182 F316		

注：1. 压力等级为 CL600，接管材质为 L245、L360，法兰选用 A350 LF6 class2。
2.ASTW A694 F65、ASTM A694 F70 材料需满足 MSS-SP-44 PSL2 的要求。
3. 接管材质为 L245、L360 时，当最低设计温度为 -20℃以上时，法兰也可选用 NB/T 47008 中 16Mn 锻钢。当最低设计温度为 -40℃以上时，法兰也可选用 NB/T 47009 中 16MnD 锻钢。
4. 不锈钢法兰小于等于 CL300 时，螺柱、螺母也可采用 ASTM A193 B8-2/ASTM A194 Gr.8。

（二）垫片

设计温度≥ -20℃，压力等级≤ Class600 的法兰，密封面为 RF，采用金属缠绕垫，带内环和对中环，CRS/304+ 柔性石墨 /304，执行 ASME B16.20；压力等级＞ Class600 的法兰，密封面为 RJ，采用金属环形垫（八角型），材料 304，执行 ASME B16.20。

设计温度＜ -20℃，压力等级≤ Class600 的法兰，密封面为 RF，采用金属缠绕垫，带内环和对中环，304/304+ 柔性石墨 /304，执行 ASME B16.20；压力等级＞ Class600 的法兰，密封面 RJ，采用金属环形垫（八角型），材料 304，执行 ASME B16.20。

仪表风管线选用带颈平焊突面法兰，执行 ASME B16.5，采用非金属平垫片，材质为 NBR，执行 ASME B16.21。

（三）紧固件

螺栓应选用全螺纹螺柱，根据介质、温度、压力的不同，选用的材质为 ASTM A193 B7 或 A320 L7，执行 ASME B18.31.2。杆体长度 L_{Bmin} 是从头下支撑面到最末一个螺纹刻痕或到挤压角顶部平行于螺钉轴线测量的距离，L_{Gmax} 代表最大夹紧测量长度。螺纹长度应按夹紧测量长度 L_{Gmax} 和杆体长度 L_{Bmin} 控制。全螺纹螺柱的 L_{Gmax} 和 L_{Bmin} 极限见表 3-5-6。

螺母应选用管法兰专用螺母，根据介质、温度、压力的不同，选用的材质为 ASTM A194 2H 或 A194 7，执行 ASME B18.2.2。

仪表风管线螺栓应选用六角头螺栓，材质为 A193 B7+ 镀锌，执行 ASME B16.5；螺母应选用 I 型六角螺母，材质为 A194 2H+ 镀锌，执行 ASME B18.2.2。

表 3-5-6　全螺纹螺柱的 L_{Gmax} 和 L_{Bmin} 极限

公称规格或产品基本直径	公称产品长度	L_{Gmax}	公称产品长度		L_{Gmax}			L_{Bmin}
	小于或等于	所有螺纹系列	大于	小于或等于	粗牙螺纹（UNC）	细牙螺纹（UNF）	8 牙（UN）	所有螺纹系列
1/4	0.500	0.075	0.500	1.125	0.125	0.089	…	0.043
5/16	0.625	0.083	0.625	1.250	0.139	0.104	…	0.045
3/8	0.750	0.094	0.750	1.375	0.156	0.104	…	0.048
7/16	0.875	0.107	0.875	1.625	0.179	0.125	…	0.052
1/2	1.000	0.115	1.000	1.750	0.192	0.125	…	0.053
9/16	1.125	0.125	1.125	2.000	0.208	0.139	…	0.075
5/8	1.250	0.136	1.250	2.125	0.227	0.139	…	0.078
3/4	1.500	0.150	1.500	2.500	0.250	0.156	…	0.081
7/8	…	…	…	2.750	0.278	0.179	…	0.105
1	…	…	…	3.000	0.312	0.208	…	0.140
1 1/8	…	…	…	3.500	0.357	0.208	0.312	0.146
1 1/4	…	…	…	3.750	0.357	0.208	0.312	0.146
1 3/8	…	…	…	4.250	0.417	0.208	0.312	0.154
1 1/2	…	…	…	4.500	0.417	0.208	0.312	0.154
1 3/4	…	…	…	5.125	0.500	…	0.312	0.166
2	…	…	…	5.750	0.556	…	0.312	0.173
2 1/4	…	…	…	6.500	0.556	…	0.312	0.173
2 1/2	…	…	…	7.125	0.625	…	0.312	0.183
2 3/4	…	…	…	7.625	0.625	…	0.312	0.183
3	…	…	…	8.125	0.625	…	0.312	0.183

第六节　储气库标准化建构筑物设计与视觉形象

通过对储气库的建筑物单体进行归类、划分，形成综合用房和辅助用房（集装箱组装式）、35kV 变电站、在线分析小屋、井场控制小屋四类定型专业用房，交货周期缩短 60 天。同时，统一视觉形象设计，树立良好的中国石化企业品牌视觉形象。储气库定型的主要建筑物见表 3–6–1。

表 3-6-1　主要建筑物定型表

序号	设备装置名称	规格	备注
1	35kV 变电站	预装式（单层、双层）	2 类
2	井场控制小屋	集装箱式	
3	在线分析小屋	集装箱式	
4	综合用房和辅助用房	集装箱组装式（单层、双层）	2 类

一　定型 35kV 预制舱式变电站

（一）中型站场

1. 变电站定型设计

采用预制舱式变电站，一次设备（高压开关设备、无功补偿、低压开关设备）布置在一层，二次设备（保护、通信）布置在二层。设备选型选用体积小、免维护的各类开关设备。预制舱式变电站应用实例见图 3–6–1。

2. 变电站视觉形象设计

（1）预制舱面板喷涂云海灰，色卡 RAL7004，檐口、立柱等框架喷涂白色。

（2）梯子、平台栏杆为淡黄色，色号 Y06。

（3）预制舱四面喷漆中国石化 LOGO，大小根据预制舱大小设计，整体美观。

（4）预制舱底部为黄黑相间安全警示带（上、下层均设置警示带）。

（二）小型站场

小型站场采用单层预制舱，一次设备、二次设备分区间布置，如图 3–6–2 所示开关室预制舱。该装备优势显著，具体有：

快：建设周期 3 ~ 4 个月，比传统模式节约 2 个月。

小：相比传统模式节省 20% 用地面积。

图 3-6-1 预制舱式变电站

图 3-6-2 开关室预制舱

精：工厂预制，完善的质量控制。

活：布局方案多样，适应不同站场的征地。

二 定型井场控制小屋、在线分析小屋

井场控制小屋：将井场现场分散的电、信、控、阴极保护等设备进行系统集成，集成为电控一体化橇装式井场控制小屋。

在线分析小屋：是为在线气相色谱分析仪、在线水烃露点分析仪、在线硫化氢（总硫）分析仪等设备，专门设计定制的承载橇装小屋。小屋主要作用是定期检测管道中天然气组分、水烃露点、硫化氢含量等，监测气质、测量流量，同时为防止水合物生成提供数据。

（一）控制、分析小屋设计加工

1. 选型说明

井场控制小屋、在线分析小屋是 EPC 设计团队自行设计的一体化防爆式小屋。小屋内的所有带电设备均为独立的防爆部件，如配电设备、照明设备、通风设备、分析仪等部件均为已经取得防爆认证、独立的防爆产品。

防爆式小屋适用于含有爆炸性危险气体的Ⅱ类 2 区场所，具有Ⅱ A、Ⅱ B、HC 级，温度组别为 T1 ~ T4 的爆炸性气体或蒸气环境中；海拔高度不超过 2000m；25℃时，相对湿度 95% 以下；工作环境温度 –20 ~ 40℃之间。

2. 结构设计

井场控制小屋：由主房体、报警系统、配电系统、排风系统组成。主房体为型钢焊接框架式结构；内外墙及屋顶由 n 型钢板拼装铆接而成；内外墙采用 304 不锈钢；内外墙及吊顶和屋顶之间充填 70mm 厚阻燃型保温材料；设置 1 扇外开单扇型门，净尺寸为 2000mm（H）× 900mm（W），材质同主体，门与墙之间镶有橡胶密封条，门上开有 400mm（H）×600mm（W）钢化玻璃观察窗，带阻尼限位闭门器和扎杆式逃生锁，门外有孔锁及把手；地板采用 4.0mm 厚花纹钢板制作；底座用槽钢焊接而成，为方便吊运，底部带有起重用的吊耳。

在线分析小屋：主要有样品气采样器、采样管路、样品气预处理系统、排液放空管路、气瓶架等设施，辅助完成气体分析。本体为内外双层钢板夹保温层，整体相对密封。由于存在天然气、氮气等气体泄漏可能，因此设有可燃和有毒气体报警系统、声光报警器、强制排风扇等，对小屋空气进行监测、报警和强制排风。在线分析小屋应用实例见图 3-6-3。

图 3-6-3　在线分析小屋

3. 加工制作

控制、分析小屋由专业厂家按照设计进行房体的加工制作以及各系统组配件安装。完成后以成品形式，运输至现场进行吊装、接线、调试。具有以下优点：

集成化：多专业高度集成，减小占地。

预制化：实现工厂安装、减少现场工程量；缩短施工周期。

智能化：设备智能终端将各类运行参数实时上传，实现远程管理。

低能耗：针对自控、通信设备用电特点，采用专用 DC24V 电源，减少供电环节，具有低能耗、高可靠的特点。

（二）控制小屋视觉形象设计

（1）整体采用喷涂云海灰，色卡 RAL7004。

（2）正面喷漆中国石化 LOGO，大小根据小屋大小设计，整体美观。

（3）屋门设置警示标识，采用贴图标识，便于更换。

井场控制小屋视觉形象见图 3-6-4。

图 3-6-4　井场控制小屋

三 定型建构筑物

（一）综合用房、辅助用房

（1）建筑物结构选型

储气库综合用房、辅助用房设计均为钢结构箱式模块化房屋，以钢结构为箱体结构，由围护与框架组合而成。将具有建筑功能的箱体，作为一个箱式建筑单元模块，组合构成房屋。模块化组合房屋的设计与建造，符合通用化、模块化、工业化和优化集成的原则。单层综合用房见图 3-6-5，多层综合用房见图 3-6-6，辅助用房见图 3-6-7。

单元模块主要由箱顶、箱底、立柱、墙体、门、窗配件等组成，所有模块构件均在工厂进行标准化设计及制作，房屋构件通过标准化连接件在现场进行快速安装。由于保证了构件的精度，现场的安装能够快速、精准。

钢结构箱式模块化房屋构件的设计均为标准化设计，空间划分灵活，除横向与竖向的连接，还可以重叠放置，连接后的内部空间也可灵活设置室内隔断、隔墙。

（2）建筑物视觉形象设计

建筑立面造型设计具备现代工业建筑气息，建筑造型和立面色调与周边人文地理环境协调统一；外观设计应简洁、稳重、实用。

建筑主体采用云海灰主基调（色号 RAL7004），檐口设乳白色（色号 RAL9001），基座采用云海灰，中国石化品牌标识布置于综合用房山墙，采用喷漆工艺。屋顶采用坡屋面，便于雨水外流。

图 3-6-5　单层综合用房

图 3-6-6　多层综合用房

图 3-6-7　辅助用房

（二）压缩机房、空冷器间

（1）建筑物结构选型

储气库压缩机房、空冷器间均采用门式刚架结构。上部主构架包括刚架斜梁、刚架柱、支撑、檩条、系杆、山墙骨架等。内、外墙及屋面等围护结构采用金属岩棉夹芯板。门式刚架结构具有受力简单、传力路径明确、构件制作快捷、便于工厂化加工、施工周期短等特点。

（2）建筑物视觉形象设计

建筑立面造型设计具备现代工业建筑气息，建筑造型和立面色调与周边人文地理环境协调统一；外观设计应简洁、稳重、实用。

建筑主体采用云海灰主基调（色号 RAL7004），檐口设乳白色（色号 RAL9001），基座采用云海灰，中国石化品牌标识布置于综合用房山墙，采用喷漆工艺。屋面坡度 1/20 ~ 1/8。

图 3–6–8 为文 13 西储气库压缩机房和空冷器间，图 3–6–9 为清溪储气库压缩机房和空冷器间。

图 3-6-8　文 13 西储气库压缩机房和空冷器间

图 3-6-9　清溪储气库压缩机房和空冷器间

（三）大门、围墙

（1）围墙形式：站场——装配式围墙 / 铁栅栏围墙；井场——铁栅栏围墙。

（2）大门形式：站场——实体电动平开大门 / 电动伸缩门；井场——钢制铁艺大门。大门形象墙干挂花岗岩。图 3–6–10 为白 9 储气库注气站大门，图 3–6–11 为卫 11 储气库注采站大门。

图 3-6-10　白 9 储气库注气站大门

图 3-6-11　卫 11 储气库注采站大门

四　定型现场标志标识

对项目中的设备涂色、设备标识、铭牌、附属设施等的标志标识进行统一、定型。定型的标志标识见图 3–6–12。

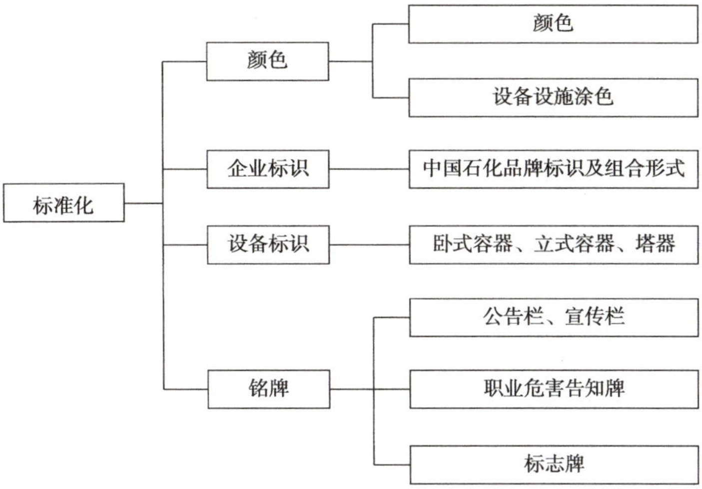

图 3-6-12 定型标志标识

（一）颜色

设施设备外观涂色应符合 GB/T 3181—2008 的规定，见表 3-6-2。

表 3-6-2 外观涂色要求

颜色	色样	颜色标准编号	RGB	PANTONE	RAL
大红		R03	R255，G0，B0	1795C	3020
砖红			R178，G34，B34	1805C	3013
桔红		R05	R242，G101，B33	158C	2009
桔黄		YR04	R247，G148，B28	1495C	2000
中黄		Y07	R221，G184，B34	100C	1004
淡黄		Y06	R255，G255，B0	3945C	1018
紫棕		YR03	R82，G46，B46	497C	8017
棕		YR05	R100，G42，B40	1817C	8015
淡棕		YR01	R165，G80，B49	7516C	8029

续表

颜色	色样	颜色标准编号	RGB	PANTONE	RAL
艳绿		G03	R0，G166，B80	347C	6029
中酞蓝		PB04	R43，G68，B144	7455C	5013
天酞蓝		PB09	R144，G215，B236	636C	5024
淡酞蓝		PB06	R0，G174，B239	306C	5015
蓝灰		PB08	R34，G99，B125	5405C	5025
中灰		B02	R125，G125，B125	424C	7010
海灰		B05	R184，G204，B210	5513C	7038
浅灰			R189，G189，B189	421C	7035
黑			R0，G0，B0	426C	9017
紫		P02	R161，G134，B190	521C	4012
银白			R192，G192，B192	420C	9022
白色			R255，G255，B255		9016
乳白			R255，G255，B248	7499C	9001

（二）设施设备涂色

1. 储罐和塔器表面涂色

储罐和塔器表面涂色应符合 SY/T 0043—2020 的规定，见表 3–6–3。

2. 管道外表面涂色

管道外表面涂色应符合 SY/T 0043—2020 的规定，见表 3–6–4。

表 3-6-3 储罐和塔器表面涂色要求

设施设备名称	颜色	标准色号	备注
原油罐	银 / 中灰 / 乳白	—/B02/Y11	包括沉降罐、缓冲罐、事故储罐、净化油罐及含水油罐
成品油罐	银 / 乳白	—/Y11	包括汽油、煤油、柴油储罐
润滑油罐	棕	YR05	
天然气球罐	银 / 乳白	—/Y11	包括天然气柜
液化烃罐	银	—	包括天然气凝液、液化石油气管道、单组分轻烃等
压缩空气罐	天酞蓝	PB09	
二氧化碳储罐	海灰	B05	
氮气罐	淡棕	YR01	
清水罐	艳绿	G03	包括给水、循环冷却水、消防水、饮用水、低矿化度清水储罐
采出水罐	深绿	G05	
消防泡沫液罐	大红	R03	
胺类、醇类、化学药剂罐	橘红	R05	包括破乳剂、防垢剂、防腐剂、杀菌剂、絮凝剂等，以及有毒有害介质
聚合物母液罐	淡酞蓝	PB06	
酸、碱罐	紫	P02	
塔器	银	—	

表 3-6-4 管道外表面涂色要求

管线名称	颜色	标准色号	备注
原油管道	中灰	B02	
成品油管道	银	—	包括汽油、煤油、柴油管道
润滑油管道	棕	YR05	
污油管道	黑	—	
液化烃管道	银	—	包括天然气凝液、液化石油气管道、单组分轻烃等
天然气管道	中黄	Y07	
氢气管道	中酞蓝	PB09	
氧气、压缩空气管道	天酞蓝	PB09	包括助燃气体管道
氨管道	橘黄	YR04	
二氧化碳管道	海灰	B05	
安全放空管道	大红	R03	
蒸汽、热水管道	银	—	包括导热油等供热管道
消防管道	大红	R03	包括消防混合液、消防泡沫液管道

续表

管线名称	颜色	标准色号	备注
清水管道	艳绿	G03	包括给水、循环冷却水、消防水、饮用水、低矿化度清水管道
污水管道	紫棕	YR03	
采出水管道	深绿	G05	
胺类、醇类、化学药剂管道	橘红	R05	包括破乳剂、防垢剂、防腐剂、杀菌剂、絮凝剂等，以及有毒有害介质
聚合物母液管道	淡酞蓝	PB06	
酸、碱管道	紫	P02	
仪表管道	银	—	包括动力信号管、导压管、引线管、保护管

3. 其他设施设备涂色

其他设施设备涂色应符合 SY/T 0043—2020 的规定，见表 3-6-5。

表 3-6-5　其他设施设备涂色要求

设备名称	颜色	标准色编号	备注
分离器、反应器、冷换设备、天然气干燥器	中灰、银	B02/—	油采用中灰，气采用银
过滤器	中灰、艳绿、中黄	B02/G03/Y07	油采用中灰，水采用艳绿，气采用中黄
除砂器	中灰、艳绿	B02/G03	油采用中灰，水采用艳绿
加热炉、锅炉	中灰、银	—/B02	油采用中灰，气采用银
清管收发球装置	中灰、银、中黄	B02/—/Y07	油采用中灰，气采用银或中黄
火炬	银灰、大红	B04/R03	独立式火炬筒体或放空管
烟囱	银灰	B04	
汇管		—	按输送介质的管道涂色进行涂色
机泵	艳绿、海灰	G03/B05	水泵为艳绿色，其他机泵均为海灰
电气仪表设备	海灰	B05	也可保持出厂色
消防设备	大红	R03	包括消防水泵、泡沫液泵、泡沫比例混合装置等

4. 企业标识

中国石化品牌标识应符合《中国石化品牌视觉识别集团手册》规定，实施时应准确制作，比例尺度符合相关要求，标识缩放时按高宽比要求进行等比例缩放。中国石化品牌标识组合形式见图 3-6-13。

（1）字体要求

汉仪大宋，中国石化专用字体。

（2）颜色要求

红色 PANTONE：1795C/U

C：0　M：100　Y：100 K：0

R：230　G：0　B：18

黑色 PANTONE：Process Black

C：0　M：0　Y：0　K：100

R：0　G：0　B：0

（3）尺寸要求

按实际情况而定，应用时根据比例关系放大。

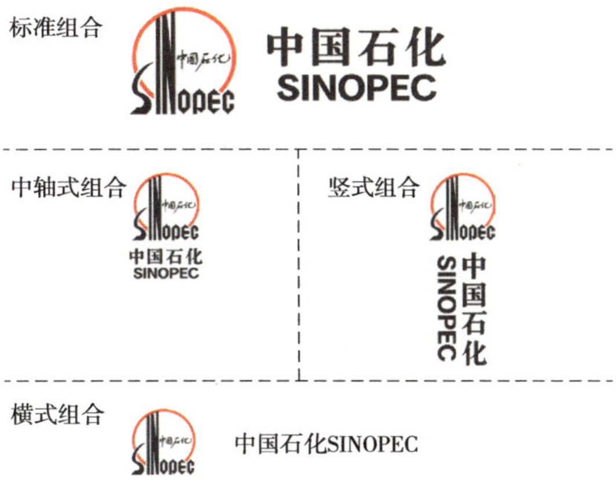

图 3-6-13　中国石化品牌标识组合形式

（三）设备标识

设备标识涂色应符合 SY/T 0043—2020 的规定，涂色要求见表 3-6-3。

1. 立式储罐

立式储罐的标识采用中轴式组合标识与罐号竖向结合方式，标识设于罐体高度 3/4h 处，大型罐体采用白色衬底和原色标识配合。小型深色罐体可采用反白标识；标识下设置罐体名称，特殊环境反恐安全需要，罐体名称可不标注；消防标号为白底红圈红色数字，大黑，与标识等比例。标识字体尺寸见表 3-6-6。

表 3-6-6　立式储罐标识字体尺寸

罐体尺寸 /m	标识高度 /mm	罐体名称字高 /mm	字体	宽高比
$h<6$	500	150	中黑简体	0.8
$6\leqslant h<10$	1000	200	中黑简体	0.8
$10\leqslant h<15$	1500	250	中黑简体	0.8
$h\geqslant 15$	2000	300	中黑简体	0.8

如罐体颜色较深，原标识刷涂不明显时，采用反白标识或白色衬底，如图 3-6-14 所示。

2. 其他立式设施设备

采用中轴式组合标识与编号竖向结合方式，标识上沿位于距离塔顶以下 1/4h 位置。标识尺寸根据设备直径 D 分别规定如下：

① $0.8\text{m}\leqslant D<2\text{m}$，且 $h>5\text{m}$，标识宽度 300mm；

② $D\geqslant 2\text{m}$，且 $h>5\text{m}$，标识宽度 500mm。

同一区域各立式设施设备标识及编号应标注在相同的位置，相同字高，相同字体，保

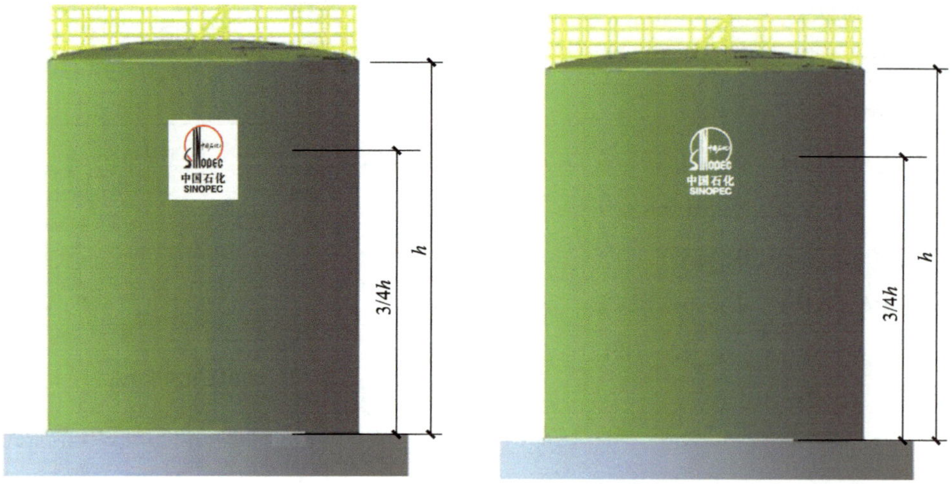

图 3-6-14　罐体标识反白及白色衬底示意图

持视觉形象统一。规格小于上述尺寸要求的立式设施设备，仅标注生产流程编号，不设企业标识。

如罐体颜色较深，原标识刷涂不明显时，采用反白标识，如图 3-6-15 所示。

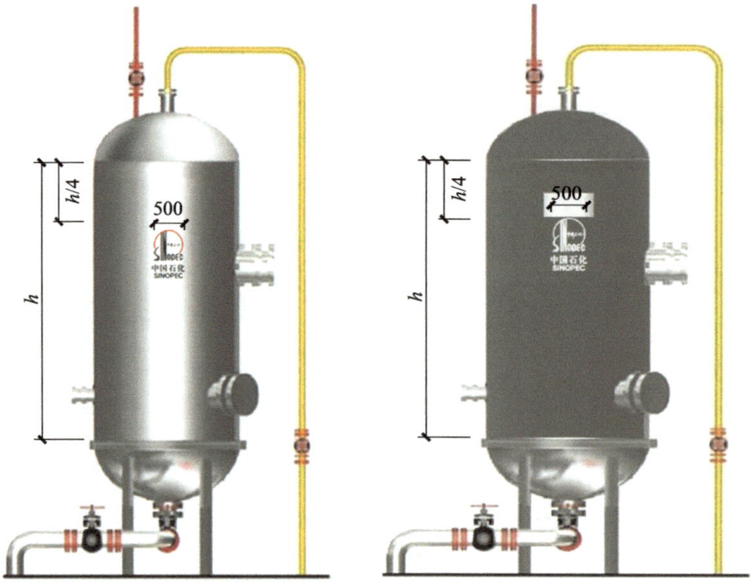

图 3-6-15　罐体标识及标识反白示意图

3. 卧式设施设备

采用标准组合标识，位于设备水平中轴上，标识尺寸设施设备直径 D 分别规定如下：

① 1.2m ≤ D < 2m 容器：标识高度 300mm。

② D ≥ 2m 容器：标识高度 450mm。

同一区域卧式设施设备标识应标注在相同的位置，相同字高，相同字体，保持视觉形象统一。

如罐体颜色较深，原标识刷涂不明显时，采用反白标识，如图 3-6-16、图 3-6-17 所示。

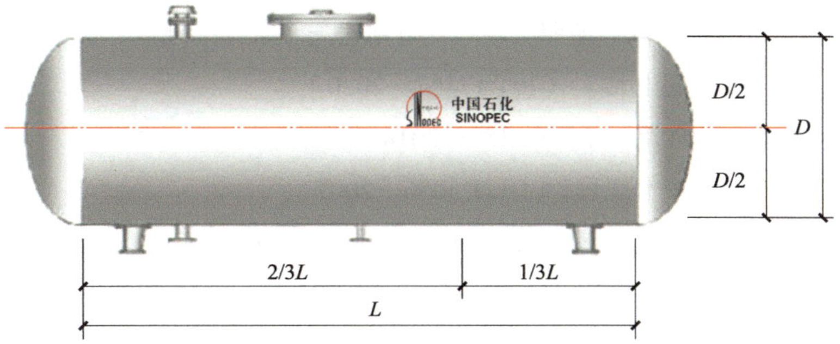

图 3-6-16　罐体标识示意图

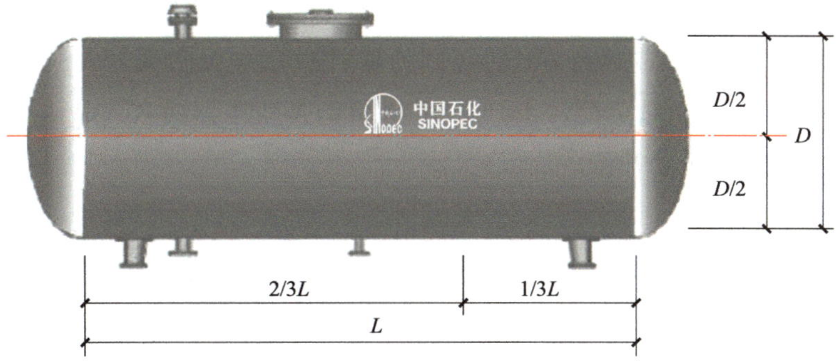

图 3-6-17　罐体标识反白示意图

第七节　储气库电、仪设备标准化设计

由于储气库项目建设周期短，现有的变电站建设模式无法满足工期要求。因此，储气库 35kV 变电站采用预装式变电站技术。预装式变电站技术不但能满足“五化”要求，同时能满足项目建设周期。此技术作为中国石化储气库标准化设计推广的新型设计理念，首次在项目建设中应用。

一　电气设备标准化设计

卫 11、清溪储气库分别建设一座 35kV 变电站，两站情况比较特殊，具有代表性。因此以卫 11、清溪储气库为例，重点论述预装式变电站的设计与应用。

（一）设计依据

预装式变电站设计应遵循各类国标规范的要求，但目前缺乏专门针对预制舱的标准规范。《高压－低压预装式变电站》（GB/T 17467—2020）更倾向于箱式变电站，与预装式变电站差别较大。故本次设计过程中，依然遵照土建式变电站相关国家标准规范、行业标准执行。

《高压－低压预装式变电站》（GB/T 17467—2020）

《高压配电装置设计规范》（DL/T 5352—2018）

《变电所总布置设计技术规程》（DL/T 5056—2007）

《3～110kV 高压配电装置设计规范》（GB/T 50060—2008）

（二）设计方案

1. 总变配电系统设计

卫 11、清溪 35kV 变电站皆为 1 条 35kV 高压进线（同时为远期预留 35kV 进线），35kV、10kV 均为单母分段的运行方式，不同的是卫 11 变电站负荷较大，采用 20MV·A 变压器两台；清溪储气库相对负荷较小，采用 10 MV·A 变压器两台，站内 10kV 侧均设有 SVG 装置作为高压动态无功补偿。

2. 主要设备选择

（1）主变：卫 11 变电站设计设 2 台变压器，两台主变容量均为 20000kV·A，型号为 SZ-20000/35［（35±3）×2.5%］/10.5kV，U_d=8%，接线组别 Yn，d11。清溪变电站仅主变容量为 10000 kV·A，其余参数相同。主变采用露天安装。变电站主变实例见图 3-7-1。

图 3-7-1　变电站主变

（2）35kV 设备：35kV 配电装置采用 SF6 充气式开关柜，安装于 35kV 预制舱内。外壳防护等级 IP4X，内附真空断路器为本体与机构一体化，额定短路开断电流 25kA，额定电流 1250A。

（3）10kV 设备：10kV 配电装置采用金属铠装移开式开关柜 KYN28-12，安装于 10kV 预制舱内。外壳防护等级 IP4X，内附真空断路器为本体与机构一体化，额定短路开断电流 31.5kA，额定电流 630A、1250A。

（4）站用变：1#、2# 站用变采用 SC18-80/10 10/0.4kV 型干式变压器在 10kV 开关柜内安装，电源分别引自 10kV Ⅰ、Ⅱ段母线，所用变柜在 10kV 预制舱与 10kV 开关柜并排安装。

（5）10kV 高压动态无功补偿装置：采用 2 套高压动态无功补偿装置 SVG，5000kvar，安装于 SVG 预制舱内。

（6）继电保护和自动装置：安装于二次保护预制舱内。变电站继电保护和监控采用综合自动化系统，实现变电站的控制、监视、测量、调度全部微机自动化。变压器保护、35kV 出线测控保护单元，采用集中组屏安装于二次保护预制舱，10kV 微机测控保护单元、电能计量表就地装在开关柜上。

3. 平面布置

（1）卫 11 变电站

变电站东西方向长 50m，南北方向长 40m，总占地面积为 2000m^2。整站坐南朝北，采用环形布局模式，道路宽度为 4m。站内设置地下式主变事故油池一座。北侧为辅助用房预制舱、0.4kV 预制舱、35kV 预制舱、10kV 预制舱、SVG 预制舱，其中二次保护预制舱坐落于 10kV 预制舱顶部，采用爬梯上下。南侧为 35kV 变压器，避雷针，事故油池。卫 11 储气库变电站平面示意见图 3–7–2。

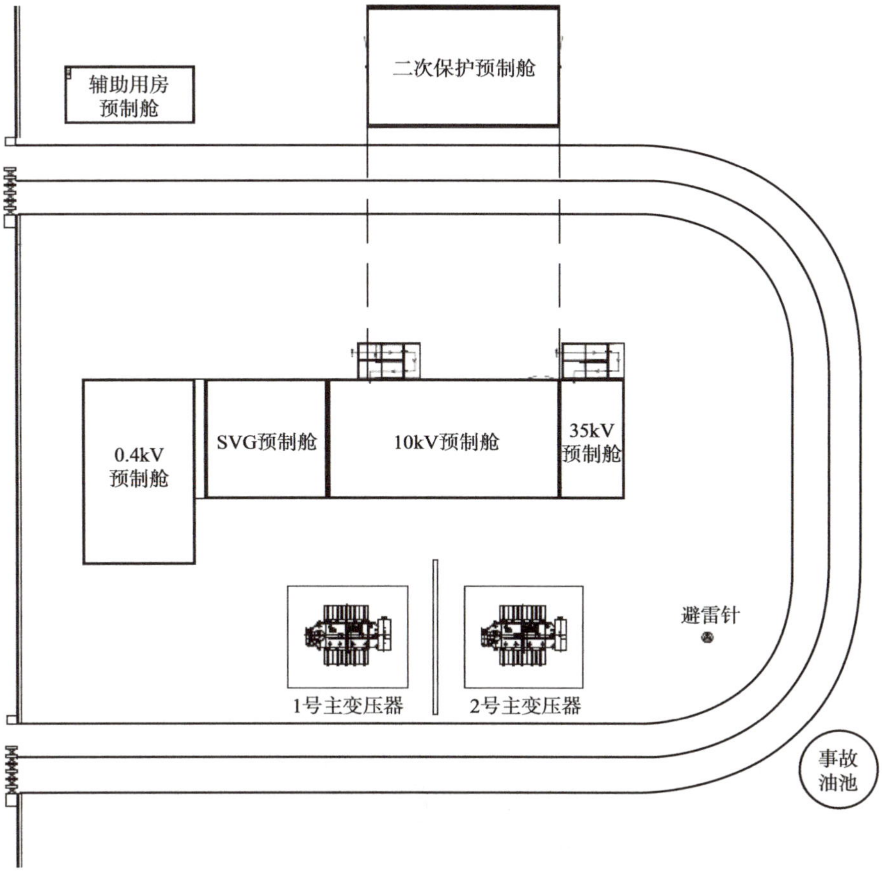

图 3–7–2 卫 11 储气库变电站平面示意图

卫 11 变电站位于注采站的东北角，划给变电站的区域虽不规则，但是面积够大，对变电站的布局几乎无影响。这样的变电站设计起来受限因素很少，属于较为典型的 35kV 预装式变电站设计方案。完工后的卫 11 储气库 35kV 变电站见图 3-7-3。

图 3-7-3 卫 11 储气库 35kV 变电站

（2）清溪变电站

变电站东西方向长 60m，南北方向长 14m，总占地面积为 840m^2。整站采用一字布局模式。站内设置地下式主变事故油池一座。自西向东分别为事故油池、变压器、SVG 预制舱、35kV 预制舱、10kV 预制舱和二次保护预制舱。0.4kV 预制舱安装在注采站内。清溪储气库变电站平面示意见图 3-7-4。

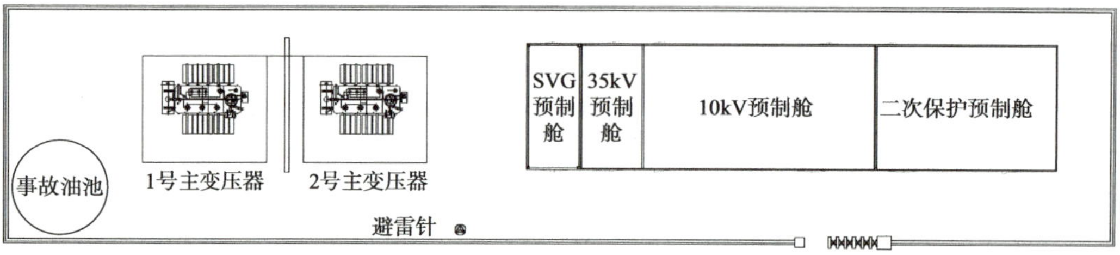

图 3-7-4 清溪储气库变电站平面示意图

清溪变电站位于注采站的北侧，整个呈一字长条形，且斜向布置，极大限制了变电站的布局。站内宽度不足，无法满足吊装及消防的整体需求，只能借助站外的道路。在此情况下，充分体现出预装式变电站占地面积小，布局灵活的优势。完工后的清溪储气库变电站见图 3-7-5。

图 3-7-5 清溪储气库变电站

（三）经验总结

根据储气库建设实例，得出预装式变电站具有以下四点优势：

快：建设周期 2～3 个月。减少土建等外围配套工程工作量，安装、调试工作更方便、更快速、更简单，缩短了工程建设周期。预装式变电站模式建站周期示意图见图 3–7–6。

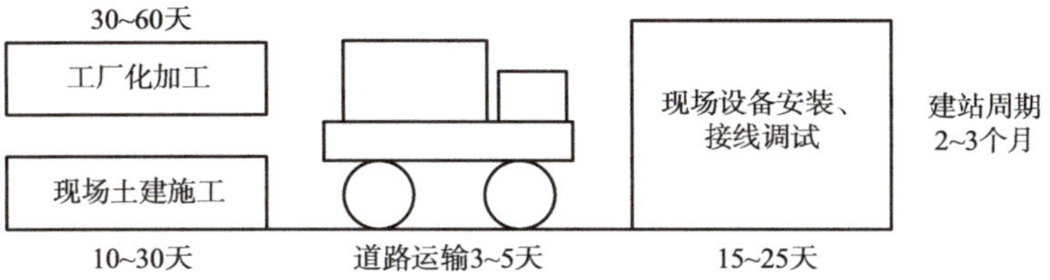

图 3-7-6　预装式变电站模式建站周期示意图

小：集成化安装，占地面积小。结构紧凑、成套性强、可移动，能重复利用。预装式变电站模块化示意见图 3–7–7。

精：工厂预制，完善的质量控制。预装式生产，出厂前完成内部设备之间的连接、调试及相应控制组件的安装。预制舱工厂在预装式生产见图 3–7–8。

活：布局方案多样，适应不同站场的征地。预装式变电站多种灵活布局见图 3–7–9。

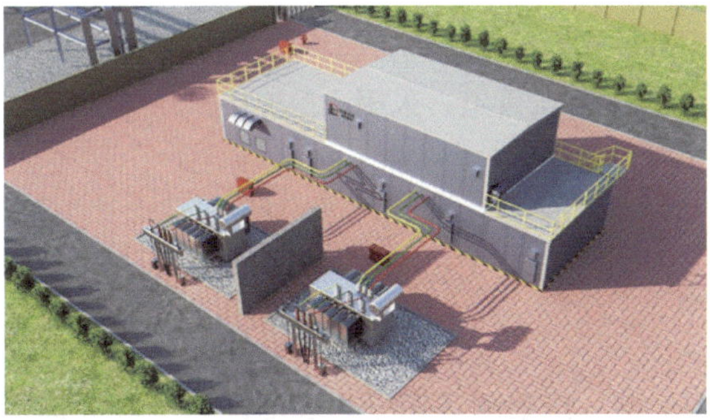

图 3-7-7　预装式变电站模块化示意图

图 3-7-8　预制舱工厂在预装式生产

图 3-7-9　预装式变电站多种灵活布局

预装式变电站减少现场二次接线，减少设计、施工、调试工作量，简化检修维护工作，缩短建设周期，实现系统集成化、生产工厂化、装配模块化、施工简单化的“五化”电站建设，是一种创新的快速配送式建站模式。

预装式变电站的应用，可减少变电站的建设周期，优化建站方案，同时能有效解决土建模式下人工用工量大、土建施工成本高、现场调试工作量大等诸多问题，提高变电站的可靠性及扩展性，促进变电站建设效率的提升和建设质量的提高。

二 仪表设备标准化设计

（一）温度仪表

（1）就地检测仪表

通常温度计的准确度等级选用 1.0 级，精密测量用温度计的准确度等级选用 0.5 级。

测量介质温度为 –80 ~ 500℃的仪表，选用双金属温度计。

（2）远传检测仪表

通常选用一体式温度变送器。当安装位置受限时，选用分体式温度变送器。

测量介质温度为 –200 ~ 650℃时，选用热电阻。

（3）温度仪表套管与设备连接选用法兰。Class150 或以下的非危险介质（如水、空气、氮气等）低压管道，采用螺纹连接；Class1500 以上高压管道，采用法兰连接。

（4）温度仪表套管与测量仪表的连接方式通常采用螺纹。

（二）压力仪表

（1）压力测量仪表

一般测量用压力表的准确度等级选用 1.0 级，精密测量用压力表的准确度等级选用 0.4 级。

（2）就地压力表

较强振动场合（如泵、压缩机区域）测量时，应选用抗振压力表。

测量腐蚀性介质（如含硫化氢）时，选用耐腐蚀压力表或不锈钢膜片压力表。

（3）压力变送器

通常选用一体式温度变送器。当安装位置受限时，选用分体式温度变送器。

（4）通常压力变送器与管道连接选用螺纹方式。测量腐蚀性介质（如含硫化氢）时，选用法兰连接。

（三）流量仪表

（1）单井注采气流量检测仪表宜采用双向计量流量计。采气计量时充分考虑天然气中携液对计量的影响，宜选用超声波流量计、槽道式流量计、多相流量计。

含水率高于 3% 时，可选用多相流量计；含水率低于 3% 时，可选用超声波流量计、槽道式流量计。选用超声波流量计（管道式、外夹式）时，考虑直管段要求及节流噪音的影响，一般情况前后直管段不低于 20*D*。

（2）注采站（注气站）进出站流量检测仪表宜采用双向气体超声波流量计，设置气体组分在线检测系统，且符合 GB/T 18604 的规定。

（3）采出水、给排水计量宜采用电磁流量计。

（4）轻烃计量宜采用质量流量计。

（5）燃料气计量宜采用涡轮流量计、旋进旋涡流量计。

（四）物位仪表

（1）低温分离器、计量分离器、生产分离器等高压容器的就地液位检测宜采用磁翻柱液位计，其浮球应为整体承压型，并配套液位开关，信号传至站控系统用于液位报警用。

（2）容器液位既参与联锁控制，又参与切断保护的液位检测，宜采用不同测量原理液位计。

（3）低压容器的就地液位检测，可根据实际情况选择石英玻璃管或磁翻柱液位计。

对于测量液位仪表管路、根部阀，当介质凝点或产生水合物的温度点高于环境温度时应配套电伴热及保温。

（五）火气仪表

1. 火灾仪表

（1）综合楼、办公室、厂房区应设置感温感烟火灾探测器。

（2）压缩机房、轻烃罐区、采出水灌区应设置火焰探测器。

（3）电缆沟应设置感温电缆。

（4）同一探测区域内应设置多个火灾探测器，选择具有复合判断火灾功能的火灾探测器和火灾报警控制器。

2. 可燃气体及有毒气体仪表

（1）工艺装置区可能出现可燃气体泄漏的区域可采用点式红外可燃气体探测器。

（2）压缩机厂房等采用开路式可燃气体探测器。

（3）UPS 间采用催化燃烧型可燃气体探测器。

（4）硫化氢宜选用电化学型探测器。

（5）开阔区域宜选用线型气体探测器。

（6）需要检测区域气体泄漏时，可采用激光云台扫描式气体泄漏探测器或超声波气体泄漏探测器。

（六）分析仪表

（1）天然气组分含量的测量，选用在线式气相色谱分析仪。

（2）天然气烃露点分析仪宜选用冷却镜面法。

（3）天然气水露点分析仪宜选用光纤法、激光湿度法。

（4）在线硫分析仪选型要求：

检测天然气中硫化氢含量，宜选用紫外吸收光谱和电化学等硫化氢分析仪 。

检测天然气或原油中无机硫和有机硫总含量，宜选用紫外荧光法和 X 射线荧光光谱法总硫分析仪。

（5）天然气热值的检测，可选用燃烧法气体热值分析仪、热值指数仪或色谱分析仪。

分析仪表宜放置在分析小屋内，分析小屋应能保证分析仪表的正常工作和使用效果，并对分析仪表及附属设备进行合理布置。

（七）控制阀

（1）井场采气节流阀宜选用电动角型节流阀。

（2）井场采气流量控制阀宜采用电动角型调节阀、电动轴流式调节阀。

（3）集注站压力、温度、液位调节阀宜采用气动调节阀。

（4）集注站流量控制阀宜采用气动轴流式调节阀。

（5）燃料气调压宜采用自力式调节阀。

（八）执行机构

（1）有可靠仪表气源的场合，选用气动执行机构。

（2）没有仪表气源或气源接入困难的场合，选用电动执行机构。

（3）高推力、快速行程、长行程的场合，选择电液执行机构或气 – 液执行机构。气 – 液联动阀宜用于在现场无仪表风气源的情况下，利用管道气源做驱动力的输气管路上安装的阀门。

（4）没有外部动力源的场合，宜选用自力式执行机构。

三　控制系统

储气库注采站（注气站）控制系统包括站控系统（SCS）和火灾 / 可燃气体检测报警系统（F&G）。站控系统包括基本过程控制系统（BPCS）和安全仪表系统（SIS）。井场控制系统采用 RTU 系统，信号上传至注采站（注气站）站控系统。系统配置图见图 3–7–10。

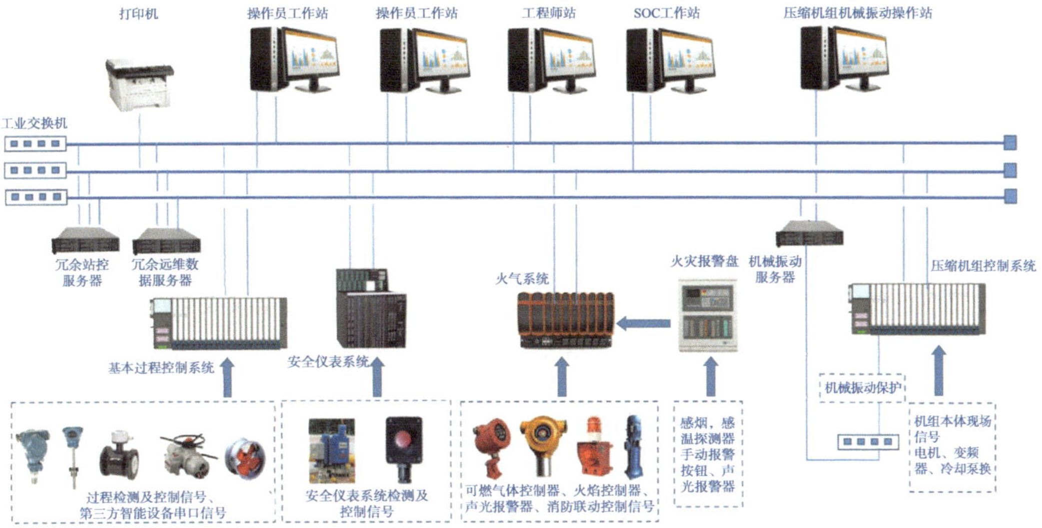

图 3-7-10　控制系统配置图

（一）基本过程控制系统（BPCS）

采用一套集散型控制系统（DCS），对工艺装置、辅助生产设施及公用设施进行数据采集、过程控制、数据记录、报表生成和报警记录等。由操作站、工程师站、打印机、控制站、I/O 机柜、端子柜及网络设备等组成。

（二）安全仪表系统（SIS）

采用一套独立的可编程逻辑控制器（PLC），用于工艺装置的安全联锁控制。安全仪表系统采用故障安全型设计，安全等级为 SIL2 级。SIS 系统的检测仪表及执行元件与 BPCS 系统分开设置并具备 SIL2 认证。

SIS 系统由工程师站、操作站、I/O 机柜及网络设备等组成，其中控制器、I/O 卡件、通信、电源及相关配件均按照 SIL2 等级冗余配置。

SIS 系统对工艺装置和设施实施安全监控和安全联锁。SIS 系统设置分为 4 级，即：

（1）级关断（ESD–1）为泄压关断（关断级别最高），由火灾或爆炸引起。触发关断时，进出站气液联动阀关断，所有自动放空阀开启，增压单元、脱水单元、再生单元停机，此级别关断为手动启动。

（2）级关断（ESD–2）为保压关断，由气体严重泄漏或关键工艺参数异常引起。操作人员手动启动或火气控制逻辑自动启动。触发关断时，进出站气液联动阀关断，触发 ESD–3 级关断。

（3）级关断（ESD–3）为单元关断，由工艺段故障或生产系统的重要装置（增压单元、脱水单元、再生单元）故障引起，手动或自动启动，触发 ESD–3 级关断。

（4）级关断（ESD–4）为设备关断，由单个设备故障引起，仅关断故障设备，不影响其他设备的正常操作，手动或自动启动。

（三）火灾/可燃气体检测报警系统（F&G）

火气系统主要由独立的可编程逻辑控制器（PLC）、可燃气体探测器及火焰探测器、建筑物内火灾报警系统、数据通信接口等构成。通过接收来自可燃气体探测器、火焰探测器、火灾报警盘的综合报警和故障信号，并给基本过程控制系统、安全仪表系统、工业电视系统及应急照明控制器提供报警信号进行联动，完成对站内火灾及可燃气体泄漏等情况的监视和控制。主要功能如下：

（1）在控制室显示火灾报警及可燃气体检测报警信息。

（2）火气系统接收探测器信号，根据逻辑进行判断报警，操作员在规定的时间内完成对报警信息的响应；经过一段时间后仍然报警或人工确认后，向 SIS 系统发出报警信号，由安全仪表系统执行 ESD 动作。

（3）当压缩机厂房可燃气体高高报警时，联锁启动压缩机厂房风机。

（4）当发生火灾时，联锁启动应急照明系统。

（5）火气系统能够远程启动消防泵并监测消防泵、稳压泵的工作状态和消防水罐液位。

四　主要测控内容

（一）注采站

储气库注采站（注气站）主要工艺装置有进出站单元、过滤分离单元、计量单元、增压单元、脱水单元等。

进出站单元：进出站阀门采用气液联动执行机构，其余开关阀采用气动执行机构，进出站管线设温度、压力检测。

过滤分离单元：过滤分离器本体设置压力、差压、液位检测，排污管线设置气动调节阀稳定分离器液位。

计量单元：采用贸易级气体超声流量计（配套在线气相色谱仪），成橇设计，完成体积计量和热值计量。

增压单元：压缩机控制系统随压缩机机组成套提供，监控和保护压缩机机组及相关的辅助系统。

脱水单元：再生气分离器设液位控制；再生气压缩机运行参数通过自带 PLC 控制器上传至站控系统。分子筛干燥器进出口管线设置气动开关程序阀，整个吸附、再生过程由程序阀按程序自动切换完成。

三甘醇再生单元：再生塔、重沸器、贫液罐、再生塔顶分离器缓冲罐设置压力、温度、液位检测及控制。

（二）井场

井场工艺装置主要包含井口节流橇、进出站阀组橇等。

井口节流橇：注采气计量采用双向流量计，节流采用电动角式节流阀。

进出站阀组橇：进出站关断阀配套电动执行机构、电液联动执行机构。

（三）火气检测

（1）可燃气体检测报警系统

在注采站工艺装置区、压缩机房、罐区等场所设置可燃气体探测器。气体泄漏时，现场声光报警，在综合楼控制室监控可燃气体报警浓度及报警信息，并进行声光报警。

（2）火灾自动报警系统

在注采站工艺装置区和压缩机房设置火焰探测器，厂区和道路等有人接近的地方设置手动报警按钮，在综合楼设置感烟、感温探测器、手动报警按钮、声光报警器，在综合楼控制室设置火灾报警盘。火灾报警时触发 PAGA 广播报警及相应的状态指示灯显示，提示操作人员确认火情，启动消防系统，执行相应紧急关断逻辑。

第八节　储气库工艺设备选型

根据各库的地质状况和注采方案进行地面工程工艺设备选型。设备选型服从于技术方案（注采方案），二者密切相关、相辅相成。没有先进的技术方案，先进的设备难以发挥应有的功能；没有先进的设备，也不可能实现先进的技术。因此，EPC 设计团队积极采用国内外先进、成熟、适用的技术，实现储气库建设的高起点；选用与之相匹配的新设备、新材料，达到储气库建设和管理“高标准、高质量、高效益”的目标。

一　压缩机组选型与技术要求

（一）选型原则

（1）压缩机组设计符合国家安全、环保等强制性标准规范要求。

（2）成套机组体现先进性、安全性和可靠性要求，体现循环经济、清洁生产、节能低碳的绿色环保理念。

（3）注气压缩机组应满足整个地下储气库运行周期内的工况范围要求，且适应天然气长输管线运行工况的要求，运行参数（压力、温度、流量）应有一定的波动范围。

（4）压缩机组宜选用模块、橇装型式，核心部件应选用同类产品中技术先进、低能耗的知名品牌。

（5）压缩机宜多台机组并联运行。

（6）压缩机橇块、空冷器安装在室内，应能适应环境条件。

（7）往复式压缩机的橇装设计应符合《石油及天然气工业　集成橇装往复压缩机》（GB/T 25359）及《石油及天然气工业　往复压缩机》（GB/T 20322）的有关规定。

（二）压缩机工艺系统设计规定

1. 压缩机工艺设计要求

（1）压缩机入口分离器应设液位高限报警及超高限停机装置，应在出口设置润滑油分离设施。

（2）压缩机各级出口应设置全启封闭式先导安全阀。

（3）压缩机进、出口之间应设旁通回路。

（4）离心式压缩机应配套设置防喘振控制系统。

（5）应采取防震、防脉动及管线热应力补偿措施。

（6）压缩机各级工艺气的冷却宜采用空冷。

（7）压缩机润滑油及气缸冷却宜采用空冷提供的循环冷却液来完成。

（8）根据储气库地层压力及注气量等要求，选择压缩机组形式，对于压力波动范围大、调峰要求高的储气库宜选择往复式压缩机。

（9）根据输气管网的运行压力范围确定适宜的注气压缩机入口压力范围；根据注气井地层压力、井底流压、管柱压差等要求，确定适宜的注气压缩机出口压力。

（10）根据压缩机出口压力变化范围，注气压缩机组可采用多台全压头压缩机或多级压缩机两种配置方式。

（11）注气压缩机冷却后出口温度≤70℃。

（12）压缩机组燃气发动机应配备消声器、排气管、膨胀节及外保温防护，并考虑排气筒防雨措施。

（13）压缩机组室内布置，且设置降噪措施，厂房应根据压缩机机型、外形尺寸、设备检修方式等进行布置，且应满足操作及检修要求。

（14）应对压缩机组及管线进行气流脉动和管线机械振动分析，脉动控制系统的分析应包括橇内、外工艺配管、任意组合的运行工况。

（15）应对包括压缩机进出口管线的配管系统进行应力分析计算。

（16）压缩机组出口应设置抗脉动的轴向止回阀。

2. 注气压缩机组配套设施技术要求

（1）压缩机组应配带入口洗涤罐和级间分离器，出口分离器应满足注入气体含油要求。分离器应设置液位指示、高液位报警、超高液位停车和排液等设施。各级分离器排除的凝液应排入可回收系统中。

（2）压缩机组应配带工艺气级间冷却器和末级冷却器。冷却器宜采用鼓风卧式空冷器，并配有出口温度控制措施。冷却器应有不少于 20% 的裕量。

（3）压缩机组的配套应满足机组现场启动、停车及并联运行的要求。

（4）采用天然气发动机驱动的注气压缩机组，其燃料气应设置自动切断、调压、计量、放空设施。

（5）采用天然气发动机驱动时，宜采用压缩空气启动。较大型压缩机宜设置气动盘存装置。

（6）采用往复式压缩机时，注气压缩机中体、填料函、润滑油箱的放空应单独设置并引至压缩机厂房外（高点）安全处放空，或采用其他措施引入放空系统。

（7）注气压缩机组天然气就地放空管道应设置阻火器，并可靠接地。

（三）机组控制与保护要求

（1）压缩机组自身应配套完整的检测、控制、报警和联锁停车保护系统。机组控制系统应留有远程紧急停车的硬线接口，接受来自站控系统的紧急停车命令，实施紧急停车。

（2）现场控制盘宜采用交流电源供电。

（3）压缩机组中的前、后润滑油泵的供电宜设置备用供电设施。

（4）压缩机进口、出口工艺管线应设置紧急关断阀。

（四）储气库压缩机组的关键部分选型

1. 主要操作条件

储气库注气压缩机组主要操作条件见表 3-8-1。

表 3-8-1　储气库注气压缩机组主要操作条件

技术参数	卫 11 储气库	文 13 西储气库	清溪储气库	白 9 储气库
进气压力 /MPa	5.0 ~ 8.0	5.5 ~ 7.6	5.5 ~ 7.0	4.0~7.0
排气压力 /MPa	18 ~ 25	14.7 ~ 40	9 ~ 40	20.5 ~ 52
入口温度 /℃	5 ~ 25	10 ~ 20	5 ~ 25	30 ~ 55
出口温度 /℃	≤ 65	≤ 65	≤ 65	≤ 65
单台排气量 /（$10^4Nm^3/d$）	150	80	60	25

注：标准状况为 20℃，101.325kPa。

2. 压缩机组关键部分选型

（1）压缩机选型

EPC 联合体设计团队根据常用的往复式压缩机和离心式压缩机的优缺点，结合天然气压缩机的运行特点，对装置的适应性、管理角度、操作维修及工程投资等各方面进行综合考虑，选用往复式压缩机。压缩机采用电机驱动，工艺气和冷却水均采用空冷，风扇强制冷却。压缩机实体见图 3–8–1。

图 3-8-1　压缩机

（2）机组电动选型

压缩机主电机采用正压通风型，电动机轴采用 42CrMo 或优质锰锻件轴。防爆等级满足危险区域要求，防护等级不低于 IP55，绝缘等级不低于 F 级，温升不超过 B 级。

电动机功率最小为任意的规定压缩机组工况要求的最大功率的 110%，所选驱动电机的额定功率≤ 4500kW。

主电机采用固态软启动装置，软启动装置的设计和制造符合相关规范要求，并确保技术成熟可靠，防护等级不低于 IP42。

（3）配套空冷器选型

压缩机工艺气和冷却水采用空冷，风扇强制冷却，单独成橇，由单独的防爆电机驱动。空冷器配有手动调节的百叶窗。

空冷器采用水平鼓风式结构，设置不少于两台风机，可根据季节独立或组合运行。风机采用铝合金叶片。

空冷器低压管束的管箱型式为丝堵式，与工艺气接触的换热管采用滚花型铝翅片，双 L 型翅片管。管束有适应翅片管热膨胀的措施。空冷器实体见图 3–8–2。

图 3-8-2　空冷器

（4）仪表选型

压缩机橇块的仪表和控制系统能确保机组安全可靠的低负荷自动 / 手动启动、运转及紧急停车、计划（卸载）停车，逻辑控制应满足控制要求。

压缩机组的仪表和控制系统满足相关标准及规范的要求，并适应项目所有性能和操作要求。橇块内的仪表类设备全部采用防爆仪表，防爆等级不低于 Exd Ⅱ BT，仪表防护等级不低于 IP65。

压缩机仪表控制系统与中控室站控系统通信采用 MODBUS-RTU 协议，接口为 RS485。中控室可以显示压缩机组重要运行参数（机组停机、运行状态，主电动机运行状态显示，空冷器电机运转状态显示，进排气缓冲压力显示，压缩机排气温度显示，冷却液泵和润滑油泵运行状态显示等信号）、故障报警信号，并可实现远程紧急停车。

所有用于报警及联锁的开关均是闭合型，即正常时闭合，报警、联锁时开启。

所有仪表及人机界面均为 FM 认证。

二　三甘醇脱水装置

三甘醇脱水装置分为吸收系统和再生系统两部分。吸收系统包括吸收塔、干气贫液换热器。再生系统包括由精馏柱、重沸器及缓冲罐等组合而成的再生塔及闪蒸器、机械过滤器、活性炭过滤器、贫富液换热器、循环泵。简易的三甘醇脱水装置流程见图 3-8-3。

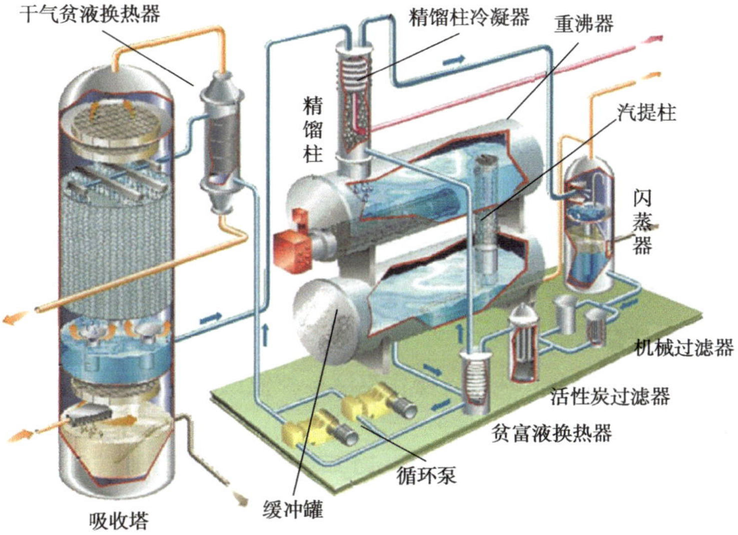

图 3-8-3　简易的三甘醇脱水装置流程图

（一）装置构成介绍

1. 吸收塔

吸收塔一般由底部分离器、中部吸收段及顶部捕雾器（除沫器）组合成一个整体。当原料气较脏且含游离液体较多时，最好将底部分离器设在塔外或在塔外另设一个分离器。

小型装置的干气贫液换热器有时也设置在塔内吸收段与顶部捕雾器之间。吸收段采用泡罩（泡帽）或浮阀塔板，也可采用填料塔板。

由于甘醇易于起泡，故塔板间距不应小于 0.45m，最好在 0.60 ~ 0.75m。顶部捕雾器用来除去≥ 5μm 的甘醇液滴，使干气中携带的甘醇量小于 0.016g/cm^3。捕雾器到干气出口间距不应小于吸收塔内径的 0.35 倍，顶部塔板到捕雾器的间距不应小于塔板间距的 1.5 倍。

吸收塔的脱水负荷与效果取决于原料气的流量、温度、压力和贫甘醇的浓度、温度、比循环量（即脱除气体中 1kg 水蒸气所需的贫甘醇量，其单位通常为 L 贫甘醇 /kg 水，以下示为 L/kg），以及吸收塔的塔板数或填料高度等。现将这些影响因素分述如下：

（1）原料气流量、温度及压力

原料气进入吸收塔的流量、温度和压力主要影响其水含量和吸收塔需要脱除的水量。此外，由于原料气量远大于甘醇溶液量，故塔内吸收温度主要取决于原料气温度。原料气进塔温度低，塔内温度也低，导致甘醇溶液起泡增多，黏度增加，脱水效果下降。原料气进塔温度高，不仅其水含量增加，而且甘醇溶液脱水能力也会下降。三甘醇溶液的吸收温度一般为 10～54℃，最好在 27～38℃。

吸收塔压力高于 1MPa 时，塔内各处温度差别很少超过 2℃。通常，塔内压力为 2.8～10.5MPa，最低应大于 0.4MPa。若低于此压力时，因甘醇脱水负荷过高（原料气水含量高），应将气体加压冷却后再用甘醇脱水。

当吸收塔采用板式塔时，其塔板通常均在高气液比的“吹液”区内操作。如原料气量过大，会使塔板上的“吹液”现象更加恶化，对吸收塔操作极为不利。

（2）贫甘醇温度、浓度及比循环量

贫甘醇进塔温度应比塔内气体高 3～8℃。如果贫甘醇温度比气体低，就会使气体中一部分重烃冷凝，促使甘醇溶液起泡。反之，如果贫甘醇温度高于气体温度 8℃以上，甘醇损失和出塔干气露点就会增加很多。

三甘醇脱水装置吸收塔及其他设备操作温度推荐值见表 3-8-2。

表 3-8-2　三甘醇脱水装置操作温度推荐值

设备或部位	原料气进吸收塔	贫甘醇进吸收塔	富甘醇进闪蒸罐	富甘醇进过滤器	富甘醇进精馏柱	精馏柱顶部	重沸器	贫甘醇进泵
温度 /℃	27～38	高于气体 3～8	38～93（宜选 65）	38～93（宜选 65）	94～149（宜选 149）	99（有汽提气时为 88）	177～204（宜选 193）	＜93（宜选＜82）

2. 重沸器

重沸器的作用是提供热量，将富甘醇加热至一定温度，使甘醇溶液所吸收的水分汽化，并从精馏柱顶排出（即使甘醇溶液再生）。此外，重沸器还提供回流汽化热负荷和补充散热损失。

重沸器一般为卧式容器，既可采用火管直接加热，也可采用水蒸气或热油间接加热，还可采用气体透平或引擎的废气为热源。采用三甘醇脱水时，重沸器火管传热表面的热流密度在 18 ~ 25kW/m^2，最高不应超过 31kW/m^2。由于三甘醇在高温下会分解变质，故重沸器中三甘醇温度不能超过 204℃，管壁温度也应低于 221℃。当重沸器采用热源间接加热时，热流密度由热源温度控制，热源温度推荐为 232℃，有时也可到 260℃。

3. 缓冲罐

有的缓冲罐中不设换热盘管，仅作为再生好的热贫甘醇的缓冲容器，有的缓冲罐中则设有换热盘管，兼作贫 / 富甘醇换热器。如采用贫液汽提柱，则在重沸器和缓冲罐之间的溢流管（高约 0.6 ~ 1.2m）内还填充有 Intalox 填料或鲍尔环，汽提气一般从贫液汽提柱下方通入。

4. 闪蒸罐

闪蒸罐的作用是低压下通过闪蒸以分离出甘醇溶液在吸收塔中吸收的少量烃类气体。

原料气若为贫气，在闪蒸罐中通常没有液烃存在，可选用两相（气体、富甘醇）分离器，液体在罐内停留时间为 5 ~ 10min。原料气如为富气，在闪蒸罐中会有液烃存在，选用三相（气体、液烃和富甘醇）分离器，因重烃可使甘醇溶液乳化和起泡，故停留时间为 20 ~ 30min。闪蒸罐压力最好在 0.35 ~ 0.52MPa。

当需要在闪蒸罐中分离液烃时，可将吸收塔来的富甘醇，先经贫 / 富甘醇换热器等预热至一定温度。预热可降低液体黏度，利于液烃与富甘醇分离，但也增加液烃在富甘醇中的溶解度，故预热温度不能过高。

（二）三甘醇脱水系统设备选型

1. 三甘醇吸收塔

鉴于泡罩塔盘具有操作弹性大、塔盘效率高、生产能力大等优点，三甘醇吸收塔采用泡罩塔，设 4 层泡罩塔盘，内部主要结构包括泡罩、溢流堰、降液管。塔底设丝网捕雾网，塔顶设丝网除雾器，除去 5μm 以上的甘醇液滴，干燥段塔板间距 600mm，塔径 1800mm，材质为 Q345R（N）。操作时，液体由塔的上部连续进入，经溢流管逐板下降，并在各板上积存液层，形成液封；气体则由塔底进入，经由泡罩底缘上的齿缝或小槽分散成小气泡，与液体充分接触，并穿过液层而达到液面，然后升入上一层塔板。吸收塔实体见图 3-8-4。

图 3-8-4 吸收塔

2. 三甘醇再生橇

（1）三甘醇再生原理

利用三甘醇（TEG）对天然气、烃类的溶解度低，对水的溶解度高和水汽吸收能力强的特点，使天然气中的水分被溶解和吸收，然后再将含水三甘醇溶液与天然气分离，溶剂经再生除去水分后可循环使用。

（2）再生橇设备选型

三甘醇再生橇内主要设备有三甘醇再生塔、三甘醇循环泵、三甘醇贫富液换热器、三甘醇重沸器、贫甘醇缓冲器、燃料气缓冲罐、三甘醇闪蒸罐、滤布过滤器、活性炭过滤器等。具体要求如下：

①再生塔（精馏柱）选用高效填料塔，在塔顶内部设有列管换热器，用来加热富甘醇和冷却精馏尾气，热能达到充分回收利用。

②气提柱采用高效填料，可以实现三甘醇与水的进一步分离，提高三甘醇的再生贫度。

③贫富液换热器采用全钎焊板式换热器，保证了装置热能有效回收利用，降低了装置能耗。

④过滤器采用一体化滤芯，过滤精度可达 5μm。

⑤三甘醇闪蒸罐为立式罐，闪蒸罐压力控制在 0.40MPa，将溶解在三甘醇内的烃类气体及其他气体闪蒸出来，这部分气体输送到重沸器燃烧器作为燃料气使用。

⑥重沸器设有温度调节、高温报警、超温联锁等功能充分保证重沸器安全运行。

⑦三甘醇循环泵选用往复隔膜泵，再生橇上设置 2 台泵，1 用 1 备。三甘醇脉动缓冲罐以及安全阀组，以保障三甘醇循环泵的正常运行。

⑧再生橇采用了上下两层设计，上下两层采用螺柱连接，在运输的时候上下两层分开运输。主要工艺设备及管道、阀门、仪表等都设置在橇上。

三甘醇再生橇实体见图 3-8-5。

图 3-8-5　三甘醇再生橇

三　过滤分离器

过滤分离器依靠过滤元件的过滤作用将固体分离出来，是长输管道、动力设备常用的过滤设备，具有过滤效率高、去除粒径小等优点，可以用来分离直径大于 5μm 的液固体颗粒。

（一）过滤分离器介绍

（1）过滤分离器结构示意图

过滤分离器可分为立式或卧式结构，由一个内部装有一级滤芯（过滤聚结滤芯）、二级滤芯（分离滤芯）的金属壳体组成，同时配有排污阀、放水阀、压差表、安全阀或伴热装置等附件。立式、卧式分离器结构示意图分别见图 3-8-6 和图 3-8-7。

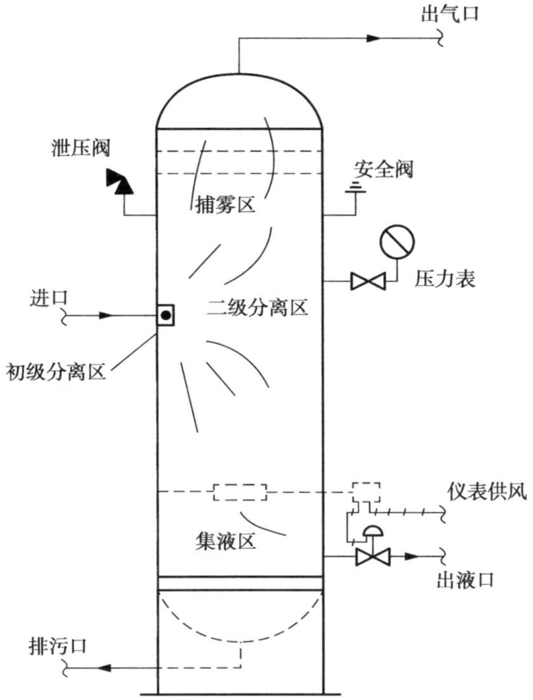

图 3-8-6 立式过滤分离器结构示意图

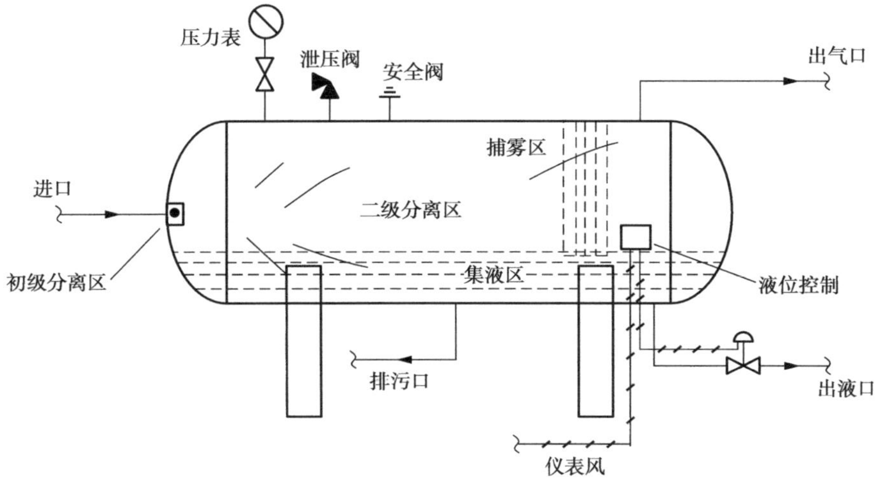

图 3-8-7 卧式过滤分离器结构示意图

（2）过滤分离器工作原理

天然气进入过滤分离器后，首先汇集于铝制托盘，再分散进入聚结滤芯由里向外高速扩散，第一步由过滤层滤除固体杂质，第二步通过破乳层将乳化状态的油水分离，第三步由聚结层将微小的水滴聚结成大的水滴，沉降于集水槽内；然后未来得及聚结的小水滴靠分离滤芯的斥水作用进一步分离，沉降于沉淀槽，由排水阀排出。干净的燃料通过分离滤芯汇集于二级托盘，由过滤分离器的出口排出。

（二）储气库过滤分离器选型

（1）分离要求

①粉尘：1μm：99%；3μm 及以上：99.5%；5μm 及以上：99.9%

②液滴：1μm：98%；3μm 及以上：98.6%；5μm 及以上：99.0%

（2）设备选型

储气库 4 座库的过滤分离器结构型式为卧式，材质为 Q345R。主体结构包括壳体、内部构件、支座、吊耳、配套液位计、差压变送器等。过滤分离器起始压差不高于 12 kPa，更换压差不高于 100kPa。

过滤分离器内部构件即滤芯及叶片式捕雾器。

滤芯规格为 ϕ114×914mm（5μm），滤芯材质为 304+ 复合纤维，滤芯形式为皱波滤芯。滤芯的结构强度不小于 250kPa。两滤芯的中心间距应不小于 1.2 倍滤芯外径，滤芯外壁距过滤分离器内壁的距离应不小于 25mm。

滤芯的中心骨架、端盖等金属材料采用奥氏体不锈钢，奥氏体不锈钢厚度应不小于 1mm。

叶片式捕雾器材质为奥氏体不锈钢。叶片式捕雾器的流通面积应不小于进出口截面积的 1.5 倍。

过滤分离器构造见图 3-8-8，过滤分离器实体见图 3-8-9。

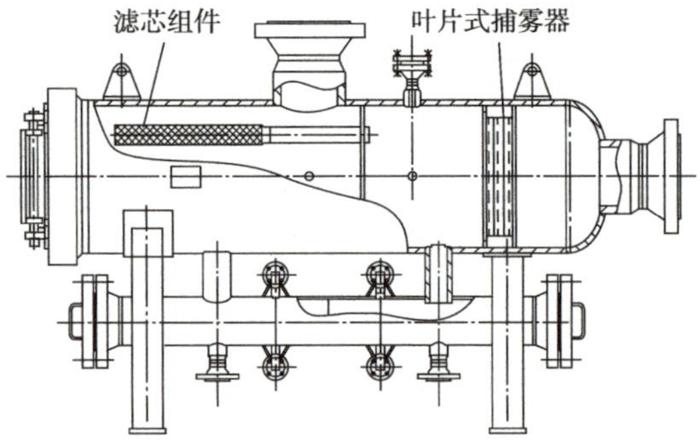

图 3-8-8　过滤分离器构造图

图 3-8-9　过滤分离器

四　进站分离器

从油气田采出的天然气中常含有水，在集输管道中呈气液两相流动，管道中由于存在气液比，可能会形成段塞流。在油气处理过程中，重力式分离器既可以起到油气分离作用，又能稳定去下游处理设施的液相流量，同时具有一定储存液量的作用。重力式主要是通过降低含液天然气的流动速度，使天然气与液体在入口段达到分层流动，利用气体和液体之间的质量差异，在重力作用下使微小液滴沉降并进行分离。

由于采出气的组分具有不确定性，储气库进站分离器采用传统的油气分离技术，在重力作用下使微小液滴沉降并进行分离。因此，按油气田常用的油气分离器进行设计进站分离器，内部结构见图 3-8-10。

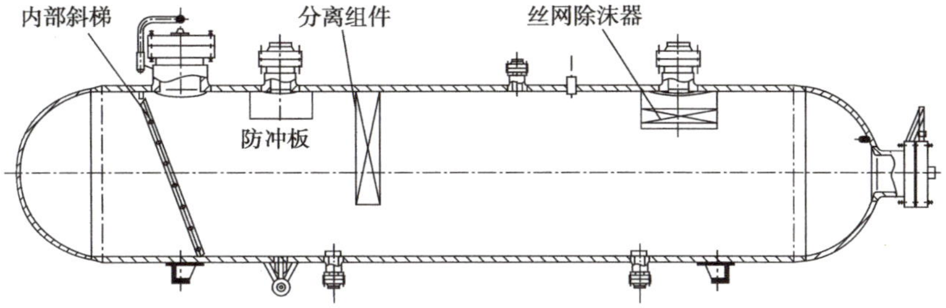

图 3-8-10 进站分离器结构图

4 座库的进站分离器结构型式为卧式，外形尺寸 ϕ2200，材质为 Q345R（正火）。主体结构包括壳体、内部构件、支座、吊耳、配套液位计等。内部构件主要有丝网除沫器、分离组件、内部斜梯。其中分离组件为 250Y 波纹板填料，分两层安装，每层厚 150mm。实体进站分离器见图 3-8-11。

图 3-8-11 进站分离器

五 空氮系统

空压制氮单元主要由压缩空气系统、空气净化系统、变压吸附制氮系统、液氮配套系统等部分组成。空氮装置的主要任务是为全厂气动仪表提供仪表空气，为全厂工艺装置吹扫置换提供氮气及为生产装置提供工艺空气。

（一）空氮系统介绍

1. 空氮橇构成

空氮橇构成实物见图 3-8-12，三维模型见图 3-8-13。

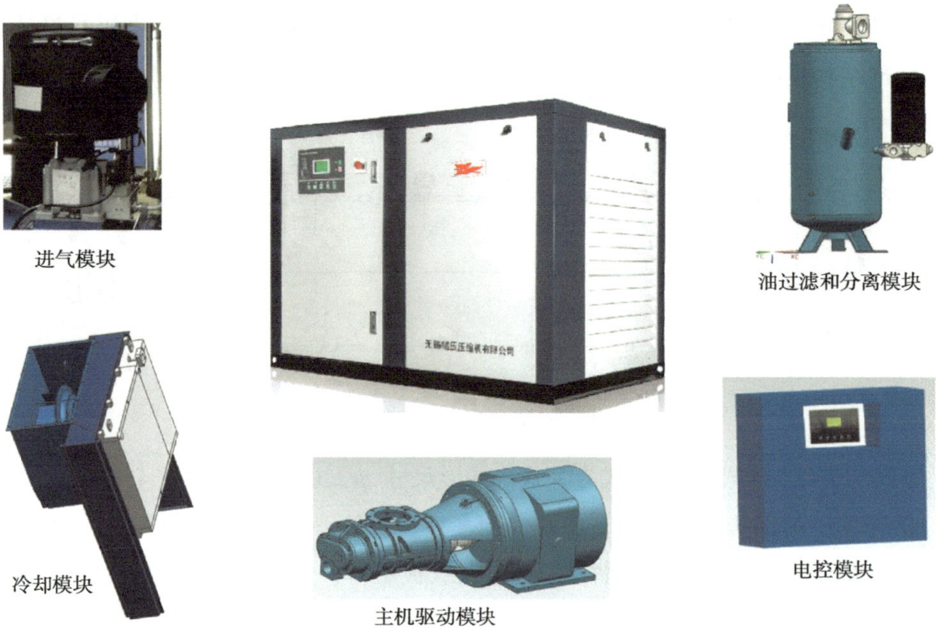

图 3-8-12　空氮橇实物

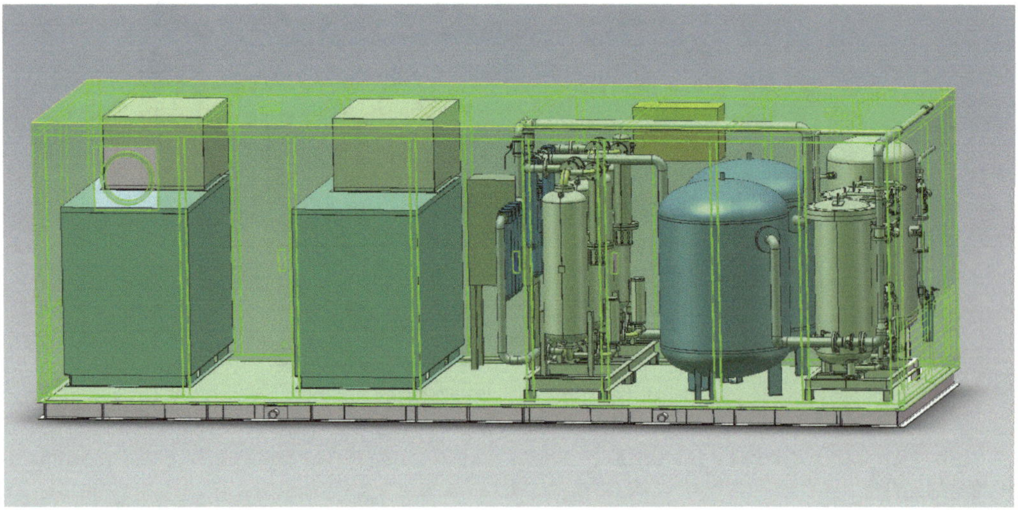

图 3-8-13　空氮橇三维模型图

2. 空氮橇原理介绍

（1）PSA 制氮系统原理

变压吸附法（Pressure Swing Adsorption，简称 PSA）制氮是 20 世纪 70 年代发展起来的

一项成熟技术，其装置投资少，占地面积小，操作维护简单，产气速度快，开机 15min 可产出氮气，自动化程度高。

PSA 制氮系统由精密过滤器、空气储罐、制氮吸附塔、活性炭过滤器、氮气缓冲罐、氮气储罐成。PSA 系统的两个吸附塔交替使用，一个进行吸附操作，另一个进行解析操作。吸附塔是本装置核心设备。吸附塔碳分子筛是一种以煤粉为原料经特殊加工而成的黑色颗粒，其表面布满了无数的微孔。碳分子筛分离空气的原理，在于空气中氧和氮在碳分子筛微孔中的不同扩散速度，或不同的吸附力或两种效应同时起作用。在吸附平衡条件下，碳分子筛对氧、氮吸附量接近。但由于氧扩散到分子筛微孔隙中的速度比氮的扩散速度快得多，因此，通过适当的控制，在远离平衡条件的时间内，使氧分子吸附于碳分子筛，而氮分子则在气相中得到富集。同时，碳分子筛吸附氧的容量，因其分压升高而增大，因其分压下降而减少。这样，碳分子筛在加压时吸附，减压时解析出氧的成分，形成循环操作，达到分离空气的目的。

（2）系统流程（微油风冷）

空氮系统流程：空压机→空气缓冲罐（湿罐）→ C 级离心式油水分离器→微热型吸附式干燥机→ T 级主管路过滤器→ A 级油雾过滤器→ D 级超高效微油雾过滤器→空气工艺罐（干罐）→ PSA 制氮机主机→氮气工艺罐→不合格放空 / 合格输出→使用点。空压制氮流程见图 3–8–14。

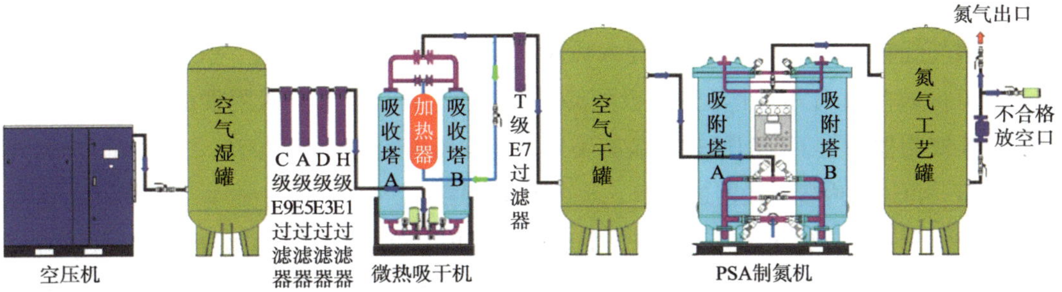

图 3–8–14　空压制氮流程

空压制氮步骤如下：

①空气压缩机产出满足制氮装置空气耗量比的（压力 1.0MPa 左右，最低 0.6MPa，油含量≤ 3mg/L）压缩空气，送入后级空气净化系统。

②压缩空气经过空气缓冲湿罐的缓冲、稳压、冷却、除水后，进入 C 级离心式油水分离器滤除大体积的水、油、尘，再进入吸附式干燥机干燥、除水，出来进入 T 级主管路过滤器，A 级油雾过滤器，2 级 D 级超高效微油雾过滤器深度吸附油雾，最后洁净的空气送入空气缓冲干罐。

③ PSA 制氮装置利用压缩空气和碳分子筛的压力变化物理过滤吸附作用得到合格氮气，然后送入氮气工艺罐缓冲储存待用。

④氮气经除尘、过滤纯净后，经氮气纯度分析仪检测，不合格时，放空大气中；合格后，输送到需方使用点。

（3）主要设备

①空压机

空压机一般有离心式、活塞式和螺杆式三种。离心式空压机单机排气量大，但单机效率较低，变工况适应能力不强，一般用在较大规模的空压站。活塞式空压机虽一次投资低，但易损件多，运行中故障率高。螺杆式空气压缩机运行平稳，易损件少，噪声低、集约化程度高、结构紧密、基础简单、减震效果好、自动化程度高，因而在空压站中尤其是中小型空压站应用较多。

②干燥机

微热再生空气干燥机由高效油水分离器、吸附塔、电加热器、消声器、粉尘精滤器、控制系统等组成。利用变压吸附原理，在一定压力下，使压缩空气自下而上流经吸附剂床层，在室温、高压下，压缩空气中的水蒸气便向吸附剂表面转移，使压缩空气得到干燥；减压后的干燥空气（再生气），经加热后，体积膨胀，再与吸附水分饱和的吸附剂接触时，吸附剂中的水分转向再生空气，使吸附剂得到干燥。

该干燥机结构紧凑、占地面积小、生产能力大、智能控制仪全自动控制、操作维护简单、劳动强度低。

③制氮机

仪表气经精密过滤器净化后，导入活性炭吸附器下方，再生工艺气自活性炭吸附器上方经打开的阀门流入另一个活性炭吸附器进行再生，再生活性炭吸附器废气自下流出。2个活性炭吸附器的上下中间部位均装有1组平衡均压用的阀。成品氮气先从上部位阀门流经缓冲罐，再通过内置过滤器过滤后，输送到储气罐。

压缩空气吸附分离在常温下进行，制氮工艺简单、设备紧凑、占地面积小、开停方便、启动迅速、产气快（一般为30min左右）、氮气纯度高（99.9%以上）、能耗小、运行成本低、自动化程度高、操作维护方便。

（二）储气库空氮系统选型

1. 空压机

空压系统主要由空压机橇块和仪表风储罐组成。空气压缩机橇块主要由空气压缩机（螺杆式空压机）、空气过滤干燥设施（无热再生干燥装置）、储气罐等设备组成。

为满足仪表用风的品质，选用两台无油螺杆空压机，正常用气时开一台，另一台作备机；用气高峰时可两台同开，这样整个系统运行费用较低，较节能，可靠性高，系统总投资费用降低。

2. 制氮机

制氮过程以分子筛为吸附剂，采用常温下变压吸附原理（PSA）分离空气制取高纯度的氮气。通常使用两吸附塔并联，两个吸附塔交替进行吸附和再生，从而产生流量和纯度稳定的产品（氮气）。吸附与再生由全自动 PLC 控制系统按特定可编程序严格控制时序，交替进行加压吸附和解压再生，完成氧氮分离，获得所需高纯度的氮气。制氮系统主要包括吸附塔、程控阀、吸附剂等，装置系统压降≤ 0.05MPa，干燥剂碳分子筛是变压附制氮机核心，使用寿命应大于 3 年。

第九节 储气库标准化采购

标准化采购就是通过统一设计、采购和制造标准，实现企业生产建设所需物资的选型和配置标准化，提升物资的通用性和互换性，实现项目全生命周期总成本最优所采用的采购技术标准，主要包括国际标准、国家标准、行业标准和企业标准。

标准化工作内容包括制定标准、组织实施标准，以及对标准的制定、实施进行监督。其目标是提升产品和服务质量，促进科学技术进步，保障人身健康和生命财产安全，维护国家安全、生态环境安全，提高经济社会发展水平。

一 标准化采购概述

（一）有关定义

（1）标准化采购：是指通过组织专家，优化物资的技术参数和配置，摒弃个性化的需求和过剩的功能，最终建立符合生产实际、统一的物资技术标准体系的采购行为。在统一物资标准的基础上，通过招标等方式优选主力供应商。

（2）标准化采购专业组：是企业为推进标准化实施，分专业由各部门专家组成的技术专业组，梳理、制定标准化采购技术标准，为标准化采购提供技术支撑。

（3）标准化采购物资：是指通过制定统一技术标准，经过招标选型、定型谈判、优选主力供应商、签订框架协议等标准化采购流程选型定型的物资。

（4）标准化采购全过程管理主要包括：采购标准管理、计划管理、采购管理、物码管理、价格管理、供应商管理、物流储备管理、质量管理等环节。

标准化采购管理模式的构建与实施是提高组织运作效率、降低交易成本和提升企业核心竞争力的重要途径。

（二）标准化采购发展情况

1. 世界领先油气公司标准化采购情况

世界领先能源化工公司十分注重标准化采购在石油化工生产和工程项目建设中所发挥的作用，都将建设采购技术标准体系，视为日常经营管理的重要内容，都拥有一套非常完备的、享有自主知识产权的工程设计和采购技术规范，用以约束投资行为，这既是其国际竞争力的重要体现，也是软实力的客观反映。

目前，壳牌公司的标准有330余项、BP有400余项、道达尔有430余项，均侧重于设备、材料的选用和采购领域。由于这些公司的业务遍布全球，国际化经营程度高，公司技术专家积极参加与公司核心业务关联程度高的国际标准的制、修订，并大力使用这些国际标准。对于没有国际标准可以直接引用，或者需要对国际标准做大量修改时，则制定企业标准。这些企业标准会在全公司范围内实施，要求各作业区尽量采用企业标准，减少制定新标准。同时，允许各作业区根据当地法律要求，适当修改企业标准的部分条款。对于合资项目，也都按照一定规程来约定使用本公司标准。这些公司强调尽量避免重复制定标准，以减少不必要的成本和矛盾。由于重视标准的一致性，严格按标准组织生产经营，都收到比较好的“标准效益”。如壳牌开展标准化采购，每年可减少5%投资，缩短项目周期的13%，所产生效益大大高于标准化经费的投入。

2. 国内一流油气公司标准化采购情况

中国石化于2012年全面启动标准化设计和标准化采购工作，目前已基本实现了设计标准规范的统一，建成较先进的工程设计软件平台，形成完整的物料编码体系，逐步建立起覆盖油气、炼化装置及系统单元的采购技术标准体系。通过实施标准化采购和集中采购，集团化采购规模和采购资金节约率逐年上升，2020年集团化采购率已达到88.8%，采购资金节约率6.5%。

中国石油在油气领域实施《油气田地面工程标准化设计导则》等系列成套标准，并在此基础上研发应用一体化集成装置，大幅缩减建设周期、降低建设投资，有力促进地面工程建设理念的变革。

中国海洋石油充分利用标准化的“互换性”和“通用性”原则，大力推行海上平台钻机、运输船等钻采、运输设备的模块化设计，推行码头工程、管道工程的标准化设计，减少生产设备和设计方案的多样性，缩短工程设计周期、采办周期和施工周期。

二 标准化采购管理的意义与优势

（一）标准化采购管理的意义

在日趋复杂的市场竞争环境下，近年来，储气库项目供应商产品个性化特点也越来越鲜明，不同厂家生产的相同型号规格的产品，一些常用消耗易损配件也存在差异，相互之间很难匹配替代使用。机械产品细微的差别都会给一线用户装配工作带来很大困难，也易造成产品采购的独家垄断、独家采购现象，不利于产品需求计划提报、物资采购、安装使用和设备维护，不利于项目的物资管理。物资不标准、通用性差，给选择集中储备品种造成困难，增加库存积压。

油气领域属于技术密集型、资金密集型行业，对标准化的要求和标准化的水平都比较高。世界第一家石油公司由洛克菲勒于 1963 年成立，公司名字即为“标准”石油公司。

大型油气企业开展标准化采购，可以实现：

（1）规范物资选型，优化资源配置，降低管理和维护难度，降低采购成本、库存资金占用和运维成本，提高采购效能。

（2）稳定和提升物资制造质量，有助于建立物资性价比和全生命周期总成本的评判标准。

（3）促进设计、需求、制造、监造、储运、生产、运维、销售等环节有序、高效工作，实现企业利益最大化。

（4）提升供应链延伸管理水平，与合作伙伴建立持续良好的合作关系，获得最大安全性和可靠性支持。

（5）避免因技术要求不明确或不一致造成一物多码、一码多物的情况发生，有助于将物料编码与信息化系统充分结合，提高企业数字化和智能化管理水平。

（6）建立规范有序的市场竞争，降低腐败、贿赂等风险。

（二）标准化采购的优势

实施标准化采购不仅能保证工程质量和提高工作效率，也适应大规模生产建设。标准化采购模式的全面推广与应用，具有以下优势：

1. 利于向标准化管理的转变

标准化采购集成了集中采购的所有优势，具有管理规范、采购流程合理操作简单透明、供货快捷、高效等特点。可以充分利用标准化设计中设备定型化的特点，将设备的生产厂家、规格型号、价格等有关信息，录入公司物资采购网络，每年只需根据建设规划的场站数量及规模，就可直接在物资采购网上签订供货合同。不仅剔除重复设计成本，节省人力资源和不必要的配套设施，提高工程质量，也简化计划上报、审批、汇总、分类、谈判等繁琐的中间程序，使采购工作效率成倍提高。

2. 实现集中采购

标准化采购是集中采购的升华和提炼。利用标准化设计平台将各油气田的采购物资汇聚集中，形成批量、长期和稳定的需求态势，使有限、分散的采购人力及采购资源形成合力，共同应对市场变化。充分利用“大市场”资源，吸引更多有实力的供应商参与竞争，争取到优良的产品质量，还可得到优惠价格和优质服务。

集中采购策略，一是采用长期战略合作、年度合同季度定量、月度结算模式，简化采购程序；二是利用电话传真、网络等现代化通信手段，处理采购日常事务，降低采购交易成本；三是利用批量优势，降低产品的平均生产成本；四是通过与生产厂家或一级代理商建立稳定的供销关系，减少中间环节和降低销售成本。

3. 缩短建设周期

工程建设实行标准化设计，能有效缩短项目建设的论证、设计和前期准备周期。采购部门根据标准化设计文件，可提前采购和缩短采购周期。业主利用模块化建设，减少现场施工时间。

储气库推广应用标准化设计、标准化采购，及工厂化预制、模块化施工、机械化作业和信息化管理，使生产建设周期大大缩短，建设一座储气库的时间从原来的 1 年多缩短到 10 个月建成投产，为中原储气库的建设奠定了基础。

4. 降低操作成本

标准化采购使管理难度降低，管理人员减少和管理费用下降。调配操作人员更为方便，减少现场维护人员，降低生产运行成本。缩短技术和操作人员的培训周期，加快技术力量提升速度，降低培训费用。实现备品配件的统一采购、统一储备和统一调配，最大幅降低库存数，减少资金占用量。增强设备的互换性、通用性，相互调配更为方便。

5. 建立长期的战略合作伙伴关系

标准化采购可以促进供应商的诚信度和售后服务质量持续提升，提高解决问题的能力和效率。由于标准化设计统一设备规格和型号，使每年生产建设需要的设备类型及数量基本定型，变化很小。

在经过第一次招标或集中采购后，基本确定设备生产厂家和价格，可采用续订采购的方式进行采购，使供货商或生产厂家能够保持相对稳定。为保持长期合作关系，生产厂家也会努力提高服务质量和诚信度。

三 标准化采购的实施

标准化采购是物资定型化、规范化、规模化和市场化采购的集合，是对统一信息平台、统一供应商管理、统一专家库、统一业务流程、统一库存和标准管理的深刻理解与升华，也是降低采购成本保证质量和规避风险的有效途径。实施标准化采购应做好以下工作：

1. 完善制度、优化流程

标准化采购与传统采购模式截然不同，是将集中采购、招标采购、谈判采购、供应商管、理库存管理等进行全面整合。对已有的管理制度进行全面修订、完善和优化，制定出能覆盖采购的计划、采购过程、库存与结算等标准化管理制度，建立标准化操作和信息管理平台。

2. 严格把关、规范定型

设备定型化、规模化是标准化采购的关键要素，也是标准化采购的基础。在设备定型过程中，需要组织各方面专家进行广泛调查、研究和技术交流，对拟定型设备的技术性能、工艺技术要求、适应性、安全可靠性等进行全面考核与评估，将质优价廉、质量可靠、性能稳定、适应大范围推广的产品纳入到标准化设计与采购范畴。

通过汇总企业建设项目的需求计划，使其形成一定的批量和规模，由标准化采购机构统一采购。通过确立长期的合作伙伴，形成定商、定型、定量、定期和定价的供求关系，达到减少采购环节、缩短采购周期，确保生产建设需要的目的。

3. 优化资源、完善结构

设备定型化使采购部门可以根据市场物资价格的动态信息，利用有利时机统筹安排、批量定购、分批交货和按需分配，能有效抵御市场价格波动对油气生产建设造成的影响。

在机构设置方面，可以按照标准化采购的运行模式，进一步优化各级采购机构设置，使采购部门的职能上移，削弱或减少基层单位的职能和编制，达到减员增效的目的。在物资调配方面，通过标准化采购信息管理查询系统，及时准确地了解各库存站点的物资库存与分布情况，按需进行统一调配。在供应商管理方面，利用标准化采购网络，定期收集、整理物资使用信息和进行市场调研，通过综合评价确定合格的供应商，淘汰不合格的供应商和引入新的供应商，使供应商结构更趋合理。

四 储气库标准化采购模式的应用与措施

（一）标准化采购的应用

1. 统筹规划标准体系

储气库建设物资主要包括设备、材料和电气仪表等三大类。

随着国内勘探开发对象越来越复杂，国内大型石油公司在攻关极端条件下勘探开发技术装备的同时，也不断创新优化标准化采购体系，将适用性高、成本低的设备材料应用到油气勘探、钻井、完井、油气生产、地面工程的全产业链中。这就需要首先抓好顶层设计，由标准化管理的最高决策机构统筹规划标准体系的建设。钻井、开发采购技术标准体系参考方案见表 3–9–1。

2. 协同构建标准体系

经过半个多世纪的发展，国内油气行业标准化发展已达到较成熟，相关国际标准和国家标准、行业标准已较为全面地覆盖产业流程。采购技术标准体系的构建，从标准的制、修订转变为对现行各级标准的整合提升，对企业内同类物资的采购、安装、运维和 HSSE 标准进行压缩整合，对新技术的研究和应用。

表 3-9-1　油气领域全产业链采购技术标准体系参考方案

主体系	子体系	体系下覆盖的主要物资
物探工程	探测设备	爆炸机、地震检波器、地震仪
	车载设备	震源车、地震钻机车、勘探仪器车
钻井地面工程	钻机装备	起升系统、循环系统、旋转系统、驱动与传动系统、气控系统、井控系统（节流压井管汇、防喷器控制系统、方钻杆上部和下部旋塞阀、钻具止回阀）
	井口工具	提升短节、吊卡、吊钳、吊环、卡瓦、安全卡瓦、滚子方补心、动力钳、动力卡瓦、方钻杆旋扣器
	测井和录井设备	测井地面系统、裸眼测井电缆防喷器、综合录井仪、录井无线传感器
	固井地面设备	水泥车、下灰装置（空气压缩机、输气管、储灰罐、出灰管、蝶形阀门）、配浆装置（供水管线混灰漏斗、喷嘴、混合器、排出管及灰浆池）
井筒工程	油管、套管	API 系列、非 API 系列
	钻井工具	钻头、钻柱、套管头、悬挂器、钻具稳定器、机械式随钻震击器
	固井工具	引鞋、浮箍、磁性短节、滤沙管、筛管扶正器、联顶节、水泥头、胶塞、泥饼清洗器、堵塞器免钻塞打捞器、免钻塞装置、钻磨铣一体工具
	完井工具	井下安全阀、流动接箍、循环滑套、伸缩短节、井下封隔器、坐封球座、坐放短节、堵塞器
	采油采气工具	泄油器、脱接器、封隔器、沙锚、气锚、抽油杆扶正器、抽油杆防脱器
注采工程	机械采油设备	有杆抽油设备：抽油机、抽油杆、抽油泵、地面驱动螺杆泵；无杆抽油设备：电动潜油离心泵水力活塞、油井射流泵 、电动潜油螺杆泵、电动潜油隔膜泵
	自喷井注采设备	采油（气）井口装置
	气举采油设备	高压压气机
	修井设备	通井机、洗井车、修井机、试井车、油田修井作业自动化设备
	压裂设备	压裂车、混沙车、运沙车、储罐车、管汇车、(监控）仪表车、供液管汇、高压管汇、低压管汇储液罐、沙罐
油气集输与处理工程	给排水设备	气压变频恒压供水装置、紫外线消毒器、一体化生活污水处理装置、刮泥机
	采出水设备	往复式注水泵橇、过滤装置、加药装置
	注水设备	注水泵、油田污水精细过滤器、橇装式污水处理装置、液 – 液旋流分离系统、旋流混合反应澄清装置

油气企业标准化管理部门应组建由设计、工程、采购、制造、物流、运维专家组成的高水平团队，对标准化体系中所覆盖物资现有的外部标准（包括国际标准、国家标准、行业标准）和本企业标准认真研究分析，若可以满足采购要求，则直接采用；若外部标准只需做少量更改，即可满足特殊地域、特殊工况下的采购要求，则编制补丁模块后采用；若无外部标准或外部标准不适用，则制定企业标准。

3. 科学制定企业标准

企业标准的制、修订应体现科学性、适用性，能够促进企业技术进步，提高物资和服务质量，满足不同分（子）公司、不用区域油气勘探开发高质量发展的要求，特别应注重以下几个方面：

起草规则应符合《标准化工作导则第 1 部分：标准化文件的结构和起草规则》（GB/T 1.1—2020），内容应涵盖从设计到包装、运输、仓储、现场安装、数字化交付等环节的技术要求。

充分认识质量是物资采购的生命线，材质等级、加工和检验要求应与使用工况对应，条款表述严谨准确，检验指标应可量化、可检测，且不低于、不少于外部标准，即宜严格要求，不应降低要求，从而规避供货方按指标下限选材加工的制造风险，以及用词不严谨或缺少可量化指标使得无法确定质量责任方。

避免采用与加强物资质量管控无关、与提高需求或制造标准化无关，但影响采购公平竞争的歧视性、排它性内容。标准中的技术参数、供货清单应避免出现特定供应商名称和品牌。不过，若企业年度采购框架协议中，涵盖成套供货中的零部件（如电缆、控制柜、管件、阀门等），引用年度框架协议中的品牌是很好的办法。

通过明确物资的性能参数和规格尺寸，整合减少个性化需求，实现企业层面需求的统一。通过加工图纸或三维模型的标准化，实现采购标准化产品。

4. 实现标准体系的数字化

数字化、智能化是现代工业的发展方向，而物资所采用技术标准、性能参数、零部件尺寸、结构模型等电子数据，是工厂数字化建设的基础信息。因此，首先在 ERP 系统中，将物资的物料编码和对应的采购技术标准编号、标准文本和规格书进行关联。再由供货方按标准的数据接口和格式，将设备模型和资料向采购方进行数字化交付。具备条件的企业应将外部标准的数据库接入到 ERP 中，实现外部标准的实时自动更新。

（二）标准化采购的措施

标准化采购通过标准化、规范化的管理流程和操作程序，实现对物资计划、合同、价格、供应商的集中管理，提升采购管理的精细化水平。基本内涵：设计标准化、设备定型化、采购规模化和运作市场化。

设计标准化、设备定型化是标准化采购的基础和前提，将采购管理向前端的设计和设备定型延伸；采购规模化是物资采购的具体组织形式；运作市场化是运作机制和基础手段，利用市场资源优化企业资源配置，将这四个方面落实到采购管理各个环节，通过物资标准化采购管理体系，实现物资供应链的闭环管理。

1. 宣贯标准化采购概念

采购作为行业运行过程中的一环，需要连接上游和下游段。因此，在采购内部和外部都需要对采购标准化制度进行宣贯和学习，才能有效推动采购标准化管理的推广应用，提高标准化的使用效率和群体渗透率。对标准化的采购管理模式，更好地进行反馈和修正，使得标准化文件体系越发完善，管理制度更加合理。

物资管理部门要转变物资管理工作理念，将过去的被动管理模式，转变为主动出击的计划管理模式。制定科学合理的采购计划，有秩序地落实、推动工程项目的物资采购工作。

2. 强化物资采购过程管理

物资管理部门和工程管理部门携手制定采购清单，根据短中长期的生产施工或经营管理计划，做好采购物资的统计，上报审核管理部门，审核通过后进行物资采购。在制定、汇总采购计划的过程中，采购部门要紧密协同技术部门，确保采购计划更加准确和完整。物资清单必须与目标时间节点相匹配，要为物资采购留下一定的时间余度，保证物资计划清单有一定的弹性。

当施工变更时，工程管理部门必须及时告知物资计划管理部门，提高计划的准确性，尽量减少计划外采购。要遵循物资利用率的最大化原则，避免采购浪费现象。尽量以公司或集团为单位进行统一集中采购，增加议价优势，降低采购成本。另外，除非特殊情况，尽量避免多次统计采购的现象，以规避零散采购造成的成本增加以及采购工作效率低下问题。

3. 建立标准产品库

产品标准化生产能够极大地增加生产效率和降低错误率。因此，物资采购部门搭建自己的标准产品库，优先采购标准产品库中的产品，大幅增加产品的合格率。标准库中的产品，需要有完善的评价体系对其进行全方位审核，确定各项指标与企业所需产品完全符合，方能进入企业产品库。同时，由于各行各业均在更新换代，因此需要根据固有年限对行业内的产品进行筛选，及时更新产品库，做到与时俱进，便于后续物资采购。

对制造标准统一、标准化程度较高的设备，由设计部门在初步设计选型时，依据定型产品标准，统一进行标准化设计，物资采购部门严格按照标准采购。对非标设备，全面进行设计修订，优化设备结构、规范外部接口，完善设备系列，形成非标设备定型图库，物资采购按照标准执行。对属于试验阶段的设备，由技术主管部门、生产厂家等进行技术交流、试验与评价，成熟后纳入设备定型。

4. 完善标准化采购制度评价体系

石化企业的物资管理标准化正在不断摸索中前进，为了能够具有更加全面合理的管理制度，全方位的评价体系必不可少。采购过程中，企业需要对供应商、中间商和使用环节进行多方面统一规划和布局。从多维度进行管理成本的控制，使其在有限的成本条件下，选择较优的供应商，使得物资供应系统能够稳定开展。如此，物资的采购才能有更加适合的渠道和商家，使得供应链更加牢固。

根据不同的选购模式，采取不同的评价需求，这要求评价体系及时更新。建立完善的评价体系后，在确定的价格范围内，选择优良的供应商。对确定的供应商组织市场调研，采取多渠道多模式的方式进行对比分析，从而制定出可靠的供应商系统。仓库管理模式的标准化，需要对仓储进行合理布局和优化，实现利用自动化检测手段，对仓库进行动态管理，提高工作效率和管理水平。

5. 增强物资采购标准化监管

监督管理是每个行业至关重要的一环。通过对采购过程中的相关人员、相关产品进行监督检测，保证采购工作更加的合理、合法、合规。监督过程不仅包括对新物资质量和技术标准的检测，也包括对不合时宜的产品进行及时更换和处理，保证项目的整体安全性和时效性，从而降低多重风险。

物资采购监管过程中，需要进行责任划分，将责任分担到个人，将员工工作合理统一起来，增强团队意识，保证监督过程做到公平、公正、公开，以此推动标准化进程。

6. 提高采购人员的职业素养

采购人员的职业素养直接关系到物资采购标准化管理体系的搭建和落实。由于采购过程较为复杂，人员工作能力直接影响采购工作的顺利进行。因此，对相关人员进行培训，使其能够全面理解采购标准化管理体系和理念，并辅以信息化的流程和技术。引进具有相应的法律法规和谈判技巧的专业采购人员，协助完善标准化文件，提升企业竞争力、保持市场活力。

随着工程项目业务增多、施工工艺升级，对采购人员的知识储备和技能素质也提出更高的要求。对此，加强对采购人员的储备和培养，通过新理论新技能培训、岗位竞赛、行业内座谈交流、部门创新探索等多样化的教育活动，提升采购团队的综合素质，建立一支优秀的物资采购队伍，为企业发展提供重要的人力资源保障。

7. 升级物资采购管理系统

现代信息技术发展速度越来越快，各种物资管理软件层出不穷。面对各种各样的管理软件，企业既要熟悉了解，又不能生搬硬套，应从企业及工程项目采购管理的实际出发，选择适宜的采购管理操作系统。

管理系统中可包含监控预警模块，对物资采购的完成情况进行全程监控，及时发现交货时间滞后或交货质量异常等问题，委派专人进行跟踪、处理和反馈。以物资采购管理系统为基点，加快统一管控物资供应的全过程，将物资采购工作纳入企业的风险管控体系，建立数据指标系统和风险管控平台，对周、月、季、年等物资管理数据进行监控和分析，提前识别并预警物资管理风险，为企业经营管理决策的制定，提供更可靠的信息支持。

五　储气库标准化采购主要方法和实例

（一）实施标准化采购的主要方法

储气库工程标准化采购工作中主要使用了“简化”“统一”“协调”“优化”四种方法，

对部分物资开展标准化采购探索，并取得一定的成效。

1. 运用简化方法，优化结构配置

简化是指在一定范围内缩减对象（事物）的类型数目，使之在既定时间内满足一般需要的标准化形式。对标准化对象（事物）的结构、型式、规格或其他性能进行筛选提炼，剔除其中多余的、低效能的、可替换的环节，确定出满足所必要的高效能环节，保持整体构成精简合理，功能效率最高又经济合理。

2. 运用统一化的方法，统一技术要求

统一化是把同类事物两种以上的表现形式，归并为一种或限定在一个范围内的标准化形式。统一化的实质是使对象的形式、功能或者其他技术特性具有一致性，并把这种一致性，通过标准固化下来。统一化目的是消除不必要的多样性造成的混乱，为正常活动建立共同遵守的秩序。

统一化分为两大类型：一是绝对统一，不允许有灵活性，例如物资编码、代号、名称等；二是相对统一，出发点或总趋势是统一的，但有一定的灵活性，可根据情况区别对待，例如产品装配的精度指标，可以要求上下极限、公差等。

3. 运用通用化的方法，实现不同子项目相同物资的互换

通用化是指在相互独立的系统中，选择和确定具有功能互换性或尺寸互换性的子系统或功能单元的标准化形式。通用性是以互换性为前提的，目的是最大限度地扩大同一产品的使用范围。

对于部分通用性物资，储气库工程实施集中采购和集中储备，如电力材料、开关柜，勘探井和开发井的钻井工程使用的加重材料、油井水泥等，采用通用化方法统一用于不同项目的同类设备材料的技术标准。

（二）标准化采购实例

中原油田在储气库物资采购领域，通过引入标准化设计理念，在建设过程中，不断探索、研究和总结，编制各类设备、材料的技术规格书，例如：油套管、完井工具、放空分液排液泵、污油回收泵、润滑油加注泵、注气压缩机、三甘醇再生装置、消防稳压装置、污水提升泵、采出水外输泵、电动单梁起重机、加热炉橇等物资，实现标准化采购。

1. 完井工具

（1）功能和结构

完井工具是完井管柱中除油管和套管外，按照一定功用组合而成的井下工具，具有注气、采气和气藏监测等生产运行功能，能够实现油管通道井下紧急自动关断，阻断封隔器以下部分的流体通道，保证封隔器以上的部分不压井作业，可以满足气密封、防腐蚀、耐压、耐温等要求，是天然气注采环节的重要设备。主要部件由液控管线、流动短节、井下安全阀、永久式封隔器总成（含插入锚定密封）、坐落短节和剪切球座等组成。

（2）选型和材料

全部完井工具的材质采用 13Cr 进行加工，两端连接螺纹与油管的气密封螺纹扣配套。密封件（含封隔器胶筒）除金属密封和密封圈挡环外，均采用 AFLAS 材料生产。液控管线的长度通常为 110m，材质为 316 不锈钢。控制管线保护器的材质为低碳钢。井下安全阀按 3C 适用等级设计生产，具有自平衡机构，上部扣型为气密封母扣，下部扣型为气密封公扣。流动短节的最小内径应与安全阀配套，上部扣型为气密封母扣，下部扣型为气密封公扣。封隔器为可钻式封隔器，按 V0 等级进行设计生产检验。坐落短节具有管柱试压、封隔器坐封备用、不压井作业、坐落监测仪器等功能，并配套钢丝作业堵塞器、投、捞工具。插入锚定密封的上部扣型为气密封母扣，下部扣型为无扣，脱开形式为正转脱扣，按 V0 等级进行设计生产检验；剪切球座的上部扣型为气密封母扣，下部扣型为 EUE 母扣；坐封球座配套喇叭口 1 件。

2. 井口安全控制系统

（1）功能和结构

储气库注采井运行过程中须承受强注、强采的工况，井口安全控制系统具有在火灾或压力异常等情况下，对井下安全阀、地面安全阀的远程关断控制的功能，是气井安全生产的重要保障，由液压系统（液压动力系统、主控制回路、输出回路、先导控制系统、易熔塞及自动关断回路）和控制系统组成。

（2）选型和配置

液压动力系统内应设置 1 个容积 30L 的循环液压油储油箱、输出压力不低于 6.894 MPa（1000psi）的电动液压泵 2 台和手动液压泵 1 台，每个泵的进出口应配隔离阀，进口配过滤器，出口配单向阀和溢流阀；井下和地面主控制回路配备蓄能器、隔离球阀、泄压针阀、压力表、单向阀和溢流阀；地面主控制回路配备 2 组高压减压阀；先导控制回路应配备 2 组高压减压阀、蓄能器、压力表、紧急关断阀；还包括集成在防爆箱内的远程终端单元以及当区域温度≥ 121℃时可自动熔化的易熔塞。

3. 注气压缩机组

（1）功能和结构

注气压缩机组是储气库工程的核心设备，曾经以进口为主，价格昂贵，调试和售后维修周期长。目前，国产往复式和离心式压缩机组都已研制成功并应用，大幅降低了机组采购投资和后期运行成本，提升了运行的保障能力。机型的选择与储气库的最小日注气量有关，当最小日注气量≥ $500\times10^4\ m^3$ 建议采用离心式压缩机，其他情况宜采用往复式压缩机组。机组部件由主机总成、驱动系统、工艺气系统、机体润滑系统、气缸润滑系统、冷却水系统、底座系统、电气控制系统组成。通过建立标准化选型、模块化制造、工厂化性能测试、数字化交付的采购模式，机组的质量不仅可满足储气库注气压力高、工况范围广的特点，而且设计、安装和调试的周期还可大幅缩短，符合储气库建设周期的要求。

（2）选型和配置

机组配置方面，驱动机可选用天然气发动机或防爆电动机（以下简称电动机）两种类型。与天然气发动机相比，电动机占地小、启动时间短、控制精度高、噪声低、排放少，维护成本低，虽然初始投资较高，但更符合绿色生产的要求，因此，已逐渐成为首选配置。电动机额定功率≥压缩机最大功率 ×105%。电机轴承形式与额定功率密切相关，详见表 3–9–2。空冷器的选型与机组的设计压力密切相关，详见表 3–9–3。状态监测系统由传感器、数据采集器、场站级监测服务器、场站级状态监测软件、远程网络化状态监测及故障分析软件等组成，重点监测机体和十字头振动、气缸压力和轴系键相。

表 3-9-2　电机的轴承形式

电机额定功率 /kW	轴承形式
＜ 2000	宜采用滚动轴承
2000 ~ 4000	宜采用滑动轴承
＞ 4000	宜采用强制润滑式滑动轴承

表 3-9-3　空冷器的管箱形式

设计压力 /MPa	管箱形式
≤ 10	丝堵式
10 ~ 35	集合管
35 ~ 70	锻件式

4. 三甘醇再生橇和尾气处理橇

（1）功能和结构

三甘醇再生橇和尾气处理橇是储气库工程的重要设备，用于脱除储气库采出的天然气中的水汽，防止水汽进入管道造成积液，引起输气能力及热值降低，以及天然气中的 H_2S 和 CO_2 加速对钢材的腐蚀。橇块由三甘醇再生系统、燃料气系统、甘醇循环系统、尾气处理系统及电气仪表控制系统组成，优化后的系列配置见表 3–9–4。

表 3-9-4　三甘醇再生及尾气处理橇系列

三甘醇		平面参考尺寸	
处理量 /（m^3/h）	压力 /MPa	三甘醇再生橇 /（mm × mm）	尾气处理橇 /（mm × mm）
1	2 ~ 10	8000 × 3000	4000 × 2500
2	2 ~ 10	9000 × 3000	4000 × 2500
3	2 ~ 10	10000 × 3000	4000 × 3000
4	2 ~ 10	11000 × 3000	4500 × 3000

（2）选型和配置

橇块配置方面，三甘醇再生设备主要包括预过滤器、活性炭过滤器、后过滤器、精馏柱、重沸器、缓冲罐、贫液泵；三甘醇循环设备主要包括三甘醇闪蒸罐、预过滤器、活性炭过滤器、后过滤器（含差压计）、贫－富液换热器、三甘醇循环泵；尾气处理设备主要由包括鼓风机、尾气空冷器、尾气分离器、废水提升泵；辅助配套设备主要包括安全阀、气动球阀、手动球阀、截止阀、节流截止阀、针阀和电磁阀。

设备选型方面，三甘醇循环泵宜选柱塞式往复泵，鼓风机宜选三叶式罗茨鼓风机，空冷器的管箱型式为丝堵式，废水提升泵为离心泵，三甘醇循环泵的电机选用防爆变频电机，其他电机选用防爆工频电机。

随着国内天然气消费量强劲增长和天然气对外依存度逐步攀升，储气库已成为实现管网和接收站的供气平稳和安全必不可少的设施。通过量化和细化标准化评价指标，将储气库建设的标准化采购转化为可操作、可衡量的具体标准，从而协助业主制订采购方案，大幅提高储气库建设过程中采购的质量和效率。

第四章

储气库工厂化预制

工厂化预制是实现模块化施工的前提，以最大程度减少现场施工工作量为目标，将工艺安装工作量向预制工厂转移，为模块化施工创造条件。工厂化预制不受天气影响，作业环境好，在保证施工质量的前提下，显著减少现场的工作量和资源投入数量，降低现场施工安全风险，减少项目总体建设周期。

第一节　概述

一　工厂化预制优点

由于预制场地固定，人员集中，作业机械化和流程化，工厂化预制优势显著：

（1）不受场地约束，不受土建和设备条件的限制。现场土建、工艺安装等同步施工，最大限度地缩短施工工期。

（2）采用流水线作业方式，在地面完成大部分工程量，减少窝工和高空作业，有力保证安全。

（3）不受天气影响，作业环境好。采用先进机械设备和机具，实现流程化作业，将传统人海战术向机械化作业转变，极大地减少作业人员，提高施工效率，降低人工成本。

（4）施工质量易于控制，检测、试验方便。

（5）减少材料浪费和丢失，有效降低成本。

（6）便于集中管理，减少现场施工费用，提高机械设备利用率。

（7）采用小口径、大壁厚管道自动焊等先进焊接设备，提高焊接质量，减少焊工需求。

（8）可同时进行多个项目的预制加工。

二　储气库工厂化预制

储气库建设主要对工艺橇块、注采站工艺管道、压缩机房和空冷器间钢结构进行工厂化预制。

1. 工艺橇块预制

储气库均采用橇装化设计，橇装化率达到96%，共有17类60座橇块。依托储气库项目，开展工厂化预制基地建设，提升工厂化预制水平。购置先进的自动化施工设备和管理软件，批量预制工艺管道，批量制造钢结构，在预制厂内完成橇块的制造、组装、试验和调试，减少现场工程量。

2. 注采站工艺管道预制

储气库站内工艺管道预制分橇内、橇外管道预制两个部分。橇内管道预制由工厂化预制基地负责。橇外管道预制主要为注采站工艺管道，由施工单位在现场建设临时预制平台，并配置先进精良的施工机具，进行深度预制，减少现场活动口焊接工作量，提高焊接质量，为项目按期保质完工提供有力保障。

3. 压缩机房和空冷器间钢结构

钢结构主要有压缩机厂房、空冷器间、管廊三部分。由于储气库建设工期短任务重，因此压缩机厂房、空冷器间钢结构采取委托专业化公司预制加工。所有构件在专业化公司预制加工、喷砂除锈、喷涂防腐防火材料后，运输至现场安装。

第二节　橇块工厂化预制

预制基地采用预制生产线配合专业机具设备，在厂房内进行管子批量预制、容器制造，完成组装、试验和调试，合格后运输至现场吊装就位，最大程度减少项目总工期，减少天气因素对预制过程的影响，消减现场施工安全风险。

一　管道预制生产线介绍

预制基地建立容器加工区、橇装工艺管道焊接区、组橇区、试压区、喷漆区、材料存放区、成品橇装设备存放区。管道预制生产线，配备带锯床、数控端面坡口机、全自动焊机等自动化施工设备，应用 EP3D 等先进管理软件，按规格型号在工厂内采用全自动下料、组对、焊接作业线进行分类施工。配备专用的成橇厂房、自动焊机、等离子切割机、自动喷砂除锈生产线等装备，提高模块加工精度及外观成型质量。

管道预制生产线采用橇装结构，便于现场安装，包括下料系统、坡口加工系统、组对系统、焊接系统及物流运输系统，实现工艺管道预制的流水线作业。下面主要介绍管道预制生产线的组成及功能。

（一）管道预制生产线的组成

管道预制生产线的主要设备配置见表 4–2–1，管道预制生产线实体见图 4–2–1。

表 4-2-1　管道预制生产线设备配置

序号	工位名称	设备名称	单位	数量	技术简述
1	坡口切割中心	管道数控切割带锯床	台	1	PLC 控制，管材下料切割，包含管道切割机械定长系统，与带锯床配套使用，实现管材定长下料
2		管道数控端面坡口机	台	1	CNC 全数控控制，管材坡口加工
3		管道纵向物流输送系统（带锯床进料、出料）	套	1	配套带锯床，V 形包聚氨酯辊道，电动输送管材
4		管道纵向物流输送系统（坡口机配套物流）	套	1	配套坡口机，V 形包聚氨酯辊道，电动输送、电动升降，中部设置液压升降回转系统，满足管材两端坡口加工
5	组对焊接中心	管道预制机械组对中心	台	2	多功能组对机头，满足管弯头、管法兰、管三通、管大小头的组对需求，包含支撑小车和轨道
6		悬臂式管道自动焊机	台	1	焊接主机可在轨道上电动行走。三爪自动心卡盘夹紧，卡盘可电动升降以快速调节管中心高度；配置多功能焊接系统，实现自动 MAG+SAW 焊接工艺；配置 SAW 焊剂循环回收系统，及焊接烟尘净化系统
7		压臂式管道自动焊机	台	1	上下压紧、分体式，包含支撑小车 + 轨道，可承载长管材，配置多功能焊接系统，实现自动 MAG+SAW 焊接工艺；配置 SAW 焊剂循环回收系统，及焊接烟尘净化系统
8		管道横向物流输送系统	套	2	配套 2 个组对焊接工位，2 台小车 + 轨道贯穿组对与焊接区，实现管材的横向平稳传输
9	生产线长距离输送物流系统	管道纵向物流输送系统	套	1	设置在车间中部，PLC+ 触摸屏控制；V 形包聚氨酯辊道物流可将坡口切割完成的管材，电动输送到各个组对焊接区

图 4-2-1　管道预制生产线

（二）管道下料及坡口加工中心

1. 管道下料及坡口加工中心主要设备

（1）坡口切割中心主要设备

①管道高效切割带锯床

功能说明：高速切割各类金属管材。

适用场合：适用于各种材质、各种壁厚的管材切割。

适用材质：碳钢、合金钢、低温钢、不锈钢等。

切割方式：锯带切割。

控制系统：控制台集中控制。

管道高效切割带锯床实体见图 4–2–2。

图 4–2–2 管道高效切割带锯床

②管道数控端面坡口机（CNC 全数控）

适用场合：适用于各种壁厚管道的端面各类型式坡口的加工。

适用材质：各类碳钢、合金钢、不锈钢、低温钢等。

坡口型式：X 形、V 形、双 V 形、U 形、UV 形、圆角过渡、钝边、内镗口。

坡口角度：0° ~45° 可调。

控制方式：全数控全自动控制。坡口机启动后，任何型式坡口，全程自动化，中途无需换刀、无需停机、无需人工干预、坡口完成自动停机。

控制系统：CNC 控制，人机对话模式，坡口全过程可在显示屏动态模拟显示。

管道数控端面坡口机实体见图 4–2–3。

图 4-2-3 管道数控端面坡口机

③管道纵向物流输送系统（带锯床进料、出料）

与数控带锯床成套使用，电动输送切割过程的管材，降低管材转运过程的安全风险。所有 V 形辊道均为包胶辊道，避免碳污染和油漆损坏。管道纵向物流输送系统带锯床进料、出料见图 4–2–4。

图 4-2-4 管道纵向物流输送系统（带锯床进料、出料）

输送形式：电动输送。

控制方式：控制台集中控制。

④管道纵向物流输送系统（坡口机配套物流）

采用无线摇控的电动输送方式，输送坡口加工过程的管材，降低管材转运过程的安全风险，实体外形见图 4–2–5。

升降系统：多个升降机同步电动升降，同时配置拉线开关，配合编码器 /PLC，实现自动调高，提高坡口机加工不同管径管材的对中效率。

回转调头：在物流系统中部设置液压升降、回转系统，满足管材两端的坡口加工需要，实现切割、坡口的自动化，极大地减少吊装设备的使用频率。

图 4-2-5 管道纵向物流输送系统（坡口机配套物流）

2. 管道下料及坡口加工中心工作流程

（1）将原材料管材吊入上料端缓存工位架。

（2）横向物流系统将管材单根平移到带锯床上料端纵向物流。

（3）纵向物流将管材电动输入到带锯床切割工位。

（4）带锯床高速切断管材。

（5）由物流系统将管材从带锯床出料端横向平移到坡口机前的缓存料架或坡口工位。

（6）数控坡口机对管材一端进行坡口加工。

（7）坡口机配套纵向物流液压旋转 180° ，再完成管材另外一端的坡口加工。

（8）坡口加工完成后，由物流平移到坡口机后的缓存料架或长距离纵向物流输送系统。

（9）切割坡口作业完成。

（三）组对焊接中心

1. 管道预制机械组对中心

管道预制机械组对中心由组对机头、支撑小车和轨道系统部分组成，实体外形见图 4-2-6。组对机头和支撑小车均设置在轨道系统上。

组对机头由下层小车、蜗轮丝杆升降机构、中层小车、线性导轨、上层小车、定位挡板、变位翻板、磁性水平尺和电气系统九部分组成。

采用线控制盒，操作控制组对机头的上下升降、左右平移、前后行走以及法兰板的垂直翻转。

配置多功能组对机头，机械快速组对管管、管法兰、管弯头、管三通、管大小头等材料，提高管材与法兰、弯头、三通的组对效率和质量。

图 4-2-6　管道预制机械组对中心

2. 悬臂式管道自动焊机

采用三爪自定心卡盘夹紧驱动管材，支撑小车辅助支撑管段，焊接主机可在配套轨道上电动行走，实现焊缝自动 TIG/MAG/SAW 焊接。实体外形见图 4-2-7。

图 4-2-7　悬臂式管道自动焊机

主机系统：立柱悬臂式主机是安装枪架系统、焊枪及控制系统的主体，包含立柱、悬臂、可行走底座小车系统、配套导轨、拖链、电机、丝杆、回转盘等部件；立柱悬臂主机可沿工件轴向电动行走，并可以左右、上下、前后调整焊枪位置。

卡盘夹紧驱动系统：用于夹持管件，电动升降、正转、反转管件。

焊接电源：使用多功能焊接电源，1 台电源即可满足自动 TIG/MAG/SAW 焊接功能。

焊剂回收：配置专有的埋弧焊焊剂自动循环回收系统。

控制方式：PLC+ 触摸屏控制，PLC 控制系统内置存储多套焊接程序，使用时直接调用焊接程序进行焊接，同时可修改、存储焊接程序。

适用焊缝：管 – 管、管 – 弯头、管 – 法兰、管 – 三通、管 – 大小头等。

焊接工艺：自动 TIG/ MAG 打底，TIG/MAG/SAW 填充盖面焊接；三把焊枪同时装在枪架上，可在控制面板上操作，快速电动切换焊接工艺、调整焊接过程参数。

适用材质：碳钢、不锈钢、双相钢、镍基合金钢等。

焊接质量：一次焊接合格率 98% 以上。

3. 分体式管道自动焊机

压紧轮固定管材采用立柱固定，支撑小车辅助支撑管段，实现焊缝的自动 TIG/MAG/SAW 焊接。实体外形见图 4–2–8。

图 4-2-8　压臂式管道自动焊机

焊接电源：多功能焊接电源，1 台电源即可实现自动 TIG /MAG/SAW 焊接功能。

焊剂回收：配置有专有的埋弧焊焊剂自动循环回收系统。

控制方式：PLC+ 触摸屏控制；TIG /MAG/SAW 焊接功能。

适用焊缝：管 – 管、管 – 弯头、管 – 法兰、管 – 三通、管 – 大小头等。

焊接工艺：自动 TIG/ MAG 打底，TIG/MAG/SAW 填充盖面焊接；三把焊枪同时装在枪架上，可在控制面板上操作，快速电动切换焊接工艺、调整焊接过程参数。

焊接质量：一次焊接合格率 98% 以上。

适用材质：碳钢、不锈钢、双相钢、镍基合金钢等。

4. 组对焊接中心工艺流程

（1）长距离纵向物流输送系统将切割坡口完后的管材，电动输送到组对焊接区。

（2）通过横向物流，将管材横向平移到缓存料架或机械组对中心。

（3）在机械组对中心，组对管材、管件等材料，人工点焊。

（4）通过横向物流将组对完成的管段，横向平移到悬臂焊机工位。

（5）通过横向物流将组对完成的管段，横向平移到分体焊机工位。

（6）由悬臂焊机或分体焊机分别完成打底、填充、盖面焊接。

（7）焊接完成的管段通过横向物流，将管段输送到半成品堆放区或待检区。

（8）组对焊接完成。

（四）预制智能管理系统

预制基地配置管道工厂预制智能管理系统，通过分布在管道预制车间的专用硬件设备，对设计图纸归档、原材料入库、管段成品出库等预制全过程进行实时数据采集、控制和监控，有效管控管材、焊缝、管件等，管理深度达到每条管线、每个管段、每道焊缝、每个管件、每名焊工。智能管理系统示例见图 4–2–9。

图 4–2–9　管道工程预制智能管理系统

该系统主要由 12 个模块组成，具体为系统管理、项目数据、进度控制、详图设计、信息管理、材料控制、切割坡口、组对焊接、质量控制、无损检测、PWHT 管理、成品管理。

软件核心功能包括：智能图纸材料匹配、智能制作工作包、材料编码简单生成、常用软件无缝对接、材料编码解析反推、材料可追溯性管理、预制运输包编制、常用二维码打印、应用二维码采集器、当量寸径工作统计、管段流水编号管理等。

通过全过程的信息化管理，充分发挥管道预制生产线各项功能和作用，减轻人工工作量，减少人工操作易产生的错漏问题，提升技术管理、材料管理和生产进度控制能力。

二　预制流程

1. 橇块工厂化预制加工流程

橇块工厂化预制加工流程见图 4–2–10。

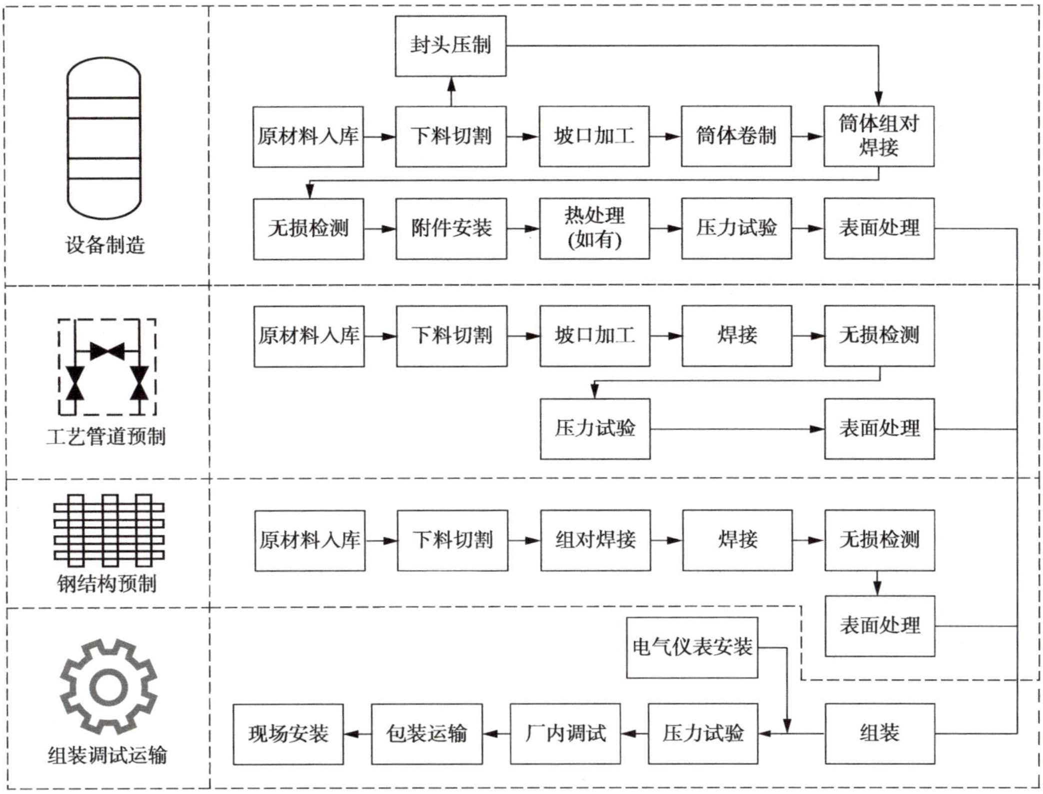

图 4-2-10 橇块工厂化预制加工流程

2. 橇块工厂化预制、组装、拆分流程

橇块工厂化预制、组装、拆分流程见图 4-2-11。

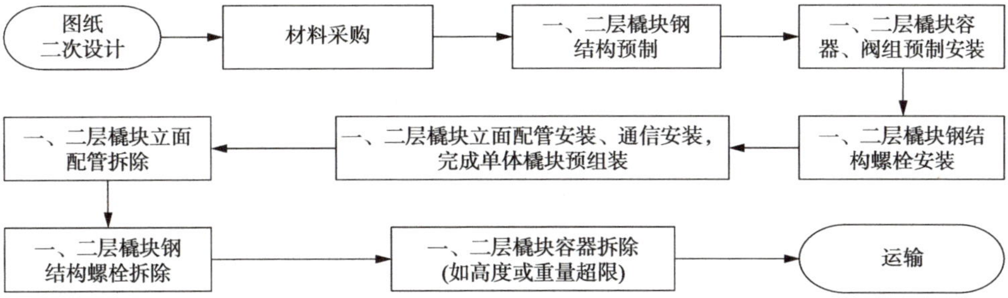

图 4-2-11 橇块工厂化预制、组装、拆分流程

三 预制加工要点

(一) 技术准备

(1) 工厂化预制前，组织管理和技术人员进行图纸会审，对有疑问的图纸联系设计单位进行澄清或修改，避免返工。

（2）设计单位向制造单位进行设计交底，使制造单位能够正确理解设计意图，加深对设计文件特点、难点、疑点的理解，掌握关键部位的质量要求，确保工程质量。

（3）根据单管图确定预制口和固定口位置，尽量减少固定口数量，降低安装及焊接难度。

（4）按操作规程检查调试锯床、坡口机和焊机等主要机具，确保设备状态和性能满足预制要求。

（5）施工前，检查特种作业人员资格证书，确保作业人员资质符合要求。

（6）各专业技术员编制焊接工艺卡、热处理工艺卡、水压试验工艺卡等工艺文件，专业工程师审核签字。

（二）材料验收、发放、使用

1. 材料验收

（1）材料到货后，材料检验员依据图纸及相关标准进行严格检验，材料工程师审核确认验收结果。对图纸或规范要求复验或有疑问的材料，由材料检验员负责取样进行有关项目的复验，复验报告应经材料责任工程师审核确认。

（2）材料质量证明书（合格证）应项目齐全，内容符合相关标准规定。

（3）确认不合格的材料不得用于橇块制造，存放于不合格区。材料工程师负责不合格材料的退货、罚款或索赔处理。

2. 材料发放

依据领料单发放材料。为避免材料用错，保管员根据领料单核对材料代号、牌号、规格相符后，在领料单上填写材料代号，经材料检验员确认后，方可发放材料。发放材料时应按规定进行材料标记移植。

3. 材料使用

（1）材料在切割（或加工）前应进行移植标记，防止错用、误用材料。

（2）材料到车间、施工队后，应由车间、施工队质检员复核确认材料符合图纸及相关标准要求，标记移植后方可下料使用。

（三）管道下料组对

（1）钢管宜采用机械加工方式进行集中下料切割，切割质量应符合以下规定：

①切口表面应平整，尺寸应正确，并应无裂纹、重皮、毛刺、凸凹、缩口、熔渣、氧化物、铁屑等现象。

②管材切口端面倾斜偏差不应大于管材外径的1%，且不大于3mm。

（2）管材切割前做好标识移植，切割后的管材应有相应的管段号和单线号。切割后的管段，应按管线号和材质分开摆放。

（3）坡口宜采用机械加工，坡口形式和组对间隙应符合焊接工艺规程的要求。

（4）组对应在专门的组对工具上进行，以保证组对质量。

（5）直管相邻环焊缝间距应大于管径的 1.5 倍，且不应小于 100mm。

（6）组对时钢管的制管焊缝应错开，错开距离不小于 100mm（外壁弧长）。

（四）静设备、钢结构制作

（1）严格按照下料切割图进行下料，按照排版图组对构件，不能随意更改。

（2）依据设计蓝图检查组对整体几何尺寸、配合尺寸、管阀配件等是否合格。

（3）焊前检查焊缝组对间隙、对口错边量、棱角度、坡口型式等是否满足工艺文件要求。

（4）依据规范要求检查安装尺寸和焊接质量是否符合合格。

预制基地制造工艺橇块见图 4-2-12。

图 4-2-12 工艺橇块制造

（五）焊接

（1）工艺管道焊接宜采用手工焊、半自动焊、自动焊或上述方法的组合，应采取措施提高自动焊应用比例。

（2）检查焊工是否持证上岗，焊接设备性能、施工环境、焊接材料是否符合要求。

（3）坡口加工和焊接过程必须遵循焊接工艺卡规定，严格控制焊接线能量输入。

（4）为保证焊接工序的可追溯性，焊口应做好标识。

（5）采用多层焊接时，每层焊道上的氧化皮和熔渣清除干净后，方可进行下道焊接。相邻焊层的接头位置应错开 20 ~ 30mm。

（6）检查焊缝外观质量和几何尺寸是否符合质量标准的要求。

（7）热处理时，按照热处理工艺卡升温、保温和降温，输出合格的热处理曲线。

（六）无损检测

（1）无损检测由具备资质的第三方检测公司实施。

（2）焊缝无损检测应在焊缝焊接完成并经外观检查合格后进行。

（3）对有延迟裂纹倾向的焊缝，无损检测应至少在焊接完成 24h 后进行。对有再热裂纹倾向的焊缝，无损检测应在热处理后进行。

（4）无损检测方法、比例及合格级别应符合设计文件和相关标准的规定。

（5）无损检测完成后，无损检测责任师应严格审查布片图，核实检测报告评定的准确性。无损检测报告需要由监检员签字认可。

（七）压力试验及吹扫清洗

（1）管道安装完毕、热处理和无损检测合格后，进行压力试验。工艺管道的压力试验按照《工业金属管道工程施工规范》（GB 50235）进行。

（2）脆性材料严禁使用气体进行压力试验。压力试验温度严禁接近金属材料的脆性转变温度。

（3）试压前，质检员检查接管、法兰、构件的安装，开孔方位，总体尺寸是否符合图纸要求。

（4）检查压力表、试压环境（包括气温、介质温度、安全条件）是否符合标准规定。严格按照试压曲线进行试压。

（5）检查试压程序、渗漏情况、异常变形是否符合标准规定。试验过程中发现泄漏时，不得带压处理。消除缺陷后应重新进行试验。

（6）压力试验完毕，不得在管道上进行修补或增添物件。

（7）管道在压力试验合格后，应进行吹扫与清洗。管道吹扫与清洗方法，根据管道的使用要求、工作介质、系统回路及管道内表面脏污程度确定。对不允许吹扫与清洗的设备及管道，应进行隔离。

（八）防腐涂装

（1）管材、型材验收合格后，按设计要求进行除锈、涂装底层油漆。橇块组装和预拼装验收合格后进行补口补伤。橇块现场安装完后，涂装面漆。

（2）防腐涂装施工前，应进行表面处理。表面处理前，应采取合适的方法对原有标识进行移植。表面除锈等级应按设计文件及现行国家标准的有关规定，采用机械除锈或手工除锈方法进行。

（3）表面除锈处理与涂装的间隔时间宜在4h之内。油漆施工时，底层油漆未干不能进行下一层油漆的涂刷。油漆完成后，检测漆膜厚度是否达标。

（4）涂装完毕后，应做好标识的恢复。

（5）油漆必须有合格证明，设计文件要求复验的，还要有复验报告。

（九）其他要求

（1）工厂化预制工厂应具备国家市场监督管理总局或其认可的机构颁发的与工厂化预制加工相适应的制造或安装许可资质。

（2）预制工厂应设置专门的材料存放区，各类材料分类存放，存放环境要满足相关规范要求。不锈钢材料和碳钢材料要有隔离措施。材料管理部门要配置专人对材料的入库、验收、保存和发放进行管理。

（3）需要进行泄漏试验的阀门，在安装前，送至资质齐全的阀门检测机构进行检测。

（4）需要检定的仪表，应送至具有资质的检定机构进行检定，并出具检定报告。

（5）预制工厂应根据设计文件和相关规范要求，完成各项预制工程量，包含但不限于：管道焊接、容器制造、钢结构预制、无损检测、热处理、压力试验、防腐保温、电气仪表安装、设备安装、调试、包装等。

（6）压力容器、压力管道预制加工前，根据《特种设备安全监察条例》规定，向工程所在地特种设备安全监督管理部门进行书面告知，邀请其对预制过程进行监督检验，并出具监检报告。

（7）一般情况下，预制加工件在厂内完成压力试验、预组装及调试等工作。

（8）出厂前，预制加工件应采取适当的包装措施，保证加工件运输安全，配件不遗失。

（9）过程资料

①材料管理人员应及时收集整理各类设备、材料的质量证明文件。

②及时编制施工过程资料，实现资料编制与施工进度同步。

③橇块制造资料主要包括：设备和材料质量证明文件、阀门试验记录、管道焊接记录、无损检测记录、管道试压记录、管道监检报告、竣工图纸等。

四 生产管理

1. 加大人力资源投入，确保施工进度

橇块制造期间共投入 7 个施工队，人员配置、任务分工见表 4-2-2。

表 4-2-2 橇块制造施工队

序号	名称	人员配置	工作内容
1	压力容器施工队	62 人	压力容器制造
2	全自动预制生产线施工队	8 人	工艺管道全自动焊接
3	手工焊施工队	26 人	橇块预制及组装
4	钢结构施工队	24 人	橇块钢结构制造
5	防腐保温施工队	10 人	橇块的防腐及保温
6	电仪施工队	9 人	电仪施工
7	试压队	5 人	橇块试压
合计		144 人	

2. 严密组织生产，高效推进有序施工

安排专人负责生产进度管理，深入施工现场督察进度，协调各专业之间的交叉作业，协调施工人员、设备及时到场，确保按期完工。

同类规格构件采用批量预制模式，定人定设备，确保工艺一致性，加快预制效率，提升预制质量。

3. 抓住关键因素，确保橇块按时交货

通过分析研判，确认影响橇块总体施工进度的两个因素：制造周期长的厚壁高压容器和关键工序无损检测。因此，对这两个因素采取专项措施。

厚壁高压容器制造前，根据设计图纸提前订购定尺钢板；在钢板生产过程中派专人驻厂监造，加快钢板制造进度。成立高压容器制造小组，负责容器制造各工序的协调和督察，促进各工序顺利实施、及时交接，保障高压容器制造进度。

大批量橇块同时制造，无损检测工作量比较大，对无损检测队伍的设备及人员要求较高。施工前，及时与检测单位对接，梳理无损检测要求和工作量，提前准备人员和设备，做好应急预案。根据制造进度情况，适时调整无损检测各项资源。

五 橇块制造经验总结

（1）提前介入设计过程，加快材料采购进度

橇块设计采用三维设计软件，三维模型包含材料信息。在三维模型建立完成后，可利用设计软件一键生成材料清单。预制基地与中原设计提前沟通，尽早拿到材料清单，早日部署材料采购，缩短总体制造工期。

但这么做也存在一定风险，即：如果设计在后期审核时做出更改，会出现材料采购混乱和错误的问题。因此提前采购材料，建立在前期设计准确的基础之上，另外提前采购主要针对周期长的阀门、钢板等材料。

（2）合理规划固定口位置，提高管线预制率

组织技术人员统计焊口信息，编制焊口号。对照三维模型及单管图，结合管线长度、管件种类及焊机特性，合理划分预制管段，减少固定焊口数量，提高管线预制率。注采气工艺模块三维设计模型见图 4-2-13，橇块单管图见图 4-2-14。

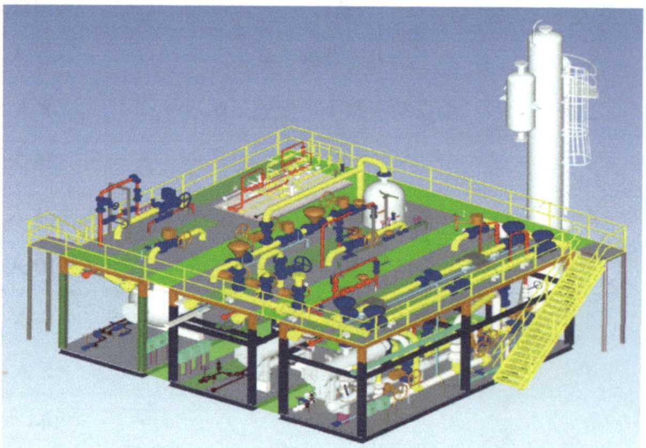

图 4-2-13　注采气工艺模块三维设计模型

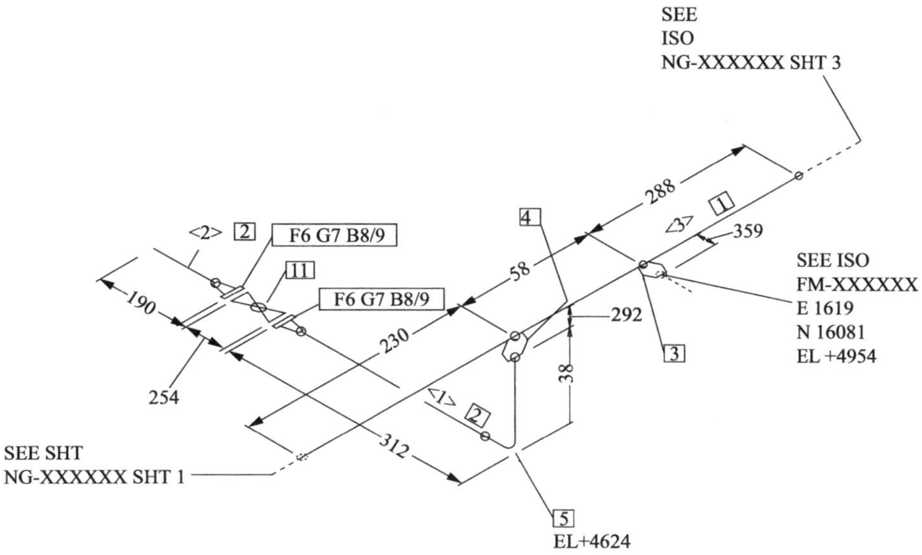

图 4-2-14　橇块单管图

（3）充分利用管道预制生产线，提高生产效率和工程质量

根据生产线特点和工艺管道规格，编制焊接工艺评定，做到评定全覆盖，实现管道全自动氩弧焊打底、焊接及埋弧焊焊接。自动焊接主要用于 *DN*100 以上厚壁管道焊接，焊道成型美观，焊接速度快、质量高，焊接一次合格率达到 99% 以上。

（4）做好焊口及管线材质标识，保证可追溯性

进场管材在喷涂底漆后，涂刷色带，便于在切割后识别材质。为每道焊口粘贴标签，标明焊口的焊口号、材质、所在位置、焊工等信息，避免施工过程中材料错用，预制件错装。

（5）积极与设计沟通，加快变更流程

安排专人与设计沟通施工过程中的有关设计事宜，以最快速度解决问题，减少变更对施工进度的影响。

（6）做好过程技术管理

编制技术方案和作业指导书，做好技术交底。技术质量人员深入施工现场，及时解决现场问题，检查工艺纪律执行情况和施工质量，不能出现大的质量问题。及时校验计量器具，确保计量结果准确有效。

六　预制成果及提升方向

储气库橇块制造经历 6 个月，高质量完成 17 类共计 60 个橇块的制造任务，其中压力容器 47 台，工艺管道 3.2 万吋径，钢结构 292t。

预制前期，技术人员通过对比三维模型和单管图，结合管材长度、管件种类及焊机特性，合理划分预制管段，充分发挥工厂化预制优势，增加机械化作业覆盖面，减少固定焊

口的数量，以提高管线预制率。橇内共计 5700 余道焊口，预制焊口数达到 90% 以上，有效降低焊接难度，提高焊接质量。工艺管道预制过程中，积极采用新工艺，利用数控机械下料、加工坡口，全自动焊机进行焊接，全自动焊接比例达到 43%。焊缝成型美观，一次合格率达 98% 以上。

第三节　工艺管道预制

工艺管道预制是管道安装的一个重要环节，在储气库建设过程中，积极开展站场管道深度预制，减少活动口焊接工作量，为项目按期保质完成提供有力保障。本节主要以卫 11 储气库为例，介绍站内工艺管道现场预制。

一　管道预制原则

根据施工单管图中的各单元管线划分、现场连头位置、管线材质、管线规格等，划分预制管段。管道预制段划分原则如下：

（1）降低安装口的施焊高度，将高空作业口优化为地面或有操作平台作业口。

（2）根据钢结构平台和设备布置等对管段安装的影响程度，确定预制管段的设置长度。同类布局或走向的管道应统一安装口布置方式。

（3）焊口的布置位置应考虑到支架和无支撑梁的距离，便于对焊口的施工和检查。

（4）所有管道按 12m 长度划分预制管段，待确定管子实际尺寸后对焊口号及管段号进行升级。

（5）预制后的成品管段宽度宜小于 3m，长度宜小于 14m，便于管段拉运及吊装。

（6）法兰口应属于预制口，与设备相连的法兰在预制平台进行点焊，待现场管段安装完成、应力消除后，再进行焊接。

（7）两端为法兰预制口的单管段，当其任意一个方向的长度超过 3m 时，管道上应至少留一个安装口。

二　管道预制工程量

卫 11 储气库注采站管道材质主要有 20#、Q235B、Q345E、L415Q/M、L450M ，具体预制部位、焊口数量、管径规格见表 4-3-1。

表 4-3-1 卫 11 储气库注采站预制焊口统计表

序号	焊口规格	焊口/道	预制焊口/道	预制部位	序号	焊口规格	焊口/道	预制焊口/道	预制部位
1	*DN*25×4.0	9	5	排污单元	17	*DN*80×6.3	27	6	排污单元
2	*DN*25×3.5	28	9	放空单元	18	*DN*80×4.5	170	112	放空单元
3	*DN*25×3.5	28	7	润滑油单元	19	*DN*80×4.5	22	8	三甘醇单元
4	*DN*25×4.0	11	5	脱水单元	20	*DN*100×5.0	75	33	分离单元
5	*DN*25×4.0	7	3	排污单元	21	*DN*100×7.1	30	15	排污单元
6	*DN*25×3.5	32	22	仪表风单元	22	*DN*100×5.0	37	12	放空单元
7	*DN*50×4.5	31	18	排污单元	23	*DN*100×4.5	148	54	仪表风单元
8	*DN*50×4.5	15	6	氮气单元	24	*DN*100×4.5	95	22	空氮单元
9	*DN*50×4.5	86	48	三甘醇单元	25	*DN*150×16	77	38	增压单元
10	*DN*50×4.5	50	14	仪表风单元	26	*DN*250×11.0	70	42	进出站阀组单元
11	*DN*50×4.5	122	77	放空单元	27	*DN*300×8.5	24	8	进出站阀组单元
12	*DN*50×4.5	106	36	空氮单元	28	*DN*350×30.0	19	11	进出站阀组单元
13	*DN*50×5	40	22	排污单元	29	*DN*400×14.2	40	18	进出站阀组单元
14	*DN*50×4.5	160	112	仪表风单元	30	*DN*400×32	39	18	增压单元
15	*DN*50×4.0	124	77	氮气单元	31	*DN*500×17.5	7	3	进出站阀组单元
16	*DN*88.9×6.3	12	5	排污单元	32	*DN*600×20	112	66	放空单元
	总计	1853	932						

三 管道预制工艺流程

管道预制流程见图 4-3-1。

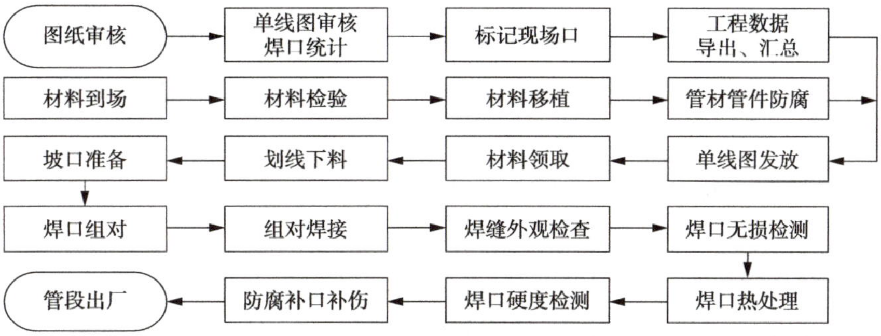

图 4-3-1 管道预制流程

四 管道预制施工要点

（一）技术交底

组织有关技术人员、施工班组召开管道预制技术交底会。主要内容如下：

（1）预制总工作量。

（2）预制方案，包括二次设计深度、二次设计范围。

（3）材料到货情况，包括每批材料到货的时间和顺序。

（4）预留尺寸说明。

（5）设备口连接法兰的处理方式。

（6）应提供的管段验收技术资料。

（7）除锈防腐方案。

（8）半成品摆放要求。

（二）二次设计

（1）二次设计小组根据预制进度计划，开展二次设计工作。

（2）二次设计图完成后，由管道专业负责人进行审核。审核的主要内容是：现场口和预制口划分的正确性，管道焊口编号是否正确及完整、无遗漏，图面反应的内容是否满足要求、关键尺寸是否正确。

（3）二次设计图纸审核合格后，由资料员将图纸进行登记、存档、发放。

（4）二次设计小组根据单管图或者管段图、焊缝编号管理规定，对管道焊口进行编号。

（5）二次设计均按照 12m/ 根的长度（或者根据实际到货管材的平均长度）进行焊口切分，作为焊口编号的依据。

（6）二次设计将管道等级、需要热处理管道、探伤比例、保温形式标识在单管图或者管段图上。

（7）统计焊口数量。根据单线图或管段图逐根统计管道的焊口，获知每条管道的焊口数量和规格。

（8）管道工程师分区域或者单元把每条管道的焊口数量以及相关数据录入数据库。

（9）二次设计更新。由于设计变更引起的改版单线图，必须及时更新管道数据库中焊口的数量。

（10）调整后的图纸以升级版的形式出现，替换旧版二次设计图纸。

（三）图纸发放及工作量委托

（1）发放的图纸包括：平面布置图、原始单管图、二次设计图及管段图。

（2）管道专业负责人根据施工班组的工作量、材料到货情况，编制工作量委托单。

（3）将每批工作量委托单附上原始单管图、二次设计图及管段图、材料领用表发放给施工班组。

（4）由设计变更引起的改版单管图，及时发放给施工班组技术员。由技术员在所有旧版图纸上标识“作废”字样。

（5）技术员收到改版的单管图后，立即核对已完工程量。对已经施工完毕又有更改的部分，如实统计变更工作量，报管道专业工程师，并按照程序进行签字确认。

（6）图纸发放、领取做好书面台账，便于管理、升级和回收。图纸升级或作废均在台账上进行登记和签字。

（四）管道预制

（1）施工班组根据单线图和管段图进行下料，下料完毕后，下料负责人在管材表面做好标识。

（2）施工班组在组对焊口完毕后，在焊口附近做好标识，确定组对合格。

（3）管道焊口焊接完毕并经外观检验合格后，电焊工在焊口附近进行焊缝标识。

（4）质检员对焊接完成的焊口进行 100% 的外观检查，确认合格并做好标识后，进行下道工序作业。

（5）管道专业工程师确定管道级别、探伤比例。管道专业工程师定期确定焊口数量、探伤焊口数量，并进行无损探伤申请委托。

（6）热处理工程师根据图纸确定需要热处理的管道，二次设计小组标注在单线图上。统计热处理焊口的数量，并录入到数据库中。委托热处理施工人员进行热处理作业，热处理工程师核对需要热处理焊口焊接、无损检测完成情况，核对热处理焊口数量是否正确、标识是否清晰。

（7）各施工班组应定期向管道专业负责人提供预制进度信息，由管道专业负责人汇总后向施工经理和项目经理汇报。

（五）无损检测

（1）焊缝检验分组分批

①将同一管线级别、同种材质、同探伤比例的管线归类在一组中。

②在预制过程中，根据不同的焊接时间段（一般以周为时间段），将每一组中属于同一时间焊接的焊缝归类为一批，在一批焊缝之中随机点口进行无损检测。

（2）确定检测数量

①焊接质检员要经常查阅数据库中每一批的焊接焊缝的检测比例，来检查焊缝检测的数量是否达到设计和规范要求，以确定需要再进行检测的焊缝。

②当焊缝有返口时，根据施工规范来确定焊口是否扩探及扩探数量。

（3）现场绑带点口

①焊接质检员和现场监理工程师通过数据库，确定需要进行无损检测的焊工焊口或管线焊口，在现场进行随机点口、绑带并进行记录。

②返修完成的焊缝，焊接质检员也绑带示意。

（4）录入委托单。焊接质检员将现场绑带确定的无损检测焊口录入数据库，形成当天的无损检测委托单。

（5）送交委托单。焊接质检员打印当天的无损检测委托单一式三份，送交现场监理工程师及第三方检测单位的无损探伤责任工程师。

（6）焊口现场交底。焊接质检员根据探伤委托单及时联系探伤人员，对其进行所需探伤焊缝的现场位置交底。

（7）跟踪委托单。焊接质检员和无损检测工程师应跟踪委托焊口的探伤进展情况。当从电脑数据库查询某焊口亦经委托无损检测，但经过若干天没有检测结果，应检查该焊口是否已经检测，如发现没有检测，应通知检测单位进行检测。

（六）热处理

（1）焊缝确认检查

①热处理工程师、焊接工程师和焊接质检员应检查确认待热处理管段所在管道的探伤比例是否符合要求，该管段焊缝的焊接质量是否合格。

②对于碳钢焊缝是先进行焊口探伤，再进行热处理；对于合金钢焊缝是先进行热处理，再进行焊口探伤。

（2）对确定已经可以热处理的焊口，焊接质检员在焊缝附近绑扎红带标识。

（3）焊接质检员将现场绑带确定的热处理焊口录入数据库，形成当天的委托单。

（4）焊接质检员将向热处理施工人员交待清楚所点热处理焊口的现场位置。

（5）焊接质检员应跟踪委托焊口的热处理进展情况，并定期收集热处理记录。

（七）材料色标控制

材料涂刷底漆后在材料的表面侧面或端面，根据不同材质、壁厚或等级涂刷上预先规定的各种颜色的实心线、断续线或圆圈状标识，以便于管理和跟踪控制。

（1）色标范围

管道预制加工材料色标控制范围见表 4–3–2。

（2）色标要求

①管子、管配件宜在签订采购合同时，明确材料色标要求，以确保到厂的材料已按本规定做好材料色标。

②碳钢和铬钼钢等材料应在除锈、刷完至少第一遍底漆后进行。

表 4-3-2　管道预制材料色标控制范围

序号	材料名称	材质色标	壁厚色标	等级色标
1	管子	√	√	
2	法兰	√	√	√
3	对焊管件	√	√	
4	锻制管件	√	√	
5	螺栓螺母	√		
6	阀门	√		
7	缠绕垫片	√		√
8	焊条焊丝	√		

③材料色标应清晰、牢固，其标注位置不应掩盖其他标识。

④应采取适当的手段，确保材料色标直线或圆圈形状。

⑤奥氏体不锈钢材料的色标油漆，其成分不得含有锌、硫、铜或盐酸盐等。

⑥油漆色标不能涂刷在管子管件与其他部件的内侧、焊缝表面、法兰、垫片密封面及螺纹表面。

（八）管段标识

对预制管段从下料切割到管段组焊成形的全过程进行标识，便于管段加工过程管理和管段组焊成形后的跟踪管理，避免加工、运输和预制过程中的混用、误用，最终确保工程质量。

（1）下料标识

①一段直管段下料完后，班组长在其表面用记号笔按下图方式标注区号、管线号、管段号以及直管料号、直管段长度尺寸，并将材料的炉批号进行移植（下料完毕的记录在施工图纸上，未曾下料的标记在管材表面），字体尺寸应与管子尺寸相配，且易识别。

□□—□□□□□□□—□□□（流水号）+□□ × □□□□

区号—管线号—管段号（流水号）+直管料编号 × 直管料长度

②下料标识完成，表明该直管段已经下料合格。

（2）组对标识

①组对完一道焊口后，组焊工段长在焊口附近 50～100mm 范围内用记号笔标明焊缝号，焊缝号外加圆圈。

②组对标识完成，标明该焊缝已组对合格。

（3）焊接标识

①焊缝焊接完，表面质量检查合格后，电焊工在焊口附近 50 ~ 100mm 范围内的焊缝标识框内进行焊缝标识，内容如下：

项目代码 – 单管图号 – 焊口流水号（焊口类别识别码）– 焊工代号 – 焊接日期

标识说明：字体采用仿宋体，字号要适中。

②标识框内要标明单管图号、焊口流水号、焊工号（打底 / 盖面）、焊接日期等。

③焊接标识框位置原则如下，焊接标识框的箭头应指向所标焊口：

弯头（三通、法兰、大小头等）+ 直管，标识在直管一侧。

弯头 + 三通（大小头），标识在三通（大小头）一侧。

弯头 + 弯头（法兰），标识在弯头一侧（顶部）。

直管 + 直管，标识在直管一侧。

三通（大小头）+ 三通（大小头），两侧皆可。

④焊接标识的箭头必须指向所标识的焊缝。

⑤填写好焊接标识框，表明该焊缝已焊接完成。

（4）焊缝质检标识

①焊接质检员对焊接完成的焊口进行 100% 外观检查，质检工程师负责抽查。

②对检查合格的焊缝，焊接质检员在焊接标识框内签字。对检查不合格的焊缝通知电焊工进行返工，返工完成后重新按新焊口进行检查。

③焊接质检员在焊接标识框内签字之后，表明该焊缝已经表面质量检查合格，可进行探伤、热处理等后续工作。

（5）管段标识

管段组焊成形完成后，施工班组长在主要的、明显且不易挡住位置用记号笔按下图方式标注上区号、管线号、管段号，以便识别。整个管段标识外加方框。字体尺寸应与管子尺寸相配且易识别为宜。

□□—□□□（流水号）—□□□—□□□□

区号—管线号（流水号）—管段号—其他识别号

（6）探伤标识

探伤人员按探伤委托单和现场点口标识进行探伤，探伤完成后探伤人员在焊缝做上探伤标识。

（7）热处理标识

①热处理人员按照热处理委托单进行热处理，热处理后热处理人员在原焊接标签位置书写热处理标识。

②热处理标签样式如表 4–3–3 所示。

表 4-3-3 热处理标签样式

日期	
焊缝号	
技术员	

③热处理标识的箭头必须指向所标识的焊缝。

④填写好热处理标识框，表明热处理已经完成。

（8）管段验收标识

管段经由焊接质检员检查合格、无损检测及热处理合格后，由班组技术员在管段上的管段标识附近写上 OK 字样。

五 管理人员配置

工艺管道预制管理人员配置见表 4-3-4。

表 4-3-4 管理人员配置

岗位	工作内容	人数
管道专业负责人	总体协调管理、专业技术管理	1
二次设计工程师	详图二次设计、图纸清单管理、焊口信息录入	1
管道工程师	图纸审核、下委托单、配料、管段预制管理	1
中队技术员	技术管理、管道配料、来料统计、缺口料管理	2
焊接检查员	焊接过程检查、焊口外观检查、探伤委托、热处理委托	1
资料员 / 录入员	图纸收发、日报录入、其他配合工作	1

六 标准化预制平台建设

在卫 11 储气库施工现场建设约 $500m^2$ 标准化预制区（图 4-3-2），设置管道临时预制平台，配置先进精良的施工机具，加大预制深度。按生产流水线顺序布置，预制区包括材料摆放区、下料和坡口加工区、组对区、焊接区、半成品摆放区。

图 4-3-2 标准化预制区

（一）预制平台简介

1. 场地平整

（1）在卫 11 储气库现场选择没有新建建构筑物、埋地设施，且距离工艺管道施工区域较近的西北角场地，作为现场管道临时预制区。

（2）采用机械设备将场地压实合格，预制场地铺设红砖。

2. 预制平台搭建

在预制场地的西北角，采用钢板搭设预制平台（图 4–3–3）。

3. 焊材库

预制区设置一座集装箱房焊材库，配备焊条烘干机、空调机和干湿温度计等设备。

4. 电焊机房

预制区域内设置一座可移动式焊机房，根据预制工作量和焊接工艺配备埋弧焊机、全自动焊机。

图 4-3-3　预制区

5. 材料摆放区

（1）管材存放场地须平整、坚实、排水通畅，管垛位之间留有作业和行车通道。

（2）管垛底部用两道平行的沙袋或枕木（枕木上铺软垫）垫起，两道平行的沙袋间距均匀，沙袋高度须确保管材堆码后，最底部距地面不少于 20cm。

（3）各类管材须作好标识分类存放，不合格品应单独存放。碳钢和不锈钢管材必须分开存放，防止不锈钢管材碳污染。

（4）口径 300mm 以下管件，应存放在干燥通风的库房或料棚内。如现场条件所限，只能露天存放时，须选择干燥水泥或经过硬化的地面，并做好上苫下垫。

6. 半成品摆放区

（1）管段预制完后，半成品分单元、分区、分类妥善摆放。预制件间留有足够的距离，防止碰撞和摩擦，用专用管口封堵盖密封管口。

（2）根据项目单元、安装部位合理规划摆放场地，设置运输通道，确保管段预制件装卸、运输方便。在各规划区域设置醒目的标志。

（3）根据管段预制件的规格型号、使用先后顺序等因素，在规划区域内有序摆放，且下垫枕木或木枋，并采取防污染、防腐蚀等防护措施。

（4）叠高堆放的小口径预制件需加设支撑，以防倾覆。叠高堆放高度不能超过 1.0 米。

（5）碳钢和不锈钢预制件要分开摆放，防止不锈钢管件碳污染。

（二）主要设备配备

根据卫 11 储气库工艺管道的材质、规格型号、焊接要求等技术要求，合理选配预制加工设备，通过设备之间的互补，充分发挥各类设备的性能。管径＜ *DN*80，坡口加工采用火焰切削；管径≥ *DN*80 采用坡口机切削。管径＜ *DN*200 采用手动焊接；管径≥ *DN*200 采用自动焊接。预制平台主要设备配置见表 4-3-5。

表 4-3-5　管道预制平台主要设备配置

序号	名称	规格型号	数量	备注
1	熊谷焊机	NB-500	2 台	
2	单枪自动焊机	A-305	2 台	
3	自动焊接系统	A305 管道全位置	1 台	自动焊配套系统
4	自动焊机轨道	D355	2 台	
5	自动焊机轨道	D273	2 台	
6	自动焊机轨道	D168	2 台	
7	ISE-252-I 内胀式管道坡口机	ϕ 80 ~ 240、壁厚 3 ~ 20mm	1 台	
8	ISE-351-I 内胀式管道坡口机	ϕ 150 ~ 330、壁厚 4 ~ 20mm	1 台	
9	ISE-630- Ⅱ内胀式管道坡口机	ϕ 300 ~ 600、壁厚 15 ~ 70mm	1 台	
10	小型龙门架	5t	1 台	

七、工艺管道预制效果分析

（1）在施工现场建设简易管道预制平台，预制质量易于控制，可有效提高质量和效率，缩短工期，降低施工成本。通过采取预制措施，卫 11 储气库站场工艺管道施工缩短工期节约 12 天。

（2）采用自动焊接技术，焊缝外观成形好，焊接一次合格率高，极大减少人力资源成本。推广使用小口径大壁厚自动焊机，有效增强企业核心竞争力。卫 11 储气库少投入焊工 3 名，焊工 500 元 / 天，则节约焊工成本 3 × 500 × 12 ＝ 18000 元。

（3）采用专用 SP3D 软件进行二次设计，绘制三维立体单线图，集中收集加工管材、管件等材料设备的技术资料信息，管道预制精度高，各类资料录入及时，完成数字化交付工作。

八、技术优化建议

（1）通过推广应用小口径大壁厚自动焊技术，完成小口径自动焊设备选型、研发与操控。在后续储气库建设中将继续推广，进一步提高焊工操作技能，完善焊接规程、工艺纪律，使之成为成熟普及的焊接技术。

（2）加强预制过程中的视频监控管理。储气库建设过程中，大力推进智能工地，视频监控已基本覆盖注采站各施工区域。但预制加工区一般设置在较为偏僻的区域，视频监控力度不足，建议在预制加工区设置专有视频监控，确保管道预制的质量和安全。

（3）降低预制过程中的焊接难度。例如：预制焊接过程中，尽量减少固定口数量，由技术人员在预制前，对单线图进行合理的二次优化。

第四节　钢结构预制

储气库钢结构委托专业公司预制，专业化公司配置先进的智能化生产线，设备完善，施工经验丰富，可为钢结构预制、安装质量提供保障。

一　预制生产线介绍

（一）生产线配置

预制生产线主要包括材料装卸系统、组对系统、焊接系统、防腐系统及物流运输系统。在结构设计和详图深化方面，配置先进的详图转换软件，如 X-steel、PKPM、3D3S、PS2000、AutoCAD 等详图设计以及 FastCAM 全自动共边连割套料软件、FastSHAPES 钣金开展软件、FastCUT 全自动优化套排软件，如图 4-4-1 所示。在构件加工过程中，各软件自动运算生产线相关数据，精准无误、效率倍增。

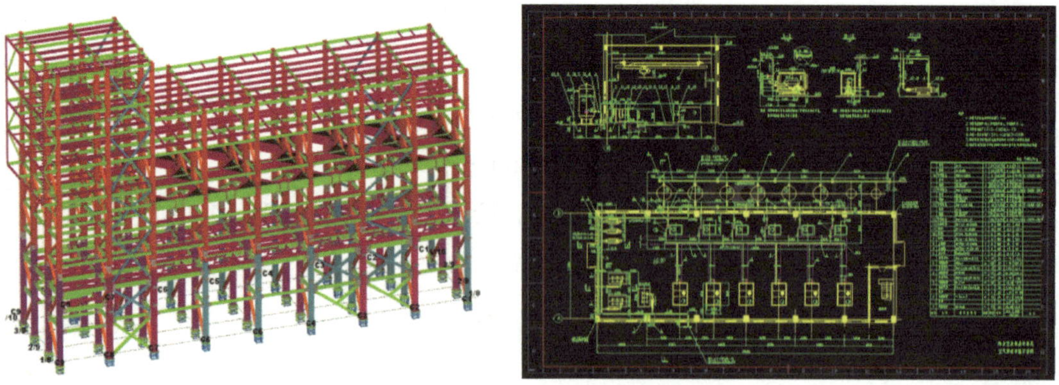

图 4-4-1　钢结构预制生产线配置的各类软件

钢结构预制生产线的主要设备配置见表 4-4-1，现场图见图 4-4-2。

表 4-4-1 钢结构预制生产线配置

序号	名称	规格	数量	备注
1	数控火焰切割机	3000 ~ 10000mm	1 套	门式结构
2	型钢组立机	4000 ~ 15000mm	1 套	9.5kW
3	龙门式焊接机	4000mm	1 套	LMH–4000 埋弧自动焊
4	龙门式焊接机	5000mm	1 套	LMH–5000 埋弧自动焊
5	门式起重机	5t	2 台	
6	门式起重机	10t	2 台	
7	抛丸除锈系统		1 套	
8	滚剪坡口机	GJ20	2 台	
9	剪板机	δ 12	1 台	
10	数控万能钻	UD70	1 台	
11	数控平板钻	PD16C	1 台	
12	电动平车	20t	3 台	
13	气割工具		10 套	
14	卡车	车厢长约 9m	1 辆	
15	吊车	16t	2 辆	
16	吊车	25t	3 辆	

图 4-4-2 钢结构预制生产线

（二）主要设备功能介绍

1. 数控火焰切割机

数控火焰切割机采用门式结构，单边或多头，将电脑控制、精密机械及火焰切割三者相结合的高效率、高性能的自动化设备。数据割枪上设有自动点火、自动调高装置，可多头同时切割。数控火焰切割机实体见图 4–4–3。

图 4-4-3　数控火焰切割机

2. 型钢组立机

在钢结构翼板、腹板夹紧对中、定位、自动点焊等过程中，采用可编程序控制器及交流变频器，自动化控制比一般工装效率高出一倍以上。工作稳定可靠，焊枪设有跟踪导弧装置，能够保证点焊质量。采用同步加紧系统来使翼板、腹板初步自动对中，减缓和避免型钢组立时的摆尾现象。型钢组立机见图 4–4–4。

3. 龙门式焊接机

两根 H 型钢以 45° 船形焊的位置，放置在导轨内测的工件架上，龙门架在导轨上以设定的焊接速度行走，两台埋弧焊机同时对两条焊缝进行焊接。采用导弧架自动跟踪焊缝，焊剂自动输送回收系统。焊臂下方安装有焊缝跟踪装置，可以自动跟踪焊缝，使焊枪与焊缝保持合适的距离，在型钢变形或摆放不整齐时，具有自动补偿作用。龙门式焊接机见图 4–4–5。

图 4-4-4　型钢组立机

图 4-4-5　龙门式焊接机

（三）生产线工艺流程

储气库钢结构预制生产线主要由切割机、组立机、龙门式焊接机组成，见图 4-4-6。

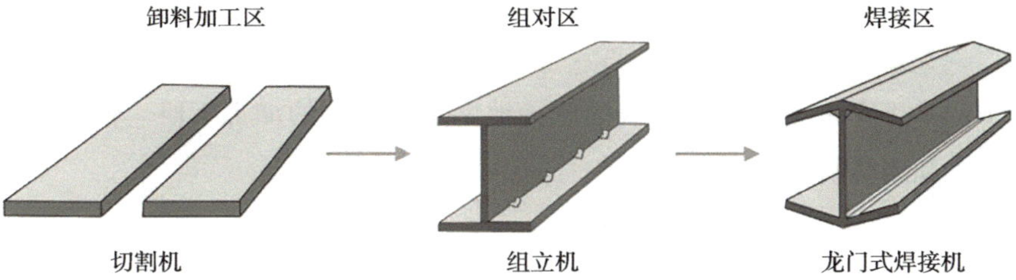

图 4-4-6　生产线组成及区域划分

原材料进入预制加工间后，首先在卸料加工区进行切割下料、T 形组立，再用桁吊吊至组对区进行 H 形组立，再吊至焊接区进行角焊缝焊接，再吊运至防腐防火操作间进行除锈防腐防火，最后装车外运。具体工艺流程见图 4-4-7。

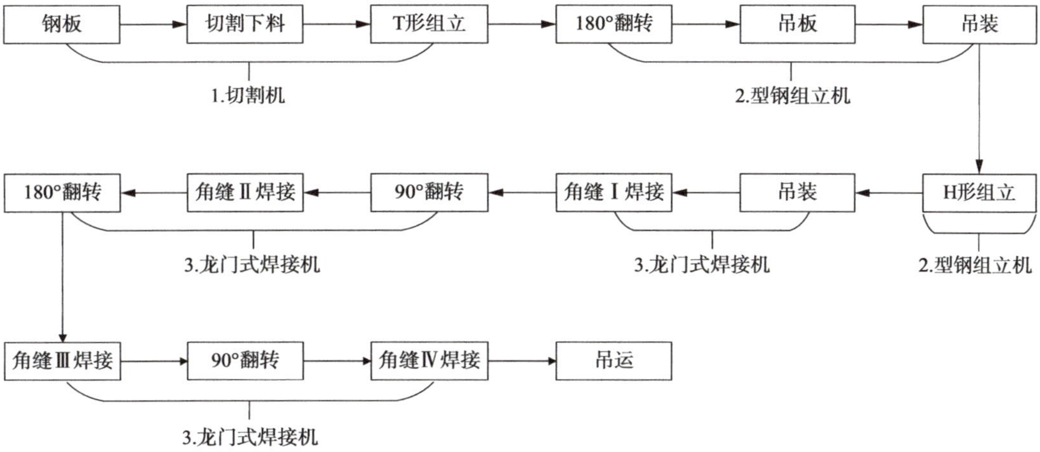

图 4-4-7　钢结构预制工艺流程图

二　钢结构预制加工要点

（一）施工前准备

（1）所有生产设备调试完成，具备生产要求。其他辅助生产机具完好，备齐生产所需的耗材。

（2）收到一次设计蓝图后，进行二次设计。审查审核合格后，方可使用。

（3）加工材料全部到场，验收合格，按要求分类摆放，做好标识。

（4）生产人员培训完成，具备生产设备操作能力，持证上岗。

（5）技术员、质安员对生产班组进行技术、质量、安全交底。

（二）预制加工

钢结构预制分原材料倒运、零件切割下料编号、零件制孔、零件组对、无损检测、零构件除锈防腐等工序。各预制加工环节，必须严格执行设计要求及标准规范。

1. 原材料倒运

根据预制加工需求，将原材料自摆放场地倒运至不同的加工工段。依据加工任务单倒运材料，避免乱用材料，提高工作效率。

2. 零件下料

零件下料分型钢和板材两种。型钢下料采用数控锯床切割。板材切割分火焰切割和剪板机剪切两种，厚度＞12mm 的钢板采用数控火焰机切割，厚度≤12mm 的钢板采用剪板机剪切。

钢材切割后，对切割面或剪切面用肉眼或放大镜、百分尺进行全数检查，应无裂纹、夹渣、分层和大于 1mm 的缺棱。

3. 零件制孔

采用钻孔机床进行机械钻孔，利用数控万能钻、数控平板钻控制精度。生产批量大，施钻方便，加工精度要求高。

加工工件采用工装夹具固定牢靠。多层钻模叠钻时，上下两平面应平行，偏差不得大于 0.2mm；钻孔套中心与钻模板平面应保持垂直，偏差不得大于 0.15mm。

4. 零件组对焊接

零件加工完成，编号后移交组对焊接班组。组对前，依据构件图核对零件的规格型号及数量，然后按零件编号提取组对零件，同时根据零件图核对零件尺寸。组对构件的允许偏差应符合设计和标准要求。

为控制焊接变形，焊接时尽量减少热输入量和减少填充金属，组焊结构应合理分配各个组焊单元，严格控制焊接顺序。

5. 焊缝无损检测

柱、梁的对接焊缝按设计和规范要求进行焊接检测。焊缝外观检查合格后，进行无损检测。

（三）除锈防腐

（1）零件组对焊接完成形成构件，构件焊缝检测合格后，方可进入除锈阶段。

（2）除锈构件放在抛丸机辊道上，操作抛丸机进行构件除锈。除锈等级必须符合设计及规范要求。

（3）构件除锈合格后进入涂漆工段。涂漆前应对被涂表面进行清理，将污物、浮尘清除干净，经检查合格后方可涂装。

（4）涂底漆前，组装符号、安装焊缝两侧各 100mm 范围内的构件表面、高强度螺栓的摩擦面和螺纹表面等特殊部位应加以保护，避免涂上油漆。

（5）涂装施工环境应通风良好，相对湿度不宜大于 80%。涂料种类、涂装遍数、涂层厚度应符合设计要求。

（6）防腐用涂料应根据设计文件或产品说明书要求配套使用。不同厂家、不同品种的涂料，不宜掺和使用。如掺和使用，必须经试验确定。

（7）涂装完毕后，在构件上重新标注构件原编号。大型构件应标明重量、重心位置、中心线和定位标记。

（四）防火涂料喷涂

根据设计蓝图要求，储气库钢结构表面外喷涂防火涂料，形成耐火隔热保护层，提高钢结构的耐火极限。这种方法施工简便、重量轻、耐火时间较长，而且不受钢构件几何形状限制。具有较好的经济性和实用性，应用广泛。

储气库钢结构主要使用两类防火涂料，一类是薄涂型防火涂料（B 类），即钢结构膨胀防火料；另一类是厚涂型涂料（H 类）。

1. 薄涂型防火涂料（B 类）

涂层厚度一般为 2 ~ 7mm。基料为有机树脂，有一定装饰效果，高温时膨胀增厚。耐火极限可达 1.5 ~ 2.5h。薄涂型钢结构防火涂料涂层薄、重量轻、抗振性好。

室内裸露钢结构、轻型屋盖钢结构，当规定其耐火极限在 1.5h 及以下时，选用薄涂型钢结构防火涂料。

2. 厚涂型涂料（H 类）

涂层厚度一般为 8 ~ 50mm，呈粒状面，主要成分为无机绝热材料，密度较小热导率低，耐火极限可达 0.5 ~ 3.0h。厚涂型钢结构防火涂料一般不燃、耐老化、耐久性可靠。

规定其耐火极限在 1.5h 以上时，选用厚涂型钢结构防火涂料。

3. 喷涂施工

钢结构除锈防腐合格后，进行防火涂料喷涂。防火涂料的涂装遍数和每遍涂装厚度要符合产品说明书的要求。操作间温度控制在 20~30℃之间。所有涂料在喷涂前和喷涂过程中，充分均匀搅拌。喷涂时，后一遍涂料必须在前一遍涂料干燥后进行，每一遍涂料均匀喷涂，各层必须结合牢固。施工图注明不涂层的部位和安装时联结的接触面应加以遮盖，以防污染。在喷涂过程中，受污染之处应及时清除干净。

4. 质量检查

外观检查：全面检查每一构件的防火涂层。涂层不应有误涂、漏涂，涂层应闭合无脱层、空鼓、明显凹陷、粉化松散和浮浆等外观缺陷，乳突应剔除。

厚度检测：按照构件数抽查 10%，且同类构件不应少于 3 件。

薄涂型防火涂料（B 类）采用涂层厚度测量仪检测，涂层厚度偏差为 –5%。

厚涂型涂料（H 类）采用测针（厚度测量仪，由针杆和可滑动的圆盘组成）检测，将测厚探针直接插入防火涂层直至基材表面上，记录标尺读数。钢结构梁、柱防火涂层厚度测定时，在构件长度内每隔 3m，取一截面进行检测。桁架结构的上弦、下弦每隔 3m，取一截面进行检测，其他腹杆每根取一截面检测。

三 钢结构安装

所有构件在工厂预制完成后，用平板拖车运输至施工现场，按构件的编号放置在预留堆放区域内。

安装主要工程量：钢柱安装、柱间支撑安装、钢梁安装、高强度螺栓安装、系杆、檩条安装等。安装过程中，采用 25t 吊车配合作业。

主要安装顺序：先安装有柱间支撑的两榀钢柱，随后安装柱间支撑。柱与柱形成排架后，安装钢架梁，并与抗风柱可靠连接，形成空间结构稳定体系。再依次安装其他钢架，最后安装屋盖系统。

为确保吊装作业安全、高效顺利完成，EPC 联合体成立了钢结构吊装 HSE、质量领导小组，负责整个钢构吊装质量及安全管理工作。

四 生产组织

根据整体工期和钢结构生产线预制情况，配置施工人力资源（表 4–4–2），制定进度计划（表 4–4–3）。

表 4-4-2　人力资源配置表

人

工种	人数	工种	人数
机组长	1	技术员	2
质检工程师	1	安全员	1
结构工程师	1	焊接工程师	1
起重工	2	电焊工	2
电工	1	铆工	2
涂装工	2		
合计	16		

表 4-4-3　预制施工进度计划表

序号	名称	编号	规格	出图时间	完成时间
1	水平支撑	SC1–SC10	L75×5		
2	系杆	XG1–XG7	ϕ114×5		
3	刚架柱	GJ–1	HM390×300×10×16		
4	刚架柱	GJ–1	HM550×200×10×16		
5	刚架柱	GJ–1	HM450×200×9×14		
6	抗风柱	KFZ	HM390×300×10×16		
7	柱间支撑	ZC1–ZC7	2L100×6		
8	系杆	XG–XG3.XG5	ϕ114×5		
9	屋面隅撑	WYC1	L63×5		
10	屋面条	LT1–LT2	C180×70×20×2.5		
11	屋面斜拉条	WXL	ϕ12		
12	屋面拉条	WLT	ϕ12		
13	屋面支撑	WCG	ϕ12+ϕ32×3		
14	隅撑	QYC	L63×5		
15	墙	QL	C180×70×20×2.5		
16	斜拉条	QXL	ϕ12		
17	直拉条	QLT	ϕ12		
18	撑杆	QCG	ϕ12，套管 ϕ32×2.5		
19	墙面门柱	QMZ	2［18		
20	墙面门梁	QML	［18		

五　现场管理要点

（1）安排专人负责生产进度管理，深入施工现场督促进度，协调各专业之间的交叉作业，协调施工人员、设备及时到场，要求加班加点加快施工进度，保证工程按期完工。

（2）完善各设备及工序的安全操作规程，配备专职安全检查员随时检查，发现问题立即整改，并定期组织安全大检查。重要工序和危险工序施工前，必须进行安全技术交底，必要时制定切实可行的安全技术措施。

（3）预制前，对作业班组进行技术交底，明确三级质量控制点及关键工序。使作业层了解规范，熟悉图纸和施工方案。

（4）贯彻执行质量体系标准，加强过程控制，每周组织质量大检查，纠正不合格项，否则不得进行下道工序。对于多发性的不合格项，制定纠正预防措施。专职质检员巡视检查，发现问题责令作业组立即改正。

（5）钢构件出厂前编号应准确无误，标志应清晰，且不易磨损。

钢结构工厂化预制生产现场见图 4–4–8。

图 4-4-8　钢结构工厂化预制生产

六　钢结构预制效果分析

（1）由于钢结构主体构件进行工厂化预制，再运抵现场组装，现场施工作业面占地小。现场土建施工与钢构件预制是平行作业，从而大大地缩短现场施工工期。钢构件施工原计划 37 天，通过工厂化预制、现场模块化组装，缩短至 17 天完成。

（2）经济效益得到提升，平均节省人工成本 1500 元 / 天，累计节省 20 天 ×1500 元 / 天 =30000 元。减少吊车台班用量，降低项目机械费用，节省 25t 吊车 20 个台班，费用 20 天 ×1500 元 / 天 =30000 元。

（3）总结形成《储气库大跨度轻型门式刚架结构厂房施工工法》1 项，取得良好的社会效益。

（4）在预制过程中，采用自动切割机、型钢组立机、龙门式焊接机等自动化机械设备，提高预制质量，增加预制精度。

压缩机房钢结构现场安装见图 4-4-9，完工后的压缩机和空冷器厂房见图 4-4-10。

图 4-4-9　压缩机房钢结构安装

图 4-4-10　完工的压缩机和空冷器厂房

第五章

储气库机械化作业与模块化施工

机械化作业是利用性能优越先进的机械设备，逐步实现机械化换人、机器人作业、自动化减人的目的，从而达到提高效率、降低成本、保障质量的目标，是实现模块化施工的重要措施。在储气库建设中，机械化作业主要分为储气库管线自动焊接、压缩机推移就位、放空火炬吊装三个部分。

模块化施工是在工厂化预制的基础上，利用大型模块组装技术进行模块组件的现场安装，通过预制和并行作业，达到有效缩短工期，节约占地、降低成本的目标，是标准化设计和工厂化预制的落脚点。在储气库建设中，模块化施工主要是将橇块整体或者分层级拉运到施工现场后，进行组装施工。

第一节　储气库管线自动焊

一　概述

储气库管线自动焊接技术主要是在站外输气管道、站内工艺管道工程进行实践应用，管道最大设计压力 56MPa，管材强度高。采用的自动焊工艺为钨极氩弧焊（GTAW）+ 气保护药芯焊丝电弧自动焊（FCAW–G）。本节以文 13 西储气库为例，针对管线自动焊的管道材质、焊接工艺、资源配置、工艺要点等内容进行介绍。

（一）管道材质

站外输气管道材质为 L415Q、L450M；站内工艺管道材质为 L415Q、L450M、Q345E、Q345D、20#、06Cr19Ni10 等，具体见表 5–1–1。

（二）焊接特点分析

1. 站外输气管道焊接

（1）位于油区，地下管线多，部分管段需要进行沟下焊接。

（2）多管同沟，焊接空间受限。

（3）管径种类多（*DN*50～500），壁厚最大 36mm，焊接层道数控制要求严。

（4）设计压力高，焊缝质量要求高。

表 5-1-1 储气库工程主要材质明细表

序号	施工部位	材质	母材类组别
1	站外输气管道	L415Q	Fe-1-2
2		L450M	Fe-1-3
3	站内工艺管道	L415Q	Fe-1-2
4		L450M	Fe-1-3
5		Q345E	Fe-1-2
6		Q345D	Fe-1-2
7		06Cr19Ni10	Fe-8-1
8		20#	Fe-1-1

2. 注采站及井场（单井、丛式）管线焊接

（1）管件种类较多，现场焊接质量管理难度较大

母材、管径类别较多，井场、注采站时径数自 1000 吋径至 20000 吋径不等，材质主要有 L450M、L415M 等十几种，焊接工艺，焊接材料类型较多，现场质量管控难度较大。

（2）管件几何尺寸偏差较大，极大影响组焊质量

部分管件几何尺寸偏差虽然在制造规范允许范围内，但是偏差较大。当管件与工艺管道或阀门焊接连接时，由于制造偏差大，组对焊口时错边超标，影响组焊质量。部分管件与钢管组对由于错边量大，导致环向焊接接头的壁厚不均匀 ，出现壁厚不满足强度计算的情况，存在不安全隐患。

（3）管件不等壁厚对组焊质量影响大

管件（弯头、三通、大小头、管帽等）一般壁厚都大于与之组对的工艺管道厚度，造成管道内壁直径大于管件直径。管道与管件组对时，产生内错边超标，焊接时增加根部出现焊接缺陷的机率，加大焊接难度，造成焊缝应力集中，降低焊接质量。

（4）管材、管件厚度大，焊接应力大。

二 焊接工艺

1. 工艺策划

根据储气库建设的材质及质量要求，制作并形成焊接工艺评定报告 34 项，其中自动焊 5 项，半自动焊 4 项，有效保证储气库焊接工艺需要。

储气库管道设计压力高，管材壁厚大，焊缝质量要求高，压缩机组对管道内清洁度要求高，且工期紧。自动焊具有劳动强度低、焊接一次合格率高、焊缝综合机械性能优良、工艺性能稳定等优势，可最大程度地减少人为因素对焊缝质量的影响，从而提高项目建设、

运行的安全性和可靠性。因此建设过程中，站内工艺管道（图 5-1-1）、站外输气管道选用钨极氩弧焊（GTAW）+气保护药芯焊丝电弧自动焊（FCAW-G）技术，以满足焊接质量和施工工期的要求。

图 5-1-1　站内工艺管道

2. 资源配置

现场自动焊接选用安意源焊接系统（图 5-1-2）和 A305 单焊炬焊接系统（图 5-1-3）。

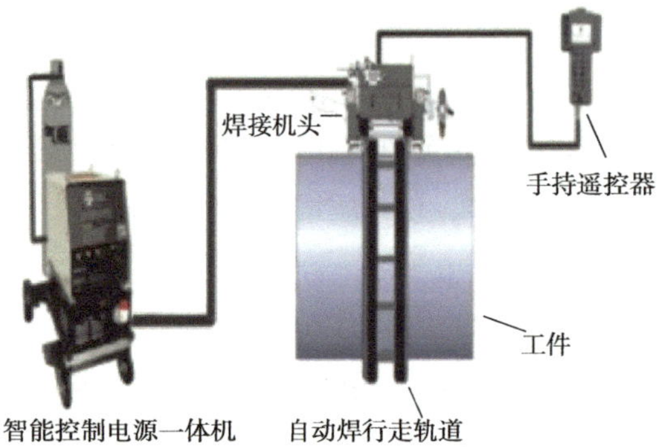

图 5-1-2　安意源焊接系统

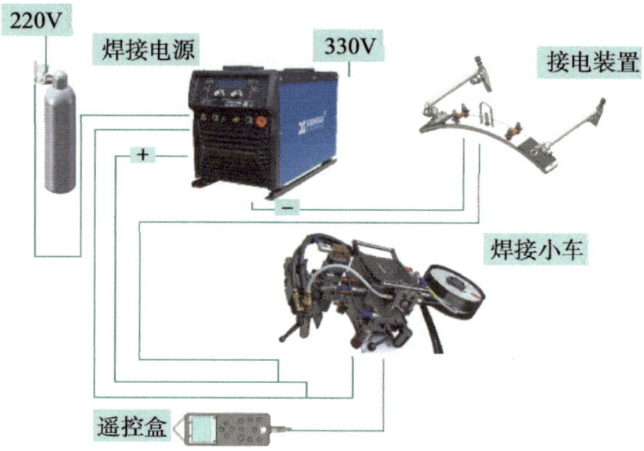

图 5-1-3　A305 单焊炬焊接系统

根据焊接工艺策划现场设备资源配置如表 5-1-2 所示。

表 5-1-2　主要设备资源配置表

序号	种类	规格	数量	说 明
1	安意源焊接系统	*DN*300	1 套	
2	A305 焊接系统	*DN*300	2 套	
3	电加热器	80kW	1 套	
4	焊机轨道	*DN*150～350	各 2 条	1 用 1 备
5	自动坡口机	LCSF-377	1 台	
6	防风棚		1 个	密封性良好
7	混合气体检测仪	MS104K 便携式	1 台	气体比例检测仪

三 自动焊工艺要点

1. 管口组对

（1）根据管径优先采用内对口器组对，对口器不能在钢管内表面留下刻痕、磨痕和油污。

（2）无法采用内对口器的管道，采用外对口器或定位焊进行钢管组对。

（3）采用自动焊，管端两侧各 150mm 范围内，内、外制管焊缝（如螺旋焊缝、直焊缝）采用机械方法修磨至与母材平齐，且与母材圆滑过渡，以满足管口组对和自动超声检测的要求。修磨过程中若伤及到母材，测量打磨处母材的厚度，剩余壁厚不小于钢管标准壁厚的 95%。

（4）使用轨道定位器辅助进行焊接小车轨道的安装，确保焊炬在整个管周对准焊接坡口中心。

2. 预热、道间温度及焊后缓冷

（1）环境温度在 5℃以上时，预热宽度为坡口两侧各 50mm。

（2）环境温度低于 5℃时，采用感应加热或电加热的方法进行管口预热，预热宽度为坡口两侧各 75mm。在防风棚内进行焊接作业，采取保温措施保证道间温度。在组对和焊接过程中，焊口温度冷却至焊接工艺规程要求的最低温度以下时，重新加热至要求温度。焊后采取缓冷措施，避免焊口温度骤降。

（3）预热后清除表面污垢。在距管口 25mm 处的圆周上均匀测量预热温度，保证预热温度均匀。预热时不应破坏钢管的防腐层。

3. 对口器撤离

（1）正在施焊的钢管要处于稳定的状态。

（2）使用内对口器时，根焊道全部焊接完成后，方可撤离内对口器。若根部焊道承受敷设应力比正常情况高，且有可能发生裂纹，在完成热焊道后撤离内对口器。

（3）使用外对口器时，保证根焊道均匀对称完成 50% 以上后撤离。对口支撑和吊具则应在根焊道全部完成后，方可撤除。

4. 焊接

（1）焊接设备启动前，检查设备、指示仪表、开关位置和电源极性。在正式焊接前，在试件上进行焊接工艺参数调试。不得在坡口以外的管表面上起弧。

（2）管子焊接时，防止管内空气流速过快。不等壁厚、连头口应连续焊接完成，每层自动焊焊道的厚度不超过 3mm。

（3）施焊时，保证焊道间温度达到规定的要求。相邻焊道的起弧或收弧处相互错开。焊接前每个引弧点和接头应修磨。在前一焊道全部完成后，再开始下一焊道的焊接。

（4）焊接时若发现偏吹、表面气孔或其他不正常现象，立即停止焊接，修磨接头后继续施焊。

（5）为保证盖面焊的良好成型，填充焊道宜填充（或修磨）至距离管外表面 1~2mm 处。根据填充情况，在立焊部位增加立填焊。盖面焊缝为排焊时，后续焊道至少覆盖前一焊道 1/3 宽。储气库管道自动焊焊接见图 5-1-4。

图 5-1-4　管道自动焊焊接

（6）坡口和每层焊道上的锈皮和焊渣，在下一步焊接前清除干净。焊接下一焊道前，用砂轮磨除已完成焊道表面的熔渣、密集气孔、引弧点高凸处。焊口完成后，将接头表面的熔渣、飞溅物等清除干净。

（7）焊接过程中发现的缺陷立即清理修补。修补过程中控制焊道间温度。自动焊每处修补长度大于 100mm。若相邻两修补处的距离小于 50mm，按一处缺陷进行修补。

5. 检查验收

（1）焊缝外观成形均匀一致，焊缝宽度比外表面坡口宽度每侧增加 1.0~2.0mm。

（2）焊缝余高不低于母材表面，并与母材圆滑过渡。焊缝余高不大于 2mm，局部不大于 3mm 的连续长度不大于 50mm。当焊缝余高超高时，进行打磨，修磨时不应伤及母材。修磨过程中若伤及母材，测量打磨处母材的厚度，剩余壁厚不小于钢管标准壁厚的 95%。

（3）盖面焊缝为排焊时，相邻焊道间的沟槽底部高于母材，焊道间的沟槽深度（焊道与相邻沟槽的高度差）不超过 1.0mm。焊缝表面鱼鳞纹的余高和深度符合排焊的沟槽要求。

（4）焊缝外观检测合格后，按标准规范和设计要求进行无损检测。无损检测主要采用 RT、UT、MT、PT、TOFD 五种方式，无损检测合格后进入下一道工序施工。

6. 其他要求

（1）焊工按照规定进行考核，取得相应的自动焊资格。焊工所从事工作范围与资格证书相符。加强焊接人员原件资质审核、网上核验，严把人员入场关。

（2）损坏或变质迹象的焊接材料不能用于焊接，剩余的焊材不能随意丢弃，由专人负责回收，集中处理。拆除包装的焊丝连续用完，受潮、生锈的焊丝不能使用。

（3）当日未使用完的自动焊焊丝可不从送丝机上拆除，但要采取防雨、防潮措施。次日焊接时，去除至少 2m 长焊丝后，方可进行焊接。

四　应用效果及建议

（1）在现场焊接中，以 L415Q 材质 ϕ273×32.5mm 钢管组合自动焊接与半自动焊相比，实际综合工效提升 15%。

（2）在橇块的工厂化预制过程中，*DN*100 以上管道采用全自动焊的焊接工艺。管道预制生产线配置的全自动焊机能够实现氩弧焊、气体保护焊及埋弧焊的全自动焊接。两台全自动焊机两名操作工人焊接工效为 300 吋径 /8h，焊道成型美观，焊接合格率达到 99% 以上。

（3）建议加大应用小管径自动焊设备，同时对管径≥ *DN*300，壁厚≥ 10mm 的管线加大自动焊的应用比例，推动储气库建设向全自动焊方向发展。

第二节 压缩机推移就位

压缩机作为储气库建设的核心设备，采用传统的吊装方式不能满足工程施工要求，需调整施工工序，采用新型就位设备进行施工。根据现场查看和技术论证，压缩机吊装采用液压顶推平移方式进行设备卸车、就位。本节重点对压缩机推移就位进行介绍。

一 液压顶推平移施工介绍

液压顶升平移推进系统主要由液压顶升推进装置、枕木及导轨三部分组成。液压顶升推进装置主要由液压油泵站、分离式液压千斤顶、在轨推进器和推进杆组成。通过操作液压泵站使液压千斤顶同步顶起设备，将导轨铺设在设备本体下方，人工操作在轨推进器推送设备，将设备推送到基础上方。

1. 工艺原理

通过装有快接接头的两根液压油管（进、回油管路），将液压油泵站与液压千斤顶连接，操作启 / 停按钮，控制液压泵站换向阀液压油将压力输出，液压千斤顶同步顶起设备。将导轨铺设在设备钢制底座的下方，并在导轨上架设在轨推进器，推移设备至基础上，再用液压千斤顶同步顶起设备，将导轨抽出，操作液压泵站将设备降落在基础上。

2. 工艺特点

利用滑动摩擦的原理，在受限空间条件下，采用轨道式液压顶升推进系统对大（重）型设备进行整体平移就位。适用于空间条件受限，吊装能力难以满足需要，但能够提供组装场地，且设备基础较低的室内大型设备就位施工。具有无需拆除房屋承重结构、稳定可靠、效率高的优点。

二 压缩机卸车

（1）根据施工现场实际情况，压缩机房钢结构预留一侧钢结构框架柱暂时不安装，作为压缩机推移进入室内的场地。压缩机推移就位完毕后，再安装该侧钢结构。

（2）运输压缩机的拖车进入现场指定位置，暂不卸车，将压缩机辅助设备零配件拆下存放。压缩机本体在拖车上进行检查验收。

（3）监理单位组织业主、相关参建单位共同对压缩机进行全面验收。验收中发现的制造和运输损伤、缺件等瑕疵，详细记录在设备开箱记录表内，由验收人员共同签认。清点压缩机随机文件资料，妥善保管。缺陷部件、缺件明细及时反馈到业主供应部门和制造厂家。

（4）压缩机验收合格后，组织施工人员进行卸车。采用液压顶推平移系统进行卸车。

（5）压缩机橇装底座焊接支撑耳。由于压缩机橇装底座为 H 型钢，没有安置液压顶升装置的位置，需在靠近吊耳焊接部位处的橇底座 H 型钢翼缘板外侧，焊接 4 处支撑耳，并在支撑耳下部及其 H 型钢内侧对称的部位焊接加强肋，以保证千斤顶顶升时受力均匀，不会变形。支撑耳采用 δ=30mm 钢板制作，手工电弧焊，焊条选用 E4315，焊接方式执行《钢结构焊接工艺评定报告 PQR–W23CQK–GJG–012》。加强肋与钢板和型钢的角焊缝，焊脚高度 6mm。

支撑耳的安装尺寸及安装位置见图 5–2–1。

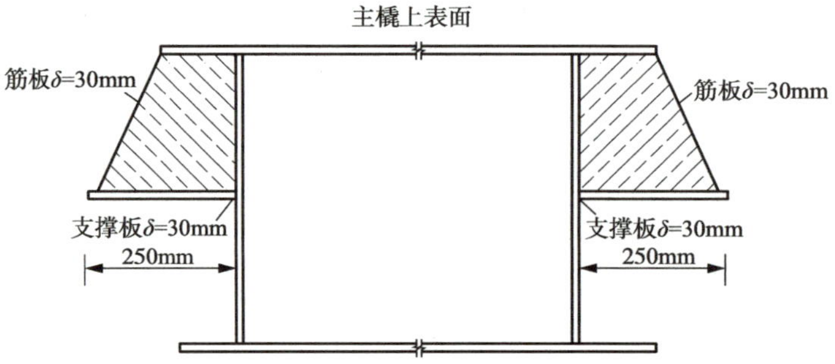

图 5-2-1　支撑耳的安装尺寸和安装位置图

（6）拖车一侧用枕木搭设 3 座平台，平台分别布置在设备卸车一侧的前、中、后 3 个位置，搭设高度与运输车一致。搭设方法为：在桥排上用 0.2m 高枕木垂直于拖车方向并排紧挨放置 4 根，距离拖车 2m；然后依次交叉方向继续向上搭设枕木，直到搭设后的枕木平台高度与拖车上表面一致，枕木平台尺寸为长 2.5m × 宽 1m，如图 5–2–2 所示。

（7）分别在 4 个支撑点用液压顶升设备依次将压缩机顶升（图 5–2–3），顶至高出枕木平台 200mm（导轨高度），然后插入导轨（图 5–2–4），并放置滑靴（图 5–2–5），将压缩机落在导轨上。在导轨上安装液压推进器，用推进器将压缩机送至枕木平台。

（8）在压缩机前后位置，用 4 套液压顶升装置同时顶起压缩机，抽出前后导轨，并依次慢慢将压缩机落至于枕木平台，拖车开走。卸车过程派专人统一指挥，动作缓慢，步调一致，保证压缩机卸车平稳。压缩机卸车完成见图 5–2–6。

图 5-2-2　搭设卸车平台

图 5-2-3　顶升

图 5-2-4　铺设导轨、安装推移机

图 5-2-5　安装滑靴

图 5-2-6　压缩机卸车完成

三　压缩机推移就位工艺要点

（一）导轨铺设

（1）自卸车区域至压缩机基础上方铺设 2 条重型导轨，导轨规格为 50kg/m，采用 6.5m/根的重轨连接。根据每台压缩机底座的加强筋来定位 2 根导轨的摆放间距，以便保证压缩机推移安全顺利进行。2 条重型导轨分别与卸车区域枕木上的导轨相连接，前后两个导轨的搭接点长度不得小于300mm，搭接点需用锚栓连接固定。待压缩机推送到压缩机基础上时，将前段导轨拆卸、取出，继续向前铺设。通过接力方式将压缩机继续向基础方向推进。导轨铺设方式见图5-2-7。

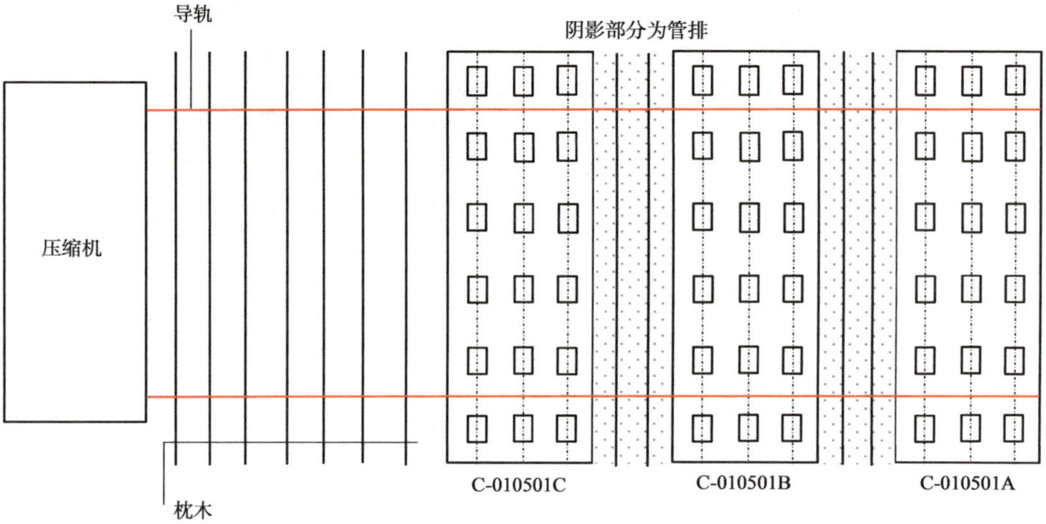

图5-2-7 压缩机至基础处导轨铺设方式

（2）由于压缩机基础采用预留地脚螺栓孔的方式与设备底座连接固定，因此导轨在每台压缩机基础上铺设时，避开地脚螺栓的位置进行铺设。在推移就位过程中布置2条轨道，平行敷设，横向间距为3.5m，轨道间距偏差应不大于2mm，顶面水平度偏差应不大于2mm/m。根据压缩机基础图及压缩机制造图，确定导轨的铺设位置。

（二）推移与调整

（1）本工程采用推移机型号为TYJ16–60，最大工作负荷160 t，负荷率如表5–2–1所示。

表5-2-1 推移机负荷率一览表

推移机最大工作负荷	机组质量	负荷率	备注
160t	87.5t	54%	

（2）在轨道上放置滑靴，并在轨道顶面及滑靴的接触面上，涂抹少许润滑油脂（但要避免粘在钳口铁和重轨的接触面上，以免此作用面上的摩擦系数降低、夹紧力减少）以降低摩擦系数。

（3）将压缩机底座置于滑靴上。

（4）将液压夹紧钳钳口自轨道的一端套进，用长、短销将夹紧钳、推移油缸和主动滑靴连接。

（5）将推移机的高压软管与液压油泵站快速接头连接，接通油泵电源即可开始进行推移作业：拨动换向阀对无杆腔供油（此时有杆腔回油）可完成夹紧－推移动作。当推移到行程上限时，再次拨动换向阀对有杆腔供油（此时无杆腔回油）可完成松弛－回缩动作。

（6）推移工作进行中，必须实时监测导轨的偏移情况，监控压缩机与导轨之间是否有相对滑移，并及时调整。由于两套推移机初始工作压力不相同，需仔细观察每台推移机接触压缩机组时的细微变化，注视机组从静止到滑动瞬间泵站上的压力值，并进行调整。

（三）就位与拆除工装

（1）推移机将压缩机推移到指定位置时，检查并调整好每一条地脚螺栓所对准的地脚螺栓孔，采用 4 台 50t 电动同步低位液压爪式千斤顶将压缩机顶升抬起。同步液压爪式千斤顶布置在机组底座上吊耳的相应位置，其负荷率见表 5–2–2。

表 5-2-2　电动同步低位液压爪式千斤顶负荷率表

推移机最大工作负荷	机组质量	负荷率	备注
200t	87.5t	43%	

（2）当压缩机底座离开轨道顶部大约 2cm 时，在每条地脚螺栓旁调整顶丝的另一侧，用临时垫铁进行支撑稳固，然后拆除轨道及其他附件。

（3）拆除完毕，撤离部分临时垫铁，4 台同步低位液压爪式千斤顶缓慢回落，实时观测检查地脚螺栓与压缩机地脚螺栓孔的通过情况。

（4）压缩机底座回落到距离基础顶面约 50mm 位置时，采用 4 台 LSSC20–12 型超薄型液压千斤顶替换爪式千斤顶，临时垫铁分布在地脚螺栓两侧。此时爪式千斤顶继续回落，直至压缩机完全落到临时垫铁之上。至此，压缩机组就位完成。

四　应用效果及建议

采用液压顶推平移就位施工方法解决了工期紧急，压缩机不能及时到场，压缩机房主体施工完，压缩机进入室内的难题。利用顶推平移就位压缩机，对压缩机厂房的工期影响小，可加快施工进度，提高施工效率，保障施工工期。建议在今后的工程施工中，整体拆除室内大型设备、室内就位大型新设备时，采用顶推平移施工法安全方便效率高，具有较高的推广价值。

第三节　放空火炬吊装

储气库包含多种设备，其中放空火炬是典型的特殊设备，采用钢结构塔架式形式作为框架，火炬筒体安装在塔架中间，火炬设计高度在 70 ~ 90m 之间，存在体积较大，工作全部为高空作业，高空吊装、组装难度大等特点。以卫 11 储气库为例，本节重点对火炬吊装进行介绍。

一　放空火炬介绍

（一）火炬塔架组成

储气库放空火炬由塔架、火炬筒体、火炬燃烧器、电仪控制系统、附体管网等组成。塔架一侧设带保护圈的爬梯一座，爬梯中间设有 7 个休息台，在标高 +69.0m、+73.0m 处设置安全平台。

火炬塔架总高度 73m，根开 12m，质量 31.463t，塔架为正三边形管式结构。主火炬筒体外径 ϕ610，顶部标高为 73m，质量 9.74t。火炬燃烧器外径 ϕ610，高度为 3m，质量 0.6t，顶部标高 76m。火炬总排放高度 76m。

（二）塔架材料

塔柱、横杆、刚性斜杆及刚性横杆采用 20# 无缝钢管，钢板采用 Q235B。其他型钢采用 Q235B，销轴采用调质 45 钢。

（三）塔架构件连接

塔柱、横杆、刚性斜杆及刚性横隔均采用法兰连接。柔性拉杆通过销轴连接。爬梯、平台均采用螺栓连接。钢管相交处焊接空间相贯线剖口焊接，其他构件的连接未注明的均为焊接。

二　吊装方案策划

塔架总高度偏高，重量较重，安装周期紧。综合考虑场地、机具、人员和安装安全等因素，火炬塔架采用正装工法拼装，分段预制组装，分段吊装安装。依据设计图纸精心核算分段，火炬塔架采用工厂预制，分部件、分段现场组装；火炬筒体采用工厂分段预制，现场组对焊接及防腐。

塔架和筒体逐段按照塔架、筒体及架筒合体分段顺序吊装。

（一）火炬分段

根据起重设备吊装能力和设计图纸，将火炬合理分段，精心核算每段火炬塔架预制、吊装参数。火炬分段参数见表 5-3-1。

表 5-3-1 火炬分段参数表

名称	种类	吊装顺序	构件高度 /m	塔架质量 /t	筒体质量 /t	总质量 /t
第一段	塔架	①	22.0（0.5 ~ 22.0）	16.5	—	16.5
	筒体	②	22.0（0.5 ~ 22.0）	—	2.84	2.84
第二段	合体	③	52.0（22.0 ~ 52.0）	11.1	4	15.1
第三段	合体	④	73.0（52.0 ~ 73.0）	5.1	2.9	8

（二）分段预制现场部署

根据火炬塔架高度以及现场情况，火炬塔架预组装成 3 个部分，组装区域及位置示意图见图 5-3-1，现场施工见图 5-3-2。

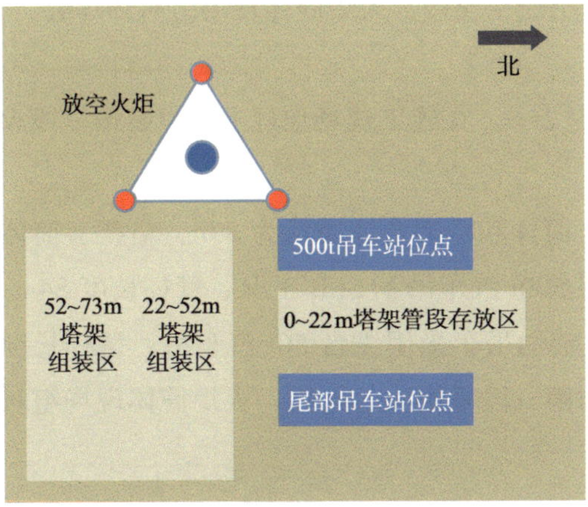

图 5-3-1 组装区域及现场布置示意图

图 5-3-2 现场安装图

（三）塔架安装要求

（1）主体结构的整体垂直度：≤（H/1500）mm，且不应大于 60.0mm。

（2）火炬塔架总高度：± 50mm。

（四）其他

塔架吊装采用吊带穿过横梁与立柱节点的方法吊装，不另行设置吊耳。

三 火炬组装顺序

（1）第一段塔架安装

第一段塔架为标高 +0.5 ~ +22.0m，垂直长度 21.5m，采用汽车吊散装。由于单件（杆件）质量未超过 1t，采用 QY30t 吊车辅助完成第一段塔架的塔柱、横杆、钢性斜杆及柔性拉杆的安装。

用 QY30t 吊车直接将单根塔柱吊装就位在基础上，3 根塔柱吊装完成后，依次完成塔架横杆、刚性斜杆及柔性拉杆的安装。第一段火炬塔架组装完毕后，安装第一段火炬筒体，筒体分 2 节依次安装，现场组对环焊缝。

（2）第二段火炬吊装

第二段火炬标高为 +22.0 ~ +52.0m，垂直长度 30m。在施工现场地坪上，组装第二段火炬塔架、筒体和附件，组装完毕后进行整体吊装。

第一段火炬安装完成后，吊装第二段火炬。筒体和塔架合体质量为 15.1t，筒体及塔架同时吊装。经过严谨计算，主吊车选用 500t 汽车吊车 HB 工况，臂杆长度 68.1m，工作幅度 20m，加配重 135t，起重量为 30t；辅助吊车选用 1 台 QY50t 汽车吊，臂杆长度 15m，工作半径 12m，起重量为 12.2t。第二段和第一段采用法兰连接，火炬筒体现场组对环焊缝。

（3）第三段火炬吊装

第三段火炬标高为 +52.0 ~ +73.0m，垂直长度 21m。在施工现场地坪上，组装第三段火炬塔架、筒体和附件，组装完毕后进行整体吊装。

第二段火炬安装完成后，吊装第三段火炬。筒体和塔架合体质量为 8.0t，塔架、筒体和火炬头同时吊装。经过严谨计算，主吊车选用 500t 汽车吊车 SLB 工况，臂杆长度 84m，工作幅度 22m，加配重 135t，起重量为 16.8t；辅助吊车采用 1 台 50t 汽车吊，臂杆长度 18.8 米，工作半径 12m，起重量为 8t。第三段和第二段采用法兰连接，火炬筒体现场组对环焊缝。

火炬分段吊装见图 5-3-3。

四 吊装的一般要求

（1）设备吊装前，必须检查吊装机具的实际机械性能，确认吊车能力、吊索强度是否满足需要，防止出现过载现象。

（2）吊装前应由现场指挥人员、技术人员、生产负责人、现场监理等，对作业条件共同检查确认后，才能进行吊装。

（3）设备进入现场前，必须根据吊装方案确认摆放位置和方位，确保其摆放位置在吊车有效作业半径内。设备卸车时，根据实际情况加垫枕木等，防止设备法兰口着地。

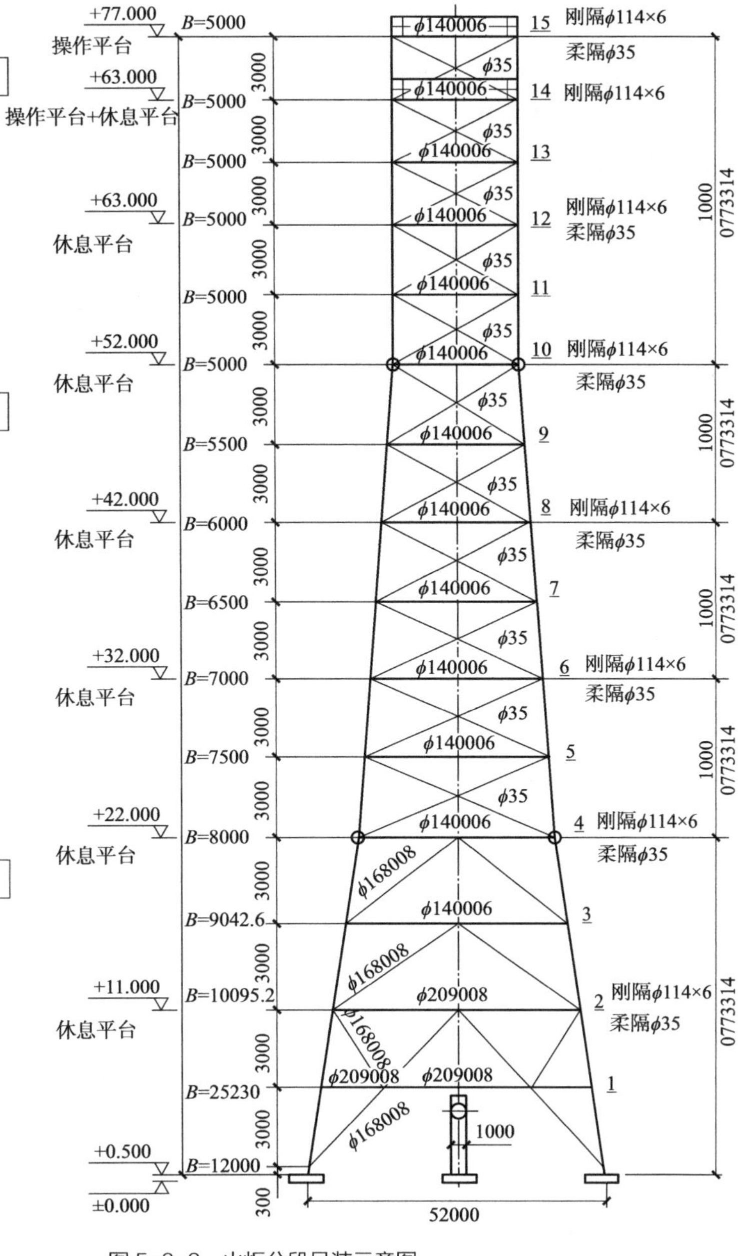

图 5-3-3 火炬分段吊装示意图

（4）设备吊装前，设备基础必须向监理进行报检，由监理组织检查验收合格后，在基础表面作出清晰的标高基准线和中心线标记。设备基础上表面临时摆放几组调整垫铁，垫铁组上表面标高应为设备底座下表面安装标高。临时垫铁的摆放位置应能确保设备就位后保持稳定。

（5）设备吊装前，施工单位制定的吊装方案已经业主和监理审批合格。吊装时严格按照吊装方案进行。现场吊装应通知 HSE 部门进行现场监督。技术人员必须对设备的安装方位进行检查确认，并做好标记，防止出错。

（6）设备吊装时，作业区域应拉设警戒线，无关人员禁止进入。设备起吊时，要先进行试吊，在设备离地约 200 ~ 300mm 后，重新着地，检查确认一切正常后，再正式起吊。吊装过程必须听从专人指挥。

现场火炬分段吊装见图 5-3-4。

图 5-3-4　现场火炬分段吊装

五　应用效果

针对由火炬塔架和筒体组装成的高空放空火炬，采用分段预制、分段组装的方法，将大量组装工作放在地面，有效提高施工质量，提高工作效率，缩短约 1 个月的施工时间，减少高空作业，降低施工安全风险。在地面分段组装火炬塔架和筒体，最大程度地减少大型吊车的投入、减少施工辅材的用量，可大幅降低施工成本支出。

第四节　储气库模块化施工

储气库建设积极推进模块化施工理念，模块化施工作为项目关键路线，根据总体统筹进度计划组织开展模块设计、模块设备材料供应、模块预制加工、现场组装等工作，加快储气库整体施工进度。以卫 11 储气库为例，本节重点对将橇块整体或者分层级拉运到施工现场后进行组装施工进行介绍。

一　主要工程量

卫 11 储气库各类模块 38 个，其中有 12 个模块为双层橇块，模块名称以及规格尺寸见表 5-4-1。

表 5-4-1 双层橇块明细表

序号	橇块名称	橇块尺寸（长 × 宽 × 高）/（mm × mm × mm）	橇块质量 /t	数量 / 座	层数
1	进站过滤分离子模块	17000 × 4000 × 6000	50	2	双层
2	采气脱水分离子模块	17000 × 4000 × 6000	55	2	双层
3	进出站阀组子模块	17000 × 4000 × 6000	35	2	双层
4	采气进站阀组子模块	17000 × 4000 × 6000	50	2	双层
5	进站分离子模块	14000 × 4000 × 6000	90	4	双层
合计				12	

二 模块化设备组装特点

储气库工艺系统采用单体、双层橇块组装而成，其中双层橇块分解成上、下两层，整体运输高度控制在 5.0m 以下，外形尺寸满足运输条件，拉运至现场。在现场采用螺栓将分体橇块快速组装成具备独立功能的系统单元。

三 现场模块化施工

（一）现场模块组装流程

现场模块化组装流程见图 5-4-1。

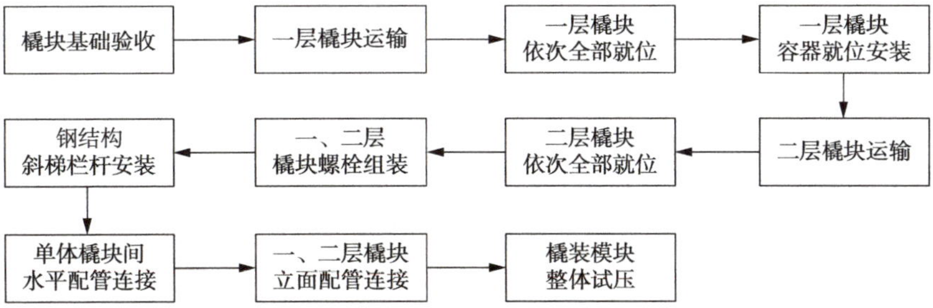

图 5-4-1 现场模块化组装流程图

（二）现场组装

1. 施工准备

（1）施工前开展技术交底，组织施工人员熟悉橇块图纸和有关技术文件。

（2）橇块拉运到场后，组织橇块现场联合验收，逐项检查橇块制造质量，核查橇块附件数量，清点随机技术资料，并做好记录。

（3）组织橇块基础联合验收，依据标准规范验收逐个基础检查验收，并做好记录。

（4）核查橇块现场施工条件，及时完善各项准备工作。

2. 进场线路及卸车顺序

（1）根据卫 11 储气库站内平面布置图，综合考虑橇块到货时间、进场道路条件、停卸车位置等因素，确定橇块进场路线和就位方案。

（2）卸车就位顺序：在拖车停靠处，橇块基础南侧卸车；橇块卸车后，拖车向西右转行驶，沿出厂路线驶出储气库。根据橇块到货情况，就位顺序如图 5–4–2 所示。

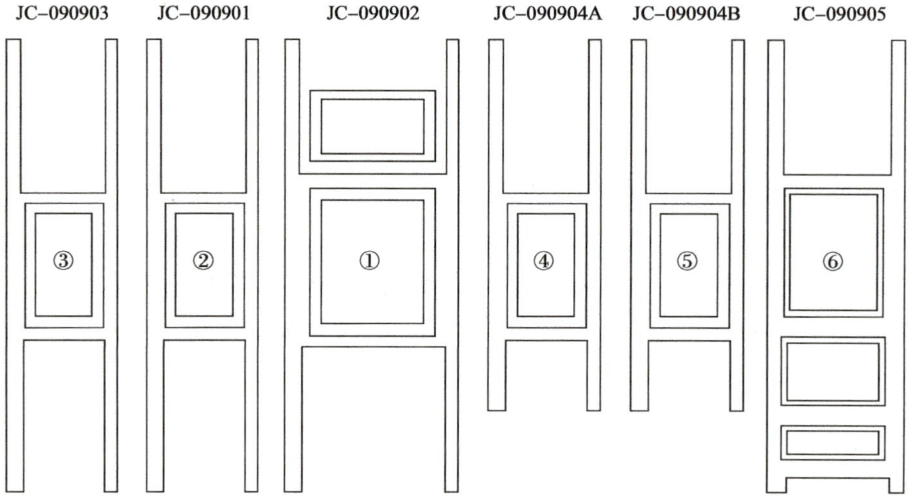

图 5-4-2　橇块就位顺序图

3. 现场准备

做好进场线路清障和地面处理工作。橇块基础地脚螺栓采用预留螺栓孔的方式安装。在吊装前，将预留孔清理干净。吊装时，先将橇块吊到基础上方，然后将地脚螺栓安装在橇底座螺栓孔位置，随后再将橇块降至设备基础上。

4. 吊装设备选择

根据橇块和容器外形尺寸、质量、现场条件，对吊装用吊车、钢丝绳、平衡梁、卸扣进行计算选型，确定具体参数，提前准备好吊装用的吊索具。

5. 橇块就位安装

起重吊车依据橇块施工平面图就位，就位后测量吊车位置，应在要求回转半径之内。基础垫铁摆放确认合格后，进行橇块试吊。吊装时缓慢起吊，按起重工手势或信号操作吊车，起吊过程中设专人监视钢丝绳的垂直情况，及时用信号传给起重指挥。橇块吊装见图 5–4–3。

第一层橇块就位前，离基础顶面 500mm 时，穿入地脚螺栓，拧入螺母。橇块下降时，派专人监控每处螺栓穿入预留孔，将橇块缓慢下降，同时基本对正基础中心。按图纸再次校对核实橇块附件方向无误后，校正底座上的螺栓，对中基础上地脚螺栓孔，直到每个螺栓孔对齐，保证垂直下降都不碰及地脚螺栓孔壁，吊车缓放橇块就位。采用水准仪进行找正找平，用斜铁找正，垫点间距≤ 500mm，并尽量靠近地脚螺栓，楔实斜面垫铁，水准仪

图 5-4-3　橇块吊装

观测合格。

第一层橇块就位完毕后，对第一层橇块内的容器进行就位安装。

第二层橇块按照就位顺序图与第一层橇块采用螺栓依次进行组装。橇块组装时，根据高度利用活动脚手架辅助施工。第二层橇块就位见图 5-4-4。

图 5-4-4　第二层橇块就位

现场组焊各橇块之间的水平管道。橇块组装后整体效果见图 5-4-5。

图 5-4-5　橇块组装后整体效果

四 应用效果

（1）现场土建施工与工厂模块制造同步进行，缩短建设工期。在预制工厂内完成模块制造，不受天气和场地条件等因素制约，对比在施工现场组焊安装的传统施工模式，减少约 40% 施工工期。

（2）在预制工厂，依托预制生产线完成管道组对、焊接等工序，焊接合格率达 95% 以上，有效提高焊接质量。

（3）管道组对焊接、电仪安装和预组装等工序都在预制工厂内完成，现场仅完成橇块组装、各橇块间管线连接和电仪连接调试，减少现场工程量，减少现场的人力物力投入，节约成本支出。

第六章

储气库信息化建设

第一节　储气库信息化建设现状与发展

信息化是以现代通信、网络、数据库技术为基础，将研究对象的各要素汇总到数据库，供特定人群生活、工作、学习、辅助决策使用，并与相关的各种行为相结合的一种技术，可以极大地提高各种行为的效率，降低成本。

储气库信息化以各类信息设施为基础，以多维度、多种类的数字化信息为支撑，充分利用计算机、网络、数据库和三维建模等数字技术，为储气库建设和运行管理提供辅助决策支持。

一　储气库信息化建设现状

（一）国外储气库建设现状

从全球范围来看，北美、欧洲、独联体、亚洲、大洋洲和中东（主要是伊朗）等地区都在积极地开发和建设地下储气库。全球储气库主要分布在天然气市场较成熟的地区，北美、欧洲和独联体国家（主要是俄罗斯和乌克兰）拥有全球 93% 的在役储气库，其中超过 2/3 的储气库集中分布在北美地区，约占全球储气库工作气量的 40%，占全球天然气日产量的一半。

国外储气库建设起步阶段远早于国内，且比较关注储气库的运行管理智能化程度。如意大利 SNAM 能源公司，自 20 世纪 60 年代即开始自动化建设。自管网建设开始，不断创新，目前还在不断进行智能化管网升级改造，未来逐渐实现自我控制、自我分析、自我维护。自 2019 年开始，对储气库进行进一步智能化升级，运用智能矩阵图给储气库智能化功能打分，按等级划分投资，优先提升智能化水平，升级后的储气库自动化控制水平较高。另外，SNAM 能源公司管控的意大利国家管网和储气库实现了一体化、智能化管理。

（二）国内储气库建设现状

从国际上进行对比分析，国外的储气库建设要早于国内储气库建设。20 世纪 60 年代，大庆油田进行储气库建设尝试；90 年代，我国开始大力研究储气库建设技术；进入 21 世纪，我国大力建设各类型储气库。截至 2021 年年底，全国已建成 40 余座储气库，储气库发展步入黄金期，未来的几十年也将是储气库建设的高峰时期。

由于国内储气库建设晚，故信息化程度较高，按照数字油气田、物联网高标准高要求建设。储气库自动化设备设施完善，基本实现自动化监测、控制和管理。自动化系统一般包括：注采井站 SCADA 系统、注采站 DCS/ESD 系统、井场 PLC/SIS、注采井无人值守 RTU 系统、火气系统、压缩机 PLC 系统、通信安防系统。储气库工控系统结构见图 6–1–1。

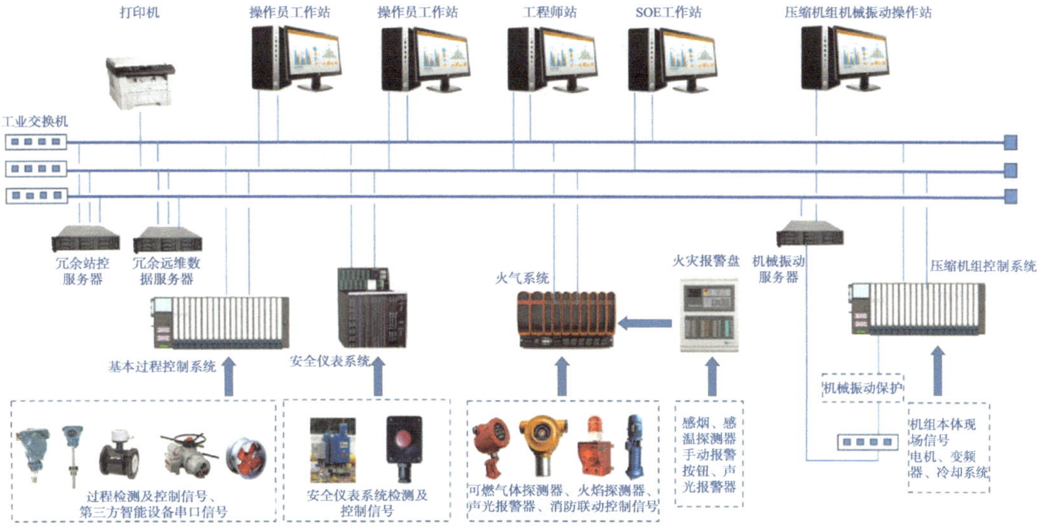

图 6-1-1 储气库工控系统结构图

（1）注采井站 SCADA 系统：负责注采井、集配站、分输站流程工艺数据的监视、控制、调度、管理任务，实现过程数据发布。通过配置 OPC 数据服务器和 Oracle 数据服务器，将数据提供给运营单位进行数据分析。

（2）注采站 DCS/ESD 系统：负责注采站内数据采集、自动控制以及安全联锁保护功能，同时注采站 ESD 系统联锁控制井场 ESD 系统和井口 RTU 系统。

DCS 系统采集站内管道温度、压力、流量等参数，检测各罐液位、高低报警状态等参数，控制各分离器、脱水器、阀门的自动工业流程，实现站内设备的集中监控和调度管理。

ESD 系统负责注采站内安全生产运行。在站内发生突发事故时，进行安全生产的自动联锁保护，使站内人员和设备能够得到最大的保护，减少损失。同时联锁井场和井口 ESD 保护程序，限制事故蔓延。

（3）井场 PLC/SIS 系统：负责井场的数据采集、自动控制，并通过 SCADA 系统进行远程集中监控。PLC 系统采集井场压力、温度、液位、流量等数据，实现阀门等设备的自动控制。SIS 系统采集井场重要位置压力，通过压力联锁站内和关联井口阀门，实现安全生产，保护站内人员和设备财产安全，并上传报警数据。

（4）注采井无人值守 RTU 系统：负责注采井井口工艺数据采集、监视和控制，通过 SCADA 系统进行远程集中监控。RTU 系统采集井口温度、压力等数据，并控制井口阀门，实现井口设备自动控制。

（5）火气系统：用于监控储气库的火灾和可燃气及毒气泄漏事故，并具备报警和一定灭火功能的安全控制系统。控制系统的核心一般为 AB/HIMA/ICS/TRICON 等高性能 PLC，现场有火焰探测器，感烟探头，感温探头，手动火灾报警按钮，灭火系统，可燃气探测器，毒气探测器等。

（6）压缩机 PLC 系统：负责注采站压缩机数据采集、监视和控制管理。

（7）通信安防系统：包括整个储气库视频监控、微波报警、大屏系统，主要用于储气库生产和安保维稳视频监控、周界预警防范。安防监控系统是应用光纤、同轴电缆或微波在其闭合的环路内传输视频信号，并从摄像到图像显示和记录构成独立完整的系统，能实时、形象、真实地反映被监控对象，可以在恶劣的环境下代替人工进行长时间监视，通过录像机记录下来。视频安防监控系统（Video Surveillance & Control System，VSCS），指利用视频探测技术、监视设防区域并实时显示、记录现场图像的电子系统或网络。

二 储气库信息化建设发展

我国储气库蓬勃建设阶段，全球信息化程度已经达到一定水平。因此，国内储气库自动化系统建设标准高、覆盖面广，设备设施先进，基础设施良好。站场、井场均采用光缆传输通信，现场安装视频监控和周界防范，基本实现数字储气库，达到国内先进水平。储气库生产管理全部采用自控系统管理、控制，在一定程度上节约劳动力，提高生产效率和管理水平。

在当前国内外物联网、数字化、智能化高速发展的背景下，随着业务发展及对管理要求的不断提高，储气库现有信息系统不能完全满足未来智能化、智慧化储气库的发展要求。因此，储气库信息化发展已经从单纯聚焦建设完成后的自动化系统应用和管理，开始延伸至储气库筹建、建设、生产运维的全生命周期。

三 中原油田储气库信息化建设

当前全球数字化转型、智能化建设的发展趋势越来越强劲。为适应激烈的市场竞争，中原油田积极响应集团公司“全产业、全领域数字化、网络化、智能化，努力做好‘两化’深度融合”的要求，在储气库建设过程中积极开展信息化建设，推动智慧化油气田建设，为新旧动能转换和产业提质增效提供坚实基础。

（一）2021 年储气库信息化建设

2021 年，中原油田共完成卫 11、文 13 西（三维模型分别见图 6-1-2、图 6-1-3）、白 9 块、清溪 4 座储气库的信息化建设，主要开展数字化交付和智能工地管控平台的部署实施及推广应用。通过数字化交付实现对建设阶段数据的采集、统一存储、管理和应用；同时将互联网＋的理念和技术引入施工工地并开发应用，实现对工地可视化、数字化、智能化管理。数字化交付及智能工地两大系统的部署应用，开启了中原油田储气库信息化建设的新篇章，也是中原储气库信息化建设的V1.0版，为后续数字化、智能化、智慧化发展创造良好开端。

图6-1-2　卫11储气库三维模型

图6-1-3　文13西储气库三维模型

分析总结中原储气库信息化V1.0建设取得的成绩与存在的不足：

1. 取得的成绩

（1）数字化交付：严格执行中国石化相关文件、细则要求，最大程度地采集建设期的各阶段数据，做到应交尽交，实现整个储气库工厂信息可视化的展示。

（2）智能工地：运用信息化技术建设智能管控平台，实现施工过程的可视化管理，提高工程管理信息化水平。智能管控平台结合储气库施工现场实际情况、智能管控需求、及中国石化重点关注点进行搭建，已经齐平甚至超越石化行业中具有代表性的智能工地管控平台。

（3）中原油田储气库信息化管理工作所取得的成果，如标准体系文件制定以及智能管控平台的搭建和应用，为新的储气库建设奠定良好的基础。

2. 存在的不足

（1）4座储气库的数字化交付平台和智能工地平台的部署和实施应用，在一定程度上提升了储气库的信息化建设，但是缺少对项目整体过程的信息化管控，大部分工作需要在线下进行，信息化管理效率有待提升。

（2）通过数字化交付平台形成涵盖设计、采购、施工、运维等各阶段的储气库工厂信息化模型，但是形成的交付成果未能在建设期和运营期得到有效利用，没有充分发挥数字化交付的优势。

（二）2022年储气库信息化建设

在4座储气库信息化建设的基础上，2022年文24储气库信息化建设过程中扬长避短，发挥数字化交付和智能工地对储气库信息化管理的优势，弥补建设过程中存在的不足，针对不足开展系列工作：

数字化交付：通过数字化交付实施形成初级数字化孪生，为储气库后期智能化运维提供宝贵的数据基础。

智能工地：针对储气库工程现状，围绕施工现场“人机料法环”等关键要素，综合运用大数据、物联网和智能移动终端等信息化技术，实现对现场远程综合管控。

项目管理：对项目建设整体过程进行信息化管控，将线下表单审批转换至线上流转审批，提高工作效率。

二维码应用：基于 QR 码技术，在工程实体的生产源头建立唯一标识——二维码，工程实体应用全过程流转记录。

BIM 推演应用：运用基于 BIM 的 4D 信息化技术，将全专业信息模型与施工进度相链接，并与施工资源、场地布置信息集成一体，构建可视化 4D 施工信息模型，实时跟踪施工进度。

第二节　储气库数字化交付

以服务储气库全生命周期智慧化管理为目标，在工程建设阶段通过数字化交付平台，将项目各参建方纳入统一的数字化交付协同平台。以储气库设备、管线、结构等管理对象为核心，将设计、采购、施工、调试等阶段产生的数据、文档资料、三维模型及相互之间的关联关系统一存储和管理，实现在最终交付实体储气库的同时，交付可视化“数字储气库”，为智慧储气库构筑高质量的工程数据底座。数字化交付概念图如图 6-2-1 所示。

图 6-2-1　数字化交付概念图

一 数字化交付背景

1. 国家背景

“十三五”期间，国家相关规划对企业信息化提出较高的要求，通过信息化和工业化的深度融合，实现结构调整、产业升级，改善企业在工业化经济中存在的高消耗、高污染的问题，实现资源、能源的合理利用，以支持绿色、低碳的发展战略。2015 年 3 月工业与信息部发布《2015 年智能制造试点示范专项行动实施方案》报告、2015 年 5 月国务院印发部署全面推进实施制造强国战略文件《中国制造 2025》等政策方案，都要求加快智能化建设，实现信息化和工业化的深度融合。

“十四五”开局，国家进一步提出加快数字化发展、提升智能化水平、加快推进数字化进程。推动煤炭、油气、电厂、电网等传统行业与数字化、智能化技术深度融合，开展各种能源厂站和区域智慧能源系统集成试点示范，引领能源产业转型升级。“十四五”期间是建设数字中国的新阶段。

2. 企业背景

2017 年 3 月，中国石化工程部在宁波召开数字化交付研讨会，提出大中型项目建设必须进行数字化交付。

2017 年 4 月，中国石化提出在“十三五”期间，全面开展基于全生命周期管理的数字化工厂工作。

2019 年，中国石化上游地面工程“五化”工作中明确提出：“推行数字化交付，建设数字孪生体”。

2021 年 2 月，中国石化集团公司发布《油气田地面工程数字化交付细则》(试行)，对油气田地面工程的数字化交付工作进一步规范化和标准化。

二 数字化交付实施及成果

(一) 准备阶段

在项目实施前期准备阶段，组织各参建单位进行统一讨论，编制一系列的工程信息编码规则，明确各阶段交付内容，指导数字化交付工作，具体有明确三维模型建模深度、定义类库分类及属性、制订对象编码规则、制订文件编码规则、明确文件交付范围、制订交付管理程序、明确验收标准等，最终由业主审核、批准、发布。交付准备阶段工作如图 6-2-2 所示。

数字化交付团队组织各参建单位共同讨论、制定各项数字化交付规则，实现各参建单位交付数据的标准化，形成一套用于指导项目开展的《数字化交付统一技术规定》，作为数字化交付实施的依据，数字化交付统一技术规定见表 6-2-1。

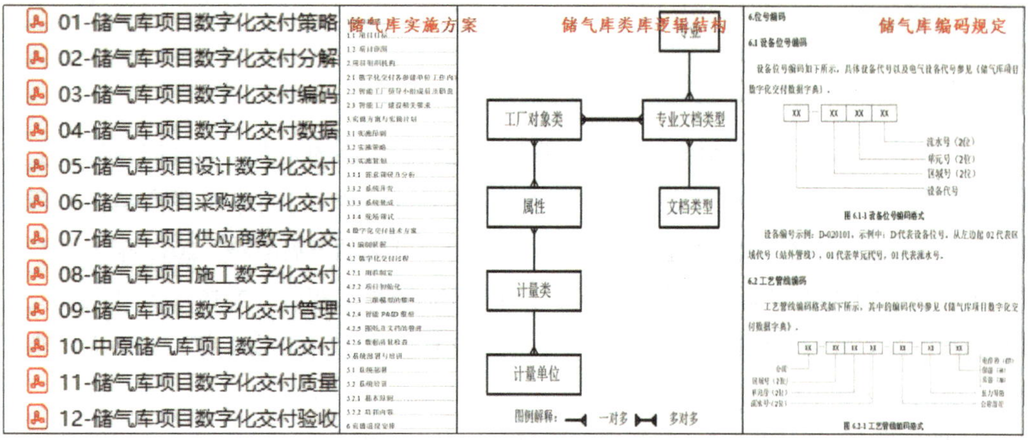

图 6-2-2　储气库交付准备阶段工作

表 6-2-1 《数字化交付统一技术规定》文件列表

序号	标准名称	编制内容
1	《项目数字化交付策略》	统筹策划数字化交付工作，减少数据冗余和返工，确保数字化信息的一致、准确和完整，实现以储气库设备、管线、结构等管理对象为核心的标准化交付
2	《项目数字化交付分解结构及类库定义》	对储气库分解结构和类库属性定义，明确各类设备的类别、采集的数据信息等
3	《项目工程数字化交付编码规定》	规定储气库的设备 / 管线 / 结构等位号编制、明确设计阶段文件、采购阶段文件和施工阶段文件等的编码规则，以确保采集录入的各类数据、文档的编码具有统一性、唯一性，便于检索，并能够方便快捷地创建各类关联关系
4	《项目工程数字化交付数据字典》	规范和指导项目编号、设计采购和施工文件编码、位号编码中所需检索的数据字典条目；编制数据字典，对区域、单元、装置、各类设备、仪表、管道压力等级、管道介质等的编码、位号进行统一规定
5	《项目设计数字化交付内容规定》	明确项目设计文档的交付范围、编号、格式和属性；各专业三维模型的设计内容、深度、颜色和发布；智能 P&ID 的图例、绘制和发布等
6	《项目采购数字化交付内容规定》	规范采购文件的交付信息内容；对各类设备、仪表、阀门等的交付资料，制订详细的交付要求
7	《项目施工数字化交付内容规定》	依据蓝皮书通用表格，对施工过程资料交付、监理资料、无损检测资料、竣工资料归档进行分类，明确各方交付资料的类别、名称和层级等
8	《项目供应商数字化交付内容规定》	明确设备、物资供应商应交付的信息内容及交付依据和标准
9	《项目数字化交付管理程序》	在项目数字化交付策略宏观描述的基础上，细化出更具体的管理流程，规范项目信息的采集、整理、交付过程，满足运营单位对数字化交付平台中数据、文件和模型的需要
10	《项目数字化交付实施方案》	明确各阶段详细的实施方案、时间节点、交付成果、实施计划等
11	《项目数字化交付质量管理方案》	明确质量管理目标，规范数字化交付质量管理流程；监控和分析数字化交付过程；对交付问题采取必要的改进措施，将质量管理落实到位，确保交付数据的质量
12	《项目数字化交付验收方案》	明确数字化交付验收过程，明确验收方式、验收流程、验收标准依据等

（二）项目前期阶段

项目前期阶段交付主要是建设单位项目前期规划、调研、批复类文档，如：立项文件；项目征地移民类；项目计划、投资、统计、管理类文件；项目招投标、承发包合同、协议等；初步设计文件；项目报批等文件。

（三）设计阶段

设计阶段交付主要包括文档图纸、三维模型、P&ID、对象数据及属性、全专业三维模型补全、三维模型与现场一致性核查等工作。

三维模型与施工现场一致性核查工作必须常态化。根据不同的施工阶段安排一致性核查工作，建设过程中设计图纸变更和施工现场变更，要及时与三维设计人员联系，便于及时更新三维模型，确保两者相互一致。

1. 设计文件

设计文件交付包括基础设计文件、施工图文件、设计变更文件等。由中原设计文控人员将上述相关资料，按交付要求和标准整理打包，交给数字化实施人员。实施人员检查确认无误后，上传至数字化交付平台，并与三维模型进行关联。储气库设计文件与模型关联关系建立见图 6-2-3。

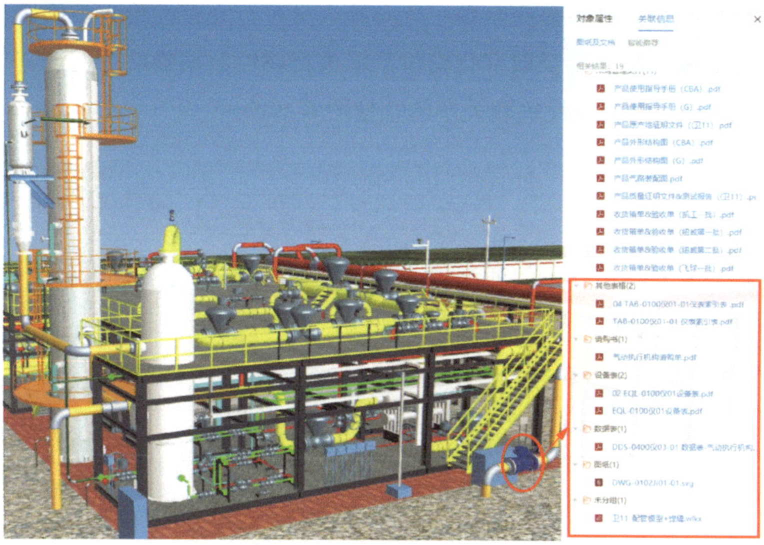

图 6-2-3　储气库设计文件与模型关联关系建立

2. 三维模型

中原设计按照设计阶段逐渐完善储气库三维模型设计。三维模型设计及细化工作全部完成后，将三维模型及二维设计成果文件，按储气库分解结构发送至数字化实施人员进行质量审查。审查合格后，上传至交付平台进行解析，并建立关联关系。白 9 储气库全专业三维模型见图 6-2-4。

图 6-2-4　白 9 储气库全专业三维模型

3. 智能 P&ID

传统工艺流程图按数字化交付统一技术规定，通过专业设计软件进行活化，即对图纸中相关的图元、管线等赋予相关属性，使其符合相关图例图符、属性内容要求，满足智能 P&ID 解析、数据关联的需求。

将完成活化的智能 P&ID 输出 SVG 格式文件，由数字化实施人员进行合规性检查，确认无误后上传至数字化交付平台，进行智能 P&ID 数据解析、关联。

智能 P&ID 中的位号、类别属性信息需与三维模型、类库属性表中完全保持一致。

4. 对象属性数据交付 / 关联关系

数字化实施团队按照《数字化交付统一技术规定》中的类库属性定义要求，将相关基础数据在系统中创建后，导出相应的属性数据模板。中原设计按照模板格式，采集整理相关类别对象和数据参数信息，提交至数字化实施人员进行完整性检查。检查确认无误并整理后，由数字化实施人员上传至数字化交付系统进行属性数据确认，并与三维模型进行关联。储气库工厂对象模型与属性关联关系建立见图 6–2–5。

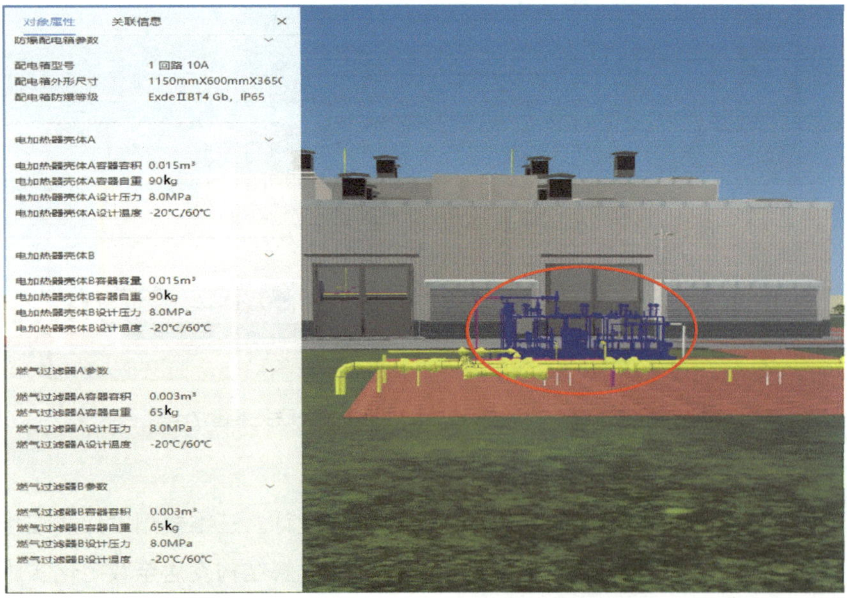

图 6-2-5　储气库工厂对象模型与属性关联关系建立

5. 一致性检查（模型 /P&ID/ 数据）

三维模型、P&ID、类库属性表均提交完成，经过数字化交付平台解析后，进行三者一致性检查校验，保证三维模型、P&ID 可以相互跳转，并具有相关设计、采购、施工等属性参数。高质量的数字化交付，便于后期运维高效利用交付成果数据。

6. 交付成果

设计交付成果见表 6–2–2。

表 6-2-2　设计交付成果汇总

序号	类型	内容
1	文档、图纸类资料	全专业施工图纸、全阶段文档资料，完整的关联关系（图纸对应三维模型）
2	结构化数据	收集整理设计、采购阶段所有结构数据，并与三维模型互关互联
3	智能 P&ID	开展储气库所有 P&ID 图纸的活化工作，实现二三维跳转效果
4	三维模型	现场、P&ID、全专业三维模型（外观、坐标尺寸、模型拆分）三者必须保持一致，特别是地下管网模型与现场保持一致

（四）采购阶段

采购阶段交付内容主要包括文件资料、采购数据及属性等。

1. 采购文件

采购文件资料包括：请购文件、技术规格书、采购计划、采购合同（不含价格信息）、合同变更（不含价格信息）、设备监造记录、设备出厂检验记录、设备采购清单、设备使用操作手册、设备制造加工全套的竣工资料等。

采购人员将采购文件按照《数字化交付统一技术规定》分类整理，由采购文控统一发送给数字化实施人员进行审核，合格后上传至数字化交付平台。上传完成后，数字化交付团队进行线上合规性检查。存在问题的文件生成质量检查报告，反馈给采购单位，采购负责人按照问题进行整改升版，数字化交付团队核查无误后，上传至数字化交付平台。

2. 建立关联关系

整理储气库设备 / 物资的采购数据，填写结构化数据属性表，建立关联关系表，给模型和 P&ID 中的设备 / 物资赋予采购属性和采购文件的关联关系。储气库工厂对象模型与采购资料关联关系建立如图 6–2–6 所示。

3. 交付核查

核查数字化交付平台中的采购文件编码、文件清晰度、完整度；核查供应商提供的模型完整性、外观、碰撞；核查属性数据正确性、完整性；核查采购文件、属性参数与模型和 P&ID 的关联性，形成检查报告，对于不符合检查要求的资料进行整改。

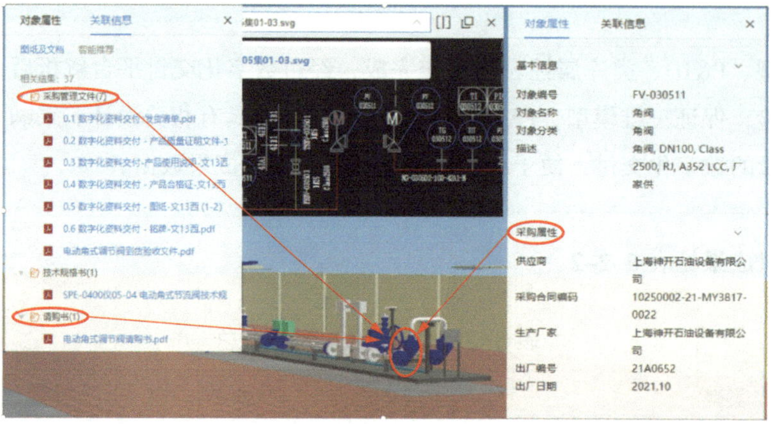

图 6-2-6　储气库工厂对象模型与采购资料关联关系建立

4. 交付成果

采购交付成果内容见表 6-2-3。

表 6-2-3　采购交付成果汇总

序号	类型	内容
1	结构化数据	采购阶段结构化数据、采购属性导入
2	采购资料	项目所有采购标包内的设备 / 材料 / 物资及全套的竣工文件资料
3	橇块模型	交付与实物保持一致的设备模型，并进行深化处理
4	关联关系	收集整理采购阶段所有数据 / 文件资料，并与三维模型互关互联

（五）施工阶段

施工资料交付按照有关标准规范、建设单位竣工验收要求进行收集整理，将最终归档资料录入交付平台。

1. 施工单位

施工阶段数字化交付内容主要包括开工策划、安装、质量验收、吹扫试压、单机调试、工程中间接交、联动试运行和竣工验收等各个环节中所形成的资料文件，以及整个过程中的质量监督文件。

（1）开工策划文件

经监理、建设单位审批的开工报告、质量管理体系、施工组织设计或施工方案、项目总体统筹进度计划等。

（2）安装文件

安装文件记录项目设备安装过程和相关数据及最终验收记录。以管道安装为例，交付内容包括管道焊接工艺评定、安装记录、射线检查记录、管道吹扫记录、压力试验记录、气密试验记录，以及问题会商、会审、验收纪要等。

（3）调试文件

一般包括设备、管道的启动调试大纲，试运方案措施，启动试运行文件、命令、纪要、记录等，试运行记录，试运行阶段缺陷、故障分析记录与事故处理意见等。

（4）质量监督资料

指第三方质量监督检查记录或报告，包括建设工程质量监督记录、各单体质量监督验收检查通知书、各单体质量核查记录、材料进场监督检查报告以及工程质量监督报告等。

（5）工程竣工文件

工程竣工文件包括竣工验收通知单、竣工验收备案表、建设工程竣工验收报告、建设及施工单位的施工许可证、中标通知单、施工图设计文件审查意见、施工竣工资料、竣工图、勘察设计监理施工单位质量检查评估报告、建设工程质量检测报告及功能试验资料、规划公安消防环保等部门出具的证明文件或准许使用文件、施工单位签署的工程质量保修书、竣工验收整改项目回复单和法规规章规定必须提供的其他文件等。

各项资料由施工单位文控人员进行整理，发送至数字化实施人员进行资料校验，数字化交付团队对相关文件进行合规性检查，生成质量检查报告。施工单位将相关问题整改后进行升版，数字化交付团队确认无问题后，上传至数字化交付平台。

2. 监理单位

监理资料交付包括：工程检查记录（平行检查、旁站监理记录、见证取样记录）；监理指令文件（工程施工开工报审表、监理工作联系单、监理工程师通知单等）；监理内业文件（监理月报、监理会议纪要 / 专项会议纪要、监理工作总结）；监理项目管理文件（监理合同、监理规划、监理实施细则等）等。

监理单位文控人员将监理交付资料按着《数字化交付统一技术规定》中编码要求及相关规定，将文件上传至数字化交付平台。监理单位交付资料示例见图 6–2–7。

图 6-2-7　储气库监理单位交付资料示例

3. 检测单位

检测资料交付包括：无损检测管理资料（无损检测单位的资质以及相关报审表、无损检测检测合同、无损检测证明文件等）；经济文件（无损检测工作量确认单）；无损检测过程文件（无损检测监理指令及检测回执，无损检测复探指令及复探回执指令），包括返修通知单；无损检测交工资料（无损检测综合报告、无损检测报告、完工 / 交工 / 竣工报告、无损检测工作总结）等。

检测单位文控人员将监理交付资料按着《数字化交付统一技术规定》中编码要求及相关规定，将文件上传至数字化交付平台。检测单位交付资料示例见图 6–2–8。

图 6-2-8　储气库检测单位交付资料示例

4. 施工过程资料关联

将收集的施工过程中关于储气库工程实体的设备、管线、结构等管理对象的数据，经过校对整理后填写结构化数据属性表，并梳理关联关系表，实现赋予模型及 P&ID 中各管理对象的施工属性数据和相关文档资料。储气库工厂对象模型与施工过程资料关联关系建立见图 6–2–9。

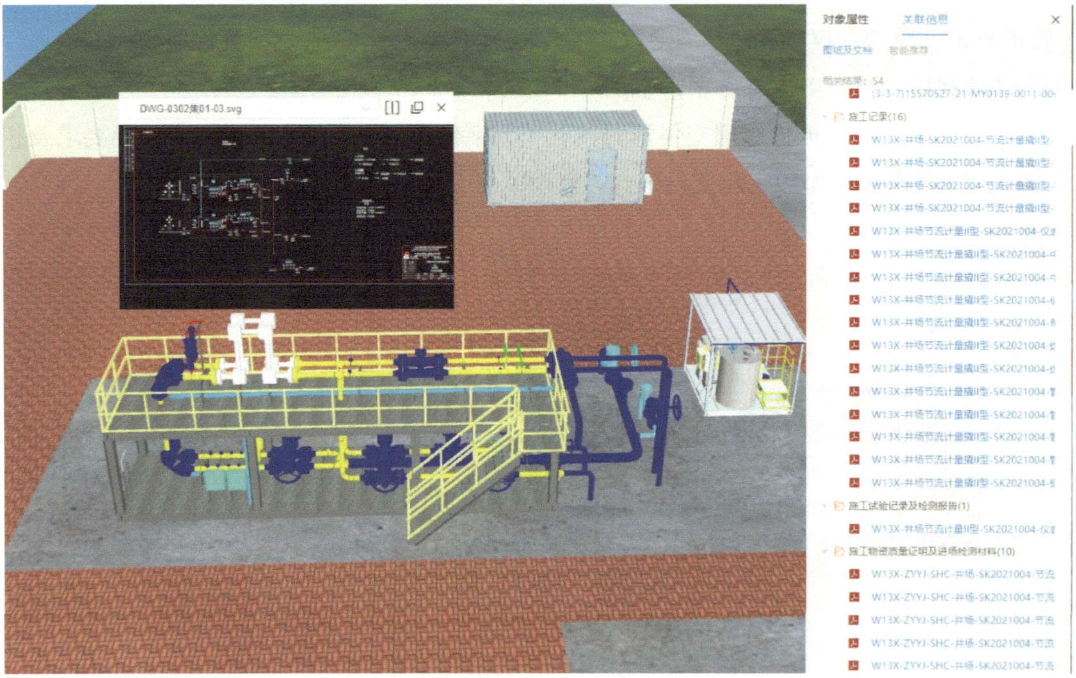

图 6-2-9　储气库工厂对象模型与施工过程资料关联关系建立

5. 核查施工资料

施工资料核查主要依据建设工程蓝皮书和最终的分部分项工程划分表，主要核查各单体工序资料是否齐全、各类材料机具报审资料是否齐全。

焊口模型、属性数据主要依据施工单位提供的焊接记录台账、检测指令等，模型中的焊缝数量与焊接指令、焊接台账记录数量要保持一致，确保焊缝属性可靠真实。

6. 交付成果

施工阶段交付成果内容见表 6-2-4。

表 6-2-4 施工阶段交付成果内容

序号	内容	说明
1	施工资料	施工文件以最终档案室归档的目录组卷形式进行交付
2	检测资料	无损检测管理文件、无损检测过程文件符合档案室交付规定
3	监理资料	监理业内文件、监理管理文件、监理指令文件、监理经济文件
4	现场焊缝模型建模	根据实际施工，将施工中产生的非设计过程中的逻辑焊缝进行逆向建模，并对焊缝模型赋予焊口台账的相关属性信息，同时关联与之有关的焊接工作文件
5	关联关系梳理	收集整理施工阶段数据 / 文件资料，与三维模型互关互联

注：设计过程中的逻辑焊缝：指设计软件在管道设计过程中，能够自动识别的因连接管道附件（弯头、三通、法兰、大小头等）而产生的焊缝。

非逻辑焊缝：指现场在实际施工过程中，因实际情况需要进行的接管、割管等情况下产生的焊缝，不能提前在设计软件中体现的焊缝。

（六）试运阶段

试运阶段主要由试运单位从数字化交付系统中提取需要的数据，以编制试运方案。方案审批通过之后，基于交付系统进行试运准备、试运过程记录、试运问题跟踪，定义试运行合格准则，以及运行验收等工作，相关数据上传至数字化交付系统中。

该阶段采购资料、设计资料、三维模型均已完成交付，试运方可以从数字化管理平台中获取有关数据，编制试运方案。

试行运阶段主要有各装置系统设备操作规程、设备试运转记录等资料。试运阶段交付资料示例见图 6-2-10。

（七）验收阶段

工程验收阶段主要为交工验收、专项验收和竣工验收等相关资料，以非结构化文档为主。文档收集后，按规则进行文档编码，上传至交付平台，填写文档属性，建立关联关系，使其满足模型关联、文档查询，以及最终组卷归档要求。

图 6-2-10　储气库试运阶段交付资料示例

三　数字化交付应用及意义

石油化工项目的工程设计与建设是一个复杂的系统工程，涉及多专业以及各专业之间的协调。过去的协调工作都是靠专业和专业之间互相委托和委托确认，可能会存在各种各样的人为设计错误。传统的设计各专业间最开始阶段都是各自为战，优先本专业设计，后期再结合其他专业设计，导致现场施工中设备、电仪、建构筑物等相互碰撞较多，需要现场变更施工避免碰撞。

中原储气库通过数字化交付，推动三维数字化集成设计，设计过程中所有专业都在同一平台进行协同设计，并完成设计模型审查。当各专业设计之间出现碰撞时，三维模型的智能软件自动检测并做提示，设计人员可以及时在一定空间范围内容完成设计修改。

通过全专业集成设计有效规避过去在施工建设过程中才能发现的碰撞问题。除储气库三维设计模型外，还有数据资产交付，中原设计把储气库建设过程中产生的数据以统一规范的形式交付给业主。

数字化交付不仅推动工程设计的改变和进步，更重要的是从源头上掌握储气库运行管理数据，以设计数据为基础实现储气库数字化。开展现代化的储气库运维管理及设备资产管理，实现全生命周期的储气库数字化管理。

四　数字化交付的发展及探索

当前以物联网、大数据、人工智能等新技术为代表的数字浪潮席卷全球，物理世界和与之对应的数字世界正形成两大体系平行发展、相互作用。数字世界为了服务物理世界而存在，物理世界因为数字世界变得高效有序，在这种背景下，数字孪生体技术应运而生。数字化交付即是数字化孪生的基础，完成数字化交付即形成了初级的数字化孪生。

（一）数字化孪生发展

数字孪生体最初概念模型及其术语名称的前身——PLM概念化理想，数字孪生体为跨层级、跨尺度的现实世界和虚拟世界建立了沟通的桥梁，是第四次工业革命的通用技术和核心技术体系之一，是支撑万物互联的综合技术体系，是数字经济发展的基础，是未来智能时代的信息基础设施。未来，数字孪生体将贯穿城市化、全球化和工业化的方方面面，将深刻、深远地影响人类的生活。

（二）数字孪生系统架构

数字孪生系统的通用参考架构一般包括用户域、数字孪生体、测量与控制实体、现实物理域和跨域功能实体共五个层次。

第一层（最上层）是使用数字孪生体的用户域，包括人、人机接口、应用软件，以及其他相关数字孪生体。

第二层是与物理实体目标对象对应的数字孪生体。它是反映物理对象某一视角特征的数字模型，并提供建模管理、仿真服务和孪生共智三类功能。

（1）建模管理：包括物理对象的数字建模与展示，与物理对象模型同步运行管理。

（2）仿真服务：包括模型仿真、分析服务、报告生成和平台支持。

（3）孪生共智：指共智孪生体等资源的接口、互操作、在线插拔和安全访问。

建模管理、仿真服务和孪生共智之间传递实现物理对象的状态感知、诊断和预测所需的信息。

第三层是联接数字孪生体和物理实体的测量与控制实体，处于测量控制域，实现物理对象的状态感知和控制功能。

第四层是与数字孪生体对应的物理实体目标对象所处的现实物理域。测量与控制实体和现实物理域之间有测量数据流和控制信息流的传递。

第五层是测量与控制实体、数字孪生体和用户域之间的数据流和信息流动传递，需要信息交换、数据保证、安全保障等跨域功能实体的支持。

信息交换通过适当的协议，实现数字孪生体之间交换信息。安全保障负责数字孪生系统安保相关的认证、授权、保密和完整性。数据保证与安全保障一起负责数字孪生系统数据的准确性和完整性。

（三）储气库数字化孪生工厂

在智能制造的大环境下，大量工厂开始进行“数字化”改造。储气库数字化工厂孪生平台通过建立统一平台、统一技术架构和应用服务，形成可开放共享、安全稳定的虚实映射、实时交互的工厂孪生平台。储气库数字孪生平台采用成熟、先进、兼容性强的技术构建，平台汇集数据采集、数据建模、虚拟仿真、标准接口等组件，构建了储气库数字工厂通用的规范、规则、方法，形成平台的资源集聚能力和组件管理能力，实现数字孪生应用服务，创建了开放共享、安全稳定的储气库数字孪生平台。

通过建立数字孪生平台，实现储气库物理工厂和数字工厂的“状态感知－实时采集－精准执行”闭环，实现物理站场、数字工厂之间全要素、全流程、全业务数据的集成和融合。

第三节　储气库智能工地建设

智慧工地是智慧地球理念在工程领域的行业具现，是一种崭新的工程全生命周期管理理念。智慧工地是指运用信息化手段，通过三维设计平台，对工程项目进行精确设计和施工模拟，围绕施工过程管理，建立互联协同、智能生产、科学管理的施工项目信息化生态圈，并将此数据在虚拟现实环境下与物联网采集到的工程信息进行数据挖掘分析，提供过程趋势预测及专家预案，实现工程施工可视化智能管理，以提高工程管理信息化水平，从而逐步实现绿色建设和生态建设。

智慧工地将更多人工智能、传感技术、虚拟现实等高科技技术植入到建筑、机械、人员穿戴设施、场地进出关口等各类物体中，并且被普遍互联，从而形成“物联网”，再与“互联网”整合在一起，实现工程管理干系人与施工现场的整合。智慧工地的核心是以一种“更智慧”的方法，改进工程各干系组织和岗位人员间的交互方式，以便提高交互的明确性、效率、灵活性和响应速度。

一　储气库智能工地建设背景

中原油田储气库建设是集团公司重点关注项目，项目运行情况备受社会各界关注。储气库建设正值集团公司加快数字化转型的关键时期，以此为契机，在储气库建设期间实施“1+N”模式的智能工地管控。通过“互联网＋”的理念和技术，从施工现场源头抓起，最大程度的收集人员、安全、环境、设备等关键业务数据，实施焊接过程监控和预警、施工现场安全质量管理、环境数据实时监测、视频监控实时监测及车辆管理等辅助管理。通过B/S架构和APP手机应用部署，实现对施工现场的可视化、数字化、智能化管理。

二　建设主体设计

储气库智能工地建设以前端人员管理设备、车辆管理设备、环境监测设备、焊接系统作为感知层，进行实时数据采集。通过网络层传输至智能工地平台服务器端，由平台层对采集的业务数据进行数据清洗、治理、计算和存储，最终经过对数据的学习分析、图像处理等识别算法，将分析后的数据及图像可视化，推送给用户层进行访问。储气库智能工地系统架构见图 6–3–1。

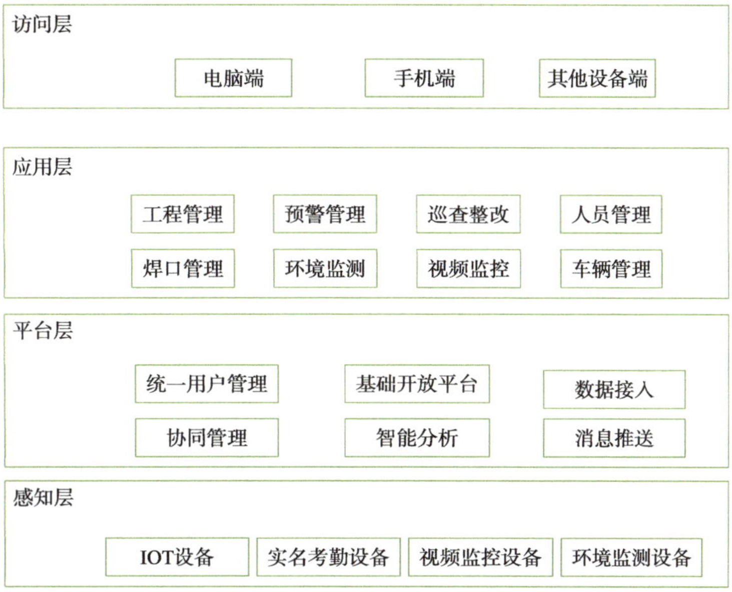

图 6–3–1　储气库智能工地系统架构图

感知层：利用前端的硬件设备进行现场数据的感知和采集。

平台层：提供数据整合、数据清洗、转换、加载、数据共享、数据分析与查询、数据挖掘、数据管理能力；提供新的 IT 功能架构，提供多用户的 ETL，统一的数据计算与存储、数据共享、多用户应用、数据平台管控。

应用层：具备开放式集成功能，能够方便集成新功能，包括工程管理、预警管理、巡查整改、人员管理、人员定位、环境监测、视频监测、车辆管理等模块。

访问层：对经过一系列处理的数据和视频影像资料进行最终呈现，提供 PC 端和 APP 移动端两种访问方式。

三　实施功能

针对储气库工程现状，围绕施工现场“人、机、料、法、环”等关键要素，综合运用大数据、物联网和智能移动终端等信息化技术，实现对现场的人员实名制管理、智能焊接管理、10 几种 AI 行为识别预警、环境扬尘噪声监测等八大功能模块。对数据汇总分析，将现场实时数据呈现在智能工地管控平台，通过 LED 大屏集中展示，辅助决策，达到施工现场的标准化、精细化、智能化管控的目的。储气库智能工地功能模块见图 6-3-2。

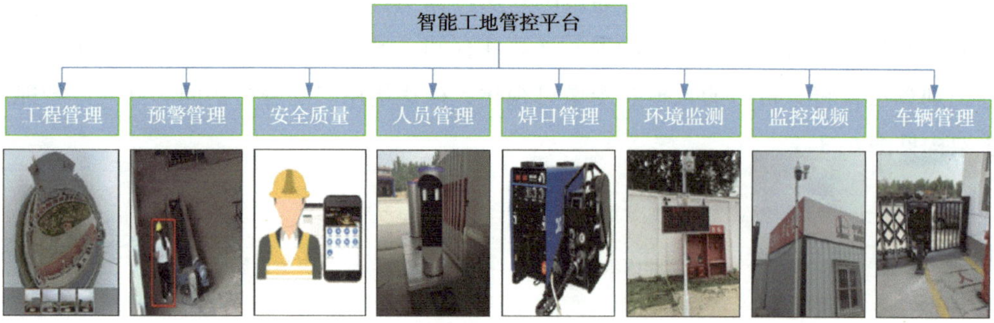

图 6-3-2　储气库智能工地功能模块

（1）工程项目管理模块

工程项目管理模块包括工程基本信息展示、工程接入设备数据的综合展示。工程基本信息包括工程简介、占地面积、费用投资和工程进度等信息。设备数据展示包括考勤数据、设备上线情况和设备数据的预警信息综合展示。工程项目管理界面见图 6-3-3。

图 6-3-3　工程项目管理界面

（2）人员管理模块

人员管理模块以居民身份证为实名制信息来源，集成门禁技术、生物识别技术、视频监控技术、流量统计分析等技术，应用"互联网 +"的新一代革命产物，对进出现场的劳务人员、管理人员进行考勤管理，统计现场内的特殊工种和施工班组数量。人员管理模块界面见图 6-3-4。

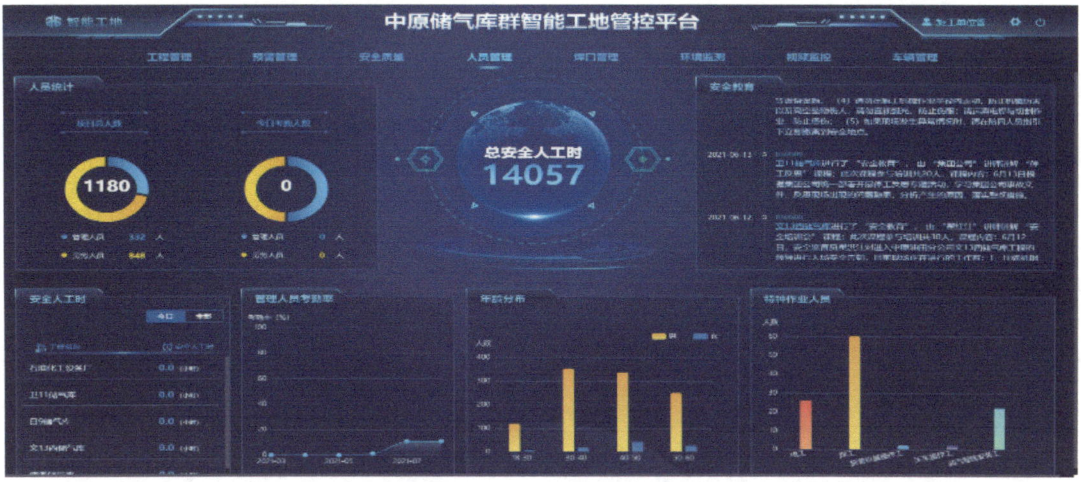

图 6-3-4 人员管理模块界面

（3）安全质量模块

安全质量模块是通过智能工地手机 APP 进行实现。现场巡检人员进行施工质量和安全巡查的同时，对发现的施工质量问题和安全隐患，通过随手拍的方式在线上传。上传后，将问题发送给相关责任人，责令在规定期限内进行整改，并将整改结果反馈给巡检负责人。巡检负责人核查整改情况，确认是否合格，不合格继续下发整改，直至形成闭环处理。安全质量模块界面见图 6-3-5。

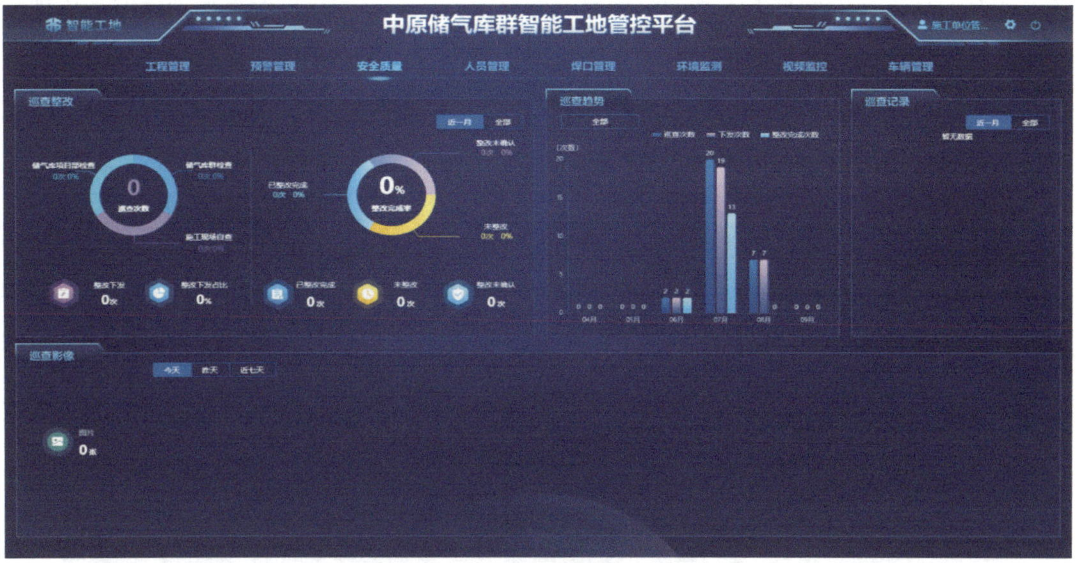

图 6-3-5 安全质量模块界面

（4）焊机管理模块

焊机管理模块是对焊接设备进行全方位系统化的监控管理。对焊接质量的监控管理方式从原来的被动监控变成主动监控，不需要等焊机质量出现问题时，再人为地根据纸质和图片资料进行逐一排查，而是通过实时采集焊机系统的焊接参数，对焊接参数进行实时对比分析，从而实时发现、处理问题，高效保证焊接质量。焊机管理模块界面见图 6–3–6。

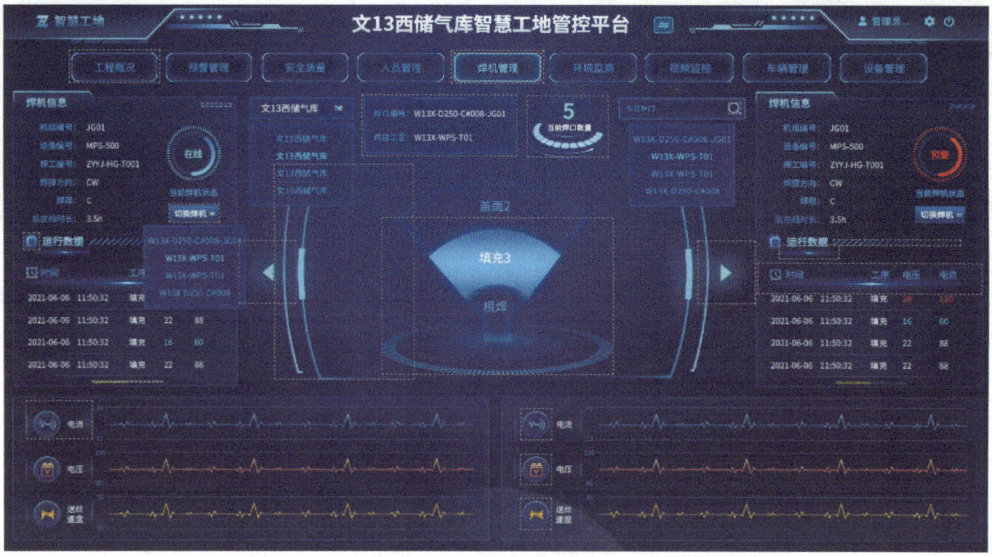

图 6-3-6　焊机管理模块界面

（5）预警管理模块

预警管理模块主要包括环境监测设备和焊接系统设备的数据监测。环境监测预警是对接入工程的环境监测设备采集到的数据与国测数据对比，对超过国测数据标准的发送预警提示，并统计预警次数。焊接参数预警是对焊接使用的焊机设备实时参数与储气库工程的焊接工艺标准参数进行对比，对超过工艺标准的焊接参数进行预警提示，并统计预警次数。预警管理模块界面见图 6–3–7。

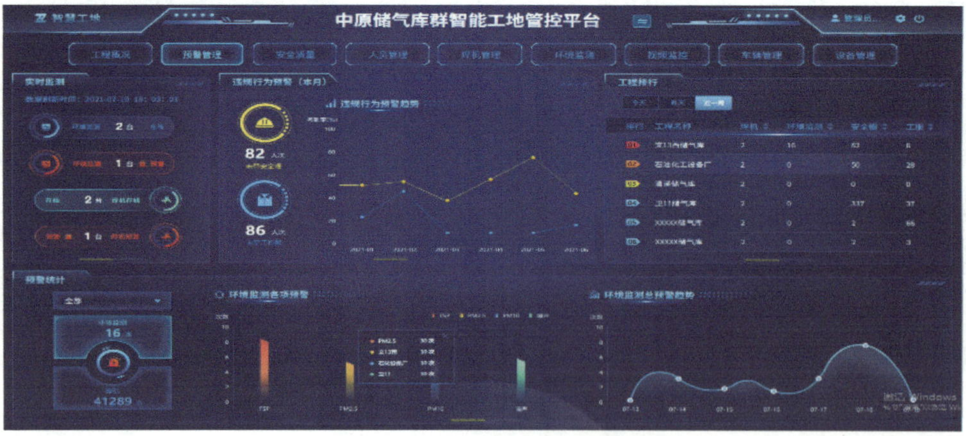

图 6-3-7　预警管理模块界面

（6）视频监控模块

视频监控是当代一种常规的监控手段。通过视频监控能够及时了解施工现场的实际情况，发现隐患并及时消除；实时检查施工工地的安全防范措施是否到位。储气库智能工地在视频监控的基础上，应用 AI 技术对现场人员穿戴工服、安全帽、接打电话、明火监测、吸烟等 10 余种违规行为进行智能分析，避免管理人员需要频繁的去现场进行监督检查。能够对安全隐患进行提前预警，既节约成本，又能及时消除隐患，助力安全文明绿色施工。视频监控模块界面见图 6-3-8。

图 6-3-8 视频监控模块界面

（7）环境监测模块

环境监测模块是对现场的环境监测设备的噪声、PM2.5、PM10、温度、湿度等环境参数进行实时的采集记录，并与国测数据进行数据对比分析，对超限环境参数进行预警并统计时长，超过一定时长，系统自动发送报警提示。施工人员接到预警后，根据现场情况及时进行处理，避免造成严重的环境污染，影响周围居民生活。环境监测模块界面见图 6-3-9。

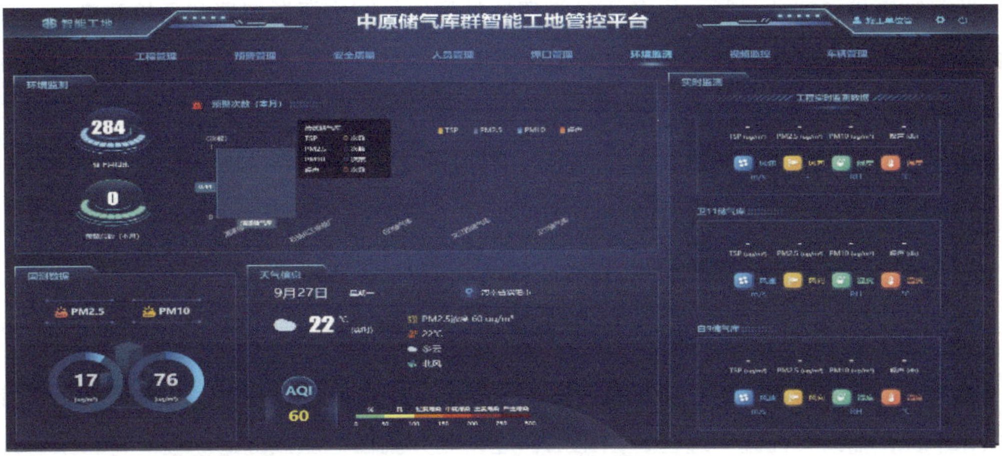

图 6-3-9 环境监测模块界面

（8）车管理模块

车辆管理模块利用车牌识别技术自动记录进出现场的车牌号、时间等信息，并与自动门和栏杆机设备相结合，实现车辆进出的自动化管理。此外，对于违章车辆及限制入场的车辆建立"黑名单"车牌库，一旦发现此类车辆，立即发出警报提示，禁止入场。车辆管理模块界面见图6-3-10。

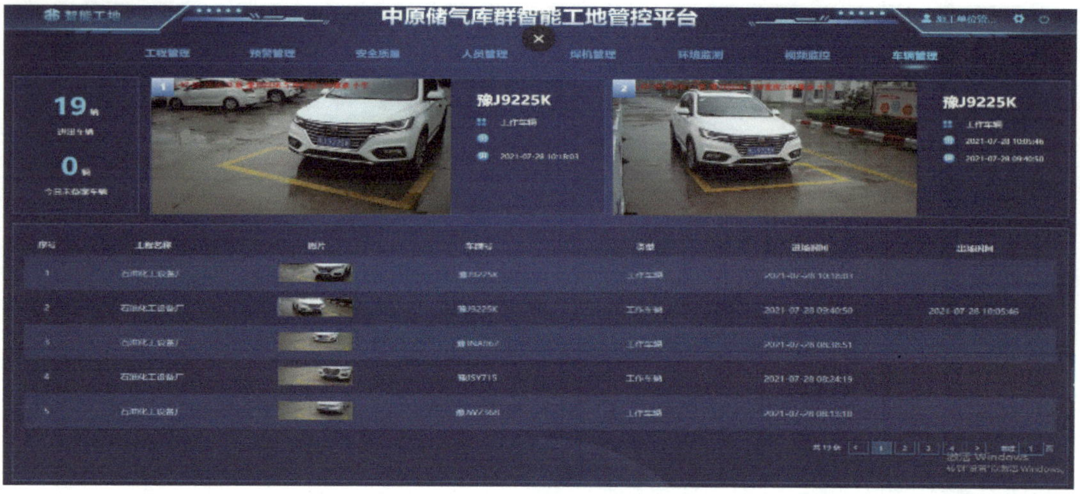

图6-3-10　车辆管理模块界面

四　智能工地应用意义

储气库工程通过智能工地平台的建设和应用，能够及时发现施工安全隐患，监控施工现场的违规操作；规范现场作业人员的质量行为，保证工程质量，实现质量溯源。

利用信息大数据和人工智能技术，通过对现场的施工质量、安全、人员、设备进行统一的监督和管控，优化材料、设备等各类资源的配置，减少资源浪费和环境污染，实现数字化、自动化和智能化管理，提高管理效率和管理水平，减少不必要的重复工作，降低施工成本。

第四节　储气库项目管理信息化

通过对设计、采购、施工等阶段产生的数据、文件资料进行管理，构建工程项目管理信息化平台，辅助管控施工过程，固化工程建设业务流程，加强可追溯性。将权限管理与签章管理结合，实现项目可靠有效的过程管控，提升管理协作效率，协助企业实现项目管理过程规范化；结合数据整合与分析报表，辅助管理者科学决策，满足项目管理五大要素专项管控需要。

一 工程项目管理内容

工程项目管理的主要任务是保证项目设计、采购、施工、安装调试等各个环节的顺利进行，围绕“投资、质量、进度、安全”控制目标，集成、集中管理项目的人力、成本、质量、安全、采购、结算等方面所做的各项工作，对项目实施全方位管控。

（1）投资控制：通过有效的投资控制工作和具体的投资控制措施，在满足进度和质量的前提下，力求使项目建设的实际投资不超过计划投资。

（2）质量控制：致力于满足工程的质量要求，通过采取一系列的措施、方法和手段来保证工程质量达到标准规范、工程合同、设计文件的要求。

（3）进度控制：通过有效的控制工作和具体的控制实施，在满足投资和质量的前提下，力求使工程的实际工期不超过计划工期，使项目按计划工期完工。

（4）安全控制：国家颁布的《建设工程安全生产管理条例》对项目建设中的各责任体的安全管理责任做出了明确界定。安全管理已作为一项重要的内容纳入四大控制之一，是衡量项目建设成败一个重要指标。

安全控制就是坚决杜绝人的不安全行为（三违），即严格按照规程、规范组织施工，确保人身、设备安全；坚决杜绝物的不安全状态，建设项目的本体性能要安全可靠，实现项目设计意图，做到长周期、安全稳定运行；要文明施工。

（5）合同管理：对建设项目有关的各类合同，对条款的拟定、协商、签署、履行情况的检查和分析等环节进行科学管理，使合同管理达到实现项目建设“四大控制”目标的要求。

（6）信息管理：对项目建设活动中所产生的信息进行收集、加工、整理、存储、传递与应用等一系列工作的总称。通过有组织的信息流通，使决策者及时获得相应的信息，以便做出正确的决策。

（7）组织协调：联合、调和、联动所有活动及力量，促使各方协调一致，调动一切积极因素，以实现预定目标，协调工作贯穿整个项目建设的全过程。

二 工程项目管理信息化平台建设

工程项目管理是一个复杂的系统工程。工程项目管理体系的执行对项目实施效率和质量保证，有至关重要的作用。体系的执行，不仅依赖于人员素质，也需要信息化系统的辅助支撑。将工程项目管理过程中的关键业务模块化、可视化、结构化、具体化，形成统一协同的工作环境，通过标准化数据、标准化流程、标准化操作，提升管理效率和项目数据质量。

按照集团公司建设“三五五六六七”总体要求，结合油气田地面工程项目管理模式，以满足不同层级用户的需求为出发点，以地面工程全过程分级化管理为目标，在工程项目管理信息化平台中，设立项目前期、施工准备、工程实施等五大管理模块，实现以项目管理五大要素为主的工程建设项目专项管控，促进工程建设业务流程的规范化，实现项目前期、工程实施、投料试车、验收等全过程关键流程的标准化、信息化、规范化管理。

（一）模块管控内容

1. 项目前期

（1）可研管理

从投资管理系统中提取前期方案、可研报告等内容，作为项目后续开展的参考依据。

（2）初设管理

对初步设计文件的编制、审查、报批、批复流程与流程中形成的相关过程文件进行管理。

2. 施工准备

（1）项目管理机构

对项目管理模式的确立、项目管理机构的组建、项目法人责任书或目标责任书的签署等过程和成果文件进行管理。

（2）施工图会审

对施工图会审流程、会审专家及意见、设计答复、会议纪要等过程及成果进行管理。

（3）施工图交底

对施工图交底过程及记录进行管理。

（4）建设手续办理

对项目环境影响评价、安全与评估，职业卫生评价、消防报审（消防审核意见）、建设项目工程规划、建设项目现场拆迁、四通一平、行政许可、地方政府招标项目的施工图审查（报告）等手续办理的流程及过程文件的管理。

（5）长周期设备采办管理

对储气库所需长周期设备的申购、报批、采办流程与过程文件进行管理，对设备的采办进度进行监控。

（6）施工组织设计

对施工组织设计的文本、审查流程、审查记录等进行管理。

（7）专项施工方案

对大型设备吊装等专项施工方案的审查流程、方案内容和审查记录进行管理。

（8）监理规划与实施细则

对监理规划的文本、审查流程、审查记录等进行管理。在实施细则中明确监理交付的文件清单、标准、进度。

（9）质量监督手续

对工程项目质量和安全监督手续的办理流程及过程文件进行管理。

（10）开工报告

对开工报告的编制、审批进行管理。

3. 工程实施

（1）进度控制

①进度计划

按工程类别对工程进行 WBS 分解，定义各工序的计划工作量、计划工作时间，工序之间的并行、先后等关系，工序的计划开始与结束时间，生成项目进度计划表与项目进度计划甘特图。

②进度上报

根据建设单位要求，通过周报、旬报、月报、季报等形式上报工程进度，系统对迟报、漏报情况进行提示，统计报表上报及时率。按要求在系统中录入各工序的完成进度，对比实际进度与计划进度，分析偏差。

③进度纠偏

管理进度严重偏离计划的工作项的偏离原因、纠偏措施，跟踪整改落实情况。

（2）投资控制

①进度款管理

审核承包商上报的工程进度，管理进度款的提交审批流程、与流程中产生的各类过程文件。

②设计变更管理

管理设计变更的申报、审批流程。对工程联络单、工程备忘函及设计变更审批产生的其他过程文件进行存档管理。

③结算款管理

管理承包商发起的结算款申请审批流程。对工程签证单、结算款申请单及结算流程产生的其他过程文件进行存档管理。

（3）质量控制

①质量检查

对工程质量检查过程中发现的质量问题、问题的整改落实情况进行管理。

②隐蔽工程验收

对隐蔽工程的自检、复检、整改要求、整改复检、工程量核实等流程及产生的相关过程文件进行管理。

③焊接工艺评定

对焊接工艺评定的任务下达、焊接工艺编制、试样焊制、试样检测、工艺评定等流程及产生的相关过程文件进行管理。

④旁站记录

管理监理工程师对工程关键部位、关键工序的现场旁站记录。

⑤监理日志

对项目总监、专业监理工程师填写的监理日志进行管理。

⑥质量评定

对分部工程、单位工程、建设项目的质量评定流程、评定结果及产生的相关过程文件进行管理。

（4）HSSE 控制

对 HSSE 职能部门对储气库现场进行的检查结果、存在问题、整改情况等资料进行管理。

（5）合同控制

对储气库各标段的招标审批结果、合同文本、合同变更等资料进行管理。

4. 投产试运

（1）单机试运

对单机试运计划的申报审批流程及流程产生的过程文件、单机试运记录等内容进行管理。

（2）中间交接

对中间交接条件检查确认表、中间交接协议书、中间交接参加人员名单等中间交接流程及相关过程文件的管理。

（3）联合（生产）试运方案

对联合（生产）试运条件确认、试运方案培训、联合（生产）系统试运的工作流程及相关过程文件进行管理。

（4）生产考核

管理联合生产试运 72h 满负荷运行中，对工程整体工艺合理性、工艺操作条件与设计吻合性、工程处理能力或产量的考核情况。

5. 竣工验收

（1）交工验收

对交工验收审批流程、工程交工证书等进行管理。

（2）专项验收

对建设单位向地方政府主管部门和中原油田对口部门提交的消防验收、职业病防护设施、安全设施、环境保护验收、生产考核、竣工审计和档案验收等专项验收的审批流程、取得的验收报告及相关过程文件进行管理。

（3）竣工验收

对工程竣工验收申请审批流程、竣工验收报告、竣工验收证书、验收意见和竣工验收结论及相关的过程文件进行管理。

（二）模块签章管理

在工程项目管理平台中，将权限管理与签章管理结合，实现项目可靠有效的过程管理，提升项目管理协作效率，帮助企业实现项目过程管控规范化、标准化、信息化，结合数据整合与分析报表，辅助管理者科学决策。

通过项目管理平台业务流程自动化特性，驱动业务规范化，加强可追溯性，提升项目执行过程的可见性。强大的项目交付和沟通协作能力，可以促进项目进度、采购、施工、结算等管理业务的实施进度。

1. 电子签章

签章一般用于业务流程流转审批步骤中，将签章与工作流节点进行绑定，系统集成在线签章。在用户完成审批或确定内容后，在签章界面选择提前配置好的若干种签章，输入独立的签章密码后，管理平台自动把选择的签章，填入流程相应位置。

管理平台在工作流程的每一步，都设置以签章为基础的条件判定，如当前用户“同意并签字”后，平台才可继续下一流程。用户亦可不进行签章，直接将不通过的流程驳回前用户，以此完成业务流程有目的性、逻辑性的线上流转、审批过程。

完成签章后，只有签章的签署人有权限在对应流程表单中，对签章进行操作，其他用户无权对其进行任何操作。

2. 可视化流程管理

在系统中填报表单，可直接进行线上审批。对账户进行分组，设置审批权限，用户在发起审批时，可选择一个具有审批权限的组或者某个具体用户作为审批者，被选中的组或者用户即可收到该文件并进行审批。其他具有浏览权限的用户，可以查看该文件的审批工作流进度。

三　储气库项目管理信息化建设意义

储气库项目管理信息化建设，以“业务流程标准化、工程交付数字化、项目管控信息化、多元数据可视化”为特色、以“提升工程项目管理水平”为核心目的建设管理平台。通过对储气库项目管理的“四控、两管、一协调”内容的梳理，形成科学、规范、适用的项目全过程管控流程。结合实施保障体系建设，通过信息化建设，打造储气库管理核心能力的全过程数字化管控。通过管理平台，有效实现储气库建设业务的“对象数字化、流程数字化、规则数字化”，提升数据质量、打破数据孤岛、充分发挥数据的业务价值，赋能储气库建设业务的数字化管控，助力储气库信息化的高标准建设。

第五节 储气库二维码及 BIM 推演应用

一 二维码应用

二维码应用基于 QR 码技术。在工程实体（包括设备、焊缝、机具等）的源头建立二维码唯一标识，相关部门根据职责分工，分类分级注册账户、授权使用。通过共享二维码，将设计、采办、施工的全过程信息进行动态记录和上传，实现关联工序交接、质量控制点检查验收和质量技术证明文件的实时提报，高效流转，全程留痕，永久追溯。

（一）系统部署架构

根据数据中心数据采集的规范要求，结合中原油田数据建设的要求，搭建一套软硬件环境。通过互联网接口部署防火墙，实现数据接入，部署应用服务器，用于数据采集、项目管理及数据备份。郑州数据中心扩容部署虚拟服务器、光纤交换机及相应存储，用于数据存储以及应用系统的部署。数据中心接入郑州数据中心，通过防火墙接内网出口，项目部可以通过内网直接访问数据中心。采集相关数据，通过数据接口接入项目数据中心。现场用户使用 VPN 进行数据访问。构建系统的部署架构见图 6-5-1。

（二）储气库二维码生成

以 SupOS 平台的域名为基础，后方拼接唯一标识符生成 URL。根据 URL 生成物资二维码。访问主平台的二维码管理系统地址，选择物料类型后，页面切换成对应物料需要录入信息的表单。用户录入二维码标签信息，生成二维码。

设备 / 钢管 / 橇块二维码：表单信息全部录入完毕后，导入生成器，在生成器点击生成二维码标签按钮。生成二维码的同时，系统根据用户在表单中所录入的信息，添加物料基础信息到二维码标签的文本框中，组成完整的二维码标签。数据拼接成功后，将生成的二维码标签作为图片下载到本地，以供打印。

机具二维码：将机具的数据、文件录入数据库，申报单位可在二维码管理系统中，查看机具信息。机具入场报验通过后，根据设备编号和其他标识信息生成 URL。根据 URL 来

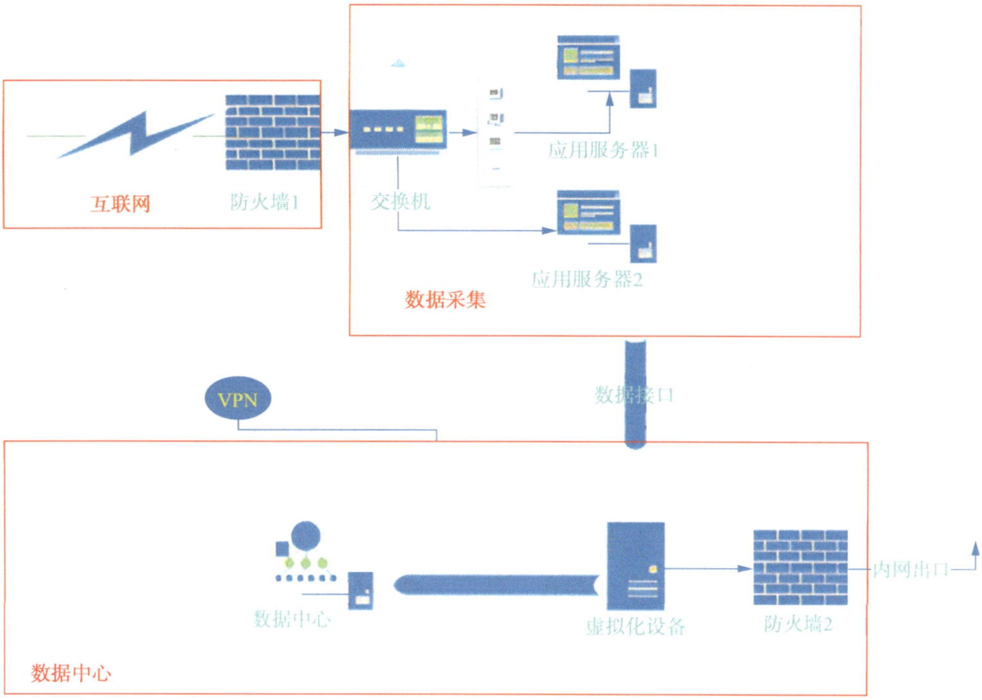

图 6-5-1　构建系统的部署架构

生成机具信息二维码标签。此二维码标签用于设备的入场报验、维修保养、检定、使用、现场检查和出场等环节，施工期间对机具进行闭环管理。

人员二维码：根据人力资源中心提供的人员数据信息，建立人员二维码管理页面。根据单位的不同，自动选择不同的工作证模板，生成人员二维码。政府质量监督、建设单位、承包商为横版，其他单位为竖版。

焊缝二维码：在布管修口之后，将产生焊口编号，施工单位使用移动数据采集终端进行焊口编号登记。先后扫描修口管材的二维码、组对管材二维码，按照焊口编号生成规则，生成焊口编号二维码。

（三）储气库二维码应用

物资二维码应用，授权用户就是移动端拥有账号的用户，通过扫描物资上粘贴的二维码标签，进行物资信息的更新。从物资生产二维码标签生成，到施工和运维阶段，每个阶段的操作都有专人确认，并记录操作信息到系统中。管理人员对物资信息的操作，成功录入系统之后，扫描该二维码将直接展示所绑定物资的最新情报。

（1）设备编号二维码

拥有授权账号的用户，通过扫描设备上粘贴的二维码标签，对设备的入库、出库、报验、安装、调试等状态的流程，进行信息更新、观察或是记录。用设备入库生成的二维码标签，关联设备生命周期的每个阶段，每个流程阶段的操作，由专人将操作信息录入到系统平台中。管理人员对设备信息的操作，成功导入系统后，扫描设备二维码可查看到所绑定的设备基础信息、流程状态信息。现场设备二维码见图 6–5–2。

图 6–5–2　设备二维码

（2）钢管编号二维码

拥有授权账号的用户，通过扫描钢管上粘贴的二维码标签，对钢管的入库、出库、防腐、切割等状态的流程，进行信息更新、观察或是记录。用钢管入库生成的二维码标签，关联钢管生命周期的每个阶段，每个流程阶段的操作，由专人将操作信息录入到系统平台中。管理人员对钢管信息的操作，成功导入系统后，扫描钢管二维码，可查看到所绑定的钢管基础信息、流程状态信息。现场钢管二维码见图 6–5–3。

图 6–5–3　钢管二维码

（3）焊口编号二维码

作业人员通过扫描焊口编号二维码，可以查看当时数据库在此 ID 下已有的其他信息，并根据作业者权限，填写入新的信息。每个流程都有专人进行相应的信息填写，当所有流程和信息填写完成后，再次扫描二维码，则会展示相关的所有流程和信息。

（4）橇块编号二维码

拥有授权账号的用户，通过扫描橇块上粘贴的二维码标签，对橇块的入库、出库、报验、安装、调试等状态的流程（并在橇块基础信息创建时进行橇内设备、管道、焊缝物资信息绑定）进行更新、观察以及记录。用橇块制造商生成的二维码标签，关联橇块全生命周期的每个阶段，每个流程阶段的操作，由专人将操作信息录入到系统平台中。管理人员对橇块信息的操作，成功导入系统后，扫描橇块二维码，可查看到所绑定橇块的基础信息、流程状态信息。现场橇块二维码见 6–5–4。

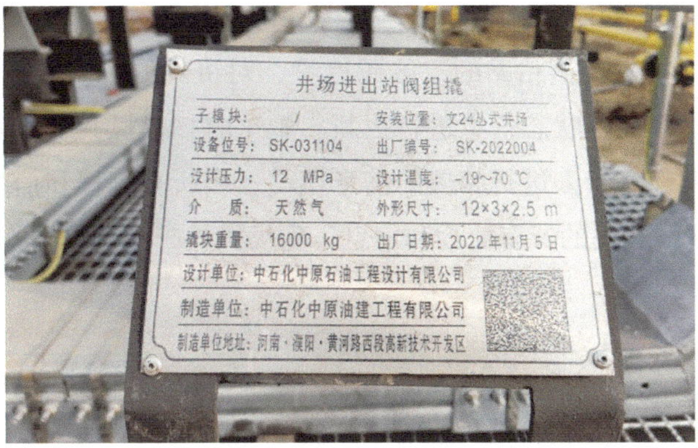

图 6-5-4　橇块二维码

根据储气库工程实际情况，将橇块分为三级橇块（图 6-5-5）和二级橇块（图 6-5-6），其中三级橇块由多个二级橇块组装而成。橇块二维码信息组成分为三层显示，第一层是整个三级橇块的信息，第二层是每个二级橇块的相关信息，第三层是组成橇块的设备、钢管、焊缝等信息。二级橇直接由设备、钢管、焊缝等基础物资进行组装而成，其二维码信息组成分为两层显示，第一层二级橇块信息，第二层是橇块内部设备、钢管、焊缝等信息。

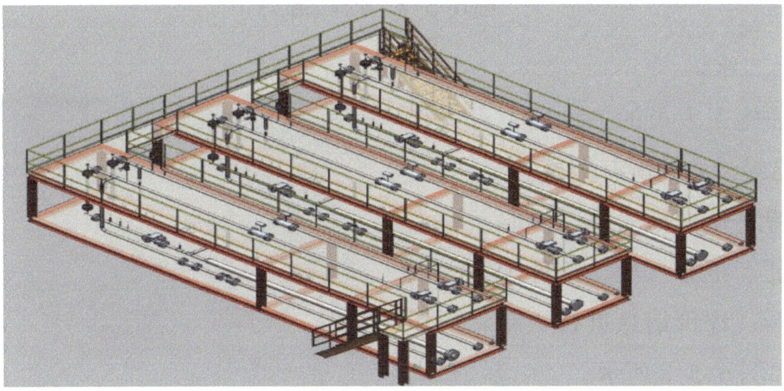

图 6-5-5　三级橇块

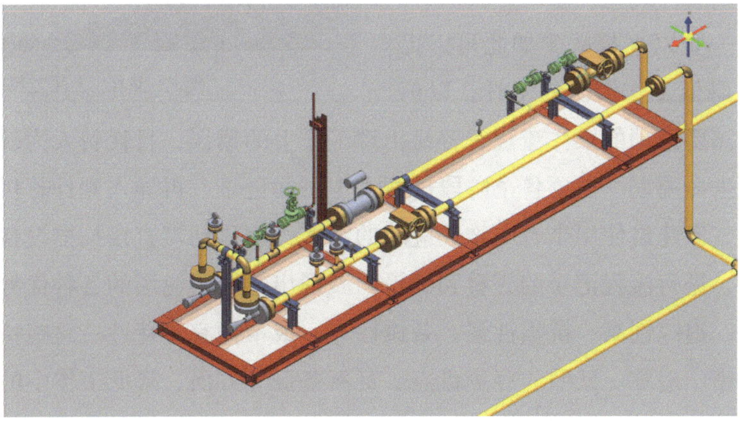

图 6-5-6　二级橇块

（5）机具二维码

授权用户通过扫描机具上粘贴的二维码标签，对机具的报验入场、维修保养、检定、使用、现场检查和出场流程状态信息进行更新。施工时扫描机具二维码，将信息录入施工主数据库。每个流程都有专人进行相应的信息填写，当所有流程和信息填写完成后，再次扫描二维码，则会展示相关的所有流程和信息。现场机具二维码见图 6–5–7。

图 6–5–7　机具二维码

（6）人员二维码

通过扫描施工人员的二维码，可以得知相关人员已经录入的所有信息。

通过手持终端扫描人员二维码，对人员的培训认证、报验入场、证件配发、现场检查、退场、评价信息进行更新。现场人员二维码如图 6–5–8 所示。

图 6–5–8　人员二维码

（四）二维码应用意义及趋势

石化行业一直以来都缺少如此可以提高工作效率，降低工作错误的工具。以前如要记录数据需要繁琐的操作流程，容易出现工作上的错误，且耗费人力较多。例如，记录设备的整个生命周期，需要各个阶段进行人工书面记录，再导入到计算机，费时费力且效率低下。储气库建设使用带有二维码应用的系统，用移动端直接扫描设备上唯一标识其身份的二维码，进行流程记录的查看和编辑，展现出二维码应用的各种优势，包括储存量大、保密性高、追踪性高、抗损性强、备援性大、成本便宜等特性。这些特性特别适用于表单、安全保密、追踪、证照、存货盘点、资料备援等方面，降低工作中的出错率，提高工作效率。

由于二维码具有将内容放大化、实现内容保护、统计扫码次数 / 来源、扫码人地理位置、不变更二维码即可更改内容等特性，因而被各领域积极使用。不仅在人们日常生活中，更是在科技、工业、政府等领域中得到广泛应用，可以推断二维码应用将是各个领域今后不可或缺的应用之一。储气库二维码应用系统见图 6-5-9。

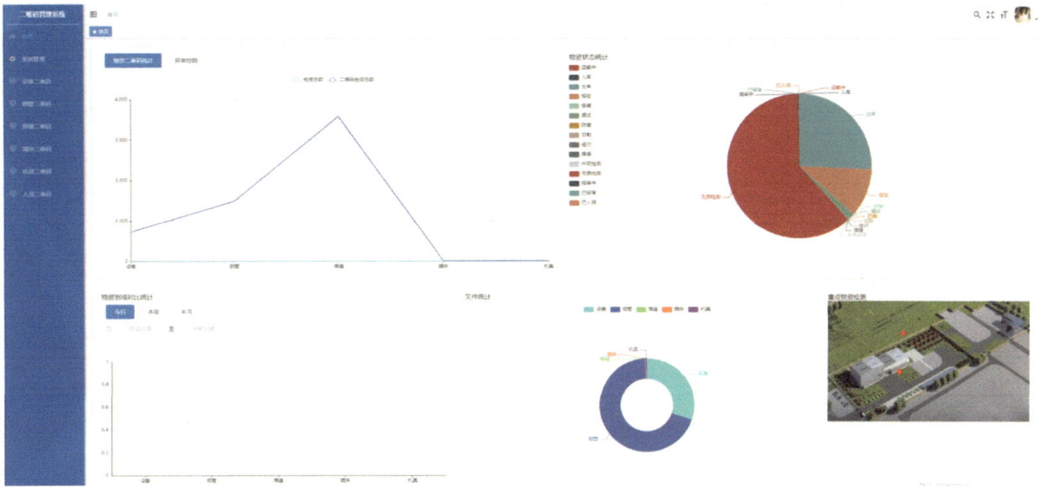

图 6-5-9　储气库二维码应用系统

二　BIM 推演技术

三维模型配合施工顺序时间可形成 4D 模型，通过空间和时间的呈现，更能给人直觉式的感受。3D 模型配合预定的施工计划，将工地现况在计算机中进行仿真，找出施工中会产生的空间设计和时间冲突。在开工前，组织施工单位对预先模拟出的冲突问题进行讨论，在正式开工前进行设计变更或是调整施工计划，提前发现、排除冲突，让拟定的施工计划更具有效率、整合性及完整性。

（一）系统设计

储气库 BIM 推演系统包含前台展示和后端服务器支撑两部分。前台展示通过 SView H5 轻量化展示内核实现，附加整个进度展示的操作流程界面，完成整个 BIM 施工推演、进度计划展示及交互操作等。服务器支撑主要由模型管理、轻量化转换和关联管理等组成。整体系统框架见图 6-5-10。

（二）储气库 BIM 推演应用

储气库项目通过将设计三维模型与施工进度统筹计划相链接，将空间信息与时间信息整合在一个可视的 4D（3D+Time）模型中，使 3D 模型根据时间 Time 直观、精确地演变储气库

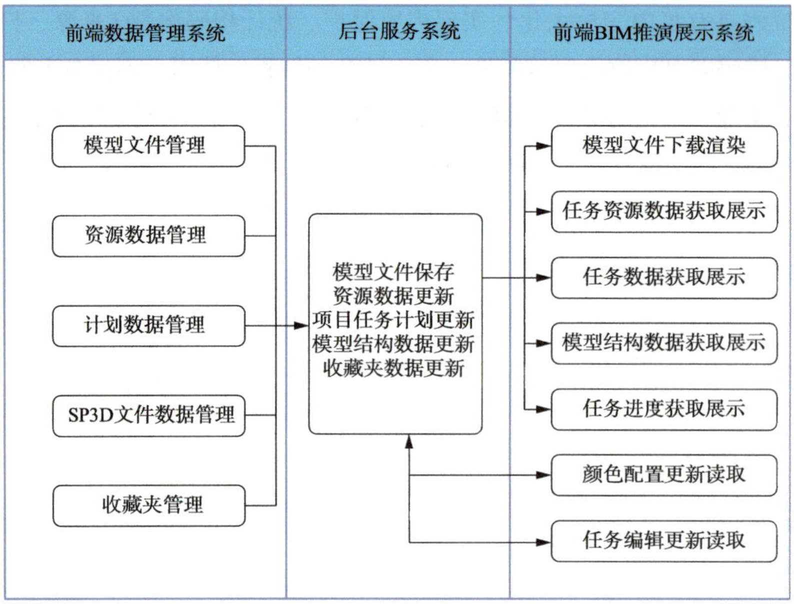

图 6-5-10　整体系统框架

整个施工过程。在未开工前，根据计划施工时间形成预推演，通过预推演可以有助于制定合理施工计划和工序顺序。在工程开工后，将实际施工计划以阶段性方式进行更新，用动态的形式精确掌握施工实际进度。将实际施工与计划施工进行对比，用不同颜色表示按计划未开工、滞后未开工、按期施工中、滞后施工中、提前完工、按时完工、滞后完工等状态。

1. 计划进度推演

计划进度推演展示功能按照原计划的施工进度，展示整个储气库的施工进度。该功能将按照储气库计划工期进行推演，模型的渐进式呈现，直观的展示储气库计划施工进度。同时，处于当前推演时间的每一条任务所关联的人员、物料和机具等资源，将以浮窗形式进行展示，便于查看。计划进度推演见图 6-5-11。

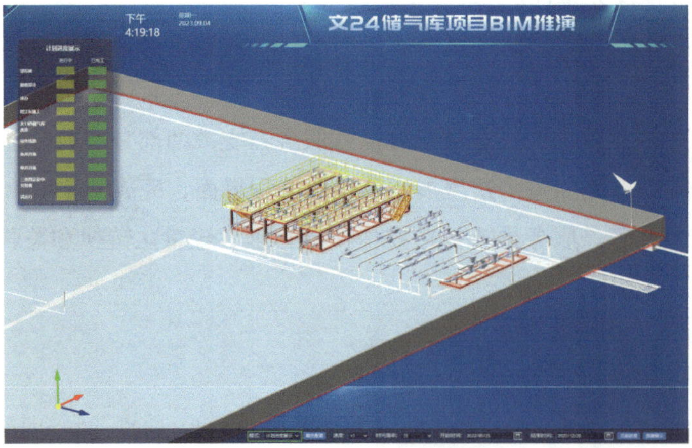

图 6-5-11　计划进度推演

2. 实际进度推演

实际进度推演展示将按照储气库实际施工进度情况，展示施工进度。该功能按照储气库实际进度时间进行推演，模型的渐进式呈现，直观的展示储气库的实际施工进度。同时，处于当前推演时间的每一条任务所关联的人员、物料和机具等资源，以浮窗形式进行展示，便于查看。实际进度推演见图 6-5-12。

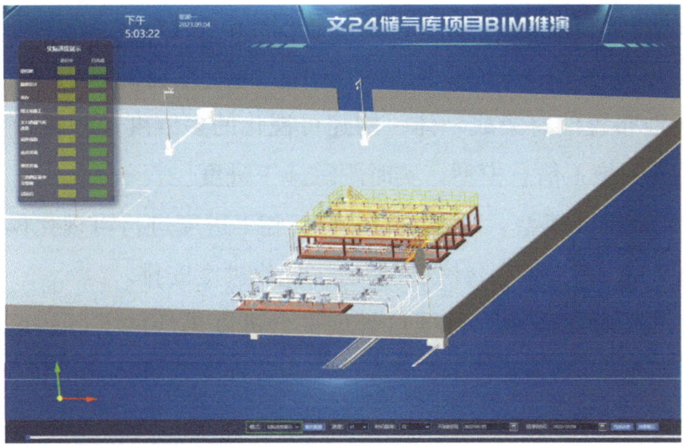

图 6-5-12　实际进度推演

3. 计划进度与实际进度对比推演

计划进度与实际进度对比推演，将对比实际施工和计划施工的进度情况，并在设备模型上进行较为明显的展示施工进度的提前、正常或滞后状态。

该功能按照任务的实际时间进行推演。计划进度与实际进度对比推演，按照任务的计划和实际的结束时间进行推演，并对提前、正常、延迟完成的施工任务进行不同颜色的显示，可以直观的查看项目的实际和计划完成情况。同时，处于当前推演时间的每一条任务所关联的人员、物料和机具资源，以浮窗形式进行展示，便于查看。计划进度与实际进度对比推演见图 6-5-13。

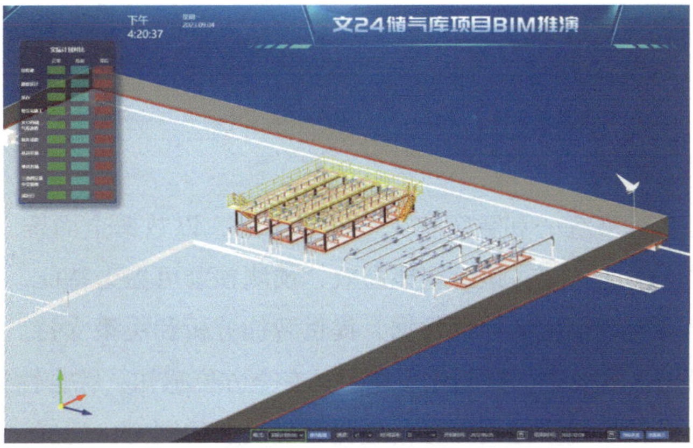

图 6-5-13　计划进度与实际进度对比推演

（三）推演意应用意义

储气库 BIM 推演在计划、实际和实际计划对比三个时间维度，进行施工过程的推演，向施工人员提供更直观的可视性，便于施工技术人员做出更佳的决策和更可持续的选择。同时，物料展示和进度展示能够提高项目执行的智能性和效率，从而获得更好的辅助储气库建设。另外，BIM 推演技术能够推进设计和施工单位更高效地协作和工作，使项目建设和后期运维更加便捷和精准。BIM 施工推演应用见图 6-5-14。

储气库项目运用基于 BIM 的 4D 信息化技术，将全专业信息模型与施工进度相链接，并与施工资源、场地布置信息集成一体，构建可视化的多维度（三维模型 + 施工统筹计划 + 物资 + 机具 + 人员）施工信息模型，实时跟踪施工进度。

（1）形成 4D 计划推演模型，对现场的采购、施工进度进行可视化模拟，模拟状态涵盖设备采购到货、施工完成情况等，计划推演后可优化进度安排。

（2）形成 4D 进度对比模型，将项目管理平台进度模块的实际进度一键更新至 4D 模型，实时跟踪施工进度，实现施工进度可视化，为管理项目进度控制提供决策依据。

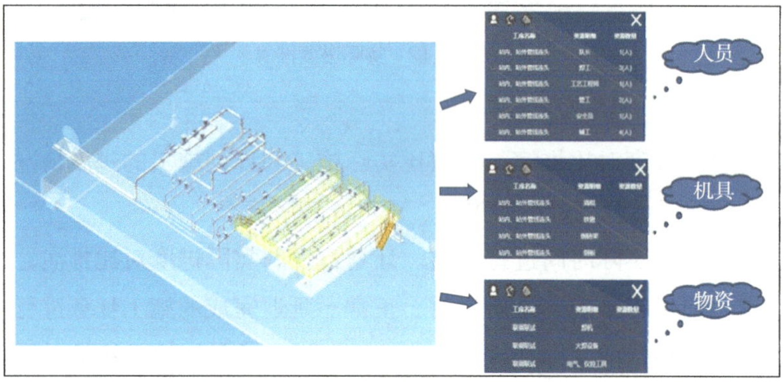

图 6-5-14　BIM 施工推演应用

第六节　储气库智能化生产运维

智能化工厂是在标准统一和数字化工厂的基础上，以数据全面统一、感知交互可视、系统融合互联、供应精准匹配、运行智能高效、预测预警可控为特征，通过“端 + 云 + 大数据”体系架构集成工厂全生命周期数据，提供智能分析和决策支持。用信息化手段实现储气库建设的可视化、网络化、智能化管理，具有全方位感知、综合性预判、一体化管控、自适应优化的能力。在油气田地面工程信息化迅猛发展的同时，建成“资源多元、运行高效、安全可靠”的智能工厂，已经成为当前业界公认的工厂信息化管理建设理念。中原油田践行信息化建设理念，近年来一直积极致力于智能化储气库建设，由信息化到智能化不断探索实践，树立行业标杆企业。

以无人值守站为出发点，推进“远程监控、定期巡护”的前端管理向纵深发展，重点围绕工艺设备设施功能再完善，生产运行效率再提升、劳动组织架构再优化，将数字化建设与生产、安全、经营深度融合，推动作业区向“决策智能化、运行高效化、管理现代化”的智能化储气库迈进。储气库智能化生产运维优势：

一　决策智能化

探索建立油田生产的大数据、云计算，实现对生产动态的“自动化识别、预测预警、辅助决策”功能：

①针对生产数据录入重复、分散、调用费时等状况，搭建以“一体化应用”为目标的“云”环境。

②为生产动态的对比提供丰富可靠的比较模型。

③在对比的基础上，自动推送设备、管网等动态信息，及时反映问题，辅助管理人员决策，对可能出现的风险进行预警处理。

二　运行高效化

完善以注采站为“中心站”的核心管理模式，通过“自动采集、自动判别、自动处置”的实现，进一步提升生产运行效率。

①增强 SCADA 系统对趋势变化的自动判别功能。通过曲线数据分析，实现对预警参数一键归位设置，大幅度降低人工计算及参数录入工作量。

②通过动态数据与模型的对比，自动显示治理措施，实现智能预警及决策。

第七章

储气库建设一体化管控

中原油田积极响应中国石化打造大华北地区“百亿方储气能力调峰中心”的号召，于2021年2月10日组织召开储气能力建设启动会，成立以油田主要领导为组长的项目组，所有参建单位一体化运作，制定工作计划，排出运行大表，扎实推进“卫11、文13西、清溪、白9”四座储气库建设项目各项工作，开启储气库建设项目全面实施。

第一节　项目管理模式

为加快推进中原油田储气能力建设，按期完成建设任务，中原油田采取“油田储气库建设项目领导小组 + 建设单位（项目管理部）+EPC 联合体 + 监理单位”的建设模式，保障4座储气库安全规范、优质高效建设。项目管理部由中原油田所属二级单位组建，全面负责项目建设过程管理。EPC 联合体由石工建所属二级单位组建，全面负责项目建设施工。

一　建设单位组织管理

2021年2月，储气库建设初期，中原油田成立储气库建设项目领导小组，全面统筹储气库建设，研究制定建设运行机制，组织制定建设标准规范，加强项目建设管控。中原油田储气库能力建设组织框架见图7–1–1。

（1）领导组

组长：中原油田主要领导

成员：总经理办公室、党委办公室、油气开发管理部、工程技术管理部、基建部、生产运行管理部、设备管理部、安全环保部、投资发展部、财务资产部、油地工作部、审计部、法律事务部等部门。

主要职责：负责统筹协调4座储气库建设，研究制定建设运行工作机制，组织制定建设标准规范，依据“四提”“五化”工作要求，打造储气库建设示范工程。

（2）总部对接组

组长：中原油田投资发展部领导

成员：投资发展部、生产运行管理部、油气开发管理部、工程技术管理部、基建部、财务资产部、物资供应中心、概预算中心等部门（单位）。

主要职责：负责及时与总部对接4座储气库建设过程中，需要总部协调解决的问题。

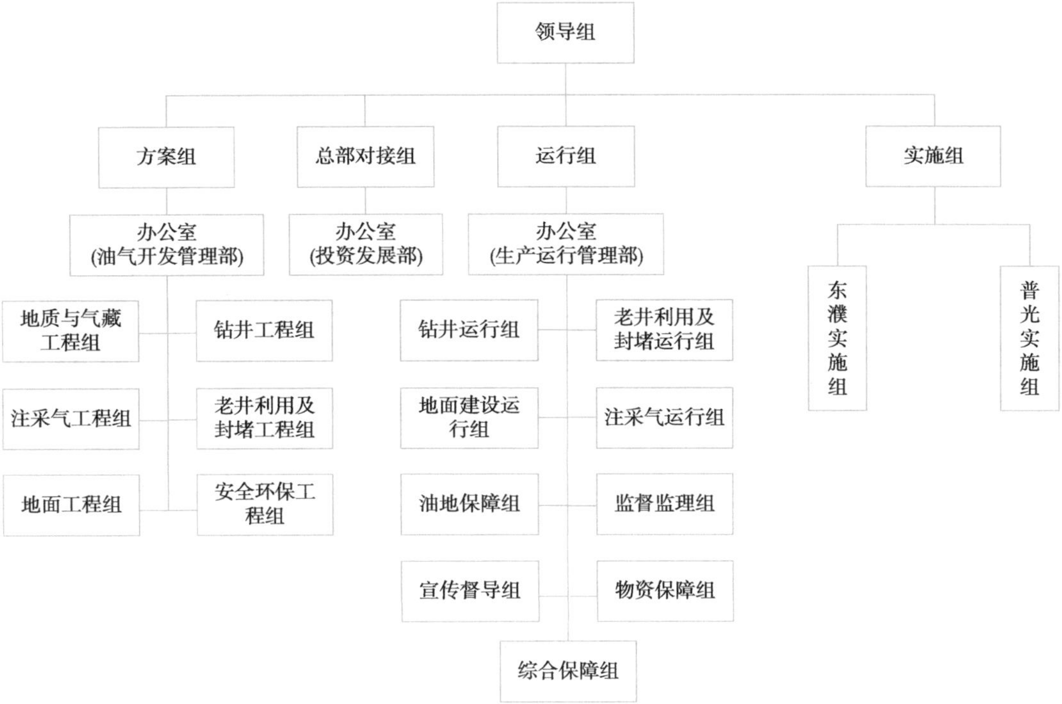

图 7-1-1　中原油田储气库能力建设组织框架图

（3）方案组

组长：中原油田油气开发管理部领导

成员：油气开发管理部、工程技术管理部、基建部、设备管理部、安全环保部、投资发展部、财务资产部、勘探开发研究院、石油工程技术研究院、信息化管理中心、天然气产销厂等部门（单位）。

主要职责：编制、审查地质及气藏工程、钻井工程、注采工程、老井利用及封堵工程、地面工程和 HSE 可研方案。

（4）运行组

组长：中原油田生产运行部领导

成员：党委办公室、总经理办公室、党委宣传部、生产运行管理部、工程技术管理部、油气开发管理部、基建部、安全环保部、设备管理部、投资发展部、油地工作部、审计部、法律事务部、物资供应中心、天然气产销厂、信息化管理中心、文留采油厂、文卫采油厂、濮东采油厂、采油气工程服务中心、技术监测中心、中原石油报社、广播电视中心等部门（单位）。

主要职责：负责编制 4 座储气库运行统筹计划，协调整体建设运行，确保项目建设按时保质保量完成。

（5）实施组

组长：中原油田天然气产销厂及普光分公司领导

成员：天然气产销厂、普光分公司、濮东采油厂、文留采油厂、文卫采油厂等单位。

主要职责：作为4座储气库建设主体单位，成立项目建设组织机构。负责建设规划手续报批、招投标管理、合同签订等项目前期工作；做好储气库建设、运行全过程质量和HSE管理。

二 一体化管控

经中原油田领导研究决定，卫11、文13西等4座储气库建设采取异地比翼齐建，一体化统筹管控。储气库建设一体化管控组织机构见图7-1-2。

建设前期，中原油田成立储气库建设一体化项目管理部（简称项目管理部），制定《储气库工程一体化管控管理办法》，筹建管控组织机构，明确职责目标，细化奖惩办法，充分调动各参建方的积极性。要求四库统一部署、同步建设、资源共享、互通有无；要求各参建方在施工技术、施工资源、物资供应等方面相互支持，在管理方面相互交流学习，提高工程建设管理水平，确保储气库按期投产。

为充分发挥各参建方的优势，提升信息沟通效率，减少信息传递衰减及管理脱节问题。抽调各参建单位专业技术骨干100余名，组成物资、质量、HSE等7个管理小组，全面管理4座储气库建设，协调处理现场各项事宜，组织月度检查考核，保障工程高质量、高效率建设，促进项目建设安全平稳开展。

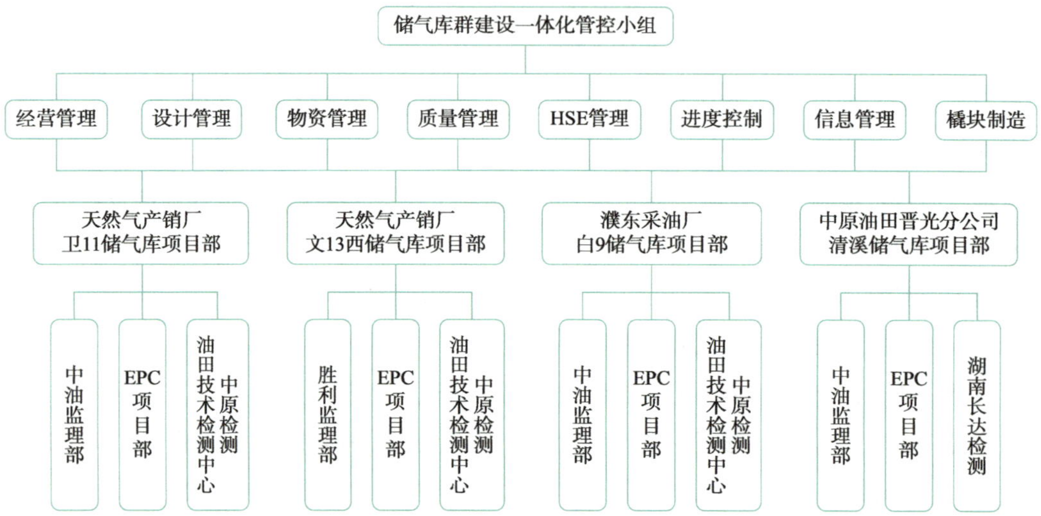

图7-1-2 储气库建设一体化管控组织机构图

一体化管控组织机构具体如下：

（1）一体化管理领导小组

组长：建设单位项目经理

成员：各参建单位主要负责人

主要职责：解决各储气库（简称各库）建设过程中的重大问题，决策重大事项；及时与上级部门沟通交流；组织有关部门及单位检查、考核各参建方，促进工程顺利实施。

（2）经营管理组

组长：建设单位合同主管

成员：相关参建单位专业技术骨干

主要职责：负责合同起草、评审、谈判、履行；工程承包合同进度跟踪；合同发放、交底和解释；合同变更、纠纷和索赔处理；参加所有合同评审，审查资金来源是否有保障、资产所有权归属是否明确具体；做好费用控制、资金计划、工程款申请、变更管理、工程结算等工作。

（3）设计管理组

组长：储气库设计主管

成员：相关参建单位专业技术骨干

主要职责：负责制定各库设计进度计划，跟踪、管理设计进度；配合完成基础设计审查；参加施工图审查和设计交底；参与设计文件、设计变更、工程签证等现场审查工作；提供项目有关设计基础资料（水文地质资料、气象资料）；组织修改完善集团公司、地方政府对基础设计的审批意见；协调设计文件及图纸资料的收发、整理及归档。

（4）物资管理组

组长：中原油田储气库物资主管

成员：相关参建单位专业技术骨干

主要职责：负责编制各库采购计划，组织物资采购；协调供货商与设计、施工等接口问题；控制采买过程的进度、费用；参与采购招投标和合同谈判；组织采购质量、进度、技术协调会，协调处理问题，制定对策措施；组织到场物资接收、检查、交接及仓储管理；安排供应商现场技术服务，协助处理物资退换、索赔和争议；处置剩余物资；管理物资采购资料；协调供应商配合投产和售后服务，做好投产期间应急物资的供应。

（5）技术质量管理组

组长：储气库工程技术主管

成员：相关参建单位专业技术骨干

主要职责：负责制定重大施工技术方案；审批重大、较大施工技术方案；审查施工开工条件；组织图纸会审、设计交底、施工总体交底；统筹规划施工总平面图，核实施工变更和签证；制定投产试运行方案；组织交工技术文件的编制和存档；组织工程中交、竣工验收。

负责建立健全各库质量管理机构、质量管理体系；编制和宣贯质量管理文件；定期召开质量工作例会，解决重大质量问题；审查质量检验计划；制定质量管理措施；划分单项单位工程，确保工程质量符合要求；加强工程过程质量检查；定期组织各库施工质量的检查、考核、评比。

（6）HSE 管理组

组长：建设单位安全主管

成员：相关参建单位专业技术骨干

主要职责：负责储气库 HSE 管理体系建立、运行和持续改进；制定 HSE 工作目标、计划并监督落实；组织现场人员安全教育培训及取证；指导入场 HSE 教育培训并监督考核；审查承包单位及相关人员安全资质、安全资格证、安全准入；组织项目施工危害识别和风险评估，督促落实重大危害因素的安全管理措施；组织制定储气库应急救援预案，组织开展应急演练；组织各库 HSE 检查；负责职业健康、环境保护、隐患排查、安全事故处理等管理工作；负责项目 HSE 管理办公室日常工作。

（7）进度控制组

组长：建设单位项目执行经理

成员：相关参建单位专业技术骨干

主要职责：负责工程进度计划、各项资源的综合管理，协调工农关系；定期组织召开生产协调会，协调处理问题，制定对策措施，并监督实施；协调设计、物资、质量、HSE 等工作；定期考核评比施工进度。

（8）信息管理组

组长：中原油田储气库信息化主管

成员：相关参建单位专业技术骨干

主要职责：负责审核信息化方案；监督信息化进度；审核信息化硬件配置；组织开发数据服务接口，共享交付数据；组织基于交付数据开展的应用建设；宣贯数字化交付标准；组织数字化交付平台建设、完善、提升、培训、日常维护、常见问题处理等相关工作；监控交付数据完整性、及时性，考核评比参建单位数字化交付工作。

（9）橇块制造

组长：中原油田设备制造主管

成员：相关参建单位专业技术骨干

主要职责：负责组织自制橇块设计；组织橇块设计质量、进度、技术协调会，协调处理问题，制定对策措施；组织编制橇块制造进度计划，跟踪监控制造进度；组织制定进度纠偏措施，并监督实施，确保橇块制造按计划节点完成；参与橇内设备、材料的采买、催交、检验、运输和开箱检查；对制造质量进行全面管理。

储气库建设一体化管控提升了各参建单位的沟通效率，联合管控小组能够更加全面地提出建设中存在的问题并组织协调解决。各库之间通过相互交流学习及考核评比，有效提升储气库工程建设效率，最终保障 4 座储气库在计划工期内建成投产。

第二节 党建融合

党建工作是党的优良传统和重要的政治优势，是其他一切工作的生命线。在新的历史时期，中原油田牢牢把握历史机遇，聚焦党委年度工作规划，进一步提升政治引领力、思想凝聚力、组织战斗力，切实把党的政治优势，转化为储气库建设优势。以老油区转型升级为主线，建设“中原百亿方储气库群”，为我国推进能源生产和消费革命，构建清洁低碳、安全高效的现代能源体系提供强劲支撑。

根据集团公司总体部署，“五化”工作由油田事业部组织，石工建具体落实，要求强化甲乙方的深度融合，石工建要和油田事业部、油气分公司、天然气分公司进一步融合，充分发挥一体化优势。中原油田和石工建紧抓契机，联合统筹，精心擘画，明确赋予储气库建设“拓展核心竞争优势、建设五化示范工程、打造橇块制造中心、开展数字化交付”等重要使命。把储气库群作为油田老区转型升级的主阵地，培育“五化”模式下的设计、施工和监理队伍，持续提升工程建设管理能力和水平。

一 党建工作目标

（1）打造政治功能和组织凝聚力强的坚强战斗堡垒，着力抓好政治、思想、组织、作风、纪律和制度等方面建设。

（2）围绕中心任务抓党建，抓好党建促发展。深度融合生产经营，紧扣安全、进度、质量目标靶向发力，提升劳动生产效率，创造最佳效益，为实现员工美好生活努力奋斗。

（3）适应新的时代要求，引领和推动项目建设数字智能化转型升级，协助探索绿色环保、持续高效、效益卓著、行业领先项目建设模式，构建市场竞争新优势。

（4）突出服务保障职能，努力在服务生产一线、服务群众、服务中心任务上出实招、办实事、解难题。

（5）把项目作为培养人、锻炼人的孵化基地，为油田输送更多德才兼备的优秀人才。

（6）形成一套具有显著特点，加强项目思想政治工作、企业文化建设和党支部自身建设的有效途径。

文 13 西储气库党建目标分解见表 7-2-1。

表 7-2-1 文 13 西储气库党建目标分解

类别	目标要求	责任人	完成时间	备注
党建责任制	支部与每名党员签订目标责任书，明确各自党建融合的责任范围	***	4 月初	
	每名支部成员联系一个施工单位、一个具体施工区域、一项单体工程	***	4 月底	
	落实党建责任，每月召开一次支部委员会，专题研究讨论党员承包责任完成情况；每季度进行一次目标责任考核	***	每季度	
	落实好党支部针对安全、进度、生产、经营等工作提出的要求（措施、方案、安排、部署）等	***	每月	
班子建设	党组织班子健全，分工明确，凝聚力战斗力强	***	12 月底	
	认真坚持民主集中制，做到民主决策、科学决策	***	12 月底	
	廉政建设，无违规违纪行为	***	12 月底	
队伍建设	加强党员干部员工的思想政治教育，深入践行社会主义的核心价值观，无违法乱纪现象	***	12 月底	
	加强业务知识培训，业务熟练、工作成效显著	***	12 月底	
	员工绩效考核有目标、有考核、有奖惩	***	每季度	

二 主要做法

（一）加强学习和形势任务教育

（1）统一思想、明确目标、聚集力量

中原油田储气库建设项目领导小组要求：储气库各参建单位全面提升党建工作质量，推动党建工作与生产经营同向聚合、同频共振，提升工作动力和工作水平。通过中心组学习、“三会一课”、主题党日、主题宣讲会等方式，学习领会集团公司、中原油田工作会议精神。引导和引领干部员工聚焦油田全年改革发展任务，锚定“站排头、争第一”目标。凝聚干事创业、攻坚创效的强大合力，确保各项目标任务顺利完成，为中国共产党成立 100 周年献礼。如文 13 西储气库形势任务教育安排见表 7–2–2。

（2）激发带领干部员工“干百年优质工程和为油气事业再创辉煌”的坚定志向

各储气库积极学习贯彻党的十九大历届全会精神和习近平总书记最新重要讲话和指示精神，打造践行习近平新时代中国特色社会主义思想阵地。

在全体党员干部中开展党史、新中国史、改革开放史和社会主义发展史“四史”教育，通过读原著、学原文、悟原理，将自身的思想和工作摆进去，达到“明理、增信、崇德、力行”效果。赓续红色血脉、传承红色基因，围绕中心任务践诺初心使命，团结带领全体干部员工，为实现各储气库按期完工和创国优工程奋勇拼搏。

表 7-2-2 文 13 西储气库学习教育安排

时间	文章（书籍）题目	备注
一季度	1. 集团公司、中原油田工作会议精神； 2.《习近平谈治国理政》第三卷、《中国共产党支部工作条例（试行）》； 3. 十九届中纪委六次全会精神、党史教育系列材料	
二季度	1. 习近平总书记在党史学习教育动员大会上的重要讲话，《党的十九届五中全会〈建议〉学习辅导百问》； 2.《中国石化党支部标准化规范化建设工作手册》《中国共产党保密工作史》； 3. 石化传统教育学习——《让大庆精神绽放时代光芒》《关于发挥综合治理工作维护稳定保障作用的指导意见》（中国石化维稳〔2020〕5 号）	
三季度	1. 习近平总书记在省部级主要领导干部学习贯彻党的十九届六中全会精神专题研讨班上的讲话，《红色往事——镌刻在党旗上的保密故事》； 2. 马永生同志在中国石化全系统安全生产警示大会上的讲话，《习近平谈治国理政》第三卷； 3.《中国共产党支部工作条例（试行）》《中国石化党支部标准化规范化建设工作手册》党支部的八项基本任务	
四季度	1. 学习贯彻习近平总书记在庆祝中国共产主义青年团成立 100 周年大会上重要讲话精神座谈会暨青年精神素养提升工程部署会精神，《习近平谈治国理政》第三卷； 2. 党的二十大会议精神、《中国共产党保密工作史》； 3. 法律法规知识、党风廉政建设及上级纪检工作会议精神	

四座储气库组织 32 名 35 岁以下团员青年成立 4 支青年突击队，聚焦项目节点工期、安全生产、质量管控等工作，以良好的精神状态，在项目急、难、险、重工程的突击任务中“比贡献、比进度、比团队作风”，营造“攻坚克难、你追我赶”热烈氛围，为实现工程建设目标任务赢得主动。储气库青年突击队见图 7-2-1。

图 7-2-1 储气库青年突击队

各储气库深入开展“党旗在施工一线高高飘扬”活动，党员在施工现场佩戴徽章，在党员责任区、重要施工区域、主要设备等处插党旗、红旗共 11 面，创建党员责任区 35 个，有效发挥支部战斗堡垒和党员先锋模范作用。全体党员把建党 100 周年作为一个新的征程，为实现中华民族伟大复兴的中国梦努力奋斗。图 7-2-2 为党旗飘扬在压缩机基础浇筑现场，图 7-2-3 为红旗飘扬在吸收塔顶。

图 7-2-2　党旗飘扬在压缩机基础浇筑现场

图 7-2-3　红旗飘扬在吸收塔顶

（3）突出党组织的政治功能发挥政治优势

项目领导小组要求各储气库：推动党支部和广大党员不断提高政治领悟力、政治执行力，切实增强“四个意识”，坚定“四个自信”，做到“两个维护”。坚持政治纪律和政治规矩这根弦不能松，做到对党忠诚、遵规守纪、为党尽责。加强党的党组织建设，推动党组织把握政治方向，加强政治领导，夯实政治根基，发扬传统精神，永葆政治本色。

（二）领导干部率先垂范、项目团队敢打能赢

（1）在项目建设期间，集团公司、中原油田、石工建各级领导多次到现场指导工作。中原油田基建设备部、天然气产销厂、濮东采油厂、EPC 等部门和单位领导在项目攻坚阶段，每天从早到晚忙碌在施工现场，连续二月有余亲临现场协同指挥。

在工程紧要关头，各单位及时将机关干部充实到项目一线，常驻现场辅助现场管理。运行管理部协助管理分包商；HSE 管理部协同管控现场安全；技术质量部指导措施编写、督察实体质量；党群工作部夏送清凉，鼓舞士气；经营管理部指导协助现场分包管理；物资装备中心协助催交催运；人力资源部及时调配人员、组织新分大学生到场学习等等举措，充分展现 EPC 联合体团结奋进、群策群力的团队精神，有力促进施工进度，为项目按时完工提供坚实的保障。图 7-2-4 为中原油田、石工建领导在现场调研。

图 7-2-4　中原油田、石工建领导在现场调研

（2）管理团队树立必胜信念。针对雨天、村民阻工、材料滞后等重重困难，各单位干部员工加班加点抢进度，千方百计保工期，遇到困难冷静研判利弊，共同寻求解决方案。各单位领导干部与施工队伍结对子，下沉到机组“一对一”

无缝对接。

各单位领导、项目经理亲自抓复杂的站内系统；项目书记、执行经理抓情况多变的井场工农关系；项目副书记和支部委员抓急难险重的要害工程。安全、质量工作不论事情大小、关键环节施工不论早晚，有关责任领导紧贴施工现场一抓到底。

自 5 月中旬进入施工攻坚阶段，储气库建设采取集中办公、挂图作战、区域责任承包等有效措施，围绕关键节点路径靶向发力。各储气库每晚 7：30 组织有关部门负责人、专业工程师、施工队负责人等，在现场对接施工任务，研究方案、制定措施。各储气库管理人员 24h 吃住在现场，既当指挥员又当战斗员，苦干、实干加巧干，把“黑夜当白天、大雨当小雨、小雨当晴天”争分夺秒抢夺工期，一直到注采站投气试注，3 个多月每天工作至深夜成为常态。

（三）开展“专项行动”和党员攻关活动

中原油田开展储气库“奋勇争先　攻坚创效　向建党 100 周年献礼”专项行动，成立专项行动领导小组，由中原油田领导担任组长，油田有关部室负责人、各参建单位主要领导为成员，召开启动大会，各参建单位负责人和储气库负责人代表做会战发言，并签订责任状。

中原油田基建设备部制定专项活动考核细则，每月 10 ~ 15 日对各参建单位进行综合绩效考核，按期实现阶段性计划目标的单位，根据权重等级分别奖励 5 ~ 10 万元不等；各储气库分别在参建施工队之间，开展劳动竞赛月度考核活动，迅速掀起“做贡献、争第一”的会战热潮。图 7-2-5 为“奋勇争先　攻坚创效　向建党 100 周年献礼”专项行动启动会。

图 7-2-5　“奋勇争先攻坚创效向建党 100 周年献礼”专项行动启动会

四座储气库地面工程全体参建人员中共有党员 122 名，占员工总数的 46%，下设建设单位、EPC 联合体、监理单位等 8 个党支部。各党支部根据每名党员的职责范围，结合安全、进度、文明施工、成本控制等开展立项攻关活动，并在现场挂牌实施，着重抓好各环节的过程控制和日常现场督导，全力推进“安全全员参与、进度及时纠偏、施工文明规范、容易产生争议的工程消耗有监控记录”，确保重要工作顺利开展。党员立项攻关流程见图 7-2-6。

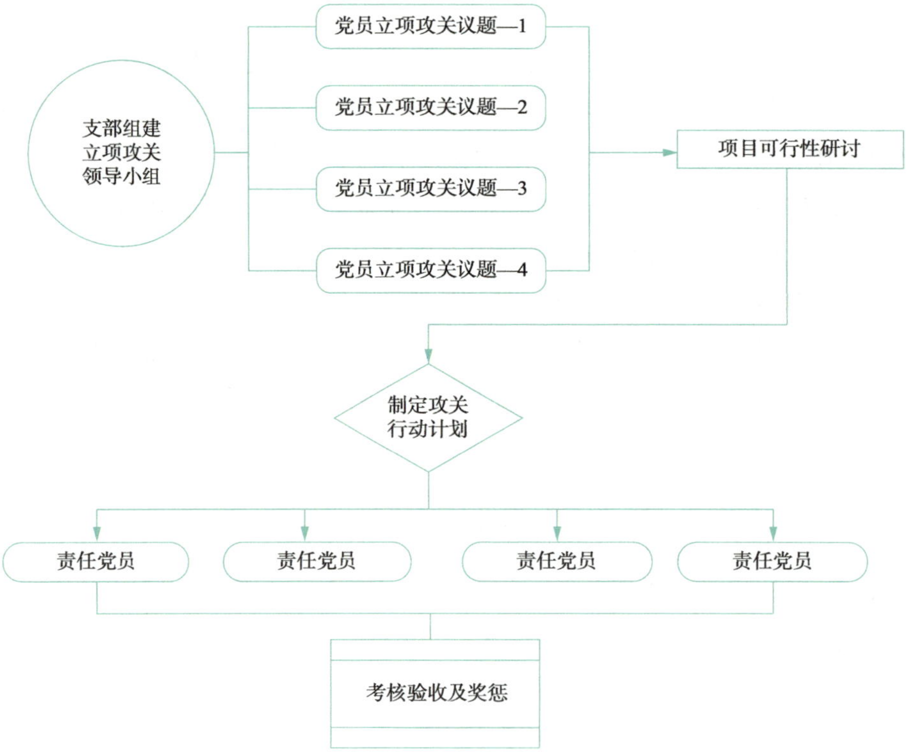

图 7-2-6　党员立项攻关流程图

在施工现场，一名党员就是一面旗帜，充分发挥党员的模范带头作用，为储气库项目建设做出突出贡献，得到干部员工的普遍认同。图 7–2–7 为第一批橇块出厂，图 7–2–8 为党员突击队队旗在现场飘扬。

图 7-2-7　第一批橇块出厂

图 7-2-8　党员突击队队旗在现场飘扬

（四）实施关键节点和重点工作督查

中原油田基建设备部成立工作督导组，督导内容包括：制度体系修订和完善、项目领导小组会议安排部署的重点工作、上级领导关注和交办的关键事项、整改跟踪和回头看等有关问题。

督导组积极制定工作完成计划，监督工作事项的运行状态，针对存在的问题提出整改建议和具体措施，及时给主要领导反馈相关信息，以便对下一步工作做出全面准确的合理安排。每周两次在项目领导小组群、项目工作群发布督查期报，按时更新督导动态。项目工作督导取得良好效果，对完成目标任务起到积极推动作用。储气库建设重点工作督导见表 7-2-3。

表 7-2-3 储气库建设重点工作督导表

序号	部门	督导事项	负责人	进展及问题	计划完成时间
一	施工				
1	施工	压缩机房及空冷器间不发火地面整改	***	已安排，等待材料	2022/*/**
2	施工	压缩机房及空冷器间屋顶雨棚安装	***	已完成	2022/*/**
3	施工	三查四定问题项整改、销项	***	基本完成	2022/*/**
4	HSE	班子成员 HSE 个人行动计划编制提交	***	已完成	2022/*/**
5	HSE	HSE 目标责任完成情况	***	正在进行	2022/*/**
6	技术质量	技术资料编制、初步成册	***	正在进行	2022/*/**
7	技术质量	管道焊接质量确认	***	正在结合	2022/*/**
二	经营				
（一）	分包清理及分包结算				
1	经营	站外管线土建一标段结算（*** 公司）	***	正在结算中	2022/*/**
（二）	施工费用结算				
1	经营	里固燃气管线修复	***	需提供工程量核定单	2022/*/**
2	经营	顶管穿越发生补偿费用	***	需提供工程量核定单	2022/*/**
（三）	设计费用结算				
1	经营	设备材料规格型号变更发生的费用	***	技术提供工程量核定单	2022/*/**

（五）作风建设常抓不懈

项目领导小组紧贴生产一线解决实际问题，把服务一线、服务群众作为检验合格党员干部的一把重要标尺。注重实干兴业，提倡开重要的会、短会、布置关键工作的会风；杜绝情况不详拍脑袋、工作不扎实假大空现象发生；克服低老坏，工作拖延要求不高的涣散行径。厉行勤俭节约、反对铺张浪费，从自己做起、从小事做起，引导员工从节约一度电、一滴水。

储气库建设把分包队伍纳入自有队伍规范管理，要求各储气库参建干部员工既为他们提供热情周到的服务，又保持良性的互动关系，平时做到不接受馈赠、不接受宴请和到娱乐场所消费，树立建设健康工程、廉洁工程的坚定立场。

三　密切联系群众　服务群众

四座储气库各参建单位分别成立后勤管理委员会，负责做好后勤生活保障工作，为一线施工提供强劲支持。后勤管理委员会组织机构见图 7–2–9。

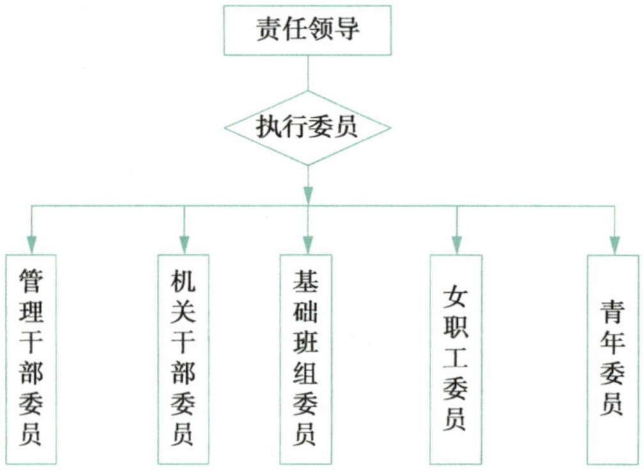

图 7-2-9　后勤管理委员会组织机构

各后勤管理委员会积极开展各类后勤保障工作。在新冠疫情防控期间，利用国家疫情防控信息化检索平台，结合核检全覆盖现场管理，采取入场自动体温检测、生活场所全消杀等措施，确保疫情防控无纰漏。炎热夏季，每天为一线施工人员熬制绿豆汤，送至现场全天供应；不定期送西瓜、雪糕、矿泉水等消暑品，通过“夏送清凉”活动，及时把领导和党组织的关怀送到现场，鼓舞全体参战将士的斗志和干事热情。

加强“两堂一室”建设，为员工提供良好的工作、生活环境；为员工及时赠送生日贺卡和生日礼物；关心困难员工家庭，定期开展困难救助、助学补助、家访慰问等工作，热情为员工解决工作、生活、学习等方面的实际问题，营造一家人一家亲、一股绳一条心的和谐氛围。同时锤炼队伍、历练人才、培养干部，为公司持续发展提供后备力量。清溪储气库送温暖活动计划见表 7–2–4。储气库现场供应防暑降温饮品见图 7–2–10，项目领导到驻地送慰问品见图 7–2–11。

表 7-2-4　清溪储气库送温暖活动计划表

单位	一季度	二季度	三季度	四季度	合计（人均 *** 元）
安装一队（** 人）	方便面、火腿肠、矿泉水、猪肉	矿泉水、鸭肉、方便面、粽子	雪糕、降温汤、鸡肉、防疫药品	猪肉、月饼矿泉水	****
安装二队（** 人）	方便面、火腿肠、矿泉水、猪肉	矿泉水、鸭肉、方便面、粽子	雪糕、降温汤、鸡肉、防疫药品	猪肉、月饼、矿泉水	****
土建一队（** 人）	方便面、火腿肠、矿泉水、猪肉	矿泉水、鸭肉、方便面、粽子	雪糕、降温汤、鸡肉、防疫药品、	猪肉、月饼、矿泉水	****
土建二队（** 人）	方便面、火腿肠、矿泉水、猪肉	矿泉水、鸭肉、方便面、粽子	雪糕、降温汤、鸡肉、防疫药品	猪肉、月饼、矿泉水	****

续表

单位	一季度	二季度	三季度	四季度	合计（人均 *** 元）
电气仪表队（** 人）	方便面、火腿肠、矿泉水、猪肉	矿泉水、鸭肉、方便面、粽子	雪糕、降温汤、鸡肉、防疫药品	猪肉、月饼、矿泉水	****
防腐保温队（** 人）	方便面、火腿肠、矿泉水、猪肉	矿泉水、鸭肉、方便面、粽子	雪糕、降温汤、鸡肉、防疫药品	猪肉、月饼、矿泉水	****
钢结构施工队（** 人）	方便面、火腿肠、矿泉水、猪肉	矿泉水、鸭肉、方便面、粽子	雪糕、降温汤、鸡肉、防疫药品	猪肉、月饼、矿泉水	****
合计（*** 人）	** 人	** 人	** 人	** 人	****

图 7-2-10　储气库现场供应防暑降温饮品

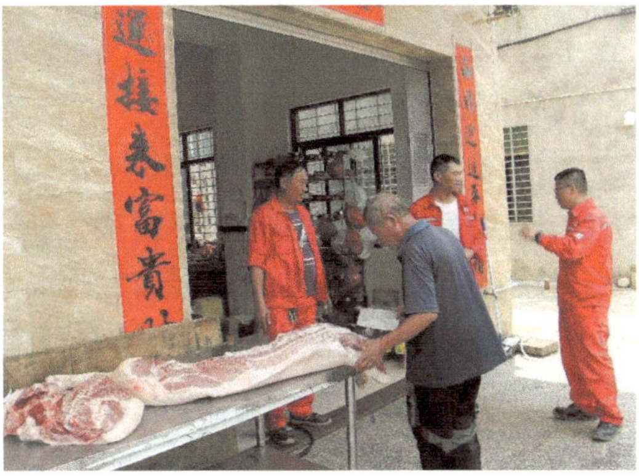

图 7-2-11　项目领导到驻地送慰问品

四　党建融合成果显著

（1）“五化”实践理论愈发成熟

“五化”工作在 4 座储气库实践成功，工程设计标准化，现场安装工程量大幅度减少，机械化、自动化运用程度更高，加快工程进度，缩短了项目建设周期。通过“五化”工作扎实推进，实现“五省”目标，劳动定员减少 30%，占地减少 20%，运行成本预计降低 5%，项目建设周期压缩近 4 倍，工厂化预制和模块化施工成熟运用。以中原油建石油化工设备厂为基础，将其成功拓建为中国石化中部工厂化预制基地，全自动焊接能力 300 吋径 / 天，出色完成 4 座储气库 60 个橇块的制造任务。区域工厂化预制基地建设目标初露端倪。

（2）数字化平台构建深入推进

首次应用的智能工地管理系统，具备智能门禁、视频监控、焊接管理、环境监测等功能，满足工地可视化、数字化、智能化管理要求。为项目管理人员进行数据分析、远程协作、安全预警等提供技术支撑，为工程管理提供信息化支持。多领域二维码管理及全自动焊接数据采集等，实际运用日趋成熟。

（3）实体质量不断提升

树立“建百年精品工程”意识，围绕打造储气库国优工程目标，严格执行工艺纪律、完善质量保障体系、加强过程管理，举一反三抓现场典型质量问题，全方位质量意识教育深入人心，质量管理水平和质量竞争力得到有效提高。建设周期内未发生质量事故，焊接一次合格率达到96%以上，单位工程质量合格率100%。

（4）创建绿色环保新高度

施工过程中积累了无土化绿色施工经验，在相关施工环节中优选环保材料、应用降噪技术。采用全场喷淋系统与流动降尘措施相结合，泥浆地下回注等措施，实现废物无害化处理，达到清洁生产要求。结合现场空间布局，统筹考虑工程进展与施工工序，合理制定全场填挖用土计划，确保回填到位，场平及时。

（5）管理发展适应新特点

针对各参建单位的业务范围，一体化管控小组聚焦目标，采取集中办公、挂图作战等方法，充分发挥合力，快速高效解决各种问题，大幅提高工作效率，降低项目成本。一体化管控小组和石工建推进工作组常驻现场办公，通过每周例会、专项会议等解决设计、采购、制造、施工相互制约、脱节等矛盾，推进各项工作有序高效运行。

第三节　“五大控制”

一　投资控制

项目管理部负责整个工程投资管理并组织实施，4座储气库投资控制遵循“统一管理、目标分解、逐级负责、由上至下、上下结合”管理思路，职责划分做到纵向到底、横向到边，每个部门有责权、每项投资均有归口管理部门。

按照《中国石化工程建设项目实施投资控制管理规定》《中原油田工程建设项目实施投资控制管理细则》要求制定预结算管理办法、投资控制管理办法等系列管理办法，明确项目管理部有关部门的权力、责任、审批程序、控制流程、签署制度，使投资控制责权落实到人，管理职能分配到部门。

根据批准的设计概算，按各部门职责权限将投资进行分解，确定各部门的投资控制目标，以各项投资控制管理办法为依据，结合奖罚等措施进行投资管理。

（一）投资控制原则

（1）以设计阶段为重点进行建设全过程造价控制。

（2）动态地、主动地控制工程造价。

（3）采取技术与经济相结合的措施进行工程造价控制。

（二）投资控制内容与措施

1. 落实项目资金来源

中原油田投资发展部根据中国石化批复的基础设计概算，确定费用控制总目标；根据招标或议标结果，确定费用控制分目标，并落实到项目管理部各部门。投资发展部根据费用控制目标，结合实施组编制的工程进度计划，编制基本投资计划，并具体负责组织资金到位。

项目资金来源主要是中国石化专项拨款。中国石化实行资金集中统一管理，项目资金由集团公司财务部统筹运作管理，项目管理部负责按照《中国石油化工股份有限公司资金管理办法》《项目资金预算管理程序》向集团公司财务部申请资金，确保工程款项的及时有效使用。

2. 引入竞争机制，贯彻招投标原则

项目实施过程中，工期紧、投资紧是两个突出的矛盾。即要花钱少，又要保工期，引入招投标竞争机制势在必行。项目管理部制定了报审程序、评标办法、标底编制等相关制度，同时接受中国石化工程建设管理部招标办的监督和指导，使招标工作规范化、程序化。

4 座储气库按照集团公司要求，监理、施工承包及质检等均采用公开招标方式。通过招标的评审、比较，选择出信誉可靠、技术过硬、管理完善、报价合理的可信赖承包商，实现项目管理科学规范。

3. 加强项目过程优化

依据“技术先进、方案实用、投资经济”的原则优化基础设计，将投资控制落实到源头上；加强施工技术方案和施工组织优化，积极推广新工艺、新材料；按照工程进度要求，优化施工方案，在保证施工安全和质量的前提下，加快施工进度，节约建设费用。

4. 严格推行投资限额制度，层层分解，限额管理

4 座储气库实施费用控制限额制度，对设计、采购、施工实行限额管理。投资管理采用分层分解限额制，建立限额体系。分解投资与费用控制目标和考核点一一对应。

第一层分解：总投资分解。以费用类别为基础，依据项目总体统筹计划，对总概算进行分解。其分解结果作为整个项目的费用控制总目标，用于项目决策层宏观控制。

第二层分解：项目管理部各部门按投资控制的具体项目进行分解，对施工费用按照年、季、月度分解，先预算后施工。

限额管理的具体实施包括：设计限额——设计承包全过程；采购限额——合同谈判的货比三家、价比三家、择优选廉订货过程；施工限额——施工招标和施工承包全过程。

5. 工程成本管理

工程成本是指建设单位在工程建设过程中所发生的全部实际支出。工程成本支出的内容必须与工程建设投资计划和工程建设概（预）算中所规定的各项工程建设投资明细相一致，主要包括建筑安装工程投资支出、设备投资支出、待摊投资支出和其他投资支出。

进度控制组每月上报工程形象进度，在中国石化油田板块 ERP 大集中系统中维护工程形象进度完成情况，对比工期计划完成情况，分析进度偏差，制定纠偏措施并监督实施。

经营管理组与进度控制组及时对接，分析工程进度，综合研判各类突发情况，合理控制进度款支付，逐步完成费用控制总目标。

6. 工程变更款及签证

工程变更及签证费用分级审批制度：工程变更、设计变更、现场签证费用的签认由现场监理、技术质量管理组、进度控制组根据权限审批。

工程变更指标限额制度：工程变更按照影响费用的大小、影响进度的幅度以及变更的技术、施工要求的难易复杂程度三项因素分级管理，实行“单项变更限额制”，保证现场变更管理权限的独立性和制约性。

变更签证费用备案和报表制：工程变更和签证费用审批的每一环节均要求进行备案，按月将变更费用情况编制成报表，上报经营管理组，保证项目管理部及时掌握变更费用发生情况，为费用指标的调整提供依据。

7. 竣工决算管理

建设项目竣工决算的依据主要包括：可行性研究报告、基础设计、概算调整及其批准文件；招投标文件（书）；历年投资计划；经审核批准的预算；承包合同、工程结算等有关资料；有关的财务核算制度、办法；其他有关资料。

在编制 4 座储气库项目竣工决算前，项目管理部各职能部门配合经营管理组做好各项清理工作，主要包括储气库项目档案的归集整理、账务处理、财产物资盘点核实及债权债务的清偿，做到账账、账证、账实、账表相符。

（三）财务管理

1. 资金管理

项目资金必须按规定用于 4 座储气库建设，正确划分资本性支出和收益性支出的界限，确保资金适时、足额用于工程建设。项目资金的使用和管理，必须厉行节约，降低工程成本，防止损失浪费，提高资金使用效益。

建立资金业务岗位责任制，实行岗位不相容制度。出纳人员不得兼任稽核、会计档案保管、收入、支出、费用、债权债务账目登记和会计电算化系统管理等工作，不得由一人办理货币资金收支的全过程。

办理款项收付时，应提供真实、合法、合规、本部门签章齐全的原始单据，如合同、发票、出入库单据、付款审批表等，以及经营管理组需要的其他资料。经办业务需经领导（或部门）审批的，应事先办妥审批手续，不得超越权限，不得徇私舞弊，损害项目管理部利益，造成资产流失。

所有款项支付必须严格按照《中国石油化工股份有限公司权限指引》的规定办理，涉及工程项目资金付款的合同、协议必须经过经营管理组会签。工程招投标、合同谈判等工作应有财务人员参加。

2. 工程进度、结算款签认及支付

（1）依据合同约定支付工程预付款。EPC 联合体根据工程进度情况，提供进度款支付申请表、已完工程进度预算书和发票等有关附件，报项目管理部相关部门审核签字，经项目部领导批准后支付。

（2）工程结算款的拨付。EPC 联合体在工程完工后，持工程验收单、监理签署的合格意见、工程审计结算单、工程结算书、发票及工程进度款拨付申请表办理工程款的结算业务。经相关部门审核签字并经项目经理批准后，按合同规定扣除甲供材料费、已拨款项、质保金等费用，财务资产审核无误后，向施工单位支付结算款。

3. 结算程序

（1）储气库竣工验收合格后进行工程结算。每项合同所对应的工程施工完成后进行交工验收。

（2）验收时除签发竣工证书外，还应对合同内容进行验收，明确施工完成的工程量增减情况，并经项目管理部、EPC 联合体、监理单位签认。

（3）每项工程验收合格后，按合同约定及时进行工程结算，EPC 联合体汇总整理所有结算资料，上报监理单位及项目管理部。

（4）监理单位负责审核结算资料的完整性，资料必须完整齐备符合竣工资料的验收要求，审核结果反馈给 EPC 联合体。

（5）双方核对达成一致后，项目管理部出具书面材料汇总结算情况及最终验收结果，并在结算书签发书面意见。

（6）结算完成后，由 EPC 联合体提出结算付款申请，经监理单位、经营管理组审核预算后，由项目管理部签发交经营管理组财务人员付款。

4. 会计档案管理

经营管理组对各种会计凭证、会计账簿、会计报表和重要的经济合同等会计资料，收集整理装订成册，经档案验收合格后移交档案馆。

4 座储气库建设过程中通过投资控制管理，各项费用目标均控制在投资控制总目标范围内，提高了项目收益。

二 合同控制

合同控制管理是工程项目管理的重要内容之一，对施工进度、施工质量和施工成本控制有着极为重要的作用。

（一）合同管理

中原油田项目合同管理实行主办部门负责、法律部门归口管理、业务主管部门专业管理，以及统一制度、分类分级、会签审核、各负其责的管理体制。合同签订前应进行经济、技术和法律“三性”审核。审核会签部门对其审查合同的专业内容负责。合同管理部门在中原油田授予的法律审核权限内开展工作。合同实行准备、订立、履行、终结的全过程管理。合同按照“先审批、后签约，先签约、后实施”的程序运行。

4 座储气库合同管理执行《中原油田工程建设合同管理实施细则》《中原油田合同管理办法》等有关规定，严格依据程序签订合同。经营管理组强化合同管理，研判储气库建设过程中的法律问题和风险，通过合同中相应条款和内容约定，对有关问题和风险进行有效防控，避免因合同管理不当造成经济损失，维护中原油田的合法权益。中原油田合同管理流程见图 7–3–1。

（二）合同管理程序与主要控制点

1. 合同准备

资料准备，包括经国家或集团公司主管部门批准的项目立项报告、项目建设有关批文、中标通知书、投标书及投标过程中有关资料、会议纪要；国家颁布的工程设计、采购、建筑安装等法律法规及专业技术标准、标准合同文本等；合同事前论证；其他前期准备工作。

2. 合同起草

4 座储气库项目合同选择使用中原油田标准合同示范文本或中国石化标准合同示范文本，同时根据项目特点，认真协商确定示范文本的专用条款及补充条款。

3. 合同评审

合同起草完成后，经营管理组负责组织有关部门进行合同条款评审，根据评审意见确定最终合同文本及附件。

4. 合同谈判

（1）经营管理组组织成立由技术、经济、法律等人员组成的合同谈判小组，按专业和职能分工归口对合同内容把关。

（2）谈判小组在合同谈判的基础上，应当力争采用中原油田标准合同文本。

（3）谈判过程中将已编制完成的合同及附件与承包商或受托方逐项逐条地进行会谈和确认。

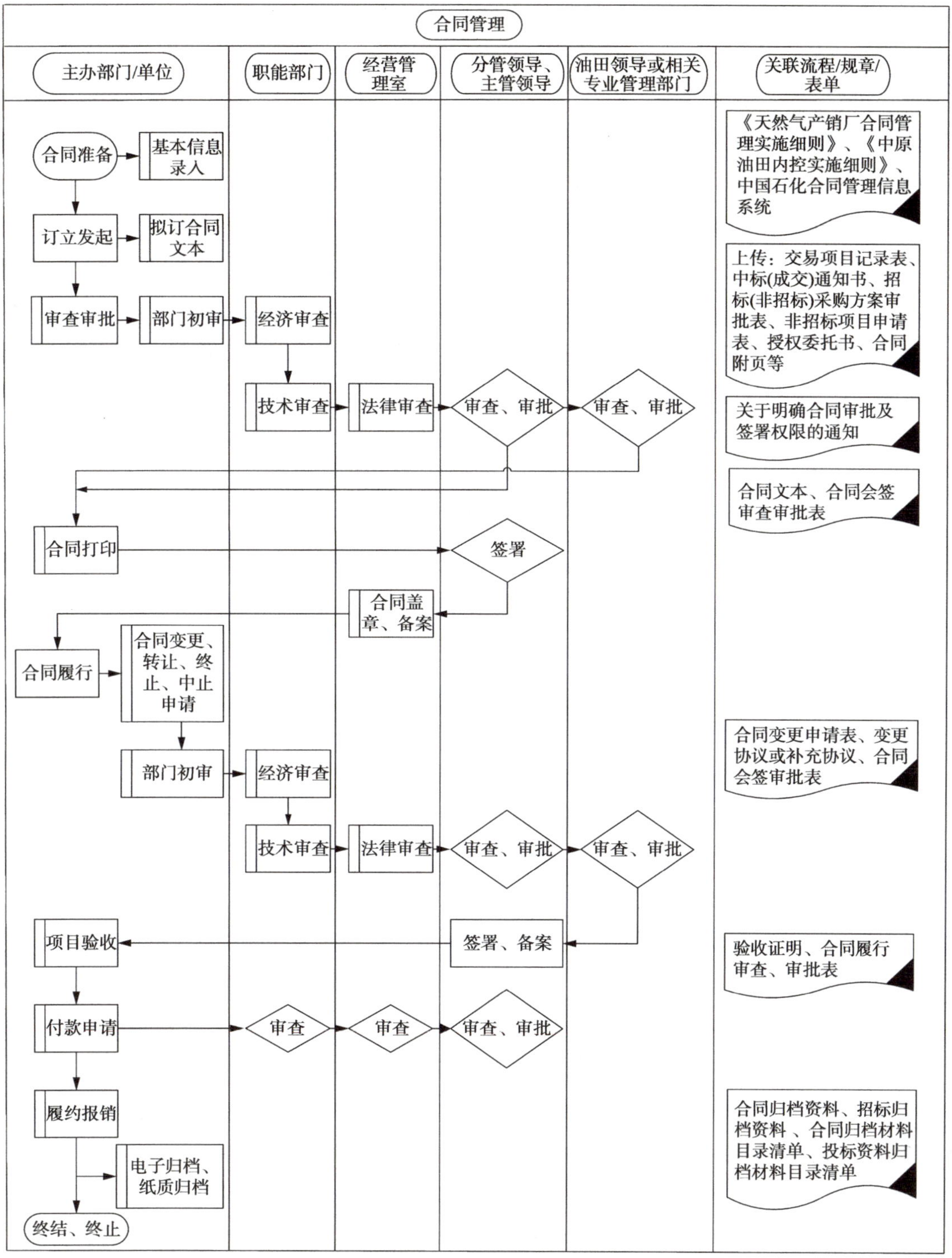

图 7-3-1　中原油田合同管理流程图

5. 合同审查和会签

经营管理组组织各相关专业部门对合同进行审查与会签，审查内容主要包括技术与经济审查以及法律审查。

（1）技术与经济审查

审查技术依据是否真实、可靠，技术措施是否完备、可行，技术标准和参数是否科学、真实、可行；合同及附件中涉及专本业范围内的技术、质量、安全、环保等内容是否满足4座储气库项目需求和合规要求。

报酬和结算的合理性：酬金或报酬是否正确合理，结算、支付方式是否明确、具体。

（2）法律审查

审查合同主体是否具有民事行为能力及民事权利能力；合同内容是否符合国家法律法规；合同签订的程序和形式是否合法；签约各方意思表示是否真实有效；合同的免责、索赔条款是否合法；合同的条款内容等是否完备；对适用法律的选择是否符合国家强制性规定；对司法管辖权的选择是否符合专属管辖规定；是否充分考虑了合同履行过程中可能涉及的问题；合同用语是否清楚、完整、准确，不会引起歧义；双方的权利义务是否具体、明确，具有可执行性；合同所设定的担保、保证等条款是否切实、可靠；合同约定的争议解决地点和解决方式是否切实可行；是否有会导致合同不能成立、无效或被撤销的情形；涉及知识产权的，是否采取了相应保密或限制措施；合同附件是否清楚完整，法律效力是否有明确规定；是否存在损害企业信誉、商业秘密及其他利益的情形；附生效条件的合同，所附条件、期限是否适当合法。

6. 合同的盖章生效

中原油田负责人或其委托代理人批准并在合同文本上签字后，加盖合同专用章，合同超过一页的应加盖骑缝章，满足合同约定的生效要件后，合同正式生效。

7. 工程合同的履行管理

（1）规范、监督和检查承包商的活动，为储气库项目创造必要的条件，尽量减少索赔的产生，确保合同全面履行。

（2）项目管理部、监理单位等合同履行管理单位认真研究合同所有文件，熟悉合同谈判背景及相关资料；制定合同履行中的主要控制点；研究制定履行合同的策略、潜在风险的可能性，制定出预防和避免风险的措施。

8. 工程承包合同的跟踪控制

（1）进度跟踪控制。EPC联合体按合同约定的进度控制计划和项目管理部在项目执行过程中提出的其他要求组织施工，在合同规定的工期内完成施工任务，尤其要准点到达合同约定的里程碑控制点。监理单位、项目管理部各部门按合同要求履行各项义务，为工程顺利开工和施工创造条件，尽量减少EPC联合体、供应商等提出索赔的机会，促使其按计划完成施工任务。

（2）费用的跟踪控制。项目管理部对项目的费用控制目标负责，对项目有关费用的事件进行监控，以保证实现合同费用目标。

（3）合同变更、纠纷和索赔处理

①工程合同变更管理。及时处理施工过程中发生的合同变更。在项目实施过程中发生工程变更，项目管理部及时获得有关信息，分析工程变更是否必要、处理程序是否符合规定，以及变更对合同条款约定的进度和费用产生的影响，及时与 EPC 联合体、供应商等进行协商，取得一致意见后签订书面协议，作为合同的一部分，对合同进行变更。

②索赔管理。工程变更引起相应的工期、费用变化，发生索赔事件，对非承包商原因引起的变更，承包商提出索赔，项目管理部在合同规定的期限内，对索赔事件进行处理并予以答复。处理程序为监理接到承包商提出的索赔报告后，首先审查索赔是否属实；监理组织对索赔事件的原因进行分析，并组织对损失进行测算，判定承包商索赔计算的正确性和取费的合理性；监理提出处理意见，总监理工程师签字后送项目管理部审核批准；向承包商发出索赔意见单。

③合同争议处理。如在合同履行过程中发生合同争议，按合同规定的处理程序进行处理。双方友好协商，力求达成一致意见，协商不成时，中国石化系统内单位提交中国石化内部法律纠纷调解小组协调处理，系统外单位按照合同约定向人民法院提起诉讼或申请仲裁。

9. 合同验收

经营管理组严格按合同约定组织验收。组织使用单位、合同审核会签部门、专业技术部门联合验收，在验收报告中签字并加盖部门（单位）公章，验收标准及要求严格执行中原油田工程项目管理办法。

10. 合同终结与归档

合同按约定履行完毕、按约定条件解除、转让或达到法定终止条件的，经营管理组及时办理合同终结，并收集整理合同档案资料。合同档案应包括合同考察、洽谈、签订、履行、变更、解除及解决纠纷等过程中形成的所有书面材料及封存样品等实物。4 座储气库合同由经营管理组集中管理，按项目分类，以便于查阅。合同订立的基础资料，以及合同履行中形成的所有资料，由经营管理组随时收集和保存，及时归档至中原油田档案管理中心。

（三）合同控制成效

4 座储气库地面工程共完成 EPC 总承包工程、工程监理、无损检测（TOFD）、第三方检验试验、质量监测（第四方复评）、质量监管、焊口力学性能检验等 7 类合同签订及管理。

4 座储气库项目合同管理，实行规范的招投标程序和制度，编制公正、合法的合同文件，严格履行合同条款及责任义务，进行合同跟踪服务，确保内控制度执行率 100%，合同履约率 100%，避免了不必要的合同违约、索赔事件的发生。

三 安全管理

（一）安全管理模式

安全管理模式按 HSE 管理组、监理单位及 EPC 联合体三级管理和控制。

（1）第一级为 HSE 管理组，贯彻执行建设单位安全管理体系，对工程安全管理工作实施全面管理。

（2）第二级为监理单位，受储气库建设项目管理部委托，对所有施工单位的安全管理工作实施日常监督管理，评审施工单位“两书一表”（安全作业指导书、安全作业计划书、安全现场检查表），并制定和实施《安全监理实施细则》，督促检查 EPC 联合体安全现场管理工作及安全管理方案的具体落实情况。

（3）第三级为 EPC 联合体，负责 4 座储气库工程的安全现场管理，依据国家法律法规和相关方要求，制定完善联合体的安全管理体系（包括“两书一表”、管理制度及记录表格等），并组织具体实施，持续改进安全管理工作。

（二）关键环节管理

（1）严格选择 EPC 总承包商队伍

在 EPC 总承包商选择方面严格把关，把 EPC 总承包商的安全业绩作为重要考评依据，严格资质认证与准入制度，严格组织招标投标工作，针对储气库项目实际选择优秀的 EPC 总承包商队伍。

（2）严格开工条件安全审查

在开工前组织安全审查。重点审查 EPC 联合体安全管理体系的建立情况；安全管理制度的健全情况；安全“两书一表”的编制情况；安全管理人员、特殊作业人员、文控岗位人员的到位情况；安全教育培训工作的开展情况；机具设备到位情况；应急预案的编制情况；特殊作业方案的编制情况；各类资料台帐的建立准备情况等，落实安全方面的工作是否具备开工条件。

审查合格后进行施工作业。若审查不合格，EPC 联合体必须立即组织整改，直至通过审查方可允许开工。若 EPC 联合体已经办理过《安全开工报告》，但由于人员变化或其他原因，必须重新申请审查，重新经过批准后准予开工。

（3）严格重大安全方案审查

EPC 联合体根据现场实际情况，在施工组织设计和编制施工方案中强化安全控制，编制切实可行的安全保障措施，并逐级上报、审批和备案。大型设备吊装、试压吹扫、动火连头等要害部位和关键环节的安全保障措施必须符合规范要求、符合现场实际要求，结合前期“三同时”评价报告，有针对性地编制施工方案和安全保障措施，经地面工程组组织专家审查合格后，方可组织施工。

（4）强化工程建设全过程安全监督

加强安全监管，在促进制度落实、体系运行的基础上，把安全工作重点放在工程施工一线，监督 EPC 联合体狠抓“三违”（违章指挥，违章操作，违反劳动纪律），深入实施“两书一表”。

HSE 管理组将不定期组织相关单位和专家开展安全综合大检查、专项抽查、重点排查、巡回检查、三不抽查活动，监督 EPC 联合体在工程建设过程中做好安全工作。

EPC 联合体加强日常监管，开展日查、周查等活动，切实保证施工设备无隐患，安全生产无隐患，环境保护无隐患，人身健康无威胁，实现标准化现场、标准化操作和标准化管理，使安全管理不断精细、从源头上最大限度地控制风险，消除违章和隐患，保证安全文明施工。

（5）规范安全专项费用管理

安全费用按照“单位提取、集中管理、确保需要、单独使用”的原则进行财务管理。专款专用，并在财务账目中单独列项备查，不得挪作他用。

施工过程中，现场的各种安全防护设施、应急物资、药品、安全标志、安全警句齐全、完好；施工环境必须处于安全状态。同时，项目管理部负责 HSE 费用使用的监督管理工作，EPC 联合体按要求自行整改存在安全隐患，并且要经监理部、项目管理部确认。EPC 联合体项目部成立后，按照规定提取相应比例的安全费用。该款项应严格管理，专款专用，根据批准的计划由专人负责把关。实际支出的安全费用要分类分科目计入工程成本。

（6）加强宣传，营造氛围

广泛开展关心安全、崇尚质量的宣传教育活动，增强施工人员的安全管理意识和法制意识，采取座谈讨论等多种形式的安全知识学习。组织施工人员学习各类安全管理规定和规范，提高施工人员的安全管理意识和技能，利用雨季停工空闲，组织施工人员座谈“如何确保施工安全”等问题，对各类安全事故、案例，组织学习讨论，在分析产生事故的原因时发现除了少数不可预测的突发事件外，很多安全事故主要还是当事者责任心不强造成的，让参建单位每个人都认识到自己肩负的责任重大，要引以为戒，加强责任心才能杜绝质量事故的发生。

（三）安全风险管控

储气库项目施工涉及土建、电气、自控、通信、工艺安装、防腐保温、设备安装与调试等专业，且高空立体交叉特点显著。工程建设高峰阶段存在施工区域相对狭小、施工机组多、机械设备投入多、交叉作业频繁等现象，直接作业环节多。

以卫 11 储气库项目为例，包含：动土作业、动火作业、临电作业、高处作业、起重作业、脚手架作业、受限空间作业等七类直接作业环节，存在较大风险。体积和重量大的设备较多，尤其是压缩机、火炬等超长、超宽等设备在运输中和安装中存在较大风险。施工区域为老油区，地下管网众多。桩机施工、基坑基槽开挖、站内管网机站外集输管道开挖等动土作业存在加大风险。

1. 风险识别

工程开工前，EPC 联合体组织安全、技术、质量、计划、施工等相关人员以及技术、安全方面的专家，依据工程所在环境、地质条件及施工内容，针对单项工程制作 JSA 分析表，共识别整理施工作业 9 类 83 项，重大风险因素 48 项。

2. 风险分析

根据工序重大风险清单，分析每一道施工工序存在的重大风险可能造成的后果。结合卫 11 储气库项目部实际情况，按照可能造成的后果选出坍塌、触电、高处坠落、物体打击等几类重大风险因素。卫 11 储气库地面工程 HSE 重大风险因素见表 7-3-1。

表 7-3-1　卫 11 储气库地面工程 HSE 重大风险因素表

序号	重大风险（风险点）	基本情况	风险描述
1	坍塌	1. 压缩机房、消防罐、管廊等施工脚手架搭设、拆除及高空作业； 2. 站外管网施工； 3. 道路顶管及泥水平衡坑内施工	1. 未按照规范要求对操作坑进行放坡、支护，导致的坍塌； 2. 操作坑未采取防止雨水流入侵泡措施，导致的坍塌； 3. 机械、人员在操作坑边缘行走、堆土至基坑边缘距离不足，导致的坍塌； 4. 不熟悉作业环境或不具备相关安全技能作业人员进行脚手架搭设、拆除，导致的坍塌； 5. 脚手架材料不合格，导致的坍塌； 6. 脚手架上方物品超载，导致的坍塌； 7. 脚手架搭设完毕后，未进行验收或验收后的脚手架擅自拆改，导致的坍塌； 8. 其他违反安全措施及操作规程，导致的操作坑及脚手架坍塌
2	触电	1. 注采站内施工临时用电； 2. 站内管网施工临时用电	1. 动土作业破坏地下电缆，导致的触电； 2. 不熟悉作业环境或不具备相关安全技能作业人员进行电气作业，导致的触电； 3. 超出变压器或控制开关负荷造成电气设施损坏，导致的触电； 4. 未对临电设施及线缆进行验收，漏电或短路，导致的触电； 5. 变压器、配电柜等带电设备未做隔离，警示标识不足，导致的触电； 6. 检查和操作人员未按规定穿戴绝缘鞋、绝缘手套和使用专用绝缘工具，导致的触电； 7. 接地或接零保护方式不正确或未做接地接零，造成的触电； 8. 金属容器及潮湿环境未使用安全电压的照明，造成的触电； 9. 违反操作规程，在高压线下起吊，导致的触电； 10. 其他未落实临时用电安全措施，导致的触电
3	高处坠落	1. 综合用房等临边作业； 2. 消防罐、空压机房等脚手架上作业； 3. 压缩机房、管廊等钢结构等安装作业； 4. 储罐、橇块设备、塔器等设施顶部附件安装作业	1. 高处作业人员疏忽大意，违反操作规程、安全规定等，导致的高处坠落； 2. 身体、心理健康不符合高处作业的人员进行高处作业，导致的高处坠落； 3. 高处防坠落措施不到位，导致的高处坠落； 4. 高处作业人员未佩戴或佩戴不符合要求的安全带，导致的高处坠落； 5. 脚手架铺板、踢脚板及防护栏杆未设置或设置不符合要求，导致的高处坠落； 6. 其他未严格执行高处作业安全措施，导致的高处坠落

续表

序号	重大风险（风险点）	基本情况	风险描述
4	物体打击	1. 压缩机及空压机房、管廊基础、设备基础桩基打桩作业； 2. 消防罐、压缩机及空压机房等脚手架上作业； 3. 压缩机及空压机房、管廊架等钢结构安装作业； 4. 储罐、橇块及设备、塔器等设施顶部附件安装； 5. 站内流程压力试验	1. 打桩作业因地基松软、大风天气、设备液压故障等，导致桩基倾倒，造成物体打击； 2. 起吊设施设备、材料坠落，导致的物体打击； 3. 高处作业时，物料高处坠落，导致的物体打击； 4. 流程试压阀门等附件飞出，导致的物体打击； 5. 砂轮机、木工锯等机具使用时，砂轮片、木板飞出，导致物体打击
5	火灾、爆炸	1. 压缩机房、火炬基础打桩作业； 2. 丛式井场流程动火施工； 3. 单井管道与注采井井口动火连头	1. 动土作业破坏地下管道设施，易燃易爆介质泄露，导致的火灾、爆炸； 2. 不熟悉作业环境或不具备相关安全技能作业人员进行用火作业，导致的火灾、爆炸； 3. 置换不彻底，可燃介质残余，导致的火灾、爆炸； 4. 动火区域易燃易爆物品未清理，导致的火灾； 5. 不规范、不遵守临时用电措施及规程，导致的电气火灾； 6. 气瓶间距不符合要求，无防暴晒措施导致的爆炸，引发火灾； 7. 其他违反用火安全规定导致的火灾、爆炸
6	爆炸	1. 站内流程压力试验； 2. 站外管网压力试验； 3. 整体联合试运行	1. 作业人员不熟悉作业流程，试压、试运行时操作不当，造成超压导致的爆炸； 2. 在条件不具备的情况下进行试压、试运行，导致的爆炸； 3. 违反操作规程，泄漏、渗漏时带压进行处理，导致的爆炸； 4. 试压完毕后，进行开孔、焊接作业，形成质量缺陷，导致的爆炸； 5. 其他违反试压操作规程，导致的爆炸
7	窒息、中毒	消防罐及其他非标容器内部焊接、涂漆防腐	1. 不熟悉作业环境或不具备相关安全技能作业人员进入密闭空间作业，导致的窒息、中毒； 2. 违反操作规程、安全规定密闭空间内未进行强制通风、氧含量检测、有毒气体浓度检测，导致的窒息、中毒； 3. 密闭空间内未佩戴救生绳、防毒面具等防护装备，导致的窒息、中毒； 4. 密闭空间外监护人员不到位或不履行监护义务，救援不利导致的窒息、中毒； 5. 在防护措施不到位的情况下盲目进入密闭空间救援，导致的窒息、中毒； 6. 其他违反密闭空间作业安全规程导致的窒息、中毒

3. 风险评价

对照中国石化风险等级矩阵图进行卫 11 储气库地面工程 HSE 重大风险因素等级评价，其中红色风险 0 类，橙色风险 3 类（坍塌、火灾爆炸、爆炸），黄色风险 4 类（触电、窒息中毒、物体打击、高处坠落）。卫 11 储气库地面工程 HSE 重大风险管理评价见表 7–3–2。

表 7-3-2　卫 11 储气库地面工程 HSE 重大风险管理评价表

序号	重大风险（风险点）	基本情况	风险描述	风险评价		
				可能性	严重性	等级
1	坍塌	1. 消防罐、压缩机及空压机房等施工脚手架搭设、拆除及架上作业； 2. 站外管网定向钻操作坑内连头； 3. 道路顶管、泥水平衡操作坑内作业连头	1. 未按规范对操作坑进行放坡、支护，导致的坍塌； 2. 操作坑未按规定采取防止雨水浸泡措施，导致的坍塌； 3. 机械、人员在操作坑边缘行走，推土至基坑边缘距离不足，导致的坍塌； 4. 不熟悉作业环境或不具备相关安全技能作业人员进行脚手架搭设、拆除，导致的坍塌； 5. 脚手架材料不合格，导致的坍塌； 6. 脚手架上方物品超载，导致的坍塌； 7. 脚手架搭设完毕后，未进行验收或验收后的脚手架擅自拆改，导致的坍塌； 8. 其他违反安全措施及操作规程，导致的操作坑及脚手架坍塌	5	D	25
2	火灾爆炸	1. 压缩机房、火炬基础打桩作业； 2. 丛式井场流程动火施工； 3. 单井管道与注采井井口动火连头	1. 动土作业破坏地下管道设施，易燃易爆介质泄漏，导致的火灾、爆炸； 2. 不熟悉作业环境或不具备相关安全技能作业人员进行用火作业，导致的火灾、爆炸； 3. 置换不彻底，可燃介质残余，导致的火灾、爆炸； 4. 动火区域易燃易爆物品未清理，导致的火灾； 5. 受限空间作业时，未对可燃气体进行检测分析，导致的火灾、爆炸； 6. 不规范临时用电措施及规程，导致的电气火灾； 7. 气瓶间距不符合要求，无防暴晒措施，导致的爆炸，引发火灾； 8. 其他违反用火安全规定，导致的火灾、爆炸	5	D	25
3	爆炸	1. 站内流程压力试验； 2. 站外管网压力试验； 3. 整体联合试运行	1. 作业人员不熟悉作业流程，试压、试运行时操作不当，造成超压导致的爆炸； 2. 在条件不具备的情况下进行试压、试运，导致的爆炸； 3. 违反操作规程，带压进行处理，导致的爆炸； 4. 试压完毕后，进行开孔、焊接作业，形成质量缺陷，导致的爆炸； 5. 其他违反试压操作规程，导致的爆炸	5	D	25
4	触电	1. 注采站内施工临时用电； 2. 站外管线施工临时用电	1. 动土作业破坏地下电缆，导致的触电； 2. 不熟悉作业环境或不具备相关安全技能作业人员进行电气作业，导致的触电； 3. 超出变压器或控制开关负荷用电造成电气设施损坏，导致的触电； 4. 未对临电设备、设施及线缆进行验收，漏电或短路，导致的触电； 5. 变压器、配电柜等带电设备为做隔离，警示标识不足，导致的触电； 6. 检查和操作人员未按规定穿戴绝缘鞋、绝缘手套和使用专用绝缘工具，导致的触电 7. 接地或接零保护不正确或未做接地接零，造成触电； 8. 金属容器及潮湿环境未用安全电压照明，造成触电； 9. 违反操作规程，在高压线下起吊，导致的触电； 10. 其他未落实临时用电安全措施，导致的触电	4	D	17

续表

序号	重大风险（风险点）	基本情况	风险描述	风险评价		
				可能性	严重性	等级
5	窒息中毒	消防罐及其他非标容器内部焊接、涂漆防腐	1. 不熟悉作业环境或不具备相关安全技能作业人员进入密闭空间作业，导致的窒息、中毒； 2. 违反操作规程密闭空间内未进行强制通风、氧含量检测、有毒气体浓度检测，导致的窒息、中毒； 3. 密闭空间内未佩戴救生绳、防毒面具等防护装备，导致的窒息、中毒； 4. 密闭空间外监护人员不到位或不履行监护义务，救援不利，导致的窒息、中毒； 5. 在防护措施不到位的情况下盲目进入密闭空间救援，导致的窒息、中毒； 6. 其他违反密闭空间作业安全规程，导致的窒息、中毒	4	D	17
6	物体打击	1. 压缩机及空压机房、管廊基础、设备基础桩基打桩作业； 2. 综合用房等构造物顶部的临边作业； 3. 消防罐、压缩机及空压机房、综合用房等脚手架上的作业； 4. 压缩机及空压机房、管廊架等钢结构安装作业。 5. 储罐、设备、塔器等设施顶部附件安装	1. 打桩作业因地基松软、大风天气、设备液压故障，导致桩机倾斜，造成物体打击； 2. 起吊设施设备、材料坠落，导致的物体打击； 3. 高处作业时，物料高处坠落，导致的物体打击； 4. 流程试压阀门等附件飞出，导致的物体打击； 5. 砂轮机、木工锯等机具等使用时，砂轮片、木板飞出，导致的物体打击	5	C	11
7	高处坠落	1. 消防罐、压缩机房等脚手架上作业； 2. 压缩机房、管廊架等钢结构安装作业； 3. 储罐、设备、塔器等设施顶部附件安装作业	1. 高处作业人员疏忽大意、违反操作规程、安全规定，导致的高处坠落； 2. 身体、心理健康不符合高处作业的人员进行高处作业，导致的高处坠落； 3. 高处防坠落措施不到位，导致的高处坠落； 4. 高处作业人员未佩戴或佩戴不符合要求的安全带，导致的高处坠落； 5. 脚手架铺板、踢脚板及防护栏杆未设置或设置不符合要求，导致的高处坠落； 6. 其他未严格执行高处作业安全措施，导致的处坠落	5	C	11

4. 风险应对

依据风险识别、风险分析及风险评价结果，EPC 联合体多次组织生产、技术、安全管理人员讨论风险应对策略，加强工程重大风险的动态管理：

（1）明确风险责任人；

（2）风险管控方案；

（3）工程重大风险管控规划；

（4）月度重大风险动态管控；

（5）监督检查。

（四）安全培训

1. 培训目的

为了提高参建单位员工安全意识，丰富员工安全知识，强化员工专业技能，从而达到能胜任本岗位工作的能力，履行好自己的责任与义务，提高工作质量，确保 HSE 目标的实现，必须进行安全培训。

使员工掌握项目安全政策和方针、目标、职责、资源配置、活动安排等；掌握在关键施工程序中个人和相关工种的 HSE 操作程序和操作规程；掌握施工活动中存在的危害因素，熟悉为削减风险危害所制定的控制措施和在实施措施中个人承担的任务；掌握应急程序实施过程和个人在此过程中承担的任务，结合演习掌握紧急情况逃生技能。

（1）培训分级

培训分三级：一级为 EPC 联合体项目部（简称 EPC 项目部）级培训，二级为 EPC 项目部部门、施工项目分部、分包商级培训，三级为班组、队级培训。

（2）培训对象

培训对象包括参与项目管理、作业的全体人员（含临时人员）、外来工作联系及参观人员，也包括分包商参与建设的全体管理和作业人员（含临时人员）。

2. 培训计划

（1）开工前培训

① EPC 项目部领导培训

培训对象：EPC 项目部经理、副经理、各部门经理

培训时间：24 小时

培训地点：EPC 项目部营地

培训组织：EPC 项目部

培训内容：国家有关 HSE 管理的方针、政策、法律、法规及有关规章制度；业主有关 HSE 管理要求；工伤保险法律、法规；HSE 管理标准及相关知识；HSE 职责。

②管理人员培训

培训对象：管理人员（专、兼职 HSE 管理人员）、职能部门负责人、机组长

培训时间：24 小时

培训地点：项目办公营地

培训组织：EPC 项目部、项目管理分部、分包商

培训内容：国家有关 HSE 的方针、政策、法律、法规及有关规章制度；业主有关 HSE 管理要求；本部门、本岗位的 HSE 职责；HSE 管理标准及相关知识；风险知识培训；事件案例和应急预案等；环境保护要求及措施培训。

③操作人员培训（含临时工）

培训对象：班组长、操作工人、临时工

培训时间：48 小时

培训地点：各施工机组营地

培训组织：项目管理分部、分包商、机（班）组、队

培训内容：项目安全生产特点和特殊危险部位；安全基础管理知识和 HSE 专业技术知识；安全管理标准及相关知识；基层队安全实施程序；岗位安全技术操作规程；健康保证知识培训：地方病、常见多发病及工业危害防治措施；野外作业卫生保健、自救、急救和互救的基本知识；个人卫生、公共卫生知识；饮水卫生与饮食卫生；特殊地区必要的卫生知识；触电、溺水、急性中毒以及烧伤、外伤处理等；环境保护要求及措施培训；风险知识培训；应急预案培训。

（2）过程培训及专项培训

①过程培训

在施工过程中，根据施工特点及现场特殊情况、发现重大隐患或安全事件发生后，进行有针对性的安全培训，并做好培训记录。

在施工过程中，针对外来工作联系及参观人员必须进行安全培训后，方可进入施工现场，且整个行程应有 HSE 部指定的专人全程陪同。

培训时间：进入施工现场前。

培训地点：各施工现场。

培训内容：本项目 HSE 管理制度、规定；现场主要危险因素及防范措施。

②专项培训

特种作业和需经过培训取得上岗资格的人员必须进行专项的培训。

在施工过程中，针对专项安全施工技术方案必须进行专项的 HSE 培训，并做好培训记录。

针对风险评级较高的作业，必须进行专项的 HSE 培训，并做好培训记录。

③再培训

对培训不合格的人员应进行 HSE 再培训，培训合格后方可发放培训合格胸卡。如果再培训也不合格人员，将不准许进入施工现场进行作业。

针对施工过程中频繁发生 HSE 小事件或发生一次重大安全事件的相关人员，应进行 HSE 再培训，重新培训合格后，发放培训合格胸卡，方可上岗继续作业。

（五）职业健康

1. 职业健康管理要点

（1）工作环境，如噪音、振动、粉尘、温度等因素应符合有关规定。

（2）参加施工作业人员要按照规定穿戴劳动防护用品。

（3）在施工现场严禁任何人使用、收存、出售、制造或分发酒精、非法药品或其他任何能够造成伤害的有毒物质。

（4）现场 HSE 监督人员要对人员的劳保穿戴、施工用设备、设施的安全设施情况进行检查。

2. 特殊情况下保证措施

（1）特殊天气施工预防

①注意收听、收看当地天气预报，根据气温变化情况，合理安排施工时间，尽量避免酷暑、严寒天气施工，如必须进行，编制相应施工方案。

②坚决杜绝疲劳作业，禁止延长高温作业工种的工时，最大限度地减轻职工在高温环境下的劳动强度。

③职工宿舍、值班房，配备必要的防寒、防暑设施，并确保正常运转，真正起到防寒或防暑降温作用。

（2）呼吸防护

①风沙天气施工时，作业人员要佩戴防尘口罩或眼镜。

②存在粉尘危害的施工过程，施工人员要佩戴防尘口罩或防尘面具。

③在油漆作业过程中，施工人员要佩戴防护口罩或防毒面具。

（3）眼睛防护

在从事与手动或电动工具有关的工作或在其附近时，如焊接、切割、喷砂除锈、钻孔、打磨、锯开、油漆，以及其他任何可能对眼睛造成伤害的活动时，都要佩戴合格面部护具和有侧面防护的防护眼镜，并通知临近人员，避免误伤他人。焊接现场的其他人员禁止直视电弧。

（4）坠落防护

①从事高空作业的人员，要定期检查身体，对患有不适应高空作业病症的人员不准登高作业。

②高空作业时必须佩带检查合格的安全带。使用安全带必须做到高挂低用，拴挂点不许存在尖锐棱角部位。

③高空作业要求工作服灵便，穿软底鞋。进入高空作业现场人员都要戴好安全帽。

④在高空作业时使用的工具，必须放入工具袋或工具箱内，不准随便乱放。

⑤在高低压架空线附近进行高空作业时，要与线路保持足够的水平距离，并采取可靠防护措施。

⑥高空作业的架杆架设符合规定要求，使用吊篮时认真检查各部位，并且有溜绳保护。

⑦高空作业使用梯子时，踏步间距不得大于 400mm。各梯与地面夹角以 60°~70° 为宜，注意防滑；不许蹬在梯子顶端工作，不许携带重物攀登梯子。

⑧高空作业严禁蹦跳、戏闹；遇 6 级以上大风暴雨，大雾的天气严禁露天高空作业；

不准上下投掷材料工具及物体；不准从高处向地面乱扔、乱倒物体和污物；禁止在吊架上架设梯子；不许多人在一架梯子上工作及带人移动梯子。

（5）医疗防护

①在施工现场附近联系一家符合急救标准要求的医院，如出现紧急情况，能及时赶赴现场提供急救服务。同时，在项目派驻医疗急救人员，进行简单的现场急救处理。

②在施工工地应提供适合数量的清洁卫生的浴室、卫生间和休息室。

③办公室、食堂、车间、仓库、宿舍等应保持清洁卫生。

④配备急救箱和足够的医疗用品、药物，并根据日常实际情况随时增加品类，随时购置补充。

（六）环境管理

1. 环境管理要点

（1）建立环境保护组织机构，组织和落实本项目的环境保护工作。

（2）EPC 联合体建立环境保护体系，编写环境保护方案，上报监理和项目管理部审批。

（3）及时对施工人员进行环保法规知识和项目管理部有关要求的培训和考核。

（4）施工过程中，严格按照国家和地方环保法律法规及项目管理部的要求，做好环境保护工作。

（5）严格按施工组织设计和环境保护方案中防治粉尘、噪声、固体废物和废水等污染环境的控制措施、组织施工。

（6）建立环境保护管理体系，责任落实到人，并保证有效运行。

（7）对施工现场防治粉尘、噪声、水污染及环境保护管理工作进行经常性的检查，发现问题及时整改，项目管理部对 EPC 联合体环境保护工作进行考核，考核不合格将视情节轻重给予批评、处罚。

2. 环境和危害因素识别

（1）环境因素和危害因素的识别范围

①常规和非常规的工作环境及操作条件

②事故及潜在的紧急情况，包括来自：产品（材料）的包装缺陷；结构失效；气候及其他外部自然灾害；人为因素，包括违反 HSE 管理体系要求。

③丢失、废弃、拆除与处理。

④以往活动遗留下来的潜在风险和影响。

（2）环境因素和危害因素的识别方法

危害因素和环境因素识别采用工艺流程分析、现场调查、标准对照、问卷调查等方法或互相结合的方法。

（3）环境和危害因素识别步骤

①项目管理部组织 EPC 项目部职能部门和各施工分部进行危害因素和环境因素识别工作。

② EPC 各职能部门组织人员对本部门环境和风险因素进行识别，汇总后填写“环境和危害因素清单”，并及时上报监理和项目管理部，再根据施工情况进行分析评价。

③各施工分部组织相关人员对各自的施工区域环境和风险因素进行识别，汇总后填写“环境和危害因素清单”，经主管领导审批后，上报项目 HSE 管理部。

（4）环境和危害因素识别的评价

①对危害因素和环境因素的评价一般采用非判断法、矩阵法、和打分法或互相结合方法进行。重要环境因素的确定依据风险评价矩阵进行，重大危害因素的评价依据打分法进行。

② HSE 管理部组织有资格、能力的专业人员，依据法律法规及其他要求从上报的重要环境和重大危害因素中确定、评价出 EPC 联合体重要环境和危害因素，报管理责任人审批批准后，以文件形式下发。

③重要环境因素和重大危害因素确定和评价工作在工程开工前应进行一次，在工程施工中根据工程或环境的变更重新进行确定与评价。

（5）重要环境因素和重大危害因素的管理

①对 EPC 联合体确定、评价出的重要环境因素和重大危害因素实行分级管理。列入项目部控制的中重要环境因素和重大危害因素，由 HSE 管理部组织相关职能部门、各施工分部制定风险消减控制措施，经营管理者代表审批后方可实施。

②未列入 EPC 联合体控制的重要环境因素和重大危害因素，由各施工分部自行组织制定风险消减控制措施，经本单位主管领导审批后，予以实施，本单位 HSE 部门负责对实施情况进行监督。

③对无法通过运行控制的重大环境因素和危害因素，HSE 管理部监督其制定相应的应急准备和相应计划，执行“应急准备和相应”。

3. 环境保护保证措施

（1）现场文明施工及施工营地环境管理

①对施工过程中产生的各种垃圾（如焊条头、电焊皮渣等）及设备检查中的废机油统一回收，集中处理。

②对施工现场使用的燃料，应采取在地面上散装罐的周围修建临时性的有衬料的无缝的护堤，以便万一发生泄漏和溢出，可以把液体围住在与水体隔离的特定区域并收集起来。

③每栋营房设置能容纳一天垃圾量的容器。营房的垃圾定时清理，统一处理。

④营地厕所应定期消毒，防止蚊虫滋生；施工现场厕所垃圾要每天打扫，处理。

（2）防止废弃物残留污染

①施工现场产生的工业废弃物每天进行清理，分类放置，统一回收。

②废机油等油类应设置专用回收桶。

③设备应坚持日常检查制度，定期保养，严禁“跑、冒、滴、漏”现象发生。

④设备试运行或修理时，要采取相应措施，避免水、油等介质直接落到地面。

⑤对违反环境影响因素消减措施的人和事，严肃处理。

（七）现场标准化建设

1. 标准化策划

项目的标准化建设是项目安全管理水平的直接体现，是提升施工现场本质安全水平的重要手段。面对 4 座储气库地面工程施工环境复杂、点多面广等实际，EPC 联合体项目部按照《标准化工地建设指南》的相关要求，对施工现场平面布局、应急逃生路线、消防设施布置、临时用电一级、二级配电柜及电缆敷设、加工棚分布按照施工区域划分进行了现场标准化策划，并编制《现场施工 HSE 标准化实施手册》。白 9 储气库注汽站施工平面布置见图 7-3-2。

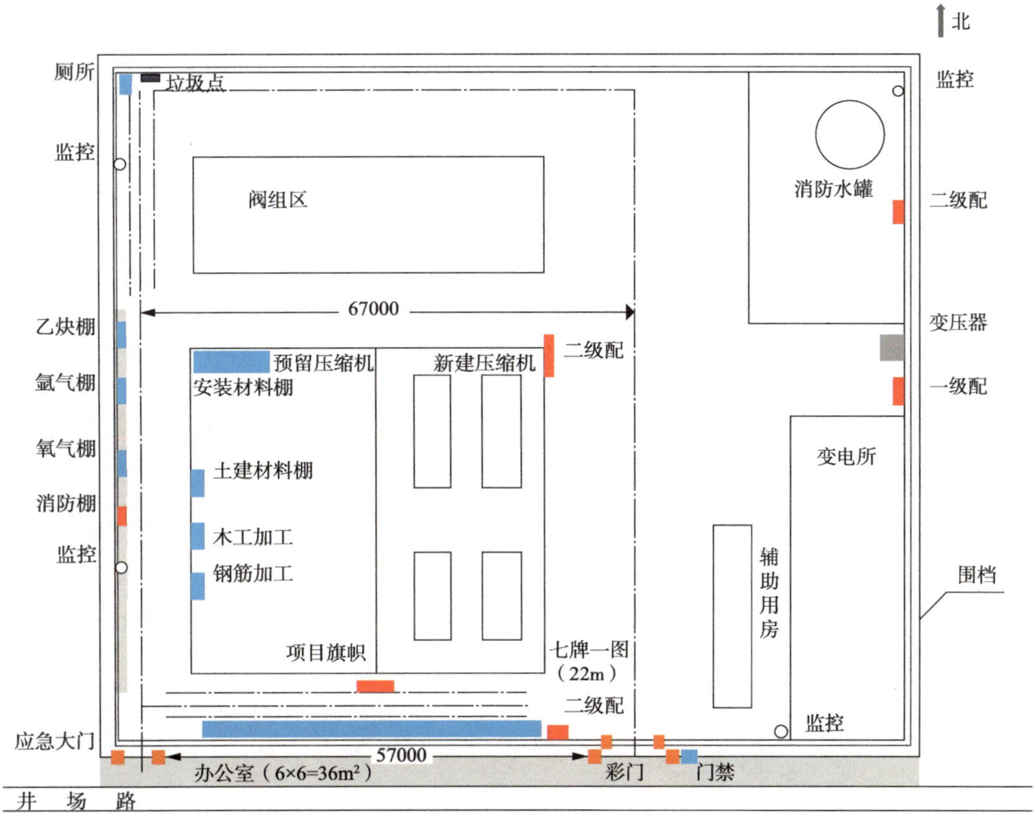

图 7-3-2 白 9 储气库注汽站施工平面布置图

（1）场站布置

①施工现场开工前必须达到“五通一平”（通水、通电、通路、通信、通排水、场地平整），现场设置厕所和饮用水供应点等设施，制定卫生制度，保持环境整洁卫生。

②施工现场按照功能划分为施工作业区、辅助作业区、办公区（简易，集中在大门入口处）。施工作业区和办公区应有明确划分，并保持安全距离。

③各类设施的用电应满足负荷要求。

④施工现场醒目位置悬挂齐全、完好无损、针对性强、牢固的安全、环保、职业防护标志牌。

⑤施工现场应配备急救箱、急救药品以及车辆。

⑥施工现场临时设施贴标签（值班室、培训室、材料区、休息区、钢筋加工棚、木工加工棚、氧气棚、乙炔棚、氩气棚，配电柜等）。

（2）封闭管理

①大门、门禁

固定施工现场出入口设置大门。大门上应有企业名称或企业标识，入口醒目处标识“施工重地，闲人免进”。施工现场入口设置门卫室，彩钢板结构，外墙大面刷白色，屋顶、墙角、门框刷蓝色线条，外墙醒目处张贴门卫值班制度牌。固定施工现场金属大门建造要求见表 7-3-3。

表 7-3-3　固定施工现场金属大门建造要求

<table>
<tr><th colspan="2">固定施工现场金属大门</th></tr>
<tr><td>目的</td><td>给出固定施工现场金属大门样式</td></tr>
<tr><td>对象</td><td>固定施工现场</td></tr>
<tr><td>标准</td><td>1. 通道要求：车道和人行道分开设置，人车分流；
2. 宣传要求：大门、门柱、门窗、门头色彩应为集团公司标准色；
3. 基础要求：门柱基础应根据现场地质情况确定，保证大门牢固可靠；基础埋深不得小于 500mm；
4. 大门整体协调美观</td></tr>
<tr><td>效果展示</td><td>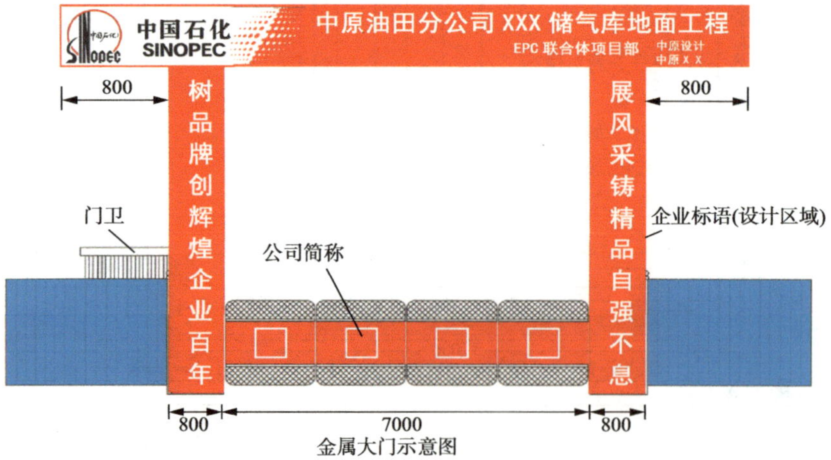

金属大门示意图</td></tr>
</table>

续表

固定施工现场金属大门	
效果展示	 门禁示意图

②现场围挡

施工现场采用封闭围挡，主要路段的工地设置高度 2.5m 的封闭围挡，一般路段的工地设置高度 1.8m 的封闭围挡。围挡设置应完整、牢固、安全。

③标牌设置

七牌一图制作要求见表 7–3–4。

表 7-3-4　七牌一图制作要求

七牌一图	
目的	加强文明施工管理
对象	固定施工现场
标准	1. 具体内容 （1）工程概况牌：描述本工程概况，包括建设单位、设计单位、监理单位等； （2）组织机构牌：描述建设单位管理人员名单及监督电话； （3）消防保卫牌：描述消防保卫制度，附消防平面布置图； （4）安全生产牌：描述现场安全生产制度及入场 HSSE 须知； （5）文明施工牌：描述现场安全文明施工管理制度和 HSSE、质量管理方针及目标； （6）职业危害告知牌：描述现场涉及的职业危害因素、防护和应急措施； （7）绿色施工告示牌：描述现场环境保护政策及绿色施工措施； （8）施工现场平面图：描述施工现场平面布置； 2. 材质：框架采用铝合金或不锈钢，图案及文字采用室外写真； 3. 规格要求：框架 2000mm × 1020mm、画面 1200mm × 800mm； 4. 安装要求：安装、悬挂或摆放在现场主要进出口处

续表

七牌一图	
效果展示	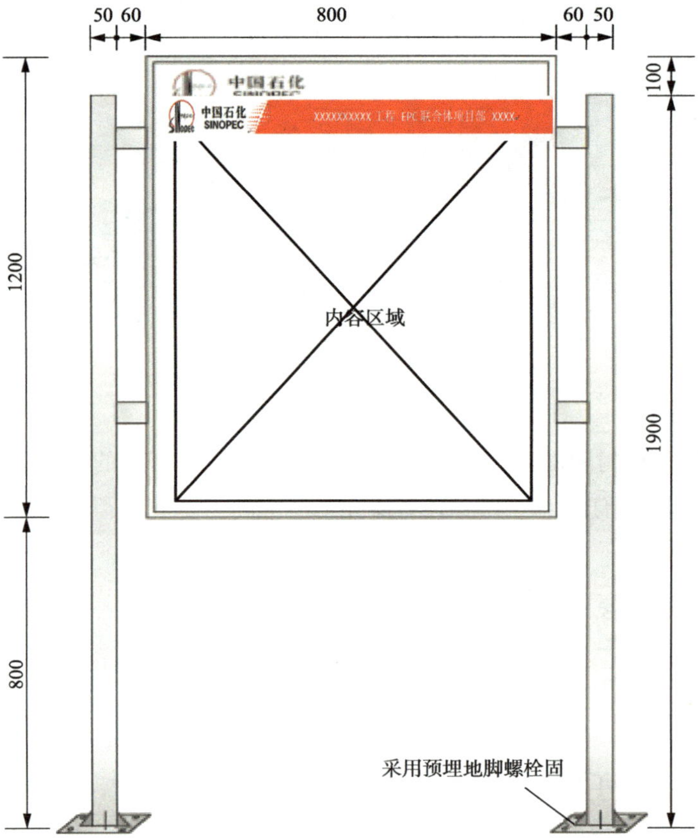

④ HSE 公告栏

HSE 公告栏制作要求见表 7–3–5。

表 7-3-5　HSE 公告栏制作要求

HSE 公告栏	
目的	加强现场安全管理
对象	固定施工现场
标准	1. 内容：安全活动主题、HSSE 通报、曝光栏、奖励与处罚； 2. 材质：框架采用铝合金或不锈钢，达到牢固、美观、防雨要求； 3. 安装要求：设置在作业场所入口处或作业场所显著位置、作业区域，并由专人负责

续表

HSE 公告栏	
效果展示	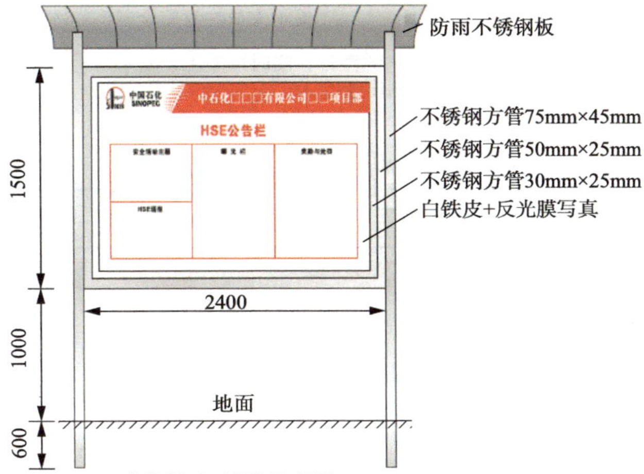 公告栏正面规格示意图

⑤防护棚

施工现场所有钢筋、木工加工场所均需设置加工棚（图 7-3-3），加工棚顶面四周悬挂安全警示标语及安全警示牌。

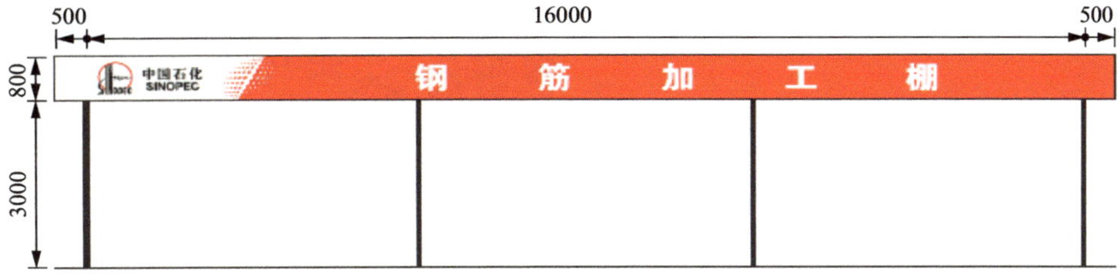

防护棚立面图

防护棚侧面图

防护棚现场示意图

单位：mm

图 7-3-3 加工棚制作示意图

⑥现场隔离

现场警告性隔离设置要求见表 7-3-6。

表 7-3-6　现场警告性隔离设置要求

<table>
<tr><th colspan="2">警告性隔离</th></tr>
<tr><td>目的</td><td>提示人员注意安全</td></tr>
<tr><td>对象</td><td>大于 0.3m 且不超过 1.2m 深的基坑警告、临时性施工、安全隐患区域以及其他禁止人员随意进去的区域（如大型吊装作业、无损检测作业等）</td></tr>
<tr><td>标准</td><td>材质：尼涤纶布
规格：宽 50mm，长度按实际应用尺寸制作
颜色要求：红色，传递禁止、停止、危险的信息；黄色，传递注意、警告的信息</td></tr>
<tr><td>效果展示</td><td>

安全色</td></tr>
</table>

现场保护性隔离设置要求见表 7-3-7。

表 7-3-7　现场保护性隔离设置要求

<table>
<tr><th colspan="2">保护性隔离</th><th>效果展示</th></tr>
<tr><td>目的</td><td>提示人员注意安全，防止人员受伤害</td><td rowspan="3">

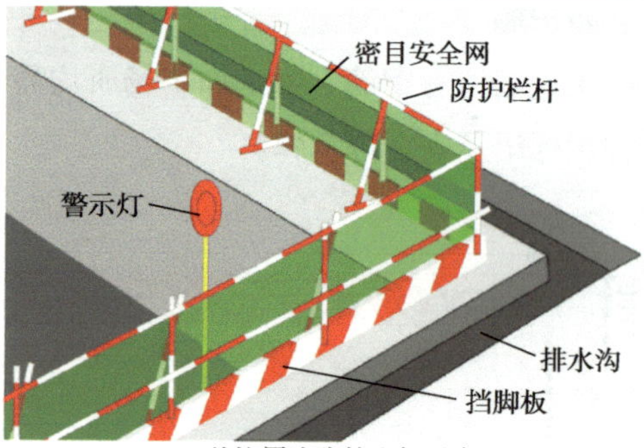

基坑周边防护现场示意图

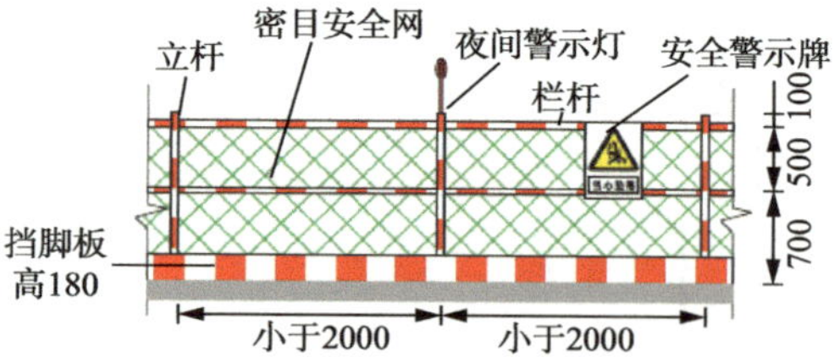

基坑临边防护立面图

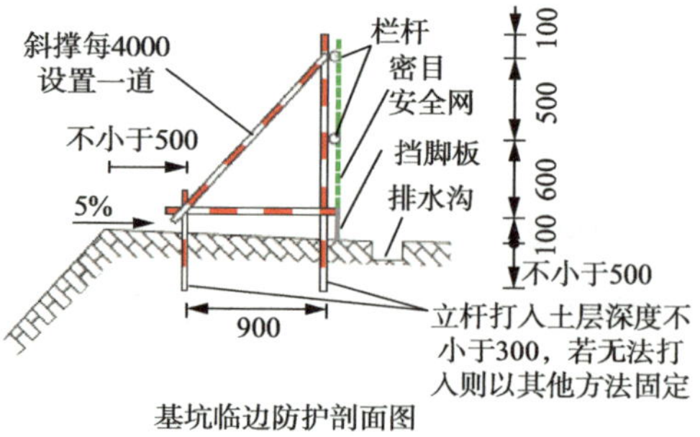

基坑临边防护剖面图</td></tr>
<tr><td>对象</td><td>超过 1.2m 的深基坑、容易造成人员坠落以及其他防止人员随意进入的区域</td></tr>
<tr><td>标准</td><td>材质：
有红白相间警戒色的脚手架杆
要求：
1. 防护栏杆应由横杆及立杆组成，横杆应设置上、中、下三道，下杆离地高度宜为 100mm，中杆离地高度宜为 700mm，上杆离地高地宜为 1.2m，立杆间距不宜大于 2m，立杆离坡边距离宜大于 500mm
2. 对人行、车辆多的地段，还要加装夜间频闪灯
3. 实施保护性隔离时，应有项目标识，且每隔 15m 要设立一组醒目的安全警示标识</td></tr>
</table>

（八）应急管理

1. 应急响应

（1）响应分级

事故响应按照分级负责原则，根据事故危害、影响范围和控制事态的能力，预案分为三级应急响应，即：

三级（现场级）应急响应，是指事故发生的初期，事故尚处于现场可控状态，未波及其他现场，而作出的应急响应。

二级（企业级）应急响应，是指事故超出现场可控状态，或可能波及其他现场，尚处于企业可控状态，未波及相邻企业的状态，而做出二级应急响应。

一级（社会级）应急响应，是指事故超出企业的控制能力，可能或已经波及企业外的状态，而做出一级应急响应。

（2）响应程序

应急响应程序框图见图 7–3–4。

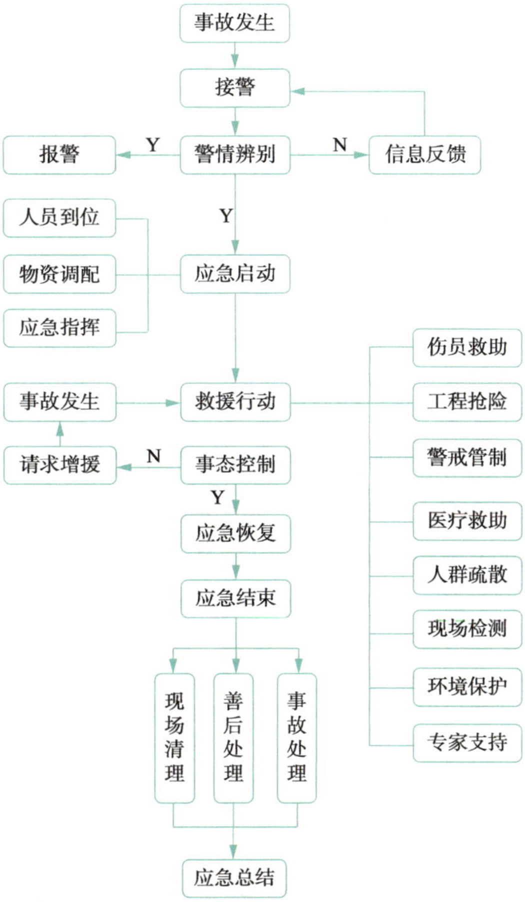

图 7–3–4　应急响应程序框图

（3）响应原则

①“及时”：及时撤离人员，及时报告各级主管部门，及时通知保险公司，及时进行排险救助工作。

②“先撤人、后排险”：在发生事故及出现紧急险情后，首先将处于危险区域内的一切人员先撤出危险区域，然后再有组织地进行排险工作。

③“先救人、后排险”：当有人受伤或死亡，先救出伤者或亡者，然后再进行排险处理工作。

④“先防险、后救人”：在险情和事故仍在继续发展和险情仍未消除的情况下，先采取安全保险措施，然后救人，在救人中，救人既尽量“急”，又尽量做到“稳妥”。

⑤“先防险、后排险”：在进入现场进行排险作业时，先采取可靠适合的安全保险措施，以免排险人员收到伤害。

⑥“先排险、后清理”：在制止事故继续发展和排除险情后，才进行事故现场清理工作，但都必须遵守事故的处理程序规定和得到批准后才能进行。

⑦“保护现场”：在事故调查组未决定结束事故现场原状之前，权力保护好现场的原状，以免影响事故的调查和处理工作，但当为了救人和排险工作时，将进行以下做法：一是在不破坏现状的前提下，为了确保救人和排险工作与安全，设置临时支护以阻止破坏继续发展和稳定破坏的状态，在设置支护措施时，先拍下当时现场全貌和局部情况照片；二是当为了阻止事故的进一步扩大，而采取的支护措施不足以阻止其发展时，对局部以及不同角度的状态，详细记录下当时的现状情况，并在原位上作出明显和准确的标记。

（4）应急结束

应急终止命令由应急救援领导小组发布。

2. 应急方案

以卫 11 储气库项目为例，卫 11 储气库施工分部根据工程施工内容，组织施工、技术、安全人员对全部工作内容进行了系统分析，对重点工序进行了风险识别，通过讨论整理出 HSE 重点控制工序 79 条，分析出火灾爆炸、试压爆炸、基坑及脚手架坍塌、触电、高空坠落、受限空间造成的窒息中毒和吊装、高处坠物及机具使用造成的物体打击等重大风险因素，以及机械伤害、食物中毒、交通事故等一般风险因素。为控制事故的发生，EPC 项目部制定触电事故、起重吊装事故、高处坠落事故、物体打击事故、机械伤害事故、基坑及管沟坍塌事故、脚手架倒塌事故、爆炸火灾事故、食物中毒事故处置专项预案予以防范和应对，确保安全生产。

（九）安全管理成效

严格贯彻中国石化“五查五严”保安全专项行动及总经理 2 号令要求，中原油田四座储气库建设成立了储气库安全督查组，狠抓责任落实，加大监督力度。各参建单位推行网格化 HSE 管理，每个作业区域安排专人盯守监护，有效预防和遏制了各类安全事故的发生。截至 2021 年 12 月 31 日，四座储气库累计 226 万安全人工时，总可记录伤害率为零，实现了项目建设期间安全生产无事故的目标。

四 质量管理

（一）建立质量管理体系

建立和实施质量管理体系的基本工作程序是“PDCA 循环”，主要包括：确定项目需求和建设目标，建立质量方针和目标，确定实现目标的过程、职责和必需的资源，规定过程测量的方法及其确定过程的有效性，确定防止不合格并消除产生原因的措施，持续改进的过程。

储气库建设项目管理部下设质量管理组，全面负责质量管理工作。质量管理组依照 GB/T 19001—2016 的要求建立质量管理体系：策划内部岗位设置、职责分配，以明确职责和权限；制定质量管理程序规范各质量管理岗位人员的工作内容、工作标准和工作纪律。通过质量管理体系的建立和运行，保证切实履行《建设工程质量管理条例》规定的职责。督促其他质量责任主体单位，建立各自的质量管理体系；并对其质量管理体系的运行情况进行检查和考核。

（二）质量管理体系实施和运行

为确保各级质量管理体系的有效运行，实现“PDCA”循环管理，采取以下方法：

（1）开展质量培训，向参建单位传达项目质量管理要求，质量管理程序和质量标准。

（2）检查 / 审查各参建单位质量体系组织机构及人员状况，质量计划和程序文件等体系文件，使其符合项目要求，确保各参建单位质量管理体系的完善。

（3）检查各参建单位质量管理基础工作和技术工作，落实技术方案和质量保证措施。

（4）检查各监理单位监理规划、监理实施细则和现场监理工作的有效性。

（5）检查各参建单位开展质量管理活动情况。

（6）检查各参建单位是否落实质量改进措施，是否建立质量检查、考核和激励机制。

（7）项目管理部与参建单位建立沟通协调机制，开展团队建设，齐抓共管，把质量的被动式管理变成参建单位的主动式管理。

EPC 联合体、监理等单位在质量管理体系上除应执行国家、行业标准规范、合同外，还应做到以下特定要求：

1.EPC 联合体

（1）按照 EPC 总承包合同对设计、采购、施工的质量全面负责，做好设计过程控制、采购过程控制、设备材料监造检验、施工过程质量管理及控制工作等。

（2）按照合同要求履行总承包的职责，将项目管理部的质量要求传达给分包商、物资供应单位，做好对物资供应单位和分包商的监督管理。

（3）加强设计质量控制，做好设计策划、设计输入、输出、评审、验证、确认及设计变更（包括材料替代）控制，落实设计条件传递、设计文件管理、设备材料请购文件评审及技术评标过程等管理措施。

（4）加强采购质量管理，做好采购管理、设备材料询价、评标、制造厂家监检的策划，负责将质量要求完整地传达给物资供应单位，并监督其实施。

（5）按照合同要求履行物资供应的职责，对重要物资建立并执行合同履约过程中的巡视、点检和监造制度。

（6）制订必检物资目录和检验大纲，加强对项目采购物资的出厂检验和入库验收、复检工作；建立项目采购物资使用质量反馈机制，实施质量跟踪与考核。

（7）按照设计文件、标准、规范施工，接受监理单位、项目管理部、质量监督站对所承揽工程质量的监督、管理和控制。

（8）制定和落实施工组织设计和各专业技术方案、技术规定、技术指导书等管理要求。

（9）组织施工人员熟悉施工图纸、掌握标准、规范，做好技术交底，确保交底工作直接落实到各作业人员，并形成记录及时备案。

（10）做好隐蔽工程及工序过程的自检、互检、专检，且施工记录及时完整、规范。

（11）加强文档管理，做好文件编码、版次标识、文件审查、批准、发布和分发，以及EDMS有关的过程等。

2. 监理单位

（1）制定监理规划，并针对项目各阶段的实际情况，编制项目监理实施细则；严格按照《建设工程监理规范》《石油化工建设工程项目监理规范》和项目管理部相关规定要求，对监理实施细则的内容、程序进行完善、细化，并具有可操作性和针对性。

（2）制定旁站监理方案，明确旁站点，落实旁站见证规章制度。

（3）制定平行检验计划，做好平行检验。

（4）建立项目监理日志，做好工程质量监理记录和有关质量问题监理通知单的整改闭合记录。

（5）审查各参建单位的质量管理体系文件，包括质量计划、检试验计划、施工方案、检测方案、人员资质、管理制度等。

（6）检查督促参建单位质量管理体系，使之得到有效运行，检查其人员到位、人员职责的落实，各项质量控制和保证措施的落实等。

（7）对参建单位的质量管理及现场质量控制进行检查考核等。

（三）质量管理体系审核和质量检查

项目管理部和各参建单位通过组织质量审核、质量巡检、专项质量检查和质量大检查等方式，落实质量管理要求，规范质量行为，保证质量管理体系的有效运行。

1. 检查形式

（1）上级机关质量大检查：包括中国石化集团公司、中国石化施工企业管理协会、中国石化工程质量监督总站等组织的质量检查活动。

（2）项目管理部组织的质量大检查：主要指项目管理部组织项目部相关部门、监理、EPC 联合体、检测等单位，在项目工程建设范围内，开展的综合性质量大检查。

（3）专项检查：由项目管理部组织相关人员（项目部相关部门、监理、EPC 联合体、检测单位等）根据项目进展情况以及阶段性质量控制重点，开展的各专业专项检查。监理单位和 EPC 联合体内部组织的专项检查可以参照执行。

（4）日常巡检：由项目管理部各部门、监理、EPC 联合体不定期在现场进行的巡回检查。

2. 检查内容

主要检查各参建主体单位的质量行为，抽查有关技术文件、施工记录、质保资料、中交资料和竣工资料及现场施工实体质量等。在各专业检查方面，重点检查以下内容（包括但不限于）：

（1）质量体系运行方面：各级质量管理人员职责与落实情况、质量培训、质量检查（专项检查、大检查）质量持续改进措施、质量内部审核、质保资料、质量文化建设、样板工程、采购管理、现场设计管理、分包商管理、沟通与信息管理、施工质量控制活动等。

（2）进场材料、设备质量控制方面：检查是否制定进场材料、设备验收、材料标识管理和不合格品控制等相关程序或规定；检查是否对所有进场材料（包括焊材）、设备进行检查、验收，检查开箱检验情况；是否按照规定进行报验；检查进场设备、材料是否按照规范比例进行材质复验，是否按照规范要求进行无损及性能复验；复验台帐建立和落实情况；检查现场标识及材料堆放保管；检查设备材料紧急放行台帐建立及关闭情况（包括签字确认）；检查不合格品台帐的建立、不合格品追溯及整改关闭情况等（包括签字确认）。

（3）焊接方面：检查焊工资格、焊材管理、焊接工艺评定及执行、焊接实体质量、热处理等，重点检查管道焊口质量。

（4）无损、理化检测：重点检查管道焊接无损检测比例是否符合规范要求，检测焊口是否具有代表性和覆盖性，返修、扩探是否符合要求，RT/UT/MT/PT 及硬度检测质量控制状况，检测变更执行情况，射线检测底片及复评质量，现场随机点口抽检等。

（5）管道：检查管道进场材料检验，阀门试验，管道清洁度，管道配件（包括垫片），管道组对、焊接、无损检测、无应力组对安装，支吊架安装，管道试压等质量。

（6）电气：主要检查接地装置、接地线施工质量，电缆桥架、电缆敷设，防爆电气安装，盘柜、变压器、二次接线和其他电气设备安装，电气试验等。

（7）仪表：主要检查仪表电缆敷设及桥架与保护管安装，仪表接地，仪表盘、柜、箱和操作台安装，现场仪表、取源部件、常规仪表、总线仪表安装、调试，测量管道的安装，仪表引压管、一次阀安装质量，综合控制系统的安装与调试，仪表系统试验仪表的校验等。

（8）防腐保冷：防腐主要检查表面除锈质量、厚度检测、结合力、感观质量等，对导静电涂料检测涂层电阻率。保冷主要检查保冷材质证明文件，保冷层厚度，保冷层外观质量。

（9）土建：主要检查桩基、外观主体混凝土检测，建筑物基础、主体现场实体及外观质量检查，回填土密实度检查，土建分部、分项验收等。

（四）过程质量管理

1. 质量预防

“质量第一，预防为主”，预防错误的成本通常比在检查中发现并纠正错误的成本少得多，可以大大减少错误和不合格的发生，提高可靠性，减少返工，推进进度。质量预防性管理工作一般包括：

（1）做好前期策划，明确质量管理的策略，注意分析“人、机械、材料、方法和环境”等影响因素，制定好质量管理程序和标准，统一项目参建各方质量管理理念和标准。

（2）针对不同阶段质量工作重点，提前安排有针对性质量预防工作和质量活动；

（3）对于发现需要引起全项目警示的问题，要及时发布质量预警，落实预防措施。

（4）落实各工序实施前条件的检查确认，制定标准化模板，确保每项工作、每个条件的落实，例如：项目开工前的条件确认、现场施工前的各项准备工作检查、土建交安检查确认、管道设备试压前的条件确认，中间交接条件确认等。

（5）在施工阶段，推行工厂化预制，提高预制深度；推行样板工程，实施首件样板制；加强预制场管理，通过集中统一的管理，做到规范、有序、标准化，提高施工质量。如：推广机械化施工预制，商品混凝土，管道的焊接预制，设备的模块化预制安装，钢结构预制，防腐集中抛丸除锈和刷底漆等。

2. 施工过程质量管理

项目管理部发挥监理在现场施工过程和工序质量管理中的作用，对监理质量体系的建立和运行情况进行检查监督，保证监理人员的素质和技能，加强与监理的沟通协调，组成质量管理团队，加强对监理过程的监督和考核，落实监理工作程序，保证监理工作的到位。施工过程严格工序质量控制，严格落实检试验计划，严格各控制点的检查确认、工序交接和隐蔽工程验收，未经检查验收和质量不符合要求，不得隐蔽及办理验收手续。

（1）作业技术交底的管理

EPC 各施工分部做好技术交底工作，是确保工程施工质量的重要条件。在每一个分项工程开始实施前均进行技术交底，由主管技术人员编制技术交底书，内容包括施工方法、质量要求和验收标准，施工过程中需要注意的问题，可能出现的意外情况及应急措施等。技术交底书经施工分部技术负责人批准后才能执行。

对于关键部位或技术复杂、施工难度大的检验批、分项工程，项目监理单位审查其技术交底书。重点审查其施工方法、施工工艺、机械选择、施工顺序、进度安排以及质量保证措施等是否切实可行。没有做好技术交底的工序或分项工程，不得正式实施。

（2）进场材料构配件的质量管理

凡运到施工现场的材料、半成品或构配件，在进场前由 EPC 施工分部向项目监理单位提交工程材料 / 构配件 / 设备报审表，并附有产品出厂合格证及技术说明书、由施工分部按规定要求进行的检验和试验报告。经项目监理单位审查并确认其质量合格后，方准进场。没有产品出厂合格证明及检验不合格者，不得进场。

如果项目监理单位认为施工分部提交的有关产品合格证明文件及检验和试验报告，仍不足以说明到场产品的质量符合要求时，项目监理单位可以再组织复检或见证取样试验，确认其质量合格后方允许进场。

（3）施工机械设备的质量管理

项目监理单位持续检查并督促 EPC 联合体做好施工机械设备性能及工作状态的控制工作，只有状态良好、性能满足施工需要的机械设备，才允许进入现场作业。

①施工机械设备的进场检查。施工机械设备进场前，施工分部向项目监理单位报送进场设备清单，列出进场机械设备的型号、规格、数量、技术性能（技术参数）、设备状况、进场时间。项目监理单位进行现场核对，判断是否与施工组织设计中所列的内容相符合。

②机械设备工作状态的检查。项目监理单位审查作业机械的使用、保养记录，检查其工作状况，以保证投入作业的机械设备状态良好。如发现问题，指令施工分部及时调试修理，以保持机械设备处于良好运行状态。

③特殊设备安全运行的审核。现场有特殊安全要求的设备，进入现场后在使用前，必须经当地劳动安全部门鉴定，符合要求并办好相关手续后，方允许施工分部投入使用。

④大型临时设备的检查。施工中涉及在现场组装的大型临时设备，EPC 施工分部必须取得本单位上级安全主管部门的审查批准，办好相关手续后，项目监理单位方可批准投入使用。

（4）现场劳动组织及作业人员的质量管理

①现场劳动组织的管理。从事施工作业活动的操作人员数量，满足施工作业进度需要，相应各类工种配置能保证施工作业有序持续进行；施工作业活动现场的直接负责人（包括技术负责人）、专职质检人员、安全员与作业活动有关的测量人员、材料员、实验员必须按

班次坚守工作岗位；相关制度要健全。如管理层及作业层各类人员的岗位职责、作业活动现场的安全消防规定、作业活动中的环境保护规定、试验室及现场试验检测的有关规定、紧急状况时的应急处理规定等。

②现场作业人员的控制。施工作业人员按规定经考核后，持证上岗；从事特殊作业的人员（如电焊工、电工、起重工、架子工、爆破工），必须持证上岗；施工机械设备操作人员必须有合格的上岗证书，并能熟练掌握操作维护技术。

（5）检验、测量和试验设施的质量管理

所有在施工现场使用的检验、测量和试验设备均处于有效的合格校准周期内。严禁未经校准或报废的检验、测量和试验设备流入施工生产过程中。在用、封存、报废的检测、测量和试验设施均分别标识。

（6）测量复核管理

凡涉及施工作业技术活动基准和依据的技术工作，严格进行专人负责的复核性检查，以避免基准失误给整个工程质量带来难以弥补的或全局性的危害。

技术复核是各施工分部要履行的技术工作责任，其复核结果报送项目监理单位复验确认后，才能进行后续相关工序的施工。

（7）见证取样管理

见证取样是指在项目监理单位的见证下，由 EPC 施工分部的现场试验人员对工程项目使用的材料、半成品、构配件及工序活动效果进行现场取样，送交试验室进行试验的过程。

为确保工程质量，工程项目中的工程材料、承重结构的混凝土试块，承重墙体的砂浆试块、结构工程的受力钢筋（包括接头）等必须实行见证取样。

（8）A、B、C 质量控制点管理

① EPC 施工分部按批准的检验和试验计划检查合格，并做好施工过程质量控制记录。

② A、B 级质量控制点施工准备工作完成后，施工分部通知监理单位到现场检查确认。监理对施工全过程进行监督检查。施工并自检完成后，监理进行检查确认。

③监理对 A 级质量控制点进行检查确认后，在预定时间内通知质量管理组、EPC 联合体到指定的地点进行共检。

④ C 级质量控制点必需经自检、互检、专检合格后才进行下道工序施工。

⑤质量管理组对 A、B、C 级质量控制点进行抽检和巡检。

⑥质量管理组按工程质量监督计划中明确的停监点，以书面形式提前通知石油化工工程质量监督总站到场进行检查验收，同时还应通知监理、EPC 联合体共同进行检查确认。

⑦各施工分部按照设计、施工组织设计进行施工，监理单位在施工过程中进行跟踪、监督和检查。对于在 A、B 级质量控制点、质量监督停检点检所检查出的质量问题，由监理单位督促施工分部整改，整改合格后进行下一工序施工。整改措施及结果要有记录，具

有可追溯性。

（9）工序交接质量管理

工序交接检查验收是指施工分部按照土建、安装、电气、仪表每一工序施工完成后，进行互相交接的一种方式，工序交接以接收单位为主，对交出方完成的施工工序质量进行全面的检查与验收。

（10）隐蔽工程质量管理

①隐蔽工程按照工序质量控制程序与要求进行验收。

②地基验槽（坑），地基处理等隐蔽工程验收，必须有勘察单位、设计单位参加。

3. 第三方检测质量管理

项目管理部依据《中国石化工程质量监测管理规定》开展储气库质量监测工作。

根据项目执行策略、项目实施方式以及项目规模的大小，在批准的合格检测单位名单中，项目管理部委托与 EPC 联合体无任何利益关系，具有相应资质的检测单位作为第三方检测单位，按承包合同及标准规范、设计规定，对 EPC 联合体的施工实体质量、施工过程，以及使用的材料设备实施检测、检验。在 4 座储气库工程中，项目管理部委托委托中原油田分公司技术检测中心压力容器监测站、河南中原工程检测股份有限公司两家单位作为卫 11、文 13 西、白 9 三座储气库的第三方检测，委托湖南长达检测股份有限公司作为清溪储气库的第三方检测。

根据大型石油化工工程建设的常规做法，项目管理部在名单中另行委托一家与上述第三方检测单位和 EPC 联合体无利益关系的独立检测单位，作为工程质量监测机构，代表项目管理部对 EPC 联合体采购的物资和施工质量进行抽检、监测，以及对上述第三方检测单位的检测结果进行复验和射线底片 100% 复评等，以约束上述第三方检测单位的检测工作，确保检测结果的真实性和可靠性。在 4 座储气库建设中，项目管理部委托石油化工工程质量监督总站作为工程质量检测机构，代表项目管理部进行工程质量监督。

4. 工程质量验收

制定质量验收程序和工程中间交接程序，从检验批、分项工程、分部工程、单位工程、中间交接、交工验收到竣工验收，规范验收过程；验收中应严格执行质量验收标准，检查实体质量、质保资料和感观质量。有关消防、职业卫生、安全设施、环境保护、防雷接地、特种设备、电力等专业或专项工程验收，执行政府行政主管部门或相关行业颁发的验收标准。

（1）检验批 / 分项工程质量验收

① EPC 施工分部自检合格，EPC 联合体组织施工分部进行检查验收。

②验收合格后，施工分部填写“检验批 / 分项工程”验收记录，专业技术人员和专职质量检查人员根据施工记录核实、签字。

③专业监理工程师对施工分部报送的检验批 / 分项工程验收资料进行审核和现场实体抽样检查。

④专业监理工程师组织施工分部项目专业质量（技术）负责人等进行验收。

（2）分部工程质量验收

①所有分项工程验收合格。

②专业监理工程师对施工分部报送的分部工程验收资料进行审核和现场实体抽样检查。

③总监理工程师组织施工分部项目负责人、技术、质量负责人等进行验收。

④地基与基础、主体结构分部工程，EPC 各储气库项目经理到场参加相关分部工程的验收。

⑤重点对涉及安全及使用功能的地基与基础、主体结构和设备安装等分部工程进行见证检验或检测的控制措施。

（3）单位工程质量验收。

①所有分部工程验收合格。

② EPC 联合体项目经理组织有关部门自行进行综合检查，检查合格后，EPC 联合体出具自评报告，报监理组织初验。

③总监理工程师组织专业监理工程师进行初步验收，出具《单位工程质量评估报告》，报项目管理部组织验收。

④ EPC 联合体向项目管理部提交单位工程质量验收申请报告，申请工程质量验收。

⑤项目管理部负责人组织 EPC 联合体、监理等单位项目负责人进行单位工程验收。石油化工工程质量监督总站对单位工程验收进行监督。

⑥重点对涉及安全和使用功能的分部工程检验资料进行复查；对主要使用功能进行抽查；进行工程观感质量的检查。

（4）专项工程验收

①石油化工工程中有关消防、安全、职业卫生、环保、防雷接地等专业工程的验收执行国家、相关行业或部门颁发的验收标准。

②压力容器制造（包括现场组焊的压力容器）和起重机械等专业特种设备的验收执行《特种设备安全监察条例》和国家安全监察部门、相关行业颁发的验收标准。

（5）工程中间交接验收

工程中间交接验收执行中国石化工程建设标准《工程中间交接验收程序》，工程中间交接由项目管理部组织 EPC 联合体、监理等单位进行中间交接。

（6）工程质量“不合格”时的处理

①当工程质量不符合相应质量验收标准中“合格”的规定时，必须及时返工或处理。

②经返工重做或更换的设备、材料。设备的检验批 / 分项工程，应重新进行验收。

③经有资质的检测单位鉴定能够达到设计要求的检验批 / 分项工程，应予以验收。

④经有资质检测单位鉴定达不到设计要求的，但经原设计单位核算认可能够满足结构安全和使用功能的检验批 / 分项工程，应办理让步接收手续。让步接收的工程必须经勘查设计

单位、监理单位、工程项目部联合确认批准。

⑤经返修或加固处理的分项 / 分部工程，虽然改变外形尺寸但仍能满足安全、功能使用要求，可按技术处理方案和协商文件进行验收。

⑥经返修或加固处理仍不能满足安全使用要求的分部 / 单位工程，严禁验收。

（7）质量事故管理

①一般质量事故发生后，事故单位要及时向其主管部门、监理单位和项目管理部报告；重大质量事故发生后，事故单位应在最短时间内（2 小时内）将事故简要情况报告项目管理部。发生人身伤亡事故的还应按照安全管理规定向有关部门报告。

②一般质量事故的调查和处理由事故单位负责，监理单位、质量管理组和工程管理部参加；重大质量事故的调查和处理由事故单位项目经理、项目管理部、监理单位组成调查组，相关人员参加。对涉及人身伤亡的，应按照安全管理规定组成联合调查组，必要时聘请专家协助进行技术鉴定。

③质量事故处理要坚持"事故原因和影响不清楚不放过；事故处理方案和措施不清楚不放过；事故责任者、责任单位和有关人员未受到教育不放过，没有制订切实可行的预防措施不放过"的原则。重大质量事故应由调查组编写调查报告，并在事故处理完毕后五日内报告有关单位、部门。

5. 交工技术文件管理

项目管理部制定施工过程及交工技术文件等有关档案资料归档的程序、标准和管理指南，统一项目资料要求和表格格式，并在全项目进行宣贯培训；EPC 联合体、监理、检测等单位严格执行项目发布的程序文件和相关标准，及时对施工过程进行记录，及时收集和整编施工及交工过程技术文件；监理单位对 EPC 联合体、检测单位的施工及交工过程技术文件进行检查，项目管理部对 EPC 联合体、监理、检测等单位的施工及交工过程技术文件进行检查，确保文件资料的真实性、完整性、系统性和可追溯性，保证工程档案资料管理与工程建设同步。中原储气库建设交工技术文件按中原油田企业标准《油田地面建设工程项目交工技术文件编制规定》执行。

（五）关键工序质量管控

1. 大体积混凝土施工施工质量管理

压缩机基础最小尺寸大于 1m，属于大体积混凝土范畴。EPC 联合体编制大体积混凝土专项施工技术方案。

（1）原材料

①应选用水化热低的通用硅酸盐水泥，3 天水化热不宜大于 250kJ/kg，7 天水化热不宜大于 280kJ/kg; 当选用 52.5 强度等级水泥时，7 天水化热宜小于 300kJ/kg;

②用于大体积混凝土的水泥进场时应检查水泥品种、代号、强度等级、包装或散装编

号、出厂日期等，并应对水泥的强度、安定性、凝结时间、水化热进行检验，检验结果应符合《通用硅酸盐水泥》(GB 175)的相关规定。

③细骨料宜采用中砂，其细度模数宜大于2.3，含泥量不大于3%。

④粗骨料宜选用粒径5～31.5mm，并连续级配，含泥量不大于1%。

⑤应选用非碱活性的粗骨料。

(2)模板

大体积混凝土模板和支架应进行承载力、刚度和整体稳固性验算，并应根据大体积混凝土采用的养护方法进行保温构造设计。

(3)混凝土浇筑

①混凝土浇筑层厚度应根据所用振捣器作用深度及混凝土的和易性确定，整体连续浇筑时宜为300～500mm，振捣时应避免过振和漏振。

②整体分层连续浇筑或推移式连续浇筑，应缩短间歇时间，并应在前层混凝土初凝之前将次层混凝土浇筑完毕。层间间歇时间不应大于混凝土初凝时间。混凝土初凝时间应通过试验确定。当层间间歇时间超过混凝土初凝时间时，层面应按施工缝处理。

(4)温度监测与控制

混凝土浇筑后，测温工作应指派认真负责的专人进行，每昼夜测温不少于4次，尤其夜间当班的测温员，更要认真负责，因为温差值往往出现在夜间。混凝土中心温度和混凝土表面温度之差不应大于25℃，混凝土表面温度与大气温度之差不应大于25℃，温度梯级不大于2℃/天。在测温过程中，一旦发现混凝土中心温度和混凝土表面温度之差大于大于25℃，要立即采取降温措施。

(5)混凝土养护

采取覆盖塑料薄膜后再覆盖毛毡的保湿保温养护方法。每次浇筑完成后安排专人对混凝土温度进行检测，发现温度异常及时调整保温措施。大体积混凝土养护时间一般不少于14天。

撤除保温层时混凝土表面与大气温差不应大于20℃，混凝土表面温差与混凝土内部最高温度差不应大于25℃。

(6)试块制作

大体积混凝土试块留置应符合GB 50496—2018的相关规定，现场混凝土试块应在浇筑地点随机取样不少于10组。

2. 焊接质量管理

(1)人员管理措施

①焊接人员持证上岗(双证)，并通过焊工考试，焊工考试需经过监理、项目管理部验证后，方可入场施焊。

②每机组配备专职质检员，安全员。

③各参建单位（项目管理部、EPC 联合体、监理）明确焊接质量管控的人员。

（2）设备材料管理

①每个机组配备齐全温湿度仪、风速仪、测温仪、焊缝检测尺等，并保证检验器具在有限期内。

②施焊设备必须具备管道焊接智能监控系统，通过焊接智能监控系统，将施焊设备、施焊人员、施焊实施数据进行采集存储上传至监控平台，以保证焊接质量历史数据查询分析功能。

③焊材验收时，认真核对焊材的质量证明书、合格证，核对实物的规格、型号与数量。对无质量证明书、质量证明书所列项目不符合技术标准要求、外观不良，如药皮脱落、生锈或受潮的焊材，应拒绝使用。

④施焊现场应设立焊材二级库，负责现场焊接材料的保存、烘焙及发放回收事宜。焊材烘焙时，认真执行规定的参数要求并及时记录，不同类别、型的焊材不能混放；焊材发放时应查看领用凭证，控制一次领用数量并详细记录。焊材库烘箱的温度指示、时间指示等应正常、准确。

（3）焊接过程管控

①每个焊接机组质检员、安全员全程跟踪焊接情况，保证焊工严格按照焊接工艺操作规程实施焊接作业。

②由各个机组质检人员按工序时间填写焊接传递卡，传递卡信息至少包含焊缝位置、焊接人、检查人、焊接要求，打底、填充、盖面每一道、每一层均要求焊工填写温度、层数、道数等信息，并每天上传焊接过程照片至项目管理部。

③施焊前，施工分部应对参加管道焊接的焊工及其他人员进行详细的技术交底，使他们掌握具体的工艺要求；同时对人员、设备、材料、施焊环境与管道的坡口加工、清理及组对情况进行检查，确认合格后方可焊接，若无施工质量管理人员在场不得施焊。

④监理单位安排焊接监理员旁站，加大巡视频率，提高平检比例至 40%，并检查当天所有焊接传递卡真实性。有权对作假瞒报的人员进行处罚。

⑤项目管理部及 EPC 联合体安排专人负责每日对每个机组不少于两次焊接传递卡的检查，一经发现未落实以上措施，有权停止焊接作业要求返工。

⑥所有焊接人员签订焊接质量承诺书，承诺严格履行焊接工艺评定要求、执行焊接工艺操作规程并对焊接质量负全部责任。

⑦现场施焊环境的控制。压力管道的焊接，尤其是在野外或露天环境下，应采取措施保证焊接过程不受影响。

⑧进行无损探伤的焊缝，必须是经过外观检查合格的焊缝。焊缝按照设计文件要求进行无损检测；下发无损检测指令，并告知检测单位 48 小时之内反馈无损检测回执单，要求无损检测单位严格进行底片评定工作（例如：对于底片即可评定为Ⅱ级，也可评定为Ⅲ级，

一律按Ⅲ级进行无损检测回执)。

⑨管线组对前完成焊口编号标识。

压力管道的焊缝返修应不超过两次，每次返修均应制定合理的返修工艺并经项目技术负责人批准后实施。两次返修仍不合格的，该焊口应割除重焊。

3. 静设备安装质量管理

(1)按基础的安装基准线与设备上对应的基准点进行找正、找平。

(2)测量设备支架(支座)的底面标高，应以基础的标高基准线为基准；测定设备的中心线位置及管口方位，应以设备两侧的中心线为基准；测定立式设备的垂直度，应以设备表面的0°、90°或180°、270°的母线为基准；

(3)设备找平，应采用垫铁调整进行，严禁采用改变地脚螺栓紧固程度的方法；

(4)找正后的垫铁组，应整齐平稳，接触良好，受力均匀；调整合格的垫铁组，应露出设备底座板外缘20~30mm，垫铁组的层间应进行定位焊；

(5)设备就位并找正、找平后，其定位基准的面、线、点对装基准线的允许偏差应符合设计及规范要求；

(6)灌浆前垫铁必须定位焊，垫铁与设备底座不准焊接，基础表面必须清理干净，不准有油污等杂质，灌浆必须连续进行充分捣实，不得分次浇灌。

4. 压缩机、空冷器安装质量管理

压缩机和空冷器属于大型设备，EPC联合体应编制专项安装方案，方案应符合《石油化工机器设备安装过程施工及验收通用规范》的规定和要求，尤其是大件吊装，要确保安全，必要时组织有关专家进行论证。

(1)设备安装前应清理基础表面，按规范要求凿出凹凸面，绘好设备定位中心和标高基准线；

(2)设备如采用垫铁安装，垫铁规格符合要求，数量3~5块、高度30~50mm、间距不宜大于500mm，垫脚外露设备底座20~30mm，经核查设备与基础中心对齐设备安装标高符合要求，设备找正、找平、紧固后，点焊连接各块垫铁。如采用无垫铁安装，利用设备自带顶丝对设备进行找平找正。

(3)由于设备运转时会产生振动，因此对汇管的管托垫实情况也要重点检查到位，确认垫铁砸实、打牢、焊接固定。

(4)设备灌浆采用灌浆料进行。并且一次找正后、先浇筑预埋地脚螺栓，达到强度后，进行二次精找正、轴对中，验收合格后，对底座进行二次灌浆。

(5)设备与管道的连接应在设备安装完成后进行。各连接法兰螺栓应穿插自入，自由对中，严禁强力连接。

（六）创优管理

（1）编制创优实施计划，建立创优组织机构，明确创优职责范围，掌握施工、管理的要点和依据，并制定相应的创优保证措施。

（2）建立完善的质量保证体系，执行质量计划，按程序管理的要求，对现场实体质量进行有效监控。

（3）通过掌握施工组织设计、技术措施、标准、规范、作业指导书等一系列技术文件，加强现场质量管控，包括质量交底、质量培训、特殊工种持证上岗、队伍进场报验、物资材料进场报验。

（4）坚持“三检制”“三工序”，严格工序交接验收及隐蔽工程报验，需要建设方、监理旁站或签证后方可施工或转入下道工序，必须严格控制，并由专人及时报请建设方或监理验收，建立齐全的施工记录，作为分部分项和单位工程质量评定依据。

（5）施工中积极组织并有效开展 QC 小组活动，针对现场实体质量存在的隐患，采取技术和管理措施，保证工程质量。

（6）加强现场计量、测量等检验设备的跟踪检查，确保在检定有效期内，为工程提供真实有效的基础数据。

（7）积极争创与本工程有关的省部级及以上奖项的优秀 QC 成果、优秀工法、优秀项目部管理成果、国家发明或实用新型专利等，为争创国家优质工程提供支持。

（七）质量管理成效

在工程建设全周期内未发生质量事故，单位工程、设计文件、采办物资以及施工质量评定合格率均为 100%，焊接一次合格率 98% 以上。已完成了两次创优过程评价，根据中原油田总体创优规划，积极推进创优工作。

五　进度管理

（一）进度控制原则

进度控制采取分级进度控制，逐级分解、细化，下一级进度控制计划的目标不得突破上一级进度控制计划的要求目标为原则，各级进度控制的最终目标是确保总体进度目标的实现。各级计划的调整需要由原批准单位进行审批。

（1）动态控制原则

采用动态循环的控制方法进行进度控制。按季、月、周对进度计划进行检查，分析采取相应措施及时纠偏。

（2）系统原则

用系统的理论和方法，建立健全计划管理体系、组织管理系统。计划的对象由大到小，计划的内容从粗到细，形成了项目的计划系统。项目涉及到各个相关主体、各类不同人员，建立组织体系，形成一个完整的项目实施组织系统。为了保证项目进度，自上而下设置进度计划工程师负责项目的检查、统计、分析及调整等工作，并落实进度控制责任，分工协作，形成一个纵横相连的项目进度控制系统。

（3）封闭循环原则

进度控制的全过程是一种循环性的例行活动，其中包括编制计划、实施计划、检查、比较与分析、确定调整措施和修改计划。从而形成了一个封闭的循环系统，进度控制过程就是这种封闭循环中不断运行的过程。

（4）信息化管理原则

进度控制的过程是一个信息传递和反馈的过程。信息是项目进度控制的依据，建立健全项目信息管理体系，使项目的进度计划信息能及时从上到下传递到项目实施相关人员，以使计划得以贯彻落实；项目的实际进度信息则自下而上及时反馈到各有关部门和人员，以供分析并做出决策和调整，以使进度计划仍能符合预定工期目标。

（二）进度控制组织管理

1. 管理层次

为确保储气库工程建设顺利进行，本项目按建设单位、监理和 EPC 总承包商三个层次建立工程进度管理机构。建设单位以储气库建设项目管理部为管理主体，EPC 总承包商以 EPC 联合体项目部为管理主体。

EPC 各施工分部对照施工组织计划，编制各自承包范围内的详细施工计划，协调各自内部的劳动力、施工机械、材料等资源配置，达到动态管理。

2. 分级管理

根据管理层次和管理模式，本项目采用四级计划管理体系，并辅助周计划、月计划及其他专项计划以完善计划体系。

（1）一级进度控制计划

一级进度控制计划是项目建设指导性文件，项目的总体进度控制计划，是满足项目终极进度控制目标的最直观、最基本的体现，一般用主要控制节点和网络图表示。由储气库工程建设项目部牵头组织、各职能部门配合完成编制。主要涉及控制点内容：方案 / 基础设计编制、审查周期、详细设计周期，关键设备采购、设备采购周期、土建、安装施工周期、关键设备安装、中交、投料试车周期。一级进度控制计划确定了整个工程里程碑控制点以及各单元、专业的关键点，对工程建设全过程进行总体部署和安排。

（2）二级进度控制计划

二级进度控制计划是项目实施和控制的依据，在一级进度控制计划的基础上，细化项目实施进度，并确定各单元之间的逻辑关系。设计、采购、施工专业及具体接口协调，保证符合一级计划控制点的要求，建立更详细控制点。各单元的实施进度主要涉及控制点内容：基础设计周期、基础设计审查、详细设计周期、关键设备的设计周期、请购单发出、采购周期、询价资料的发出，设备采购、土建施工周期、土建交安、安装施工周期、关键设备施工、中交日期，投料试车时间及各单项工程间的相互关系等。

（3）三级进度控制计划

三级进度控制计划是指各单元的分区、分专业的实施计划。主要涉及控制点内容：基础设计周期、基础审查、各专业详细设计周期、关键设备的设计周期、各专业采购周期、重要设备采购、土建施工周期、土建交安、安装各专业施工周期、关键设备施工、重型设备吊装、中交日期，投料试车时间等。

（4）四级进度控制计划

四级进度控制计划要求在三级计划的基础上，按具体工作内容和时间进行详细的分解、细化，该计划按三个月滚动计划，包括数据日期之后三个月内的工作内容，其中第一个月为实施计划，第二个月为准备计划，第三个月为目标计划。在施工高峰期施工单位必须编制三周滚动计划对三级进度计划的更加细化和具体化。储气库三、四级进度计划示意见图 7-3-5、图 7-3-6。

（三）进度控制措施

通过对实施进度进行检测，比较分析差异，制定相应的纠偏方案。进度控制的措施包括组织措施、技术措施、经济措施及合同措施。主要是通过加强事前预控、事中控制、事后分析达到进度控制的目的。

（1）事前预控。通过落实与关键线路相关的外围条件以确保计划编制的合理性，重点在于项目编制计划前落实相关设计、物资条件。

（2）事中控制。依据设计、物资供应、施工的实际情况对季、月计划进行滚动调整。

（3）事后分析。通过实际进度与计划进度的比较分析，制定相应的纠偏方案。

1. 进度控制基本措施

（1）充分做好前期准备工作。在监理单位中标签约后，监理人员一周内进驻现场协助项目管理部做好各项前期工作，监理部会同项目管理部督促 EPC 联合体尽快建立健全项目组的管理机构，主要管理人员应在开工前 10 天进场，工程施工方案和资源计划应在开工前编制完成，并向监理部申报。施工临设，包括道路、水、电、作业棚等基本就位；前期施工所需的劳动力、材料、机具应进场，做开工前的准备；施工场地障碍物应清理出场。

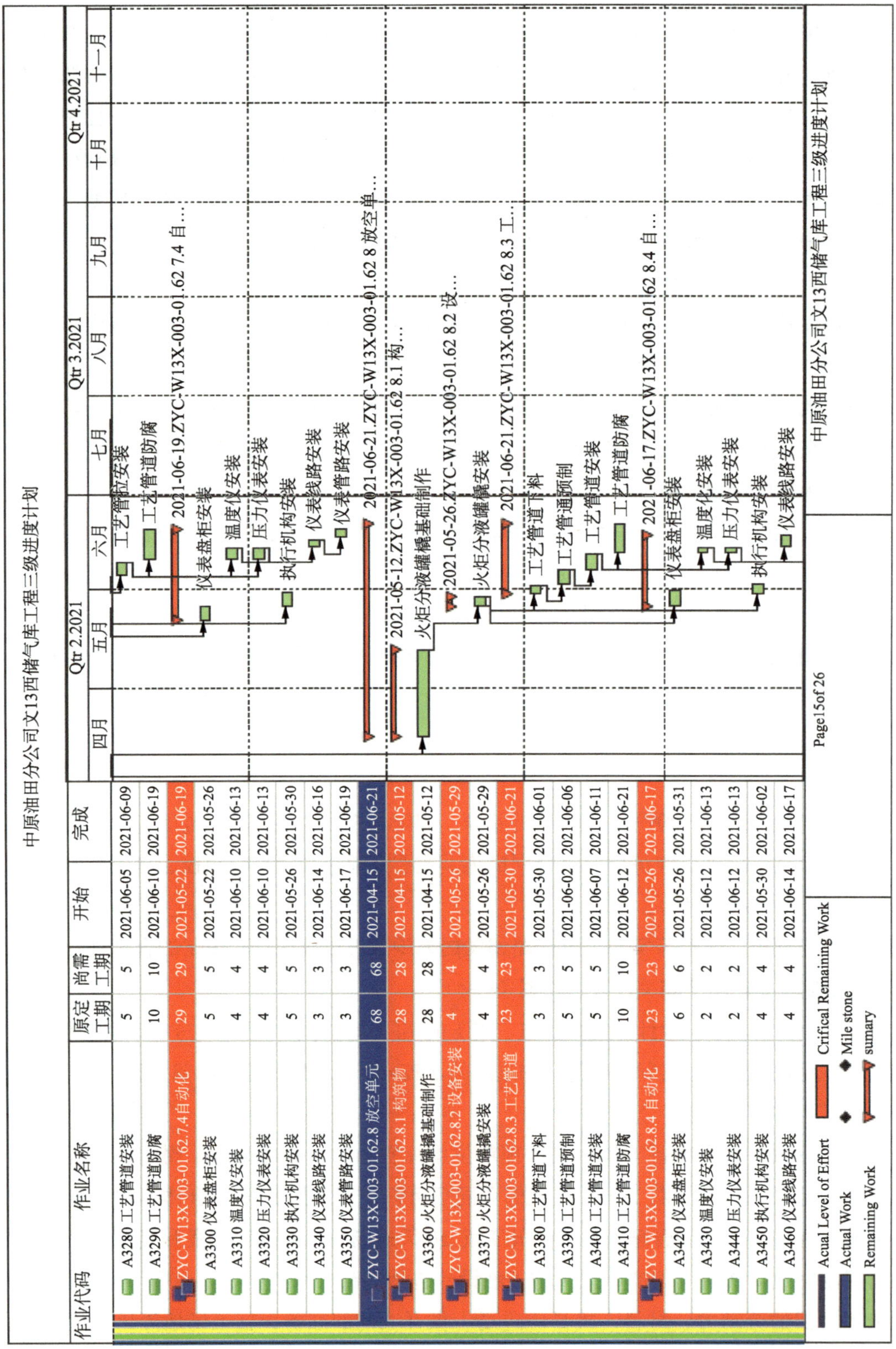

图 7-3-5 储气库三级进度计划示意图

中原油田分公司文13西储气库工程四级进度计划

作业代码	作业名称	原定工期	尚需工期	开始	完成
A7430	室外给排水管道下料	3	3	2021-04-26	2021-04-28
A7440	室外给排水管线热熔连	5	5	2021-04-29	2021-05-03
A7441	管沟回填	5	5	2021-05-07	2021-05-11
A7470	阀门安装	3	3	2021-05-04	2021-05-06
A7480	阀门井及污水检查井	8	8	2021-05-07	2021-05-14
ZYC-W13X-002.6.2.11 消防单元		53	53	2021-04-10	2021-06-01
ZYC-W13X-002.6.2.11 构筑物		50	50	2021-04-10	2021-05-29
ZYC-W13X-002.6.2.11.1.1 消防水箱		20	20	2021-04-10	2021-04-09
A7490	测量放线	1	1	2021-04-10	2021-04-10
A7500	基槽开挖	3	3	2021-04-11	2021-04-13
A7501	垫层浇筑	1	1	2021-04-14	2021-04-14
A7510	钢筋绑扎	5	5	2021-04-15	2021-04-19
A7520	模板支护	2	2	2021-04-20	2021-04-21
A7530	混凝土浇筑	1	1	2021-04-22	2021-04-22
A7540	养护	7	7	2021-04-23	2021-04-29
ZYC-W13X-002.6.2.11.1.2 消防泵		40	40	2021-04-20	2021-04-29
A105	测量放线	1	1	2021-04-20*	2021-04-20
A105	基槽开挖	2	2	2021-04-21	2021-04-22
A105	垫层浇筑	1	1	2021-04-23	2021-04-23
A105	钢筋绑扎	3	3	2021-04-24	2021-04-26
A105	模板支护	2	2	2021-04-27	2021-04-28
A106	混凝土浇筑	1	1	2021-04-29	2021-04-29
A106	养护	30	30	2021-04-30	2021-04-29
ZYC-W13X-002.6.2.11.1.3 消防泵		40	40	2021-04-20	2021-04-29
A129	测量放线	1	1	2021-04-20*	2021-04-20
A129	基槽开挖	2	2	2021-04-21	2021-04-22

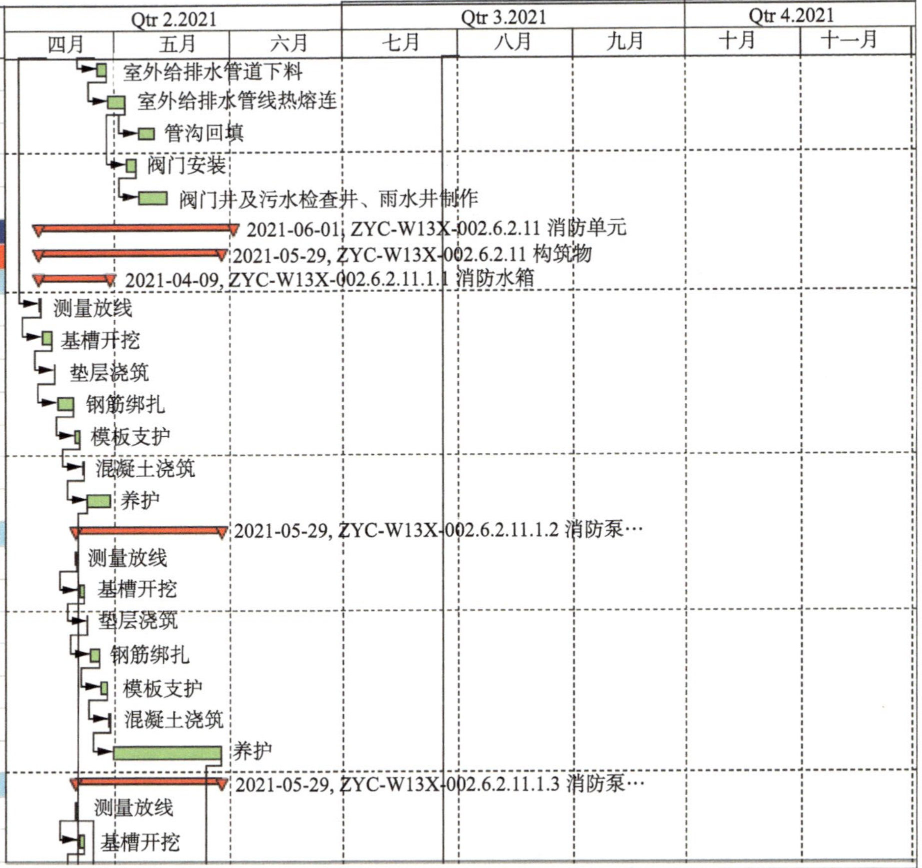

Acual Level of Effort
Actual Work
Remaining Work
Crifical Remaining Work
Mile stone
sumary

Page19of 64

中原油田分公司文13西储气库工程四级进度计划

图 7-3-6 文 13 西储气库四级进度计划示意图

（2）定期（不定期）检查施工单位的劳动力、机械设备和周转材料的配备。每月（以及施工进度有滞后现象时）对施工分部在场的劳动力、机械设备和周转材料等资源进行统计，对照施工分部的资源计划进行检查，分析其能否满足施工进度要求。当工程进度有滞后现象或资源配备不能满足预期要求时，向施工分部提出增加资源和赶工措施的指令。当工程出现比较严重的进度滞后情况时，项目管理部将会同监理对施工分部的管理能力进行评估，并采取相应措施。

（3）关键进度控制节点的设置与检查设置中间进度控制目标，以便及时检查实际进度状态。通过阶段性目标的实现，从而确保工程总目标的实现。根据工期要求（包括阶段性的要求）、工程施工的合理程序、工程外部环境等条件，与EPC联合体协商确定若干个关键进度控制节点，用于指导工程进度的安排与实施。按月（和按关键节点计划时间）检查、分析实际进度与计划进度的差异，确定影响进度的主要因素向EPC联合体提出改进要求，并跟踪落实反馈情况。

（4）关键材料和设备的进场时间关键材料和设备的进场时间，将直接制约着工程进度。因此，工程中使用的关键材料和设备应及早进行商务谈判。商务谈判应选择多家供应商进行，要分别对其产品质量、社会信誉度、供货能力等进行综合评价，择优选定。材料和设备的进场时间应按进度计划确定，同时要有一定的提前量。

（5）组织现场协调会。现场协调会主要解决：协调总包不能解决的内、外关系问题；上次协调会执行结果的检查；现场有关重大事宜；布置下一阶段进度目标；现场协调会印发协调会纪要送各方。

2. 进度控制关键措施

（1）组织措施

充分利用监理人员的专业知识及建设经验，让监理机构发挥作用，总监理工程师代表负责工程进度控制落实情况，专业监理工程师负责日常进度控制的监督和协调工作。落实进度控制的职责和制度，制定详细的进度控制工作流程。定期组织现场进度协调会。主要协调和解决项目管理部、EPC联合体、资金、运输、供水供电等内外部制约的因素。督促施工分部合理组织，增加作业人数、增加机械数量、合理配套、增加工作班次。对于关键部分的施工，在不增加造价的前提下，选择专业施工队伍进行突击，压缩关键工序的作业时间，以确保工程总工期不突破。监理根据工程进展的需要，加强对外联络，改善外部配合条件及劳动条件、实施强有力的管理，为工程的顺利实施创造良好的周边环境。

（2）技术措施

①制定材料设备的需要量和供应时间，根据工程施工进度编制相关材料设备的采购供应计划。

②采用先进的项目管理软件，编制工期控制计划；审查EPC联合体报送的总进度计划，提出改进建议，协助其进行期优化、费用优化和资源优化。

③优化施工组织设计，结合本工程特点和实际情况，实行平行、交叉作业，确保关键节点和关键施工路线项目的作业时间，加快施工进度。

④严格工程变更管理，加强进度计划监控，对每项的工程变更都进行工期影响的评估，严格审批因工程变更造成的工程延期，监督 EPC 联合体创造条件，按照已审批的计划进度组织实施。

⑤定期召开进度协调会，月例会主要总结上月执行进度计划完成情况，分析出现差异的原因和调整方案，提出下月进度计划修正目标；周例会进度检查着重点在于协调各方关系，落实加快进度的各项措施，解决管理上的盲点，做好工序的交叉和搭接。

⑥加强进度计划监控，监督 EPC 联合体创造条件，按照已审批的计划进度组织实施。

⑦总结上月执行进度计划完成情况，分析出现差异的原因和调整方案，提出下月进度计划修正目标，每周进度检查着重点在于协调各方关系，落实加快进度的各项措施，解决管理上的盲点，做好工序的交叉和搭接。

⑧对工程进度实行动态管理，定期对工程进度进行检查和评价，分析影响工程项目施工进度的因素。在实际进度比计划进度滞后情况下，签发通知书，督促 EPC 联合体分析产生偏差的原因，及时提出切实可行的加快进度的调整措施和方案，落实与之相配套的材料设备供应计划、劳动力调度计划和资金供应计划，确保合同约定的进度目标得以实现。

⑨督促 EPC 联合体针对本工程采用新工艺缩短工序时间、减少技术间歇期、实行平行流水立体交叉作业，组织专家进行技术论证，在保证工程质量的前提下加快施工进度。

（3）经济措施

①编制详细的资金使用计划，保证资金准时到位。按规定时间和要求支付工程进度款，确保工程按进度计划实施。

②查 EPC 联合体提交的赶工计划。签署合理赶工措施费支付意见并审批。

③依据施工合同约定，督促 EPC 联合体履约施工。

④强化 EPC 联合体的合同意识，将工程进度关键节点与经济合同紧密结合。工程进度款支付遵循进度、质量签证程序。督促 EPC 联合体采取如实行包干奖金、提高计件单价、提高奖金水平等措施。

⑤做好施工进度情况记录，积累素材，为正确处理可能发生的工期延误责任提供依据。

（4）合同措施

①督促 EPC 联合体及时完成施工准备工作，按合同要求开工。

②做好 EPC 联合体所需场地和施工场地的“三通一平”条件，防止承担补偿工期延误的责任。

③按合同规定严格审批工程临时延期和工程最终延期。

（四）进度管理成效

中原储气库建设高标准、高质量全部完成仅用时 8 ~ 10 个月，创造了当前全国同类型储气库建设周期最短、橇装化程度最高、运行压力最高、智能化水平最高的记录。卫 11、清溪、文 13 西、白 9 储气库分别于 2021 年 10 月 ~ 12 月具备投用条件。实现了当年设计、当年施工、当年投产的管理目标。

第八章

储气库关键及配套技术

第一节　储气库关键技术研究

一　勘察设计关键技术

针对储气库周期性强采强注、采出水氯离子含量和矿化度高，气质组分中含有 CO_2（最大 2%）、H_2（最大 1%）等特点，且现场环境和运行工况非常复杂的情况，项目初期，设计团队开展“中原储气库地面工程关键技术”课题研究，解决设计难题，提升设计质量，降低工程投资。

（一）主要研究工作

（1）完成室内实验 3 项，97 组次；模拟计算 10 项，242 组次；方案设计 4 项；测试加工 4 项，120 组次；编绘图件 4 项，37 份。

（2）完成非稳态工况下注采系统设计优化研究；完成高矿化度采出水工况下管道腐蚀防护技术研究；完成储气库地面系统风险评估技术研究；完成储气库地面系统能效评价技术研究。

（二）主要技术创新

（1）形成非稳态工况下地面注采工艺及行弯补偿辅助止推滑动的柔性处理方法。

（2）开发了基于流速携液的腐蚀控制方法和基于主页保湿的管道防垢工艺，形成高压大流量注采系统腐蚀控制技术。

（3）形成地下储气库调峰运行地面工艺技术方案；开发了注采井风险预警软件。

（4）建立储气库地面系统能耗分析模型，提出地面系统运行优化方案，形成储气库地面系统能效评价技术。

（三）技术指标完成情况

（1）实现注气工艺管线在径向 3 ~ 8mm 的位移量约束。

（2）大流量高矿化度下集输管材腐蚀速率低于 0.076mm/ 年。

（3）实现粒径 0.2mm 以上盐垢有效清理。

该技术研究攻克枯竭气藏储气库工艺和设备定型、深度盐穴储气库注采工艺等技术难题，形成大型压缩机组优选及配套工艺技术、非稳态工况注采工艺技术、标准化设计技术等 6 项技术成果，有力支撑枯竭气藏和盐穴储气库的建设。获得授权发明专利 1 件、实用新型专利 5 件，登记软件著作权 1 项，出版专著 1 套，制订行业标准 1 项。获得集团优质工程二等奖一项、石油工程建设公司专利金奖一项、省部级优秀工程勘察设计一等奖 1 项，省部级优秀工程咨询成果一等奖 1 项。

二 施工关键技术

（一）压缩机安装关键技术

储气库注采站内的对称平衡型往复活塞式压缩机是本工程的核心设备，也是施工的关键点和难点，压缩机组具有体积大、重量大、就位困难、安装精度要求高等特点。为此 EPC 联合体在卫 11 储气库开展“大型动设备安装关键技术研究”，成立科研小组、QC 小组，实施技术攻关。

1. 主要研究工作

（1）研究压缩机激光对中施工工艺，形成假轴法激光气缸滑道测量技术。

（2）研究大型设备调平顶升技术，研制出微量油压顶升装置、小型大负荷机械顶升装置。

（3）研究大型动设备进出口管道无应力安装技术，确定最佳焊接工艺参数及焊接顺序。

（4）设计新型配比环氧树脂灌浆料，确定最佳环氧砂浆配比及施工厚度。

2. 主要技术创新

（1）一种压缩机气缸 – 滑道精准对中的激光测量系统。

（2）6t 分体式微量油压顶升装置、20t 小型大负荷机械顶升装置。

（3）两种新型含纳米改进剂的环氧树脂砂浆配方。

3. 技术指标完成情况

（1）完成施工工法 2 项。

（2）设计出常温环境下和低温环境下环氧树脂灌浆料配方。

卫 11 储气库的压缩机安装关键技术和工序研究成功后，在另外 3 座储气库推广应用该技术成果，压缩机安装一次合格率达到 100%，施工成本均降低 5% 以上，有效提高各储气库压缩机的安装精度，促进施工质量、进度和经济效益大幅提升，同时培养了 4 位大型动设备安装人才。申报国家专利 2 项，取得实用新型专利 2 项，形成专项工法 2 项，QC 成果 3 项。

（二）厚壁管道焊接关键技术

本工程管道材质类型较多（L415、Q345E 等），且多为合金低温钢管道，管线壁厚种类多，焊接方式复杂，焊接成型控制难度大，对管道的焊接工艺、质量控制要求较高。随着地下储气库注气压力的提高，天然气增压管道壁厚越来越大，管道焊接工作量随之增加。以注采站为例，增压后的天然气管道设计压力高达 37MPa，管道壁厚达到了 34mm。传统焊接工艺为氩弧焊打底，手工焊条电弧焊或半自动焊填充，焊接速度慢，劳动强度高，无法满足施工需求。为此 EPC 联合体成立科研团队，引进、开发研究管道焊接工装和设备，开展《工艺管道预制焊接系统研究与应用》。

1. 主要研究工作

（1）设计制作厚壁工艺管道预制焊接工作站和配套工装，开发工艺管道预制埋弧自动焊工艺。

（2）研究热丝 TIG 焊技术，开发厚壁工艺管道热丝 TIG 打底焊工艺。

（3）完成 MIG/TIG 全位置自动焊技术在工艺管道的应用试验，形成应用于站场管道的全位置自动焊工艺技术。

（4）推广应用管道焊接施工管理软件，提高工艺管道的预制化深度。

2. 主要技术创新

（1）研制出适用于管径 ϕ273~813 的预制焊接工作站和工装，形成厚壁工艺管道埋弧自动焊技术。

（2）开发站场工艺管道 MIG/TIG 全位置自动焊技术工艺技术，拓展全位置自动焊设备的应用范围。

3. 技术指标完成情况

（1）厚壁工艺管道预制细丝埋弧焊接一次合格率达到 99.41%。

（2）MIG/TIG 全位置自动焊接一次合格率达到 99.36%。

（3）自动焊工艺预制时径量达到焊口时径量（可采用自动焊）的 51.3%。

通过该技术攻关，管道焊接质量和施工效率大幅提高，焊缝外观成形美观，焊接一次合格率高，焊接成本有效降低。完成 7 项组合焊接工艺评定报告，编制 1 套工艺管道施工预制程序文件，形成 1 项厚壁工艺管道埋弧自动焊施工工法，获得 2 项国家专利授权。组建了细丝埋弧自动焊预制焊接工作站、推广了管道焊接施工管理软件。

第二节　配套技术创新

一　油气田地面工程模块化建造技术

中原储气库采用国际先进的 SP3D 三维设计软件，从应力分析、碰撞检查、模块划分、人机工程等角度进行设计优化，实现多专业协同，确保施工图纸和建设现场“面对面、线对线、点对点”无缝衔接。

EPC 设计团队在已审定的标准化图集、定型图基础上，应用三维建模技术，对施工图模块、拆分、结构、运输、吊装、接口、复装等进行二次设计，结合 3 项标准化设计，优化定型工艺技术，做到“六个统一”，形成一套通用的、标准指导性文件及 10 项成果，为工厂预制和模块制造提供技术支持和保障。

该技术形成储气库模块化建造技术，通过深度的标准化和模块化设计，将现场大部分工程量转移到预制工厂，实现多专业平行施工，将现场交叉作业转为工厂同步预制，把工期时间轴由纵向转变为横向拓展，最大程度地缩短项目建设周期。同时减少现场资源投入，降低现场施工安全风险，降低工程建设成本。

二 压缩机液压推移就位

压缩机本体为制造精密的高科技大型动设备，最大的基体为 12.92m × 4.478m × 3.25m 总质量 87.5t，无法采用吊车卸车和吊装就位。为此，EPC 联合体开展大型压缩机组轨道液压推移就位技术研究，探索压缩机安装施工工法。经过多次商榷探讨，采用轨道液压推移就位、液压同步顶升等技术，实现大型压缩机组平稳推移、同步顶升、精准回落就位和安装。

根据设备外形尺寸及重量选择轨道、重物推移机，设计并制作滑靴，确定导轨与压缩机组、基础的相对位置。架设导轨支撑结构，铺设轨道并安装推移机，推移压缩机组至基础上方。顶升压缩机组后拆除轨道，安装预埋地脚螺栓导向管，启动液压同步顶升装置将其缓慢回落至基础上，完成压缩机组的就位安装。

通过采用大型压缩机组轨道液压推移就位安装施工工法，提高就位精度，降低施工难度（图 8-2-1）。在实际施工过程中，采用液压机就位节约施工时间 2h/ 台，节约操作人员 6 人 / 台，节约 2 台 70t 起重吊车。同时减少设备和作业人员的安全风险，降低劳动强度，加快施工进度，节约施工成本。卫 11 储气库压缩机房见图 8-2-2。

图 8-2-1 压缩机推移施工

图 8-2-2 卫 11 储气库压缩机房

该技术攻克大型高科技精密设备的吊装就位难题，总结形成大型动设备轨道液压推移就位安装施工工法。实现大型动设备安全卸车、平稳推移、同步顶升、精准回落就位，有力地支持中原储气库群建设。获得实用新型专利 2 件，获得集团公司（部级）优秀工法 1 项。

三 压缩机橇间试压

压缩机是储气库的核心设备，因外观尺寸大，不具备整体出厂拉运的条件，除主机橇作为核心设备整体拉运到现场，其余附属设施均在制造厂预组装完毕后拆散，以散件形式运抵现场，在现场进行二次组装。现场组装形式均为法兰连接，组装完毕后，按照标准要求，需要对组装完毕的设备、压缩机与空冷器之间的橇间管线进行泄漏性试验，以确保压缩机一次投产成功。

压缩机现场组装完毕后，静态下压缩机本体的各级间压力不同，试验压力差值超过规定级差，不能统一进行压力试验。EPC 施工单位经过多次探讨计算，反复试验，选用低温液氮泵、空温式汽化器、水浴加热式汽化器组装成液氮汽化泵橇，试验介质为液氮转化的氮气，氮气温度控制在 +5℃以上。利用橇装设备汽化的氮气对压缩机橇间管道进行泄漏试验，试漏压力具体为压缩机一级进气管线 8MPa、压缩机级间管线 15MPa、压缩机二级排气管线 25MPa。

采用高压软管连接液氮槽车与液氮汽化泵橇、液氮汽化泵橇与试压管道。

按照三级管线压力等级依次进行压缩机橇间管束试压，分三次进行试压。先对一级进气管线进行泄漏性试验合格后，再对级间管线进行泄漏性试验，最后对二级排气管线进行泄漏性试验。

采用喷或刷中性发泡剂（肥皂水），对管线中的各法兰及螺纹密封处进行泄漏检查。若有泄漏，泄压整改后重新进行试漏。按照标准要求，依次升压进行试漏。终升压试漏检查时，各密封处均无泄漏，则管线泄漏试验合格。试验合格后，将管道内压力保持在设计要求的范围内。

该技术采取制作压力试验工装，统一升压和级间升压相结合、级间压力控制及隔断的方法，有效解决压缩机本体和橇间管路在静态下试压的难题。改变以往投产时压缩机本体和橇间管路发生泄漏，不能一次投产成功的现象，确保了工程顺利投产。

第三节 储气库建设成果

储气库建设成果汇集如表 8-3-1 所示。

表 8-3-1　储气库建设成果

序号	成果类别	成果名称	颁发机构
1	科研	中原储气库地面工程关键技术	中国石油化工集团有限公司
2	科研	大型动设备安装关键技术研究	中石化石油工程技术服务股份有限公司
3	科研	工艺管道预制焊接系统工艺研究及应用	中石化石油工程建设有限公司
4	专利	一种节流预脱水、共沸剂再生的天然气脱水系统及方法	国家知识产权局
5	专利	一种提高安全性的地下储气库用注气压缩机	国家知识产权局
6	专利	一种 L 形流向三通结构气体限流装置	国家知识产权局
7	专利	一种多功能焊接支架	国家知识产权局
8	专利	分体式油压顶升装置	国家知识产权局
9	专利	一种顶升装置	国家知识产权局
10	专利	往复压缩机组气缸与滑道的激光对中设备及其使用方法	国家知识产权局
11	专利	一种用于储气库的预制构件钢筋骨架绑扎装置	国家知识产权局
12	专利	一种储气库电气施工安装装置	国家知识产权局
13	软件著作权	地下储气库注采井大数据风险预警软件 V1.0	国家版权局
14	工法	厚壁工艺管道预制细丝埋弧自动焊施工工法	中石化石油工程建设有限公司
15	工法	大型压缩机组轨道液压推移就位安装施工工法	中国石油化工集团有限公司
16	工法	高压管道试压工法	河南省建筑业协会
17	QC	降低中原储气库群工程投资	中国建筑业协会
18	QC	提高环氧树脂的灌浆质量	中国建筑业协会
19	QC	提高厚壁管道焊接一次合格率	河南省质量协会
20	QC	缩短压缩机找正找平施工工期	中石化石油工程建设有限公司
21	QC	提高往复式压缩机地脚螺栓安装一次合格率	河南省质量协会
22	QC	提高动设备轴对中一次合格率	中石化石油工程建设有限公司
23	QC	提高中原储气库群项目管理水平	河南省勘察设计行业协会
24	QC	提高冬期大型压缩机混凝土基础施工质量	中国石油工程建设协会
25	QC	降低储气库群注采站施工现场粉尘污染度	河南省勘察设计协会

第九章

储气库运行与维护

储气库主要采取周期运行方式，全年根据运行情况设置注气期、采气期以及检测、维修平衡期。“卫 11 、文 13 西 、清溪、白 9”四座储气库中的卫 11 储气库于 2021 年 10 月投产运行，其余 3 座储气库陆续投产运行，标志储气库由建设阶段转向运行维护周期。

第一节　投产试运

投产试运是储气库建设中的关键环节，是储气库由建设转向运行的过渡阶段。针对储气库的特点，分公司提出“先辅助后主体，分步试运投产”的思路，在整体试运前，先完成公用工程、辅助生产系统的投运，之后进行主体系统试运投运。现以卫 11 储气库为例，介绍储气库投产试运。

一　生产准备

生产准备是工程投产前一项重要工作，是确保工程投料试车一次成功及试车后各设备装置安全平稳运行的前提条件。储气库工程建立了生产准备前移工作机制，将生产准备贯穿于工程建设项目始终。

（一）建立组织机构

建立生产准备组织机构，生产准备工作组包含一个领导小组及七个专项准备组。各准备组明确职责，协调处理生产准备中各项问题，保障生产准备顺利有序开展。储气库生产准备组织机构见图 9–1–1。

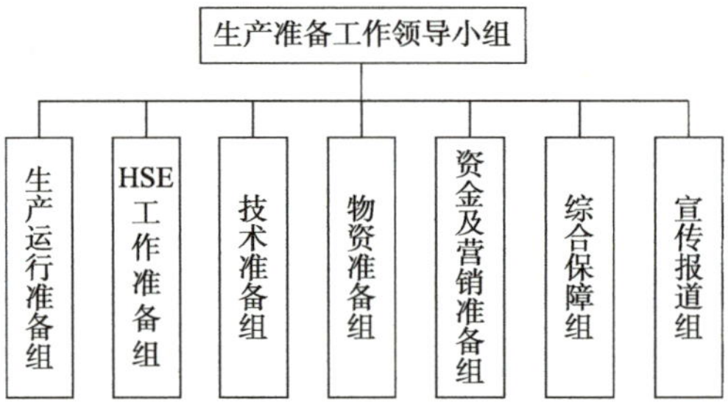

图 9–1–1　储气库生产准备组织机构

（二）管理模式

1. 管理模式

中国石化濮阳储气库有限公司（简称储气库公司）负责储气库运行管理，主要包括注采运行、设备设施管理、应急处置、巡检巡查等日常管理。储气库仪表检定、压缩机维修维保、集输管线巡护等生产辅助业务，由中原油田直属单位专业化部门负责；车辆保障、门岗保卫、绿化保洁等后勤保障业务，由中原油田直属单位后勤辅助部门负责。

2. 人员配置

按照层级精干、运行高效原则设置班组，因事设岗、数量最少原则设置岗位。采取定员管理，实现注采站少人值守，井场无人值守、日常巡检。

根据《天然气长距离运营劳动定员》《油田地面建设规划设计规范》《采输气工程定员标准》《岗位设置规范核心业务基层队伍》等标准要求进行人员配备。卫 11 储气库人员配置如表 9–1–1 所示。

表 9–1–1　卫 11 储气库人员配置表

序号	岗位	人数 / 人	岗位类别
1	站长	1	管理
2	副站长（兼安全员）岗	1	管理
3	信息工程技术岗	1	技术
4	装备管理岗	1	技术
5	采气工艺岗	1	技术
6	注采运行岗	8	操作
7	井站巡检岗	4	操作
8	压缩操作岗	4	操作
合计		21	

3. 人员培训及取证

为确保卫 11 储气库成功投产及安全运行，投产前 6 个月，对储气库运行管理人员、技术人员和操作人员于进行选聘，统一培训。培训采用自主学习、集中理论学习、现场跟班实习及厂家交流的方式穿插进行，培训后期组织全员考核取证。

（1）管理人员培训。提高管理人员的政治站位、强化责任担当，增强抓管理、带队伍和风险管控能力，掌握上岗所需的专业知识和管理技能，确保储气库投产后高效运营。

（2）技术人员培训。掌握储气库基础知识；危险源及危害识别；站场工艺流程及参数；投产基本步骤及实施方案、正常生产运行时的气藏分析、设备设施管理；运行技术标准、行业规范等专业知识。

（3）操作人员培训。熟悉站场集输、注采、脱水工艺流程，熟练掌握设备工艺操作规程，提高员工现场操作能力、执行能力和应急处理能力；了解站场 DCS 系统的控制与管理，掌握远控、站控、就地三级控制模式；了解压缩机组基本原理及参数、相关配套流程、日常检查、启停操作、日常保养、常见故障及预防处理，提高员工现场操作能力、分析判断及处理控制能力。

（4）投产前，组织管理、技术、操作人员按岗位职责分别取得相应的管理和操作证，确保全员持证上岗。人员取证清单见表 9–1–2。

表 9-1-2　人员取证清单

序号	岗位	取证名称	备注
1	管理及技术	危化品安全管理人员培训合格证	
		特种设备安全管理证 A	
		HSE 上岗证	
		许可作业开票人 / 审批人培训合格证	
		计量操作员证	
		采油采气井控证	
2	生产运行操作	快开门式压力容器操作证（R1）	
		输气工技能等级操作证	
		采气工技能等级操作证	
		监护证	
		HSE 上岗证	
		压缩机技能等级操作证	
		消防操作证	
		采油采气井控证	
3	巡线操作	油气管道保护技能等级操作证	
		HSE 上岗证	
		采油采气井控证	

（三）技术准备

依据有关标准、规范以及基础设计的要求，对储气库在投产试运、生产运营阶段涉及的技术工作进行准备，主要包括收集整理建设期各项技术资料、编制投产方案、生产运营方案、管理制度等，确保投产试运一次成功，生产运营安全平稳。

1. 技术资料

整理各项设计文件和图纸（走向图、施工图、竣工图等），各类设备的出厂检验报告、使用说明书、性能参数、操作手册、维修保养规程等，共 3 类总计 53 项，其中气藏类 15 项、工艺类 28 项、电气类 10 项。技术资料汇编明细见表 9–1–3。

表 9-1-3　技术资料汇编明细表

类别	序号	资料名称	类别	序号	资料名称
工艺类	1	制氮装置出厂说明书及技术规格书	气藏类	1	储气库气藏构造平面图
	2	压缩机出厂说明书及技术规格书		2	储气库气藏构造剖面图
	3	空压机出厂说明书及技术规格书		3	油井交接书
	4	过滤分离器操作维护手册		4	完井地质报告
	5	阀门出厂说明书及技术规格书		5	井斜数据表
	6	氮气储罐操作维护手册		6	套管记录
	7	流量计出厂说明书及技术规格书		7	测井解释成果表
	8	阴极保护操作维护手册		8	固井质量资料
	9	仪表风操作维护手册		9	录井综合图
	10	通讯设备操作维护手册		10	测井组合图
	11	自控设备操作维护手册		11	井身结构图
	12	DCS 系统 HMI 软件说明书		12	注采井作业完井资料
	13	火气系统操作维护手册		13	老井封堵方案
	14	线路检验报告、操作维护手册		14	老井封堵作业完井资料
	15	储气库工程平面布置图		15	井口装置、井下工具及设备资料
	16	储气库工程 PID 图纸	电气类	1	电气一次主接线图
	17	储气库工程工艺流程图		2	交、直流系统图
	18	发电机出厂说明书及技术规格书		3	电缆走向图
	19	分析小屋出厂说明书及技术规格书		4	巡视路线图
	20	桁吊出厂说明书及技术规格书、监督检验证书、注册登记表		5	应急逃生图
	21	过滤分离器出厂说明书及技术规格书、监督检验证书、注册登记表		6	设备台账
	22	分离器出厂说明书及技术规格书、监督检验证书、注册登记表		7	一次设备说明书
	23	脱水装置出厂说明书及技术规格书		8	保护装置说明书
	24	吸收塔出厂说明书及技术规格书、监督检验证书、注册登记表			
	25	采出水罐出厂说明书及技术规格书、监督检验证书、注册登记表		9	SVG 说明书
	26	放空火炬出厂说明书及技术规格书			
	27	井口注采阀组橇出厂说明书及技术规格书		10	交直流一体化系统说明书
	28	甲醇橇出厂说明书及技术规格书			

2. 操作规程

投产前编制完善各类操作规程，共涉及 7 大类 62 项，包括安全控保装置类 4 项、工艺设备类 26 项、电气设备类 3 项、计量仪表操作及检修类 8 项、测试仪表类 4 项、维抢工具类 2 项、电力运行类 15 项。操作规程明细见表 9-1-4。

表 9-1-4　操作规程明细表

类别	序号	名称	类别	序号	名称
安全控保类	1	正压式空气呼吸器操作规程	测试仪表类	1	接地电阻测试仪操作规程
	2	手提式二氧化碳灭火器操作规程		2	绝缘电阻测试仪（兆欧表）操作规程
	3	手提式干粉灭火器操作规程		3	数字万用表操作规程
	4	推车式干粉灭火器操作规程		4	冰点仪操作规程
电气设备类	1	UPS 电源操作规程	工艺设备类	1	注气开关井操作规程
	2	柴油发电机操作规程		2	采气开关井操作规程
	3	火气系统操作规程		3	注气系统投运、停运操作规程
计量仪表操作及检修类	1	气体超声波流量计操作规程		4	采气系统投运、停运操作规程
	2	流量计算机操作规程		5	球阀操作规程
	3	分析小屋操作规程		6	阀套式排污阀操作规程
	4	电磁流量计操作规程		7	节流截止阀操作规程
	5	压力变送器操作规程		8	放空操作规程
	6	压力表更换安装操作规程		9	清管阀操作规程
	7	双金属温度计更换安装操作规程		10	旋塞阀操作规程
	8	温度变送器拆卸安装操作规程		11	气动执行机构（ESDV、BV、BDV、PV）操作规程
电力运行类	1	35kV GIS 操作及维护法		12	井口紧急切断阀操作规程
	2	主变压器操作及维护法		13	采出水罐装车操作规程
	3	10kV 开关柜操作及维护法		14	分离器排污操作规程
	4	10kV SVG 操作及维护法		15	压缩机操作规程
	5	10kV 接地变及消弧线圈操作及维护法		16	仪表风系统操作规程
	6	10kV 压缩机操作及维护法		17	制氮机操作规程
	7	五防系统操作及维护法		18	消防栓操作规程
	8	交直流一体化装置操作及维护法		19	消防水系统操作规程
	9	UPS 操作及维护法		20	桥梁式起重机操作规程
	10	微机监控系统操作及维护法		21	脱水系统投运操作规程
	11	变电站运行维护规程		22	锁环式快开盲板操作规程
	12	电力安全规程		23	井口控制柜操作规程
	13	变电站操作规程		24	井口注醇操作规程
	14	电气设备检修、预防性试验规程		25	过滤分离器更换滤芯操作规程
	15	电力调度规程		26	HMI 软件操作规程
			维抢工具类	1	手动高压注脂枪操作规程
				2	气动注脂机操作规程

3. 规章制度

根据储气库运行管理经验，整理完善适用于储气库运行管理的各项规章制度，共涉及6大类70项，包含相关制度14项、生产运行类21项、HSE管理类12项、设备管理类13项、管道保护类2项、电力类8项。

4. 综合资料

（1）根据卫11储气库特点，编制运行图表、日常记录等资料，涉及6大类59项，包含生产运行与调度指挥类13项、计量与天然气结算类6项、设备管理类6项、HSE管理类16项、阴保防腐类1项、电力类17项。

（2）注采站压力容器、压缩机、脱水橇、配电室、发电机房和井场注采井、单井为重点要害部位，在日常管理中应重点巡查。站内和井场设备多，易发生少量天然气泄漏、管线设备冻堵、站内突发停电等事件，事件等级较低，但处置不当易引起停气或事件扩大。因此，根据预判突发情况编制了相关现场处置方案（表9–1–5）。

表9–1–5　卫11储气库现场处置方案汇总表

序号	现场处置方案	备注
1	天然气泄漏事故现场处置方案	
2	火灾事故现场处置方案	
3	人员中毒窒息事故现场处置方案	
4	爆管事故现场处置方案	
5	管道冰堵事故现场处置方案	
6	人员触电事故现场处置方案	
7	人员高处坠落事故现场处置方案	
8	洪涝灾害事故现场处置方案	
9	人员液氮低温冻伤事故现场处置方案	
10	突发公共卫生事件现场处置方案	
11	进站ESDV阀法兰发生泄漏事件现场处置方案	
12	丛式井场进场阀法兰发生泄漏事件现场处置方案	
13	压缩机组管线发生泄漏、故障停机事故现场处置方案	
14	抗震防灾事故现场处置方案	
15	空压机故障停机事故现场处置方案	
16	封堵井渗漏事故现场处置方案	
17	封堵井起压事故现场处置方案	
18	电力事故现场处置方案	

5. 试运投产方案

投产方案主要包括电力、空氮、消防、通信等系统调试方案；压缩机组、火炬等调试方案；总体试车、联动试车、投料试车方案和生产考核方案等，共计 14 项。投产前 3 个月，编制完成总体试车方案（表 9-1-6）。

表 9-1-6　卫 11 储气库试运投产方案目录

序号	名称	责任部门	序号	名称	责任部门
1	电力系统投运方案	EPC 联合体	8	自用气橇及火炬调试方案	EPC 联合体
2	给排水系统调试方案	EPC 联合体	9	压缩机试车方案	中石化三机分公司
3	空氮系统调试方案	EPC 联合体	10	脱水系统试车方案	EPC 联合体
4	消防系统调试方案	EPC 联合体	11	联动试车方案	卫 11 储气库项目部
5	通信系统调试方案	EPC 联合体	12	投料试车方案	卫 11 储气库项目部
6	自控系统投运方案	EPC 联合体	13	储气库项目总体试车方案	卫 11 储气库项目部
7	阴极保护系统投运方案	EPC 联合体	14	储气库项目生产考核方案	卫 11 储气库项目部

（四）物资准备

结合储气库特点，本着节约实用的原则，按类别编制投产试运行所需材料及物资，建立清单。主要物资如下：

（1）维护用料 42 项，主要包括压缩机组的各类润滑油、三甘醇、甲醇、过滤分离器滤芯、柴油、漆料、阀门润滑脂、密封脂、清洗液等物资；

（2）普通工器具 145 项，主要包括各类扳手、锤类、钳类、各类检测仪器、螺丝刀类、橇杠类等工具；

（3）防爆工具 13 项，主要包括铜锤、管钳类、活动扳手、橇杠、F 扳手、呆扳手等工具；

（4）安全防护 21 项，主要包括变电所用品、耳塞、耳罩、手套、检查服、空呼器等防护用品；

（5）消防应急 16 项，主要包括消防服、消防帽、防毒面具、铁丝、编制袋、救生衣等消防应急用品；

（6）办公用品 41 项，主要包括电脑、打印机、办公桌椅、文件柜、饮水机等办公用品；

（7）标识标牌 59 项，主要包括注采站、变电站及井场各类标识标牌；

（8）记录资料及台账 36 项，主要包括各类记录台账及资料报表；

（9）备品备件 66 项，主要包括压缩机组备件，DCS、SIS 备品备件。

二　调试投运

卫 11 储气库试车投运主要包括公用工程投用、设备单体调试、氮气置换及气密试验、工艺设备联调、投料试车等，结合施工进度，统筹部署单体调试、总体投运工作，保证场站调试投运有条不紊地进行。

根据先投辅助、后投主体的顺序进行试车。采用氮气置换空气、天然气置换氮气的方式置换系统介质。单体、控制系统的设备调试由供应商负责，总体联合调试由卫 11 储气库项目部负责，供应商、EPC 联合体、监理等配合，具体试车程序见图 9–1–2。

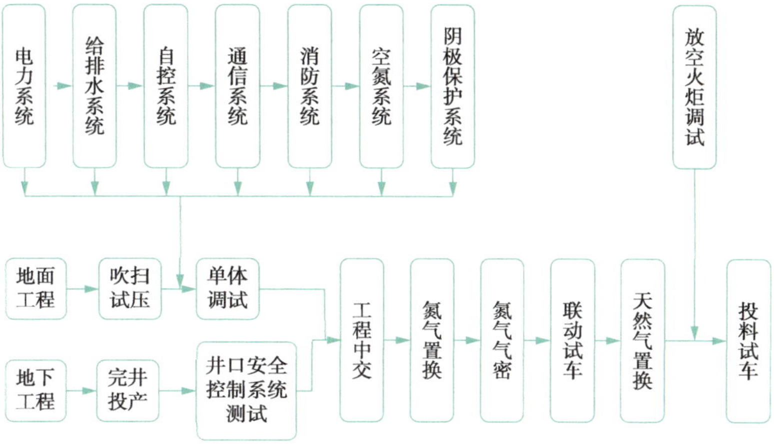

图 9-1-2 投料试车程序

（一）公用工程投运

为确保卫 11 注采站设备单调、系统联调安全顺利开展，首先进行公用工程系统调试及投运，包括电力、仪表自控、通信、消防、空氮、阴极保护等系统。

1. 电气系统投运

先期投运卫 11 变电站，为后期设备调试、投产试运提供电力保证，电气系统投运流程见图 9–1–3。投运内容如下：

（1）调试前，完成电气设备试验、工用具配件准备、与供电部门签订供用电协议等工作，充分完善各项调试准备工作。

（2）按照调试程序，核对测试设备编号、检查线路和变电站接地电阻及接地网、检测综合自动化信号、主变冲击合闸实验、10kV 母线冲击合闸实验等。

（3）根据现场的实际条件，制定场站电气系统投运流程。

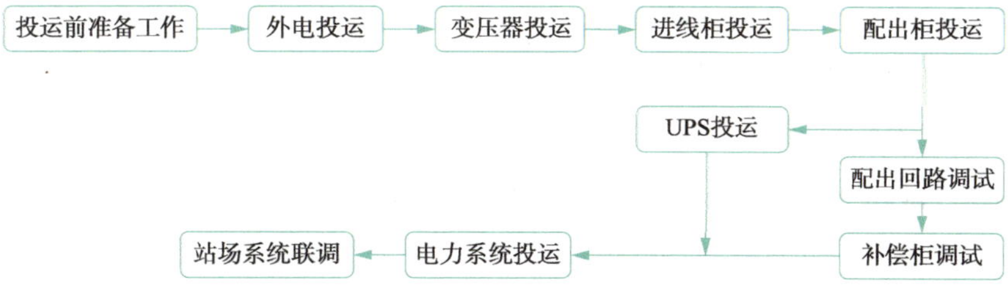

图 9-1-3 卫 11 储气库电气系统投运流程图

2. 仪表自控系统调试投运

卫 11 储气库自控系统中心设置在注采站，站内设数据集散控制系统（DCS）、安全仪表系统（SIS）、火气监控系统（FGS），丛式井场设井场远程终端系统（RTU），整个系统具备生产、监控、报警、事故处理隔离等功能。系统调试范围和主要内容见表 9-1-7、表 9-1-8。

表 9-1-7　仪表自控系统调试范围

序号	系统	系统作用
1	DCS 系统	数据采集、远程监控
2	SIS 系统	紧急停车
3	FGS 系统	火灾监测、消防联动
4	井场 RTU 系统	数据采集、设备远程操作，可燃气体泄漏监测报警

表 9-1-8　仪表自控系统调试

序号	系统调试	序号	系统调试
1	外部接线检查	6	电源故障测试
2	系统电源检查	7	应用站完整性测试
3	控制器完整性检查	8	工作站完整性测试
4	控制器冗余度检查	9	功能测试
5	网络冗余度测试	10	ESD 测试

3. 通信系统调试投运

通信系统包含工业以太网系统、办公网络系统、安防系统（视频监视系统、周界防范系统、防冲撞装置系统、门禁系统、电子巡更系统）、扩音对讲系统、巡线及抢维修系统、通讯系统等。

调试后，应满足设计和现场使用要求，各项功能符合设备说明书要求。工业以太网业务通道正常，现场和指挥中心通信系统畅通，确保日常及紧急情况沟通畅通。调试范围及主要内容如下：

（1）工业以太网系统：交换机光纤、网线连接；系统电源接入，工业交换机等设备通电；控制中心容错服务器、网管工作站接入；系统网管软件调试；时钟服务器、交换机、无线设备调试；有线无线之间切换调试。

（2）视频监视系统：测试视频电缆、控制电缆、电源线通断情况；检查前端监控点安装位置，摄像机安装角度，线头接线柱合格情况；检查设备供电、防雷模块安装、电源线接地、接地线与标准符合情况；前端图像清晰度检查；磁盘阵列柜通电检查；数据库配置检查；站场监控系统稳定性、可靠性检查；视频管理平台稳定性、可靠性检查。

（3）光传输系统：光纤连接检查；线缆连接、单板外观及安插检查；设备硬件、电源接入检查；机柜上电测试；各单板指示灯运行检测；风扇状态，主控板告警、复位功能调试；各单板及主机软件版本检查；备份网络数据，检测 ECC 连接情况；测试掉电重启；配置测试业务，检测光纤连接、ECC 链路、以太网业务、自愈保护、网络时钟倒换、公务连接、性能误码及网管功能等测试。

（4）门禁系统调试：地址码 /IP 地址的设置，读卡器、按钮、门磁、电源、通信线连接检查；测试门卡的授权状态，门禁控制器与服务器通信状态检查；电脑串口故障、总线有无开路，通信设备故障、控制器地址测试；系统软件安装、数据库建立。

（5）周界防范系统调试：检查挂线杆安装、绝缘子位置、导线架设；检查跨接线、接地电阻；检查引向主控制器的高压绝缘导线信号线和回路线分管穿线；检查系统绝缘电阻；主机上电后检查系统显示，测试报警功能。

（6）电子巡更系统调试：使用巡更机按设置好的巡更路线，巡更一次；通过管理软件读取巡更机内数据；查询巡更数据，是否符合实际巡更时间。故意漏巡 2–5 个巡更点，通过管理软件读取巡更机内数据，查看合格巡更数据和漏巡巡更数据，与实际是否一致。

（7）电子防冲撞系统调试：检测装置起升回缩时间；检测系统拦截宽度和高度；检测起升力、系统安全承载压力；停电测试，达到不限次数的升起和降下设备，确保有效拦截和通行。

4. 消防系统调试投运

消防系统对整个场站的安全运行有举足轻重的作用。储气库试车之前，调试消防系统软硬件设施，确保硬件完好，软件好用，本质安全。消防系统调试内容见表 9–1–9。

表 9–1–9　消防系统调试

序号	调试内容	
1	调试条件	调试人员职责明确，调试负责人具备专业技术资格
2		消防系统各类设备已经通过单体测试
3		消防水罐水量达到设计要求
4		供电系统正常
5		消防管网已充满水，阀门法兰无泄漏
6		配套火灾自动报警系统处于工作状态
7	调试要求	水源测试应符合设计要求
8		消防水泵测试应符合厂家说明书和技术协议要求
9		消防系统控制逻辑测试达到设计要求

5. 空氮系统调试投运

空氮系统负责场站仪表气源供给、工艺系统的安全隔离和检修置换，系统平稳是储气库安全运行的保障。空氮系统调试项目和内容见表 9–1–10。

表 9-1-10　空氮系统调试

序号	调试项	调试内容
1	空载测试	系统上电，启动空压机，检查工艺管路是否有漏气，油管路是否有泄漏，主机是否有异响杂音；检查正常后停运
2		启动干燥机，观察压缩机、冷媒高低压变化、风机运行是否正常；检查正常后停运
3		空载启动干燥机，检查 PLC 控制、仪表参数、气动阀切换、加热器启停、故障报警、连锁控制等各项功能；检查正常后停运
4		空载启动制氮机，检查 PLC 控制、仪器仪表显示参数、故障报警、连锁控制、气动阀切换等各项功能；检查正常后停运
5	带负载调试	打开空氮系统管路上的所有阀门，确保工艺气流程畅通
6		启动空压机
7		干燥机正常运行后，按照要求对高效油水分离器、高效除油器、精密过滤器、粉尘精滤器排污；高效油水分离器、高效除油器建议每 1～2h 排污一次；精密过滤器、粉尘精滤器建议每 8h 排污一次
8		空压机正常启动后，调节好再生气，观察干燥机吸附塔压力，待压力上升到 0.6MPa，观察吸干机电磁阀控制气路前的过滤减压阀压力（气动薄膜阀应控制在 0.2～0.3MPa，气动蝶阀应控制在 0.4～0.6MPa 范围内），再启动干燥机
9		前置净化装置正常运行后，空气缓冲罐压力达到 0.6MPa 以上，启动制氮机组
10		根据现场实际情况和设备技术协议要求，对制氮机运行参数进行微调，缓慢调节放空装置，从而调节进气、出气、再生气量，最终使设备各项参数达到使用要求
11	调试结束停机	停运空压机
12		停运干燥机，打开系统排污阀进行排污、泄压
13		停运制氮机，关闭氮气出口流量调节阀，打开系统排污阀排污、泄压

（二）设备单体调试

设备单体调试是设备安装结束后未与系统连接，按照施工验收规范要求，检验是否符合国家标准，满足实际需求而进行的单机试车。为保证卫 11 储气库顺利投运，各单元设备在投运之前进行单体设备调试，调试结果应符合国家标准。为节约调试时间，单体设备调试和公用工程调试同步进行。单体设备调试内容及合格标准见表 9-1-11。

表 9-1-11　单体设备调试

序号	名称	调试内容	合格标准	备注
1	压缩机	压缩机、主电机润滑油系统	按照说明书要求添加润滑油	
2		压缩机数据间隙测量	数据符合设备说明书标准要求	
3		电气、仪表	回路测试、功能测试达到设计要求	
4		主电机 4 小时空载测试	温度、振动符合设备说明书要求标准	
5		其他辅助系统	具备投用条件、达到设计使用要求	
6	气动执行装置	手动、气动、自动截断功能	阀门能够按照设计要求开关到位	
7		装置全开全关时间	在最低压力时动作时间≤ 60s	

续表

序号	名称	调试内容	合格标准	备注
8	阀门	外观检查	无明显制造、运输、安装缺陷，无砂眼、裂纹、腐蚀坑等缺陷	
9		安装	位置正确、安装牢靠	
10		内外漏检查	不泄漏	
11		维护保养	投运前已完成并有记录	
12	三甘醇再生橇	设备管道吹扫	完成并达到相关规范要求	
13		循环泵调试	达到设计使用要求	
14		系统清洗、碱洗	系统中无杂质和油分	
15		系统干燥	系统中空气露点达到设计要求	
16	注采井口安全控制系统	注采井口检查	无明显制造、运输、安装缺陷，无砂眼、裂纹、腐蚀坑等缺陷	
17			生产阀门和备用阀门满足作业要求	
18		井下安全阀状态检查	地面液压控制范围 6000 ~ 8000psi	
19		井口安全阀状态检查	地面液压控制范围 3000 ~ 4000psi	
20	火炬系统	燃料气压力、流量检查	压力 $\geqslant$ 0.7kg/cm^2	
21		点火盘测试	长明灯现场及面板显示正常	
22		火焰监测器测试	关断燃料气阀门，报警正常	
23		长明灯自动点火测试	打开长明灯燃料气截止阀，自动点火功能正常	

（三）氮气置换及气密

1. 氮气置换

氮气置换主要是在系统投产运行前，用惰性气体（氮气）对站内、外所有管线进行置换，防止天然气与空气混合形成爆炸性混合气体。置换结束，关闭所有进气口和排气口。天然气置换前系统保压 0.2MPa。氮气置换流程见图 9–1–4。

氮气置换主要技术要求：

（1）液氮纯度达到 98% 以上，置换过程中主管道内气体流速应大于 1m/s；注入管道的氮气温度不低于 5℃。

（2）各检测口配备气体含量检测仪器，每间隔 5min 连续 3 次取样分析，当排放气中氧气浓度均小于 2% 为置换合格。

（3）全部置换合格后，系统注氮充压，压力保持在 0.2MPa 左右。

卫 11 储气库氮气置换采用“分段置换、分段实施、分区检测”原则。根据工艺流程确定氮气置换顺序，第一段是联络线至注气出站阀组段；第二段是注气出站阀组至采气进站阀组段；第三段是采气进站阀组至吸收塔缓冲罐。每段设置一个主放空，设置几个次放空。主放空为全开模式，次放空为半开模式。

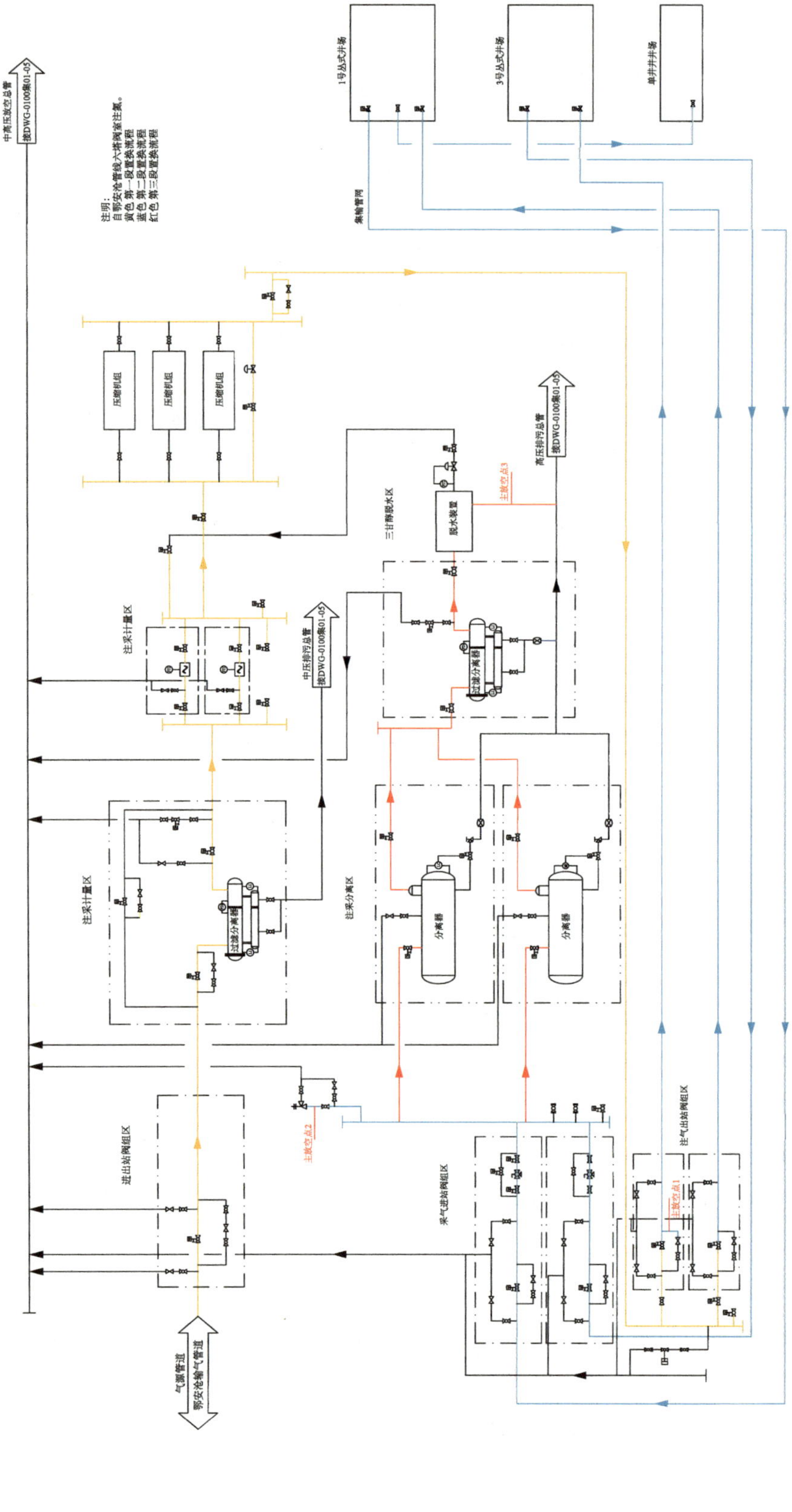

图 9-1-4 氮气置换总流程图

2. 氮气气密

全线氮气置换完毕后，对站内及井场注采系统主流程、旁通流程、排污系统进行升压气密性试验，放空系统不在试验范围当中。由于联络线主管线为长输管线，注气出站至井场管线为集输管线，不存在阀门法兰及螺纹连接点，只进行水压试验，不参与气密试验。现以丛式井场注气流程氮气气密（图 9-1-5）为例，展示储气库氮气气密试验。

（1）氮气气密试验要求

①在系统水压试验合格后进行，试验介质采用氮气。

②试验压力为设计压力。

③试验应逐级缓慢升压。

④试验合格后，及时缓慢泄压，并填写试验记录。

（2）卫 11 储气库各管段氮气气密升压技术指标：

①压缩机出口汇管至各注气井场注气管线

操作温度：-15～65℃　操作压力：8～25MPa

设计温度：-15～70℃　设计压力：28MPa

②六塔阀室至压缩机进口汇管

操作温度：5～25℃　操作压力：5～7.6MPa

设计温度：-19～60℃　设计压力：10MPa

③井场计量调流橇至脱水单元出口采气管线

操作温度：5～25℃　操作压力：5～7.6MPa

设计温度：-19～60℃　设计压力：12MPa

（3）根据卫 11 储气库工艺特点，氮气气密升压分 4 个部分进行。

①第一部分：压缩机出口至场站注气阀组 28MPa 升压试验。

②第二部分：采气阀组至采气出站 10MPa 升压试验。

③第三部分：排污系统 1.2MPa 升压试验。

④第四部分：丛式井场注气流程 28MPa、采气流程 12MPa 升压试验。

（四）联动调试

联动调试是模拟正常的生产工艺参数，考核站场装置自控仪表、机电设备、空氮系统、自控阀门以及辅助流程的各项指标是否合格。联动调试气源为气密试验后留在系统内的 0.2MPa 氮气。

联动调试主要是检查调校公用工程系统、DCS 系统、SIS 系统、RTU 系统、FGS 火灾和气体监测系统、空氮系统，及压缩机单机空载启运。

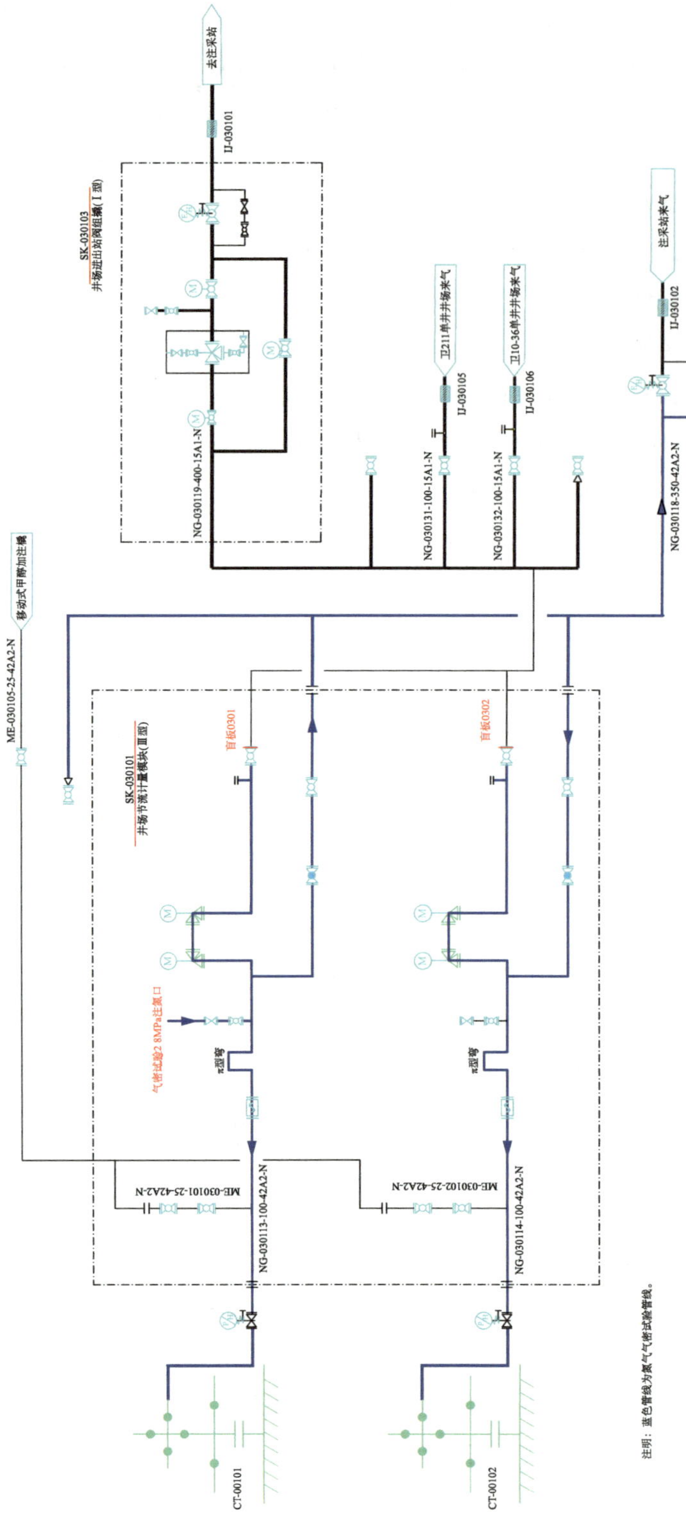

图 9-1-5　丛式井场注气流程氮气气密试验示意图

（五）投料试车

卫 11 储气库联动调试完成后，进行天然气置换、升压和试车注气。主要工作如下：

（1）投料试车前关断采气系统，做好注采系统高、低压分界点的安全管理。

（2）天然气置换、升压按照“分段置换、分段实施、分单元检测”原则，先进行联络线至进站流程天然气置换和升压，再利用气源管线对站内流程及井场进行天然气置换和升压。置换完成后，分别在 2MPa、5MPa、8MPa 稳压 2h，进行检漏。

（3）自用气橇调试。按照设计参数调整 2 条支路的切断压力和工作压力，投用自用气橇。导通去火炬燃料气管线，投运火炬。

（4）压缩机加载升压验漏分两个阶段进行，第一阶段 8～20MPa，第二阶段 20～25MPa。验漏合格后，压缩机出口压力控制在 25MPa，继续注气 72h。

（5）根据压缩机运行情况进行开井注气。

（六）采气投产

采气工艺主要是将储气库储存的天然气经过调压、净化处理后，输送至天然气输配管网，供下游用户使用。储气库注气达到设计压力及气量后，采气条件确认合格，根据用气需求采气外输。

1. 采气工艺流程简介

采气工艺是储气库储存的天然气，经井口两处串联电动角阀装置调节，控制采气井口气量，依靠地层压力输送进入注采站。天然气在注采站内经过进站分离器过滤除掉≥ 5μm 固液杂质后，通过吸收塔进行脱水处理，水露点合格后（＜ -15℃），通过分析小屋定期进行热值、总硫、硫化氢、二氧化碳等全指标检验气质，达到一类气标准要求，经过计量输至外输管网，发挥季节调峰和应急供气作用。采气工艺流程见图 9-1-6。

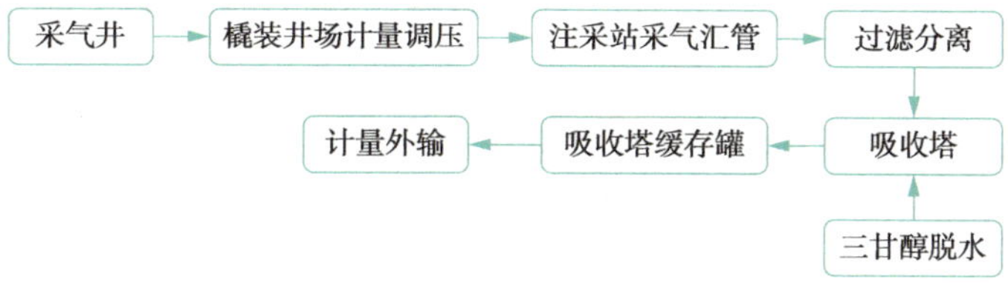

图 9-1-6　采气工艺流程示意图

2. 三甘醇脱水系统投运

采气系统投运前完成三甘醇脱水系统投运，保证脱水系统的机泵、空冷器、燃烧器满足设计要求，同时进行脱水系统的水洗和碱洗，清除施工过程中残留在工艺管道及系统内的铁锈、灰尘、油污等杂质，确保三甘醇不受污染，达到预期的脱水效果。完成水洗、碱洗、单体调试和联合调试后，加注三甘醇进行初步测试等工作。三甘醇脱水再生流程见图 9-1-7。

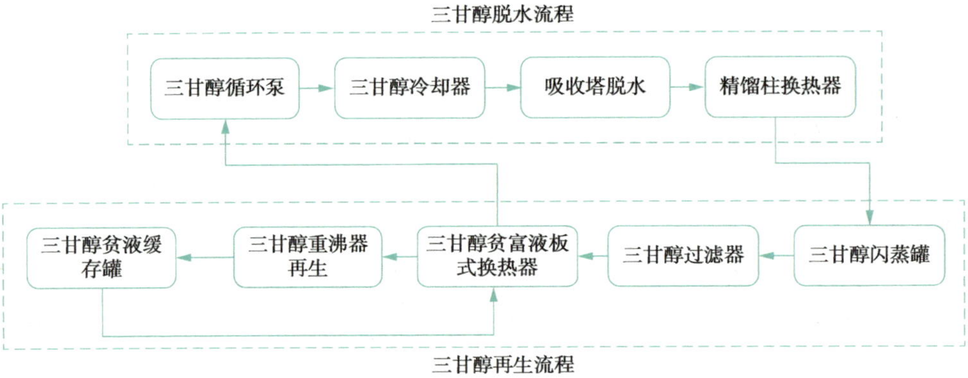

图 9-1-7　三甘醇脱水再生流程示意图

3. 采气系统工艺流程置换升压

根据注气期气井注气能力分析和现场实际，为确保采气工艺流程置换彻底，丛式井场利用最远处采气井对井场采气汇管、采气干线进行天然气置换，再依次进行单井采气流程、站内采气进站阀组至脱水单元天然气置换。根据流程情况设置主、次放空口以及检测口（具体同注气系统天然气置换）。天然气置换合格后，开始分阶段升压。根据气井条件选取升压供气气源井，分三个阶段升压，分别在 2～5MPa、5～8MPa 以及 8～10MPa 稳压 1 小时，并进行验漏。

4. 采气工艺系统与三甘醇脱水系统联合试运

三甘醇脱水系统调试完毕后，开启吸收塔进气阀门，进行脱水系统联合试运。

（1）向吸收塔充入 1MPa 左右的天然气。

（2）将三甘醇通过加注泵注入 TEG 补充罐或直接注入三甘醇再生橇装置中。开启三甘醇补充泵，向贫液缓冲罐、重沸器注入三甘醇。开启三甘醇循环泵，向吸收塔注入三甘醇，当液位达到 60% 时，开启液位调节阀，向 TEG 闪蒸罐注入三甘醇溶液。当液位达到 60% 时，充压至 0.35MPa，缓慢地打开燃料气至闪蒸罐的阀门，通过调节减压阀使闪蒸罐的压力达到 0.35MPa 左右。

按流程走向，三甘醇依次流过机械过滤器、活性炭过滤器、机械过滤器、贫富液换热器、精馏柱、重沸器、汽提柱、贫液缓冲罐、贫富液换热器，完成一个循环。调节各塔、罐的液位达到平稳，液位调节阀设定为自动。检查各项工艺指标是否正常，装置建立三甘醇溶液循环。初次建液循环 24h 以上，以观察设备、仪表、电气等是否运行正常。

（3）按照操作规程启动燃烧器。

（4）稳定良好的运行循环建立完成后，利用调节阀控制重沸器温度，蒸发系统内水分，尾气分离罐液位上涨趋势减小时，方可继续升温，重沸器温度设置在 190～200℃之间。

（5）重沸器温度和三甘醇贫液达到操作要求后，使原料气流经装置。当重沸器达到操作温度且泵的流量也达到规定值时，缓慢打开原料气进口阀，让气体流经装置。缓慢进行此项操作，以免将三甘醇溶液吹翻，引起拦液及大量三甘醇溶液被带出装置。手动控制流量，维持原料气流量平稳运行。

（6）打开汽提气的出口阀门，根据三甘醇浓度要求调节汽提气阀门。

（7）外输天然气指标检查合格，直接进入外输流程。如指标不合格，开启去火炬管线阀门，进入火炬系统。

（8）开车中多次取样，分析三甘醇浓度。通过手动和自动取样，同时分析外输天然气指标，调整各处工艺参数，直至天然气指标合格。

第二节 生产运行

“卫 11 、文 13 西 、清溪、白 9”四储气库自 2021 年 10 月卫 11 储气库投产试运开始，陆续投产运行。通过一年多的探索实践，中原油田建立了一套有效的储气库运行管理模式。

一 建立储气库运行组织机构

储气库在建设期间组建生产管理团队，成立储气库管理区，设置区部机关、技术组及运行班组，负责储气库日常运行管理。以天然气产销厂卫 11、文 13 西储气库为例介绍生产运行组织机构（图 9–2–1、图 9–2–2）。

1. 管理区经理

岗位职责：负责储气库全面管理运营，组织开展生产运行、经营管理、HSE 管理等工作，协助开展精神文明建设和思想政治工作，提高队伍凝聚力，确保完成生产经营任务，确保安全生产无事故。

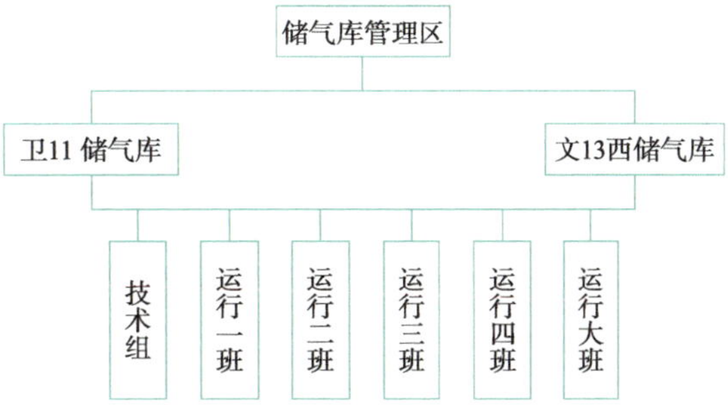

图 9–2–1 卫 11、文 13 西储气库生产运行组织机构

2. 党支部书记

岗位职责：贯彻执行上级决策部署，全面抓好党支部工作，组织开展党建思想政治工作，为生产运营和队伍建设打好坚实基础。

3. 生产运行副经理

岗位职责：协助管理日常运行工作，制定工艺设备检维修计划并组织实施，组织、协调、指挥生产，组织事故（件）初期应急处置，确保生产组织安全高效运行。

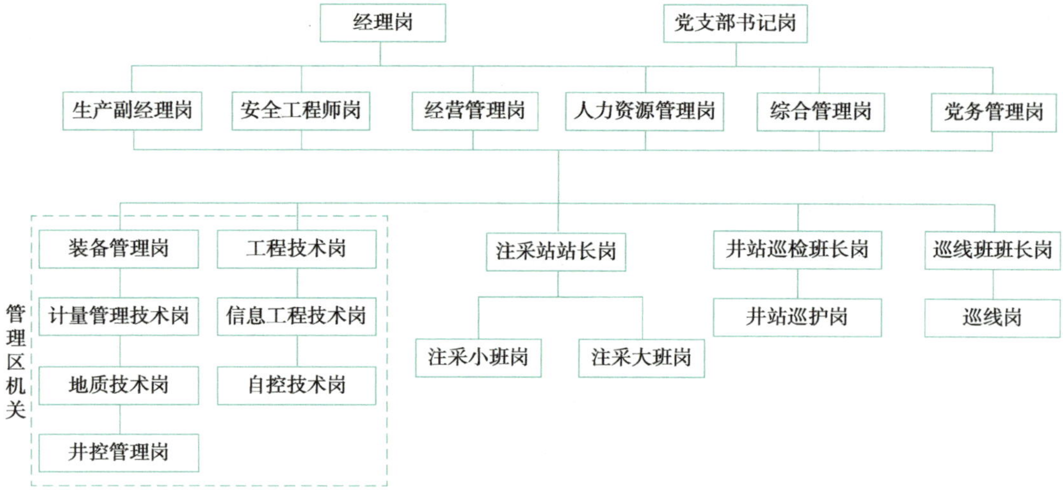

图 9-2-2　储气库管理区组织机构

4. 安全工程师岗

岗位职责：参与编制安全生产管理规定和技术操作规程，负责防护器具管理和应急管理，编制完善各项安全管理资料，监管直接作业环节和非常规作业。

5. 经营管理岗

岗位职责：负责各班组经营核算、考核等工作，确保经营核算的预算符合率，辅助完成年度经营成本计划。

6. 人力资源管理岗

岗位职责：建立健全员工基本信息、劳动出勤、请销假、人员增减、工资（奖金）及其他资料，组织员工培训和取证。

7. 综合管理岗

岗位职责：修订完善后勤管理规章制度，生产物资采购计划编制提报，物资验收保管。

8. 党务管理岗

岗位职责：协助党支部书记做好党支部各项工作，协助精神文明建设、思想政治、宣传及维稳工作。

9. 装备管理岗

岗位职责：编制完善各岗位技术操作规程，协助做好设备运行管理、维保、例行检查等，保证机动设备运转完好。

10. 工程技术岗

岗位职责：编制完善各岗位技术操作规程，解决生产技术难题，制定生产日常运行计划，协助组织生产运行，负责现场工艺流程改造。

11. 计量管理技术岗

岗位职责：制定、落实计量器具送检运行计划，完善仪表定期检定，组织现场计量设备改造、计量运行管理，排查计量输差，确保各项计量数据准确。

12. 信息工程技术岗

岗位职责：维护信息系统的数据录取，及时准确上传数据。

13. 地质技术岗

岗位职责：做好储气库地质动态分析，分析注采过程中各类气藏井控问题，提出解决及控制措施，完善气井资料录取制度，建立健全各项资料和台账等。

14. 自控技术岗

岗位职责：负责自控设备运行、维护、故障排查、操作培训等日常工作，提高自控设备管理水平。

15. 井控管理岗

岗位职责：负责组织制定、修订和审批井控方面的工艺、技术、设备管理规章制度和技术规程，收集分析井控资料，进行井控工作培训和总结。

16. 注采站站长

岗位职责：做好站场日常生产运行管理，协助安全工程师做好站场安全环保工作，确保站场生产安全运行。组织事故（件）初期应急处置，定期组织维护保养设备。负责站场资料录取、整理汇总工作。

17. 注采小班岗

岗位职责：站场运行巡检，配合事故（件）初期应急处置，辅助设备维护保养，资料录取、整理汇总。

18. 注采大班岗

岗位职责：协助站场运行管理，配合事故（件）初期应急处置，定期组织设备维护保养，资料录取、整理汇总。

19. 井站巡检班班长

岗位职责：全面负责班组各项工作，及时处理井站各类突发事件。组织班组培训，合理配置班组人员。

20. 井站巡护岗

岗位职责：负责气井巡回检查、维修保养，资料录取、整理汇总。

21. 巡线班班长

岗位职责：全面负责班组各项工作。及时处理集输管网沿线各类突发事件，组织班组培训，合理配置班组人员。

22. 巡线岗

岗位职责：负责集输管网管线巡查，管网防窃气、防腐蚀、防占压，井口防窃气、防井口设施破坏，管线施工改造监护。

二 建立健全各项规章制度

为保障储气库的安全平稳运行，储气库管理区修订完善各项管理制度，为平稳生产运行提供制度保障。具体制度见表 9-2-1。

表 9-2-1 储气库管理制度一览表

分类	名称	分类	名称
生产类	常规资料录取管理规定	计量类	计量管理办法
	注气管理规定		计量资料管理办法
	岗位交接班制度		计量人员管理办法
	干部值班制度	运转设备类	压缩机管理制度
	考勤及请销假制度		仪表风系统管理规定
	生产设施检维修制度		发电机管理制度
	夏季安全生产措施		设备维护保养制度
	冬季安全生产措施	工艺设备类	工艺设备管理制度
	工艺系统三级验漏管理制度		设备验收与调试规定
通讯自控类	网络安全管理规定		设备运行管理规定
	网络信息系统运行管理规定		巡检、维保及检修制度
	网络设施安全管理规定		阴极保护系统管理制度
	自控系统及仪表运行管理规定	消防类	防火安全管理制度
	工程师站管理制度		岗位人员防火安全制度
	注采站计算机房管理制度	安全生产类	外来施工监督管理规定
井控类	井控管理基本责任制度		可燃气体报警仪管理制度
	井控设备管理与检维修制度		氮气瓶管理制度
	注采井口装置巡护规定		事故隐患整改制度
	注采井井控管理规定		安全培训制度
	封堵井井控管理规定	物资类	物资管理规定
	监测井井控管理规定		废旧物资管理规定
巡回检查类	巡回检查要求与内容	车辆类	车辆管理规定
	巡回检查考核制度		
	巡回检查处罚制度		

三 生产考核

根据《中国石化工程建设项目生产准备与试车管理规定》要求，装置试车后对装置的生产能力、工艺指标、设备性能、自控水平等指标进行全面考核。下面以卫 11 储气库为例介绍主要设备考核。

1. 空氮单元

考核范围：制氮机、空压机及干燥机的主要生产运行指标，各个运行参数应符合设计要求，具体考核内容见表 9–2–2。

表 9-2-2　空氮单元考核

序号	单元	设备	主要控制点	控制参数	实际值	投运时间	考核时间
1	空氮单元	制氮机	出口氮气排量	≥ $90Nm^3/h$	$101Nm^3/h$	2021.9.8	2022.1.15
2			出口氮气露点	≤ −40℃	−78℃		
3			出口氮气纯度	≥ 99%	99.6%		
4			系统压力降	≤ 0.15MPa	0.08MPa		
5			出口氮气含油量	≤ 0.001ppm	0.0004ppm		
6			出口氮气含尘量	≤ 0.01ppm	0.003ppm		
7		空压机	排量	≥ $12Nm^3/min$	$18Nm^3/min$		
8			排气压力	1.0MPa	0.8 ~ 0.9MPa		
9			排气温度	≤环境温度 +10 ~ 15℃	环境温度 +8 ~ 12℃		
10			出口空气含油量	≤ 3×10^{-6}	0.43×10^{-6}		
12		干燥机	处理量	≥ $17Nm^3/min$	$22Nm^3/min$		
13			出口空气露点	≤ −40℃	−78℃		
14			系统压力降	≤ 0.02MPa	0.01MPa		
15			再生气消耗量	0	0		
16			出口空气含液量	≤ 0.003ppm	0.001ppm		

2. 消防单元

考核范围：消防稳压装置、电动消防泵及柴油消防泵主要运行指标，各运行参数应符合设计要求，具体考核内容见表 9–2–3。

表 9-2-3　消防单元考核

序号	设备名称	主要控制点	控制参数	实际值	投运时间	考核时间
1	消防稳压装置	系统工作压力	0.98MPa	0.98MPa	2021.10.9	2022.6.16
2		稳压泵输出流量	1.5L/s	1.5L/s	2021.10.9	2022.6.16
3		自动启泵压力 PS1	0.27MPa	0.27MPa	2021.10.9	2022.6.16
4		自动停泵压力 PS2	0.32MPa	0.32MPa	2021.10.9	2022.6.16
5	电动消防泵	自动启动压力	0.2MPa	0.2MPa	2021.10.9	2022.6.16
6	柴油消防泵	电动消防泵不能正常启动时	自动切换启动柴油机消防泵	自动切换启动柴油机消防泵	2021.10.9	2022.6.16

3. 增压单元

考核范围：压缩机组的压缩机、驱动电机、空冷器及公用设备主要运行指标，各运行参数应符合设计要求，具体考核内容见表 9-2-4。

表 9-2-4 增压单元考核

序号	设备名称	主要控制点	控制参数	实际值	投运时间	考核时间
1	压缩机	进口压力	5.0 ~ 8.0MPa	5.3 ~ 7.0MPa	2021.10.9	2022.5.27
2		出口压力	20 ~ 25MPa	20 ~ 25MPa	2021.10.9	2022.5.27
3		出口温度	≤ 65℃	33 ~ 38℃	2021.10.9	2022.5.27
4		压缩级数	2	2	2021.10.9	2022.5.27
5		活塞行程	177.8mm	177.8mm	2021.10.9	2022.5.27
6		活塞最大线速度	5.89m/s	5.89m/s	2021.10.9	2022.5.27
7		活塞杆直径	70mm	70mm	2021.10.9	2022.5.27
8		（进气温度 15℃，进压 5.0MPa，排压 25MPa）排气量	≥ 108.4 × $10^4Nm^3/d$	137 × $10^4Nm^3/d$	2021.10.9	2022.5.27
9		主油泵流量	300L/min	300L/min	2021.10.9	2022.5.27
10		润滑油油压	0.35 ~ 0.45 MPa	0.35 ~ 0.45 MPa	2021.10.9	2022.5.27
11		油滤器滤芯压差	0.055 ~ 0.07MPa	0.055 ~ 0.07MPa	2021.10.9	2022.5.27
12	驱动电机	额定转速	994r/min	994r/min	2021.10.9	2022.5.27
13		额定功率	≤ 3750kW	3750kW	2021.10.9	2022.5.27
14		额定电流	260.9A	260.9A	2021.10.9	2022.5.27
15		功率因素	0.86	0.86	2021.10.9	2022.5.27
16		防爆等级	Exdepz Ⅱ CT3	DePZ Ⅱ CT3Gc	2021.10.9	2022.5.27
17		防护等级	外壳 IP55	IP55	2021.10.9	2022.5.27
18		噪声	≤ 85dB	≤ 85dB	2021.10.9	2022.5.27
19		一级工艺气管束设计压力	22MPa	22MPa	2021.10.9	2022.5.27
20		一级工艺气管束额定工作压力	16.8MPa	16.8MPa	2021.10.9	2022.5.27
21		二级工艺气管束设计压力	30MPa	30MPa	2021.10.9	2022.5.27
22		二级工艺气管束额定工作压力	25MPa	25MPa	2021.10.9	2022.5.27
23		二级工艺气管束出口温度	65℃	33 ~ 35℃	2021.10.9	2022.5.27
24	公用设备	动力电	10kV（±15%）/50Hz/三相	10kV	2021.10.9	2022.5.27
25		辅助电	380V（±15%）/50Hz/三相	380V	2021.10.9	2022.5.27

续表

序号	设备名称	主要控制点	控制参数	实际值	投运时间	考核时间
26	公用设备	控制电	220V/50Hz/ 单相	220V	2021.10.9	2022.5.27
27		仪表风	0.4 ~ 1.0MPa，在线压力下水露点≤ -30℃	0.4 ~ 0.8MPa，在线压力下水露点≤ -30℃	2021.10.9	2022.5.27
28		UPS 电源	220V，50Hz，单相	220V，50Hz，单相	2021.10.9	2022.5.27
29		氮气	0.4 ~ 1.0MPa，在线压力下水露点≤ -30℃	0.4 ~ 0.8MPa，在线压力下水露点≤ -30℃	2021.10.9	2022.5.27

第三节　关键设备检维修

设备工况良好是储气库正常运行的基础，日常运行过程中必须做好设备检维修。本节主要从安全控保装置、工艺设备、电气设备、计量仪表设备等方面，阐述储气库关键设备检维修。

一　安全控保装置

（一）消防水系统维护

注采站消防系统选用高压消防冷却水系统，主要由消防水罐、水泵、稳压给水装置、供水管网、消防栓和消防水炮等组成。日常系统维持在一个低压状态，通过检测系统压力的变化，启动稳压泵补压。火灾时，自动启动消防水泵，提供消防水灭火需要的压力及流量。

水泵自动控制屏控制消防泵组运行，消防泵组由 2 台稳压泵、1 台电动消防水泵、1 台柴油机消防水泵组成。消防水系统工艺流程见图 9-3-1。

当消防管网压力下降到 0.32MPa 时，自控系统自动启动主稳压泵（主稳压泵故障时，自动开启备用稳压泵）。当管网压力上升至 0.37MPa 时，稳压泵自动停止工作。当管网压力下降至 0.1MPa 以下或接到火警信号时，自控系统启动电动消防水泵，如果此时无市电或者电动消防水泵故障无法正常启动，则自动启动柴油机消防水泵。

1. 柴油机消防水泵

柴油机消防泵是依靠柴油发动机驱动消防水泵运转，其主要由柴油机、水泵、冷却风扇、散热水箱、蓄电池、排气消音器、自动控制屏组成，消防泵结构见图 9-3-2。维护保养内容包括：

（1）柴油机的维护保养：每日检查机油及防冻液液位，检查柴油机渗漏、各旋转部件

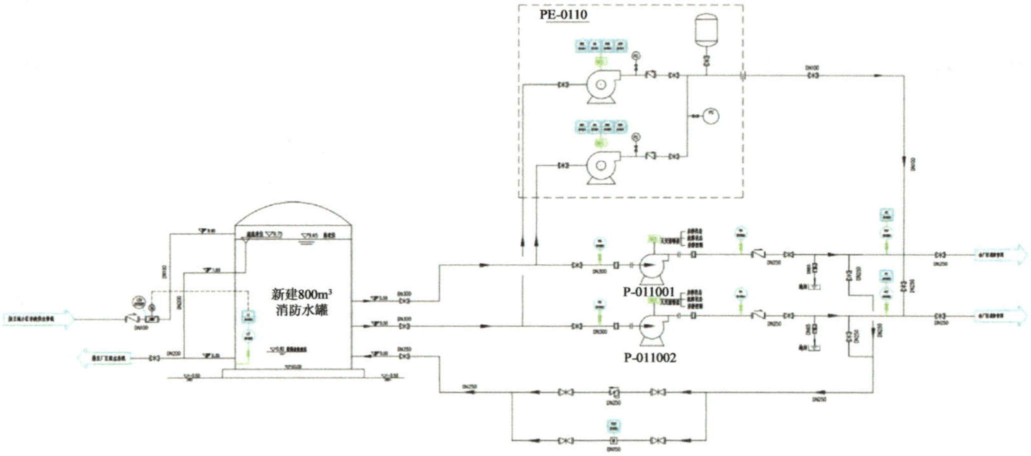

图 9-3-1　注采站消防水系统工艺流程

紧固情况；每周检查清洁空气滤芯、蓄电池电量；每月或运行 250h 更换柴油机机油、机油滤清器、燃油滤清器滤芯；每季度或运行 600h 更换空气滤清器，调整风扇皮带张紧度，检查清理水箱散热器。

（2）消防水泵的维护：每月检查一次水泵填料、密封圈是否漏水或渗水；手动或自动方式启动消防水泵，应在 15s 内投入正常运行。

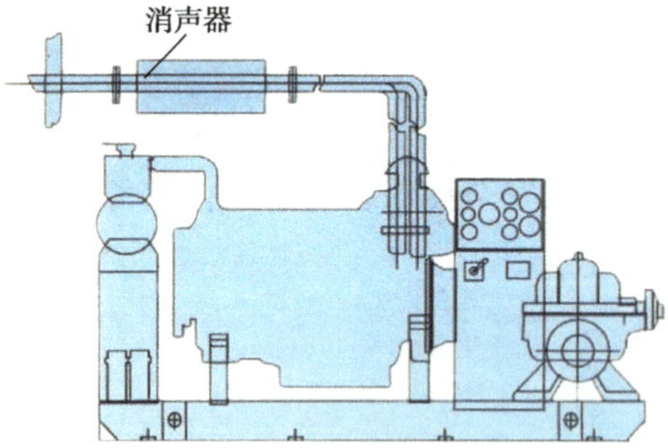

图 9-3-2　柴油消防泵结构图

2. 电动消防水泵

电动消防水泵是依靠电动机驱动消防水泵运转，维护内容有：

电机转动应无异响、发热等状况；检查连轴器转动是否灵活；每年对电机轴承加注一次润滑油。手动或自动方式启动消防水泵，应在 15s 内投入正常运行。每月进行一次模拟测试，泄放消防管网水压，达到启动条件时，稳压泵应立即启动。系统达到设定压力时，稳压泵应自动停止运行。消防主泵启动时，稳压泵应停止运行。

3. 消防栓

每月检查维护一次消火栓，室内消火栓应保持清洁、干燥，防止锈蚀、碰伤或其他损坏，检查接口垫圈是否完整无缺。每月检查水带是否完整，有无损坏迹象，发现问题及时检修。

4. 供水管路

每月检查一次供水管路，包括管路外观检查、阀门检查及管路支撑检查等。

5. 消防水罐

每月检查一次消防水罐水位，低水位时及时补水。气温低于 5℃时，每天检查消防水罐，结冰时及时采取措施，防止结冰。

（二）火气系统维护

火气系统主要负责站内生产区域的气体泄漏检测和火灾探测，包括固定式可燃气体探测器、火焰探测器、烟感报警器、火灾报警控制器等设备。

（1）固定式可燃气体探测器为测量范围为 0～100%LEL 的点型可燃气体探测器，日常保养主要是清洁及定期检测，常见故障及处理方法如表 9-3-1 所示。

表 9-3-1　固定式可燃气体探测器常见故障

故障现象	可能故障原因	处理方法
无显示	接线错误或电源故障	重新接线、检查供电
无电流输出	接线错误或电路故障	重新接线
显示 E-01	标定数据错误	标定传感器
显示 E-02	传感器故障	更换传感器
显示 E-03	通信故障	断电后重新插拔或更换传感器
显示 E-05	传感器未标定	标定传感器
开机时传感器版本号显示“V_._ _”	传感器未插好	断电后重新插拔或更换传感器
	探测器未能够正确识别传感器模组软件版本信息	检查传感器模组是否损坏
示值不准确	传感器漂移	进行零点平移
	传感器标定时限到期	标定传感器
	传感器寿命到期	更换传感器

（2）火焰探测器为输出信号 4～20mA 标准信号点型火焰探测器，日常保养主要做好清洁，常见故障及处理方法如表 9-3-2 所示。

表 9-3-2　火焰探测器常见故障

故障现象	可能故障原因	处理方法
火警误报	环境因素干扰或者传感器故障	将探测器转移到无干扰的环境中重新通电测试
指示灯不亮	接线错误或内部电路故障	检查接线及供电
无 4～20mA 电流输出	接线错误或内部电路故障	检查接线
故障继电器不吸合	接线错误	检查接线
报警继电器不吸合	接线错误	检查接线

（3）烟感报警器采用红外散射原理研制的点型光电感烟火灾探测器，日常保养主要做好检查和清洁，常见故障及处理方法如下：

发生故障时，首先应检查外部接线是否正确，紧固螺丝是否松动，若正常，再打开外壳，观察线路板是否有虚焊、烧焦等异常现象；总线短路故障要检查总线端子是否与地线短接；误报火警检查迷宫是否过脏。

（4）火灾报警控制器是可与其他产品配套使用，组成配置灵活的报警联动一体化控制系统。常见故障及处理方法如表 9–3–3 所示。

表 9-3-3　火灾报警控制器常见故障

故障现象	可能故障原因	处理方法
开机后无显示或显示不正常	交流输入保险损坏	更换保险
	电源不正常	检查更换低压电源开关
	与显示盘电缆连接不良	检查连接电缆
开机后显示主电故障	无交流电	检查并接好交流电线
	交流保险管烧断	更换交流保险管
	线路连接不良	检查电源线路
开机后显示备电故障	蓄电池亏电或损坏	交流供电开机 8h 以上，若仍不能消除故障，则更换电池
不能注册外接总线设备	总线连接错误或不良	检查总线
不能注册外接显示盘	通讯线连接错误或不良	检查火灾显示盘的电源线及通讯线
不打印	未设置打印方式	重新设置
	打印机电缆连接不良	检查并连接好
	打印机损坏	更换打印机
按手动键无反应	手动操作盘电缆连接不良	检查并连接好，重新注册
	手动操作盘线路板损坏	更换线路板
设备故障	设备连接断开	检查连线
	设备损坏	更换设备
总线故障	总线短路	检查线路
时钟故障、存储故障	环境干扰	检查接地是否良好
	相应部件老化	更换老化部件
系统故障	控制器主控单元损坏	更换

二　工艺设备

（一）压缩机维护

注气压缩机是储气库运行的关键设备，被誉为储气库的心脏装置，主要作用是将天然气增压后注入地下气藏。目前，中原油田储气库建设的压缩机均是与中石化三机分公司合作开发的国产化压缩机，具有压力高、排量大、适应范围广、供货周期短、性价比高、安全可靠、运行平稳等特点。

储气库选用的压缩机组型号为 RDSE706–2/RDSE706–3，均为二级、三级往复式压缩机组。主要设备包括压缩机、驱动机、冷却器、电器控制系统、填料组件、注油系统、压缩机润滑系统等，详见图 9–3–3。

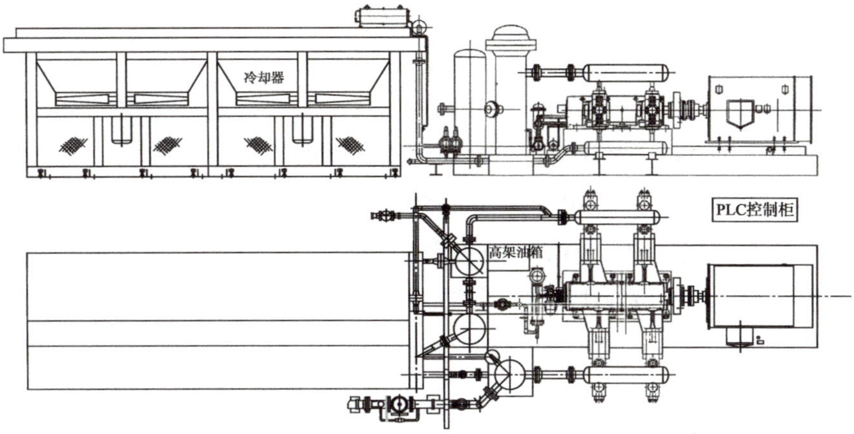

图 9-3-3 压缩机组示意图

压缩机工艺流程：天然气→入口临时过滤器（锥形）→一级进气气液分离器→一级进气缓冲罐→一级气缸→一级排气缓冲罐→一级冷却器→二级进气气液分离器→二级进气缓冲罐→二级气缸→二级排气缓冲罐→二级冷却器→三级进气气液分离器（RDSE706-3 型）→三级进气缓冲罐（RDSE706-3 型）→三级气缸（RDSE706-3 型）→三级排气缓冲罐（RDSE706-3 型）→三级冷却器（RDSE706-3 型）→末级气液分离器→≤ 65℃的天然气排出。

根据每座储气库运行情况，制定压缩机维护保养方案。由压缩机维保项目部统筹安排压缩机组的例行保养、项修、大修及抢维修。

1. 维护保养内容

压缩机的维护保养主要包括日常保养（每日巡检）、一级保养（1000h）、二级保养（4000h）、三级保养（8000h）。

（1）日常保养主要是每日巡回检查，及时发现设备异常并进行处理。主要包括：

①仪表控制系统：自控设备工作环境状况、设备有无报错指示；查看各仪表供电是否正常、线缆有无松动；仪表风压力应在 0.4 ~ 0.6MPa 之间；查看机组震动、油压、温度等参数是否正常，就地显示参数与中控室显示参数是否一致；查看机组各测点仪表表体（包括连接管路、线路）是否有松动、泄漏、损坏、腐蚀（图 9-3-4、图 9-3-5）。

图 9-3-4 压缩机仪表控制系统检查

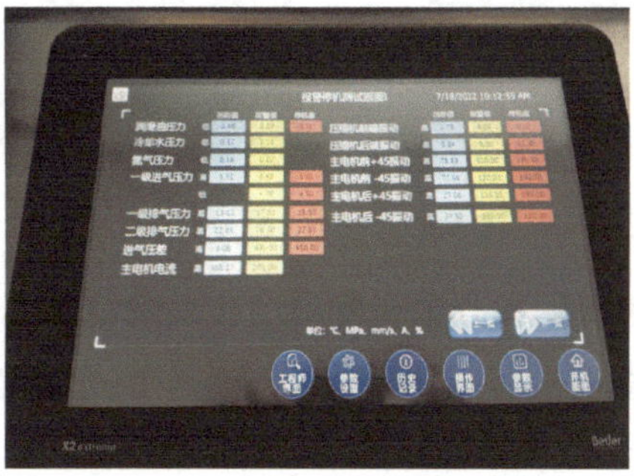

图 9-3-5 压缩机就地显示参数

②压缩机系统：检查机体油池油位，油位应在机体油位观察面中心线上下 5mm 位置或外部油位控制器观察面 1/2 处（图 9–3–6），不足应补加润滑油到规定位置；压缩机应在油压 0.35 ~ 0.42MPa 之间运行；检查油滤器进出口压力降，当压差在 0.055 ~ 0.07MPa 时，应清洗或更换油滤器元件；检查润滑系统管路是否存在泄漏并及时处理。

图 9–3–6　机油油位指示器

③压缩机注油系统：检查注油泵，各泵的注油量应在 21 ~ 32 滴 /min（图 9–3–7）；检查注油器高位油箱油位，应控制在观察面 1/2 处，必要时添加润滑油（图 9–3–8）；检查注油器油箱油位，应控制在油箱玻璃管 1/2 ~ 2/3 处，必要时添加润滑油；检查注油系统各紧固件是否存在松动现象，若松动及时进行紧固；检查注油器无流量控保装置显示是否正常，电量不足，应更换锂电池。

④压缩机冷却系统：检查膨胀水箱液位是否在 1/3 ~ 2/3 处，不足时应补加防冻液；检查空冷器气路管束、水路有无泄漏，电机工作是否正常；检查空冷器电机和风扇的皮带运行是否正常，皮带的张紧度是否合适、有无超常跳动、是否有松脱打滑现象（图 9–3–9）；风扇轴承是否缺油、有无异响；百叶窗开度是否合适，有无异响；检查风扇电机工作是否正常，有无异响；检查冷却水泵工作是否正常，有无异响、泄漏；检查冷却系统管路是否存在泄漏点；检查气缸水套端盖有无泄漏，必要时进行处理；检查冷却水压力是否在 0.1 ~ 0.3MPa 之间，气缸套冷却水的排出温度应在 43℃左右。冷却液流量应使通过气缸的冷却液温升控制在 6 ~ 11℃之间。

图 9–3–7　注油泵

图 9–3–8　高位油箱油位控制器

图 9–3–9　空冷器电机皮带

⑤电机：检查电机润滑油位并酌情补充；检查电机前后端轴承是否存在异响、高温现象；检查电机各线路、控制开关连接是否完好、齐全；检查接地板螺栓是否松动或烧损；检查电动机驱动端及非驱动端呼吸阀是否通畅、不滴油；检查电动机固定螺栓是否紧固、无松动；检查电动机工作声音是否正常无杂音。

⑥运行参数：检查机组主要运行参数，发现机组的进排气温度和压力、润滑油温度和压力、冷却水温度和压力、耗电量、耗油量异常，应及时查明原因，严禁超温超压运行。

⑦工艺气系统：检查机组附属设备、设施是否齐全完好，如果不足应进行完善（图 9-3-10）；检查机组油、气、水有无跑、冒、滴、漏等现象并及时处理或汇报；检查洗涤罐液位计，如发现罐内积液，应及时手动排液；观察机组，发现机组的振动、噪声异常，应及时上报班组长，协助查明原因。

图 9-3-10　工艺气系统检查

（2）一级保养为机组运行满 1000h 进行的维护保养，主要包括：

①曲轴箱：检查曲轴箱呼吸阀并进行清洁（图 9-3-11）；检查润滑油过滤器滤芯差压，必要时更换滤芯；检查曲轴箱润滑油油位，不足时补充；检查曲轴箱底部无金属碎屑或外来异物，如有异常，查找原因并调整；化验机油品质，依据化验报告确认是否更换机油。

图 9-3-11　曲轴箱检查

②注油器系统：检查注油器工作情况，清洗注油器油箱和注油泵；检查注油系统油管路和单向阀；检查油管应无漏油、磨损及破裂；检查无流量报警仪工作是否正常。

③润滑系统：检查主油路滤芯前后差压；检查润滑油泵联轴节；检查预润滑泵及电机工作是否正常；检查并处理润滑系统渗漏点。

图 9-3-12　进气阀阀盖密封圈检查

④气阀、十字头、活塞、填料及活塞杆：检查进、排气阀，如有损坏则进行更换；检查进、排气阀阀盖密封圈（图 9-3-12），如有损坏则进行更换；检测活塞内、外止点间隙，必要时调整或更换；检测活塞与气缸底部间隙，如有必要更换活塞环；检查十字头与滑板配合间隙、活塞杆跳动量，必要时调整或更换；检查填料注油、水管无松动、裂纹及磨损；检查紧固箱体与箱体的连接螺栓以及十字头箱底部螺栓；检查紧固十字头背帽。

⑤排污系统：检查排污系统工作正常、无渗漏，有问题进行处理；检查洗涤罐液位报警装置。

⑥空冷器：检查风扇叶片连接螺栓扭矩，螺栓应无松动；向风扇主轴承及电机主轴承注入润滑脂；检查风扇轴承皮带松紧程度，应无裂纹、断裂。

⑦冷却系统：冷却水管线应无松动、裂纹及磨损；检查气缸水套端盖有无泄漏，有问题进行处理。

⑧自控系统：检查安全停机和加卸载装置动作是否正常；检查自控设备工作环境状况、有无报错指示；查看各仪表供电是否正常、线缆有无松动；仪表风压力是否正常，压力应在0.4～0.6MPa之间；查看机组震动、油压、温度等参数是否正常，就地显示参数与中控显示参数是否一致；查看机组各测点仪表表体（包括连接管路、线路）是否有松动、泄漏、损坏、腐蚀。

（3）二级保养为机组运行满4000h进行的维护保养，除进行一级保养内容外，主要包括：

①曲轴箱：检查主润滑油泵是否正常，必要时调整；清洗曲轴箱油路粗滤芯；更换曲轴箱润滑油；清洁发动机曲轴箱安全阀，检查密封圈是否正常，必要时更换密封圈；检查主轴承间隙、连杆轴承间隙、曲轴轴向间隙。

②注油系统：检查爆破片，如有必要更换爆破片；检查油路滤芯，必要时更换；检查无油量检测器，必要时更换；更换注油器油箱润滑油；检查注油箱自动补油是否正常，必要时维修；检查注油箱加热器运行是否正常；检查注油器分配器运行是否正常。

③润滑系统：清洗预润滑油泵滤芯；更换主油路细滤芯；检查自动补油系统，必要时处理。

（4）三级保养为机组运行满8000h进行的维护保养，除进行一、二级保养内容外，主要包括：

①注油器系统：检查注油器工作情况，汽缸各点注油应正常；检查注油器凸轮应无明显磨损；更换爆破片；检查无油流检测器连接导线，应无磨损、开路或断路；检查蜗轮、蜗杆工作情况；检查注油器联轴节工作情况。

②润滑系统：检查油路节温器工作情况。

③气阀、十字头、活塞、填料及活塞杆：更换气阀总成；检测各机械部件间隙是否符合要求（表9-3-4），检测曲轴轴向窜动量；检查压缩机十字头及滑道磨损情况（图9-3-13），应无明显磨损；检查十字头螺母应无松动；紧固箱体间及底座连接螺栓；检查活塞杆应无明显磨损；检查气缸应无明显磨损；检查各级活塞杆磨损及填料盒锁紧螺帽扭矩，约350N·m；更换各级盘根；检查盘根注油管及冷却水管，接头应无松动、裂纹和断裂；检查缸头密封圈，必要时更换。

图9-3-13　十字头及滑道磨损情况检查

表 9-3-4 压缩机各机械部件间隙检查表

序号	检查项目	间隙区间 /mm	备注
1	气缸头端间隙	1.65 ~ 3.10	
2	气缸机体端间隙	1.10 ~ 2.05	
3	曲轴主轴颈顶部与轴承间隙	0.20 ~ 0.25	
4	曲轴主轴颈最下部与轴承间隙	≤ 0.03	
5	连杆轴承与曲柄销径向间隙	0.15 ~ 0.25	
6	连杆衬套与十字头销径向间隙	0.05 ~ 0.15	
7	十字头瓦下部与机体滑道间隙	≤ 0.03	
8	十字头与滑板配合间隙	0.36 ~ 0.48	

④曲轴、连杆：检查曲轴变形量，应小于 0.0254mm，据此判断轴承磨损情况；检查连杆轴瓦，应无明显磨损；检查连杆小头衬套，应无明显磨损，必要时更换；检查连杆及曲轴油孔，应无堵塞；检查主轴承盖螺栓及连杆螺栓扭矩。

⑤自控系统：用吹风机、吸尘器等清理 PLC 机柜里的尘土以防短路，检查仪表密封件及各部分连接接头密封及腐蚀情况；观察 LED 指示灯状态，检查 CPU、通信模块、I/O 卡件运行状态；检查 PLC 柜接线端子连接情况，发现松动及时紧固；各执行机构进行单体测试，对自控阀供气系统过滤器减压阀进行排污；测试控制系统与 ESD 连锁保护系统；标定空冷器所有振动开关。

2. 保养后试车与验收

（1）试车前检查检修记录，确认检修记录准确无误，各部间隙均符合要求；检查确认各螺栓已按要求紧固；清理现场，检查各仪表、电器、水系统、油系统、风系统均是否具备试车条件。

（2）全面检查气体管路及各阀门是否灵活好用，确认进出口阀、高点放空阀、低点排凝阀、各排污支管阀是否关闭，全开回路阀；确认安全阀根部阀打开；全面检查循环冷却水系统及各阀门是否灵活好用；依次全开油冷器，油滤器进、出口油阀，关闭其它油路阀；确认油箱液位和电机轴承座油位在 2/3 以上，打开润滑油系统各压力表根部阀；确认各类工器具及操作记录是否准备齐全，操作人员是否熟悉开停车操作程序、注意事项及事故处理预案，进入岗位待命。

（3）压缩机维保项目部相关负责人及主要技术人员对保养后的机组状态进行评价，审核试机报告。

（4）确认油、水、气、电、仪等系统正常，按操作规程启动压缩机进行空负荷试车，并检查试车情况，空载试机不少于 10min。若各项检查均合格，则可进入负荷试车；若有问题应立即停机，处理合格后，重新空负荷试车至合格。

（5）按操作规程步骤进行负荷试车，若各项检查均正常，则根据运行计划转入正式运行或停机备用；若存在异常，紧急停车，维保项目部进行检修处理。

（6）检修质量符合《压缩机维修保养规程》要求，检修记录齐全、准确；单机及联动试车正常，达到完好标准，满足生产需要，方可验收。

（7）维保项目部编写保养报告，按照《压缩机组维护保养管理规定》内容编制报告，应包含检测结果、发现问题及处理过程、使用备件与材料等。

（二）空氮系统

空氮系统主要为工艺设备和计量仪表提供纯净空气及氮气，包括空压机橇、仪表风干燥橇、仪表风储罐、制氮机装置橇以及氮气储罐等。

1. 空压机

空压机是压缩空气的设备（图 9-3-14）。储气库使用的空压机属于单级螺杆型。空气通过空气过滤器（图 9-3-15）过滤后，经过进气控制器进入压缩机，与喷入的润滑油混合后被压缩。在压缩机排气口处，被压缩的油气混合物，通过单向阀进入油气分离器进行分离。分离的压缩空气，经最小压力阀和油气冷却器调压冷却后，由供气阀输送至下游设备。

图 9-3-14　空压机

图 9-3-15　空气过滤器

（1）空压机维护保养：开机前和运行中需要检查油位；每运行 8h 检查排气温度和排气压力；观察故障报警项目，发现故障应停车维修；检查冷却水流量；记录运行参数及维护保养项目；每周检查油、气泄漏情况，若有泄漏应及时检修；检查皮带松紧度，皮带太松会降低空压机的排气量，太紧容易断裂；清洁机组；每 3 个月检查安全阀、冷却器，必要时应清洗；检查或更换空气过滤器滤芯；检查回油单向阀是否畅通，若堵塞，及时清洗或更换；每半年检查密封件和油气分离器的液位计；每间隔 2000h 对安全阀进行校验；按要求补充或更换主电机润滑油脂；更换空气过滤器滤芯；更换油过滤器，若油气分离器滤芯压差达到 0.1MPa，应立即更换油气分离器滤芯；更换压缩机机油。

（2）空气过滤器维保：停机并切断电源，释放机组系统压力；打开过滤器壳体盖板，拆下滤芯，清洁壳体内吸音海绵和密封垫圈；安装新的滤芯和密封垫圈；安装过滤器上盖。

（3）油气分离器滤芯维保：停机并切断电源，释放机组系统压力；拆开与油气分离器平盖相连接的管路，拆下油气分离器平盖；取出油气分离器滤芯（包括密封垫）和O形圈，检查密封垫和O形圈是否损坏，如有损坏及时更换；清洁与油气分离器滤芯贴合的平盖和筒体结合面；放置密封垫和O形圈，安装油气分离器滤芯及平盖；连接与油气分离器平盖相连管路。

更换油气分离器滤芯时，注意检查油气分离器内部是否积碳，如积碳过多则须清理。油气分离器滤芯更换后，导出油气分离器滤芯静电，内外筒电阻值不得高于20Ω。

（4）压缩机润滑油维保：更换润滑油前，确认机组气路系统压力为零，注意油温高烫伤。润滑油更换时，若气温低或长时间停车，则需启动压缩机加热润滑油，再进行放油、更换。

①润滑油更换。将油气分离器及油冷却器内润滑油放尽，拆开断油阀，放尽润滑油。清洗油过滤器座，在新滤芯橡胶圈涂抹润滑油，更换油过滤器，清洁丝堵及连接螺纹，加注新润滑油至最高液位。开车前，向主机加入新润滑油1～2L，并用手盘动压缩机联轴器数圈。

②油系统清洗。压缩机使用两年后，使用润滑油做一次“油系统清洗”。更换新润滑油让空压机运转6～8h，立即放油再更换润滑油，使原系统中残存的各有机成分被清洗干净，延长润滑油使用寿命。

（5）稳压调节器

空压机通过稳压调节器来调节压力设定值。稳压调节器（图9-3-16）集成于进气控制器上。

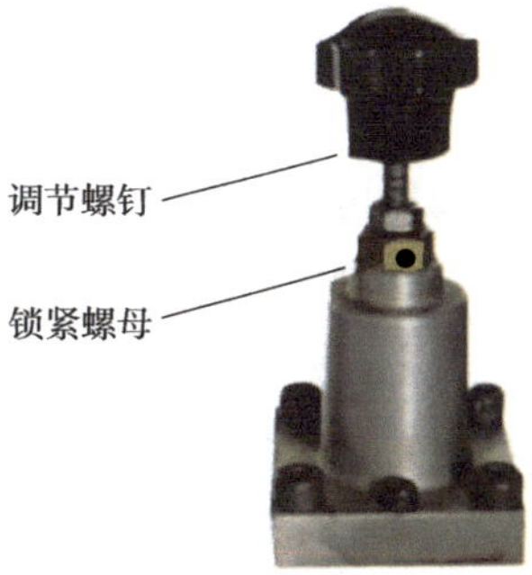

图9-3-16 稳压调节器

管网压力低于设定压力时，控制气源被稳压调节器切断，此时进气控制器阀芯处于全开状态，压缩机负载运行。

管网压力高于设定压力时，控制气源从油气分离器中通过稳压调节器进入进气控制器，逐渐关闭进气控制器阀芯。

稳压调节器的设定方法：松开稳压调节器锁紧螺母，旋动调节螺钉手柄，调节设定压力（顺时针旋转设定压力升高，逆时针旋转设定压力降低），设定好后拧紧锁紧螺母，锁紧力矩≤4.1N·m。

2. 四级过滤器

四级过滤器（图9-3-17）的主要功能是去除压缩空气中的水、尘、油。其中C级过滤器用于除水，T级过滤器用于除尘，A级过滤器用于除油，D级过滤器进行深度除油。

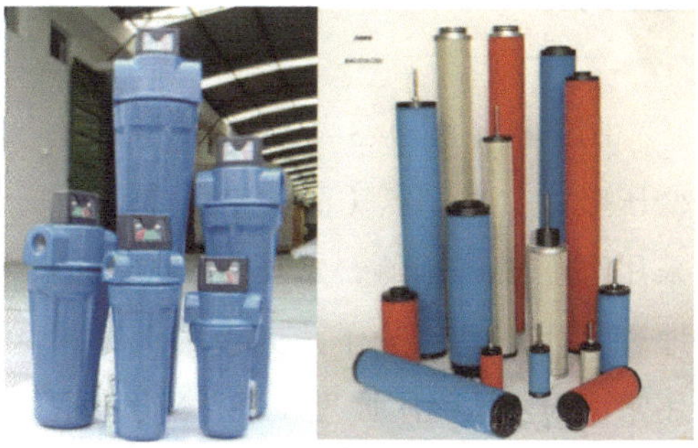
图9-3-17 四级过滤器

维护保养：过滤器滤芯视空气质量状况6

个月至 1 年更换一次。每 3 个月清洗一次过滤器。具体方法是用管钳打开过滤器，拧下中间滤芯，空气吹扫干净后重新装；过滤器外筒用肥皂水清洗；电子自动排水器如不能自动排水，则要拆开清洗。

3. 微热吸附式干燥机

微热吸附式干燥机采用变压变温吸附原理，即高压低温吸附水分，低压高温解析水分。通常能够使压缩空气干燥至常压露点 -40 ~ -70℃。干燥流程示意见图 9-3-18。

（1）工艺流程

利用变压吸附与变温吸附再生循环，使压缩空气交替流经 A、B 两个充满吸附剂的储罐，即在常温、高蒸汽分压下吸附，较高温低蒸汽分压下解析（再生）。吸附剂在吸附过程中吸附的水分，在再生过程中，依靠再生气（干燥空气加温）的热扩散和低分压两种机理共同作用消除。

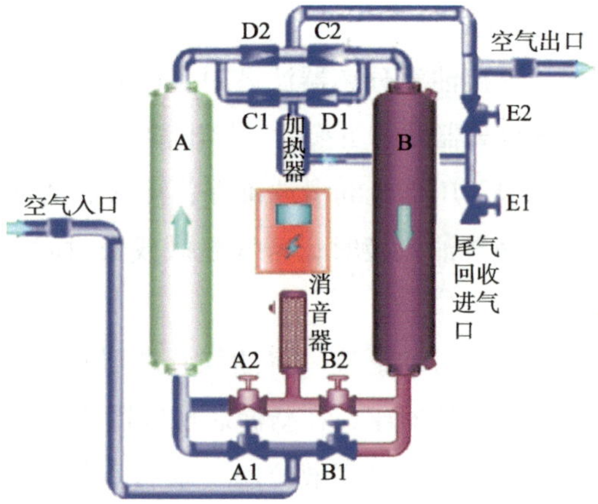

图 9-3-18　微热干燥机流程示意图

（2）维护保养：检查加热器加热温度以及过滤器的排水阀工作是否正常；检查消音器排放是否通畅，过滤器压差值是否超标；检查干燥器前后压差是否偏高；检查干燥剂是否有污染或粉化。干燥剂受损或失效按以下 3 种情况处理：

①操作不当或低压运行引起高速气流冲刷干燥剂，造成大量粉尘脱落，应卸出干燥剂，过筛后再重新填入并补充填实。

②进气湿度过高，液态水冲击或无切换动作下超时工作，干燥剂过饱和甚至被水浸泡，应立即排除故障，减少处理气量，扩大再生气量（开大节流阀）。在开机状态下，逐步脱湿，直至恢复原有干燥程度。干燥剂长期处于过饱和或水浸泡状态，会形成板结而失效。

③过滤器失效，润滑油进入干燥床，堵塞吸附剂表面毛细孔通道，致使吸附剂降低或丧失吸附能力（油中毒），则必须更换吸附剂。

4. 制氮机

制氮机（图 9-3-19）工作原理是变压吸附空气制氮（简称 PSA 制氮），采用高压吸氧制氮，常压解析氧气的原理，以制氮碳分子筛为吸附剂，采用常温下变压吸附原理（PSA）分离空气，制取纯度 99% 的氮气。

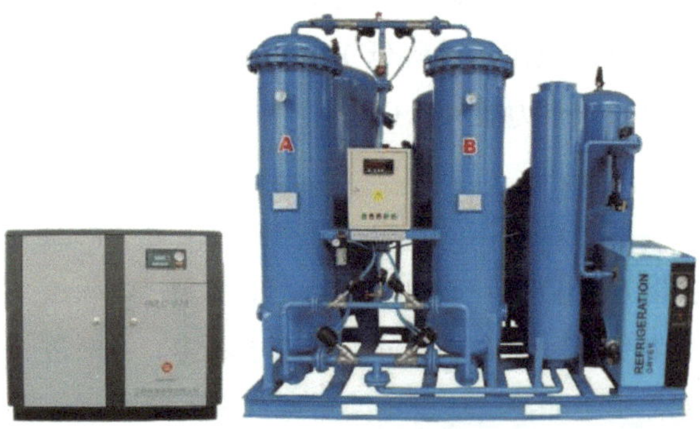

图 9-3-19　制氮机

氧、氮两种气体分子在碳分子筛表面上的扩散速率不同，直径较小的 O_2 分子扩散速率较快，较多的进入高效制氮碳分子筛微孔；直径较大的 N_2 分子扩散速率较慢，进入高效制氮碳分子筛微孔较少。利用高效制氮碳分子筛对氮和氧的这种选择吸附性差异，使短时间内 O_2 在吸附相富集，N_2 在气体相富集，达到氧氮分离，得到气相富集物 N_2。

维护保养：碳分子筛第 5 年添加压紧一次，第 8 年添加压紧一次。

（三）脱水系统维护

天然气脱水装置是储气库采气系统的重要组成部分，目的是脱除天然气中的水，降低水露点，满足管输气产品质量要求。基本原理是利用三甘醇对天然气、烃类的溶解度低，对水的溶解度高和水汽吸收能力强的特点，使天然气中的水汽及液态水被溶解和吸收，再将含水三甘醇溶液与天然气分离，溶剂经再生除水后进行系统循环使用。主要包括天然气脱水流程、三甘醇再生流程、燃料气及汽提流程等。简易的三甘醇脱水装置流程见图 3-8-3。

1. 工艺流程

（1）天然气脱水流程

天然气脱水流程在吸收塔内完成。气井采出的湿天然气经过井口调压，通过采气干线进站后，经分离器、过滤器进入三甘醇吸收塔下部的气液分离腔，分离掉可能进入吸收塔中的游离液体。

湿天然气在吸收塔内上升，经过 4 层泡罩塔盘，与自塔上部进入的贫三甘醇充分接触，传质交换进行脱水。再经塔顶捕雾丝网除去大于 5μm 的甘醇液滴后出塔。

脱水后的干天然气出塔后，经贫液换热器与进塔前热贫甘醇换热，降低贫三甘醇进塔温度后，干天然气经过缓冲罐出口调压阀调压进入外输气管网。

（2）三甘醇再生流程

贫三甘醇由吸收塔上部进入吸收塔内，自上而下经过 4 层塔盘与天然气充分接触，吸收天然气中的水份成为富三甘醇。吸收水份的富甘醇经塔底调压后，经冷凝器加热进入闪蒸罐，闪蒸分离后的富甘醇经机械过滤器、活性炭过滤器、板式贫富液换热器、三甘醇换热缓冲罐后，再进入三甘醇再生塔及重沸器。通过提馏段、精馏段、塔顶回流及塔底重沸的综合作用，使富甘醇中的水份及很小部分烃类分离出来成为贫甘醇。贫甘醇经板式贫富液换热器换热后，通过三甘醇柱塞泵加压进入吸收塔进行往复循环。

（3）燃料气及汽提气流程

通过自用气调压橇调压后的天然气，经过三甘醇燃气缓冲罐后分两路，一路进入重沸器燃烧器，作为重沸器的燃料气；另一路经重沸器加热后，进入贫液汽提柱下部，作为贫液汽提气，提升三甘醇的再生效果。闪蒸罐顶部出来的闪蒸汽返回至燃料气缓冲罐，与缓冲罐的燃料气汇合，作为重沸器燃料气。

（4）放空系统流程

闪蒸罐与燃料气缓冲罐超压时，气体经放空阀进入再生橇放空总管，同时进入站内放空系统。富液精馏柱柱顶排出的蒸汽，经排气管冷却后，在焚烧炉气液分离腔分离出凝液，不凝气进燃烧室焚烧后，自烟囱排放大气。

2. 日常维护保养

（1）检查机械过滤器、活性炭过滤器前后压差，当压差超过 0.05MPa 时立即更换滤芯。连续工作 6 个月或 1 年，强制更换过滤器内滤芯。更换滤芯必须全部更换，不能只更换部分滤芯。

（2）检查重沸器温度，温度应在 170 ~ 200℃，处理气量不能超过处理上限，燃料气应充足且压力正常。

（3）定期维护保养柱塞泵。

（4）根据处理气量及时调整三甘醇循环量。

（5）定期分析三甘醇含水量和溶液是否发泡，有异常及时处理。

（6）每年对再生橇进行大修，更换过滤器滤芯，清理重沸器烟道，清洗重沸器内壁、换热缓冲罐、气体缓冲罐、贫富液换热器、富液精馏柱，吹扫管线。

（7）定期维护保养换热器。贫液进三甘醇循环泵温度应控制在 80℃以内，如高于 90℃应排查原因，常见异常为换热器堵塞。

（8）发现闪蒸罐中有油污累积时，通过液位调节阀控制闪蒸罐中液位，将油污自排油口排出循环系统。贫液缓冲罐发生油污累积，在停车检修时通过排污阀排出。

（四）关键阀门保养

阀门是开闭管路、控制流向、调节和控制输送介质参数（温度、压力和流量）的管路附件。储气库主要阀门有球阀、旋塞阀、节流截止阀、阀套式排污阀以及清管阀等（图 9-3-20 ~ 图 9-3-22）。做好阀门的日常及周期性保养，能够有效提升阀门运行稳定性和使用年限。

1. 球阀

（1）保养周期

根据季节及输气量大小进行阀门排污。每月对球阀进行全开关一次，每年对关键球阀（*DN*200 以上）进行清洗注脂。入冬前拆开球阀齿轮箱，清理内部杂物积水。

（2）保养内容

检查阀座注脂阀、阀杆注脂阀、阀体和排泄阀。

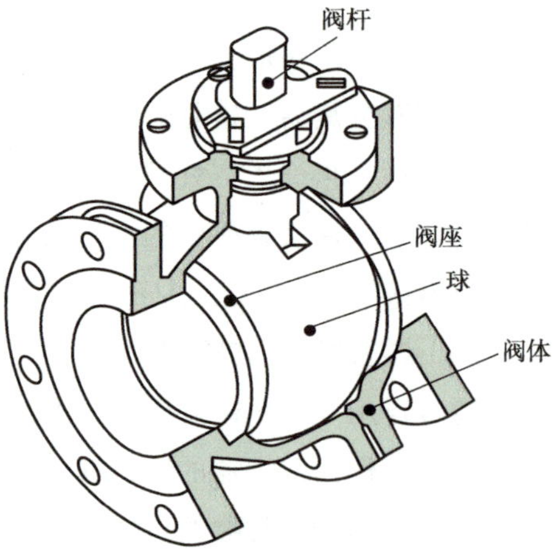

图 9-3-20　球阀结构图

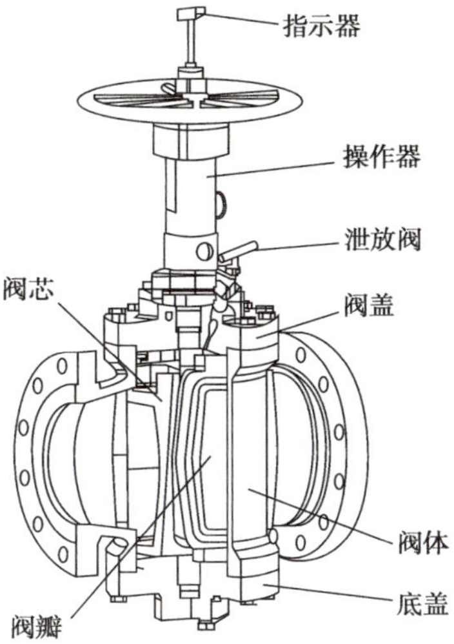

图 9-3-21 旋塞阀结构图

图 9-3-22 清管阀

通过阀座注射通道向阀座注射清洁剂。若阀门已进行第一次保养，且使用超过两年，按以下程序清洁保养。

①阀门全开、全闭操作阀门 3 次；

②阀门处在准确位置，清洁阀门注脂阀；

③自阀座注射通道注入清洁剂，浸泡积聚物等候 1～6h，自排污阀排出。

阀门可能发生的故障、原因及处理方法见表 9-3-5。

表 9-3-5 球阀主要故障及处理方法

序号	故障现象	原因分析	处理方法
1	操作困难	1. 传动装置损坏； 2. 操作次数少，缺润滑油； 3. 传动装置或阀门被冻结； 4. 阀杆损伤	1. 卸下传动装置盖，检查螺钉和键是否损坏； 2. 润滑阀座和传动装置； 3. 加热或注入防冻溶液； 4. 维修或替换阀杆
2	密封面间渗漏	1. 密封面有污物附着； 2. 密封面损坏	1. 清除污物； 2. 重新加工整修
3	填料渗漏	1. 填料压板螺母松弛； 2. 填料圈数不够； 3. 填料使用过久或保存不妥而失效； 4. 阀杆密封面损坏	1. 均匀拧紧螺母紧压填料； 2. 增加填料圈数； 3. 更换新填料； 4. 修理或更换阀杆
4	法兰处渗漏	1. 法兰螺栓松弛； 2. 垫片失效	1. 拧紧法兰螺栓； 2. 更换垫片
5	不能够完全关闭	1. 传动装置限位开关安装不合理； 2. 涡轮传动装置停止位置不合理	1. 重新安装限位开关； 2. 调整停止位置
6	阀体通道不畅	阀芯与通道不平行	通过调节限位开关和涡轮传动装置，将阀芯调整到正确位置

2. 旋塞阀

（1）日常保养

阀门投入使用后应定期检修。日常保养和巡查中，发现异常及时进行修理或更换。具体巡检内容如下：

①与管线联接螺栓是否松动，阀门表面油漆有无脱落；

②手轮及摇把有无异常脱落和松动；

③阀门有无异常声响；

④有无泄漏和外漏；

⑤检查常闭阀门有无内漏。

（2）季度保养

①每季度检查阀门是否泄露并及时维修；

②常开或常闭阀门，每季度检查一次操作扭矩是否正常，有无卡死现象；

③中腔检漏：关闭阀门，手动拧开阀门中腔泄放装置上的针阀，检查是否有介质流出，判断阀门有无内漏。

（3）年度保养

①定期对操纵器加注锂基润滑脂，每年加注 1 ~ 2 次；

②每年入冬进行阀门排污，避免结冰损坏阀门。

旋塞阀常见故障及处理方法见表 9–3–6。

表 9–3–6　旋塞阀常见故障及处理方法

序号	故障现象	原因分析	处理方法
1	填料部位渗漏	1. 填料压盖松动； 2. 填料磨损； 3.O 形密封圈损坏	1. 拧紧螺栓； 2. 更换填料； 3. 更换 O 形圈
2	法兰连接处渗漏	O 形密封圈损坏	更换 O 形圈
3	主密封渗漏	1. 硬密封面损伤； 2. 软密封面损伤； 3. 密封面有污染物附着	1. 更换阀瓣； 2. 清理密封面污物
4	阀门打不开	1. 关闭时用力过大； 2. 腔内污物太多	1. 关闭时不得使用加力杆； 2. 清洗内腔
5	阀门关不严	1. 操纵器中的球头销损坏； 2. 阀瓣断裂； 3. 主轴或轴套螺纹损坏	1. 更换球头销； 2. 更换阀瓣； 3. 更换主轴或轴套
6	操纵器卡阻动作不灵活	1. 轴承损坏； 2. 球头销损坏； 3. 填料压实过紧； 4. 无润滑油	1. 更换轴承； 2. 更换球头销； 3. 调整填料压盖； 4. 加注润滑油

3. 节流截止阀及阀套式排污阀

（1）日常保养

阀门使用过程中，根据需要不定期在阀杆与螺套梯形螺纹处，加注润滑油脂。

（2）常见故障

常见故障原因及处理方法见表 9–3–7。

表 9-3-7 常见故障及处理方法

序号	故障现象	原因分析	处理方法
1	关闭不严、内漏	密封面黏附杂质或软密封划伤	如内漏可旋转手轮，连续启闭几次，用介质吹扫密封面，密封面清洁后再投用；若吹扫后仍内漏，则切断气源，拆卸上盖紧固螺母，将阀芯总成整体抽出，检查密封面是否有杂质或损坏，如有及时清洁或更换
2	阀杆压盖处漏气	1. 填料压盖未压紧； 2. 填料老化	1. 拧紧填料压盖螺母； 2. 更换新填料：用铜针通注脂孔，打开孔内止回阀（钢珠），填料腔内泄压后，更换新填料
3	密封面渗漏	密封面间夹杂杂物或损坏	反复开启阀门，利用介质吹扫密封面；如仍泄漏，则解体阀门，更换密封垫或密封圈
4	法兰连接密封面渗漏	法兰螺栓未拧紧或法兰密封圈损坏	重新均匀拧紧螺栓或更换法兰密封圈

4. 清管阀

（1）检查项目

①定期检查评估阀芯、阀座和密封件，如有泄漏及时清洗、注脂或更换密封件。

②检查阀体是否有损坏或磨损。

③检查是否有缺陷或故障，如填料或阀体接合部、快开门处等有无泄漏。

④检查螺栓、螺母有无松动。

（2）常见故障

常见故障原因及处理方法见表 9–3–8。

表 9-3-8 清管阀常见故障及处理方法

序号	故障现象	原因分析	处理方法
1	阀门全关后，阀腔介质不能完全排放，阀腔压力不能降到零	1. 关闭不到位； 2. 阀座密封件损伤； 3. 阀座插件损伤或有污物	1. 调整开关位置； 2. 更换密封件； 3. 阀门开关几次，检查排污或更换阀座
2	阀体与法兰连接处渗漏	1. 螺栓未拧紧或松动； 2. 密封件（垫片）损伤	1. 重新均匀拧紧螺栓； 2. 更换密封垫片
3	阀杆渗漏	1. 压紧螺栓未拧紧； 2. 填料损伤	1. 重新均匀拧紧螺栓； 2. 更换阀杆填料
4	阀体与阀盖连接处渗漏	1. 螺栓松动； 2. 密封件（垫片）损伤	1. 重新均匀拧紧螺栓； 2. 更换密封垫片
5	放空阀锁定销不能锁定	快开门关闭不到位	旋转快开门，直到快开门上指示箭头与门盖上“关”对齐

（五）执行机构

执行机构是通过液体、气体、电力或其他能源，作为动力驱动阀门开关的装置。储气库使用的执行机构主要为气液联动执行机构和电动执行机构。

1. 气液联动执行机构

基本功能是紧急情况下驱动阀门自动切断。开关方式分为就地手动液压操作、就地气动操作、远程气动操作 3 种方式。气液联动执行机构结构如图 9-3-23 所示。

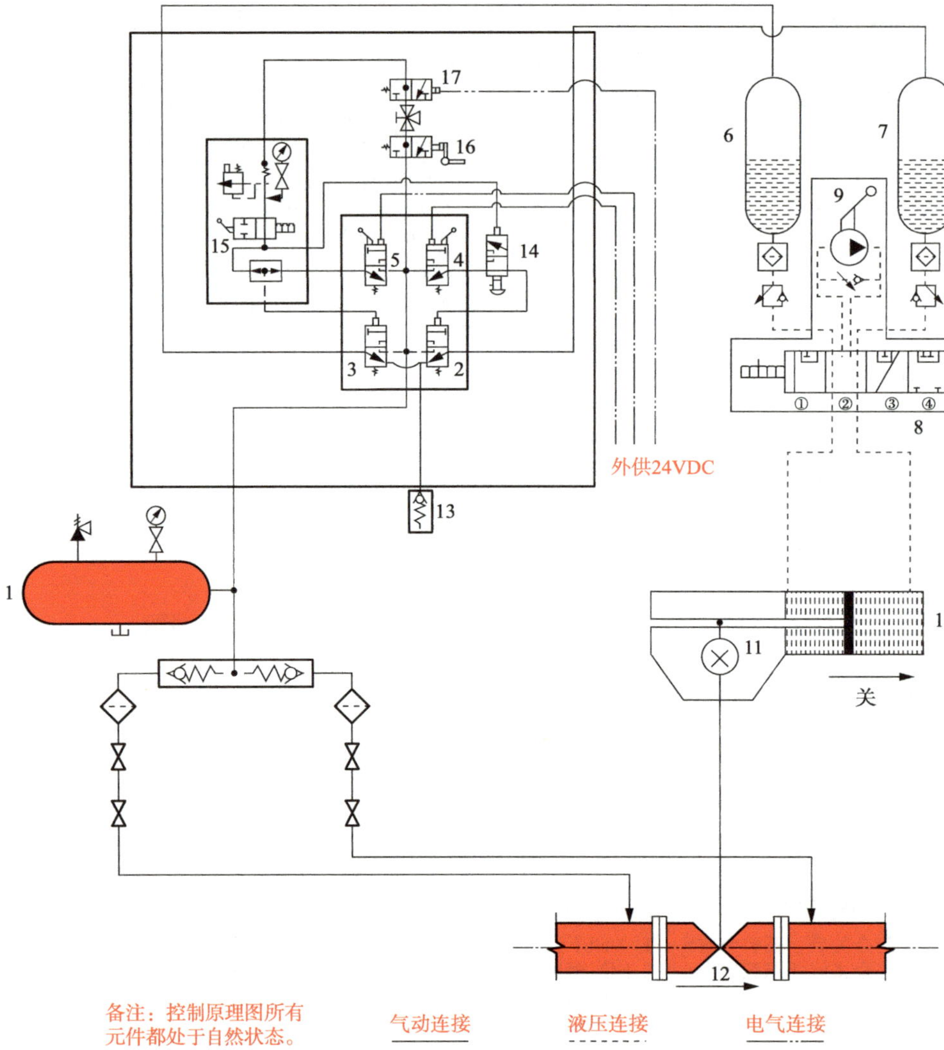

图 9-3-23　气液联动执行机构结构图

1—储气罐；2—开阀气动阀；3—关阀气动阀；4—开阀手动阀；5—关阀手动阀；6—关阀气液罐；7—开阀气液罐；8—方向控制阀；9—手动液压泵；10—油缸；11—拨叉机构；12—干线截断；13—排放口；14—复位锁定阀；15—手动复位；16—凸轮控制阀；17—紧急关断电磁阀

（1）手动液压操作原理

将方向控制阀置于①位，则开阀油路导通，压动手动液压泵操作杆将开阀气液罐中的液压油压入油缸，油缸的液压油则流向关阀气液罐，从而推动活塞，带动拨叉机构，实现开阀操作（图 9–3–24）。同理，将方向控制阀置于③位，操作手动液压泵即可实现关阀操作。

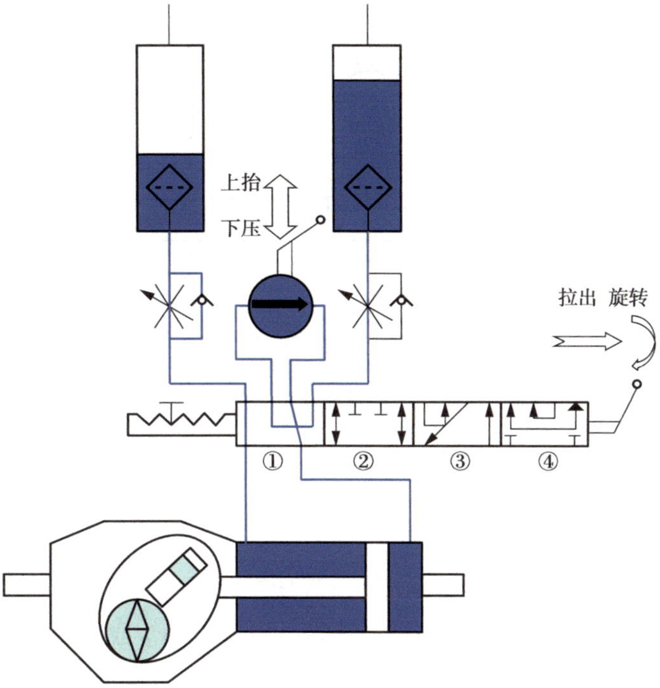

图 9–3–24 手动液压开阀原理图

（2）就地气动操作原理

将方向控制阀置于②位，按下开阀手动阀的手柄，控制气打开先导开阀气动阀，储气罐中的气体通过先导开阀气动阀进入开阀气液罐，将液压油通过方向控制阀压入油缸，驱动拨叉机构动作，实现开阀操作。开阀过程中，保持开阀手动阀的手柄持续按下，直至阀门全开（图 9–3–25）。同理，将方向控制阀置于④位，实现关阀操作。

（3）远程气动操作原理

远控气动开关阀：接通开阀 24V DC 电源，远程开阀电磁阀（常闭型，通电开）开启，储气罐中气体通过开阀气动阀进入开阀气液罐，将液压油通过方向控制阀压入油缸，驱动拨叉机构动作，实现开阀操作。关阀操作与开阀操作同理。

LBP 紧急自动关阀：当 LBP–1000 检测到管线压力持续异常（压力超高、超低或者压降速率超限）时，向紧急自动关断电磁阀发出控制信号（24V DC），电磁阀得电打开。储气罐中气体通过关阀气动阀进入关阀气液罐，将液压油通过方向控制阀压入油缸，驱动拨叉机构动作，实现关阀。到 LBP–1000 设定的动作时间后，紧急自动关断电磁阀失电关闭，系统气被排掉。关阀气动阀被打开同时，复位锁定阀也被关断，开阀手动阀无法控制开阀

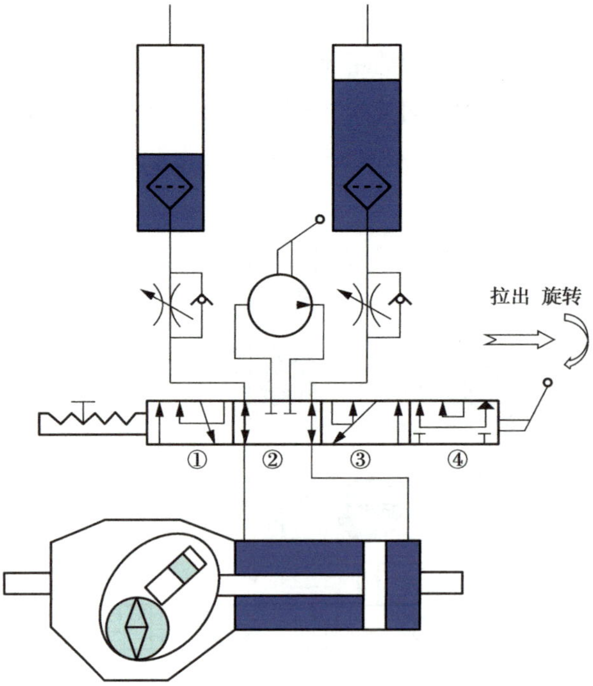

图 9-3-25 就地气动操作原理图

气动阀，气动开阀被禁止，以防止误动作，等待现场复位。

ESD 触发关阀：当人工切断外供 24V DC 电源（触发 ESD）或由于外部原因使 24V DC 电源丢失（如火灾、断电等），紧急关断电磁阀失电打开，储气罐中的气体通过关阀气动阀进入关阀气液罐，将液压油通过方向控制阀压入油缸，驱动拨叉机构动作，实现关阀。关到位后，同轴联动的凸轮控制阀被关断，系统排气。气动阀被打开同时，复位锁定阀被关断，开阀手动阀无法控制开阀气动阀，气动开阀被禁止，以防止误动作，等待现场复位。

（4）日常检查及维护保养

日常检查：

①检查执行机构阀位指示同实际阀位是否一致。

②检查执行机构各螺纹连接部位、密封部位有无漏气和漏油现象。

③外观检查执行机构各部件、引压管、截止阀等是否完好，有无震动和锈蚀，所有连接有无松动。

④检查压力表读数是否在正常范围内，压力表是否在检定周期内。

⑤检查安全阀各螺纹连接处、排放口处有无泄漏，安全阀是否在校验周期内。

⑥检查 LBP 电控单元 OLED 显示是否正常，按下 OLED 是否能够正常唤醒显示；检查 OLED 显示屏压力值同管道实际压力值是否一致；检查显示屏压降速率值，管道正常运行时显示值不应有快速、大幅度波动；检查显示屏阀位是否同实际阀位一致；检查显示屏预报警信息，具体报警内容可查询预报警一览表；检查显示屏上的管线极值记录、异常记录、

运行记录是否正常。

⑦检查执行机构复位手柄是否在正常（复位）状态。当执行机构 ESD 动作或 LBP 动作后，复位手柄处于起跳状态，应将其复位。

维护保养一般在春秋两季集中开展，保养内容如下：

①手泵检查

利用手动泵和方向控制阀操作阀门，检查动作是否正常。

②储气罐排污

利用内六角扳手打开储气罐底部放空阀，执行机构内的天然气自放空阀排出，通过气压将储气罐内的杂质和水排出。

③过滤器滤网

取出进气口、取压口、气控阀组底部过滤器滤网并清洗。

④气液罐油位检查

检查油位前，放空储气罐压力，松开气液罐顶部的油位标尺堵头，用标尺检查气液罐中油位，应在参考标尺的上下限范围之内。

⑤安全阀及压力表

储气罐顶部安装的弹簧式安全阀每年校验一次，压力表半年检定一次。

⑥ LBP 电控单元

打开电控箱，检查蓄电池外观是否正常，电池电压是否为 10.8 ~ 14.3V；打开防爆接线盒或电控箱，外供电压应为 18 ~ 30V。如有太阳能板，其空载电压应为 12 ~ 25V，充电电流应为 0 ~ 1.5A。

⑦气控阀组

利用气控阀组开、关手柄气动操作阀门，检查阀门开关是否到位。通过远程控制开关阀门命令（24V DC 通电控制信号），检查阀门开关是否到位。自爆管保护单元的压力传感器输入给定的压力信号，分别超过高限、低限和压降速率设定值，检查爆管保护功能是否正常执行，气控阀组复位阀手柄是否起跳。通过 ESD 紧急关阀命令，检查 ESD 控制功能是否正常，气控阀组复位阀手柄是否起跳。

⑧ ESD 电磁阀

检查 ESD 控制电压是否在 24V ± 10% 以内，检查控制线路连接情况；ESD 电磁阀断电后，测量线圈电阻是否为 218Ω 左右；检查密封情况。

2. 电动执行机构

电动执行机构是利用电机转动带动蜗杆、涡轮驱动输出轴转动实现阀门开关（图 9-3-26）。目前使用的电动执行机构主要有现场电动操作、

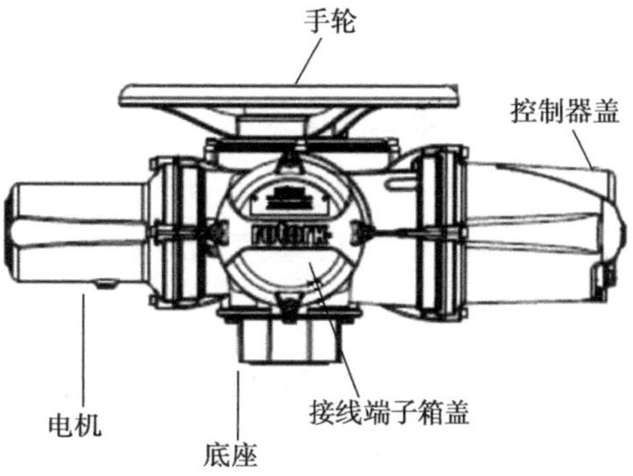

图 9-3-26 电动执行机构结构图

远程电动操作及现场手动操作三种模式。阀门开关状态可通过站控系统显示器、执行机构液晶显示屏（图 9–3–27）和阀门阀位指示器进行观察。可以通过设定器（图 9–3–28）对执行机构进行参数设定、组态设定和故障诊断。

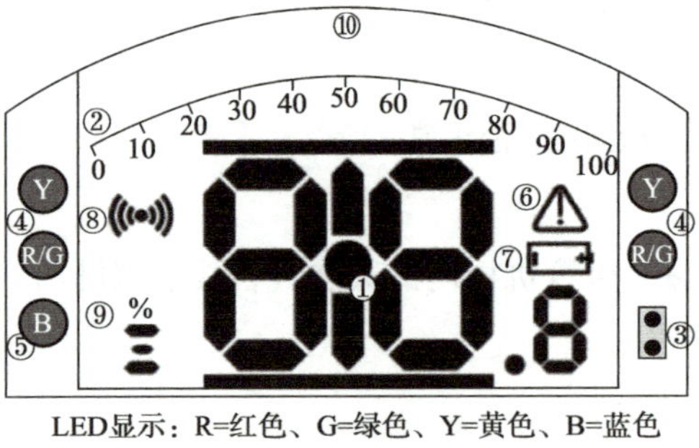

图 9–3–27　执行机构液晶显示屏

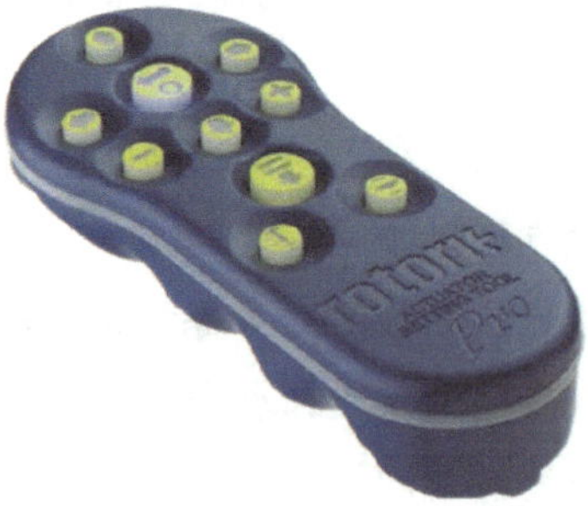

图 9–3–28　电动执行机构设定器

执行机构维护保养分日常检查和定期维护两部分。

日常检查：检查执行机构外观及紧固情况；检查阀位指示是否正确，有无漏油；检查显示屏显示情况，若有报警信息及时进行处理。

定期保养：电池更换、开关动作检查及润滑油检查等方面。电池应使用 FM、CSA 或 UL 认证的 9V 二氧化锰碱性电池。电池电量低时，液晶显示屏上应有电池图标提示更换电池（图 9–3–29）。

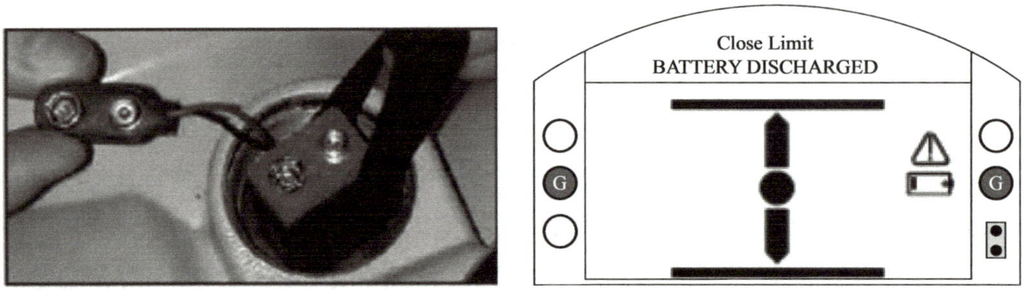

图 9–3–29　执行机构电池及电池报警图

（六）放空火炬

火炬系统主要由火炬、火炬塔架、高空高能点火装置、长明灯、防爆就地控制箱、火焰检测装置（紫外火检 / 热电偶火检）、地面爆燃点火装置、电磁阀及燃气过滤调压阀组、空气过滤调压阀组、氮气阀组等组成。

1. 工作原理

火炬点火控制系统可就地手动点火和远程手动点火，并可监测火炬系统点火及燃烧情况。在火炬排放气总管上设置流量开关，检测火炬放空信号，流量信号作为点火触发信号。

火炬放空时，安装在火炬放空总管线上的流量开关检测到信号，传送至控制箱中的主控 PLC，系统收到此信号后，执行自动点火程序，控制开启引火筒燃料气阀，启动高空点火器，安装在引火筒下部的点火电嘴产生电火花，点燃引火筒中的燃料气，引火筒产生的火焰引燃长明灯，再引燃主火炬。火炬放空如图 9-3-30 所示。

图 9-3-30　放空火炬

火炬点燃后，系统开启密封氮气阀，启动氮气密封气，防止回火。当火炬熄灭时，氮气电磁阀延时关闭。

2. 维护保养

（1）检查修理火炬头及其高空附件。高空附件包括长明灯和爆燃管组件、高空点火器组件、火焰和温度检测组件等。

（2）检查修理火炬筒体，包括检查清理筒体底部封头、底部排凝阀、排凝管线等。

（3）检查修理火炬劳动保护设施，包括平台、栏杆、爬梯等。

（4）检查修理火炬框架，包括框架连接件、框架防腐、筒体和塔架防雷接地等。

（5）检查修理地面附属设备、管线，包括阻火器、高压燃气过滤器、各放空阀、火炬排放气和燃料气切断阀等。

（6）检修、调试地面爆燃点火器。

（7）检修、试验配套仪控设施，包括自动点火控制回路、燃气助燃控制回路等。

（8）检修、试验配套电气设施，包括高空点火器组件的电气线路和元件、点火高压发生器、点火电源等。

三　电气设备

（一）35kV 变电站

卫 11 储气库供配电系统通过站内新建 35kV 变电站完成变压配送。变电站采用预装式变电站，将一、二次设备经过系统集成技术，安装在一个密封、恒温、无尘、便于配送的预制舱模块内，实现功能单元模块化设计、工厂化制造，减少现场施工。

变电站内主要包括 35kV 预制舱、二次保护预制舱、10kV 预制舱、0.4kV 预制舱、高压动态无功补偿装置（SVG）、辅助用房预制舱、35kV 变压器以及事故油池等设备设施。

1. 35kV 预制舱

35kV 预制舱内主要有 XGN17D-40.5（Z）型固定式户内气体绝缘交流金属封闭开关设备，对注采站内变电站实行控制、保护和监测。主要维护分为巡视检查、一般检修、全面检修和临时检修四种，内容如下：

（1）巡视检查：每日巡视一次运行设备外观有无异常。检查设备外部状况和电动弹簧操作机构，包括分合闸指示器、指示灯指示情况；检查有无异常声音或气味产生；检查高压带电显示装置指示是否正常；检查控制和保护单元指示是否正常；检查母线或电缆外表面有无破损；检查 SF_6 密度继电器指示情况；检查分合闸指示是否正确；检查油缓冲器有无漏油。

（2）一般检修：每 3 年进行一次。停止运行开关设备，自外部进行检修，包括机械操作试验；检查分合闸指示、时间测量有无异常；确认指示仪表和信号是否正常。若开关不经常操作，需每年人为进行分合闸操作一次；检查密封部件紧固状况；检查清理控制柜内部。

（3）全面检修：将开关设备退出运行，打开密封盖板进行主回路检查，更换不能使用的零部件。每六年测试分合闸操作特性试验、密度控制器试验、防跳跃试验；检查控制和保护单元功能；测量主回路电阻。每 6 年保养传动及操作机构，包括修理变形和损坏部件；检查与行程有关的部件；检查各连接部分的销、轴有无异常；检查传动系统、油缓冲器、传动操作机构，更换和润滑零部件。每 12 年保养主回路原件，维修更换故障断路器和变形密封圈。

（4）其他检修：在发生异常情况或高压开关装置达到规定操作次数时，进行检修，包括断路器空载操作达 10000 次、装置开断负荷电流达 2000 次、装置开断额定短路电流达 20 次、三工位开关空载操作达 3000 次等情况。

（5）预制舱内的 SF_6 气体泄漏在线检测系统是检测 SF_6 组合电器设备的 SF_6 浓度、氧气含量及温湿度等环境数据，分析处理做出控制和警告的智能化电力安全监控系统。日常维护保养：每月清理机壳表面，每季度巡视检查各开关功能及主机显示器，每半年清理传感器表面灰尘。

2. 10kV 预制舱

10kV 预制舱主要设备是 KYN287-12 开关柜，适用于三项交流、额定频率 50Hz、额定电压 12kV 电力系统，对电力系统进行控制、监测、保护。维护保养分监视维护和设备检修。具体内容如下：

（1）监视维护：检查开关设备主母线和电气连接母线是否有过热变色，有异常及时进行维修；检查开关设备照明、控制、信号电源是否正常供电，记录断路器的动作次数是否准确；开关设备有异响时，停电检查。

（2）定期检修：每年进行断路器耐压试验、部件清洁与润滑；定期检查手车推进机构及其连锁情况；检查主回路触头有无损伤，弹簧有无明显变形；检查有无温度过高引起镀层异常氧化现象；检查辅助和接地回路的各部分紧固件有无松动，并及时处理。

3. 0.4kV 预制舱

0.4kV 预制舱主要设备有 MNSS 型交流低压开关柜和 SCBH15-1250/10 型干式电力变压

器。维护保养内容如下：

（1）低压开关柜：维护检修断路器触头，定期紧固连接件和紧固件，检查处理导电零件腐蚀情况。

（2）干式电力变压器：变压器放置场所保持干燥清洁，定期紧固连接件和紧固件，检查处理导电零件腐蚀情况；检查温控器和风机工作状况。

4. 35kV 变压器

卫 11 储气库主变压器采用 35kV 油浸式变压器，将 35kV 外电转换至 10kV。维护保养内容如下：

（1）变压器：3～6 个月定期检测变压器油油样的耐压，不合格油品通过滤油机进行循环滤油或更换。

（2）储油柜：定期检查油位高度，并清理内部；检查内部吸湿器的变色硅胶，如失效进行干燥或更换。

（3）压力释放阀：停电检修时，检查释放阀开启动作是否灵敏；检查密封胶圈是否老化、变形或损坏；清理阀内异物。

（4）风机：停电检修时，检查风机紧固螺栓、二次线是否松动；检查风机是否损坏、有异物并进行处理。

5. 动态无功补偿装置（SVG）

动态无功补偿装置是对电力系统无功功率进行控制与补偿的装置，能够提高电力系统稳定性，消除无功冲击，平衡三相电网，降低损耗。装置包括控制柜、功率柜、电抗器柜及散热系统。维护保养内容如下：

（1）每日检查设备有无异常振动、声响、气味、冒烟现象，并及时处理；检查触摸屏界面有无报警信息，相关温度电压显示是否正常。

（2）检查装置周围环境，清理灰尘、水滴、油污及异物危险品。

（3）检查柜体和风机有无变形、污损，紧固件有无松动；清理表面和内部灰尘及异物，对风冷系统滤尘网进行除尘。

（4）检查功率单元，清理散热通道，清理功率柜进风窗滤棉；检查进出电缆、连接铜排有无松动或灼伤痕迹，紧固松动部位，处理灼伤部位。

（5）检查导体导线有无变色、变形、破损，检查接线端子与电缆连接有无松动。

（二）UPS

UPS 是一种含有储能装置的不间断电源，给部分对电源稳定性要求较高的设备，提供不间断的电源。注采站、井场的仪控通信系统由 UPS 进行供电。

1. 周期性维护

为提高 UPS 系统运行的可靠性，每 3 个月进行以下检查维护：

（1）检查输入、输出电缆接线端子接触是否良好。

（2）检查排热风扇的工作状态，防止杂物堵住出风口。如有损坏及时更换。

（3）检查电池组电压，确保电池电压正常。

（4）检查系统工作状态，发现故障及时排除。

2. 电池

电池定期进行维护保养，延长使用寿命。

（1）一般情况下，每 4～6 个月充放电一次，每次充电时间不少于 4h。

（2）在高温地区，每隔 2 个月需充放电一次，每次充电时间不少于 4h。

（3）电池长时间未放电，则每隔 3 个月进行充电，以激活电池，每次充电时间不少于 4 小时。

（4）避免电池过度放电，放电后应立即（最迟不能超过 24h）进行完全充电。

（5）使用 6 个月后，检查电池连接部位是否牢固，确保连接良好。

（6）UPS 停止使用时，需断开电池空开，避免造成市电停电后，电池长时间放电。

四 计量仪表设备

（一）流量计

储气库流量计主要有插入式超声波流量计（图 9-3-31）和外夹式超声流量计，工作原理均是利用超声信号采用传输时间法进行流量测量。日常维护主要是检查清洁流量计，定期清洁流量计传感器。

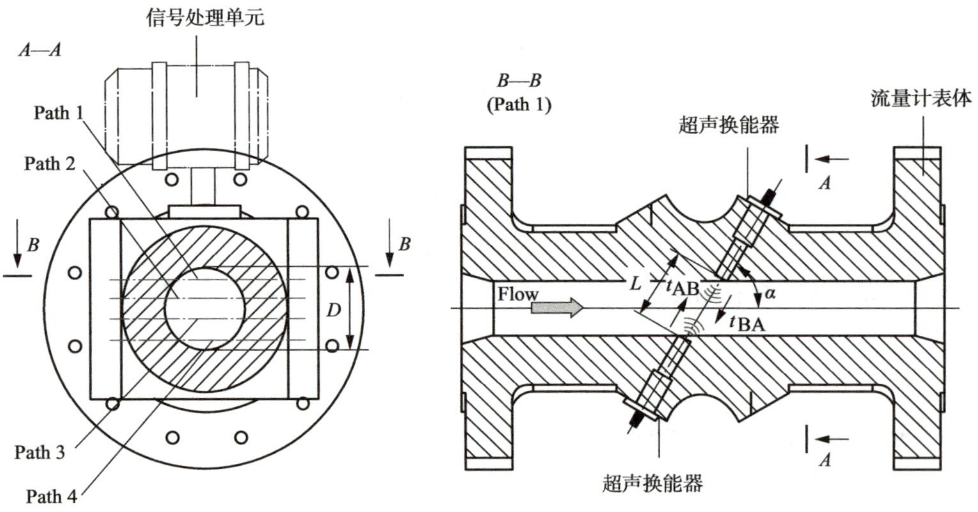

图 9-3-31　插入式流量计测量原理图

1. 插入式超声波流量计

插入式超声波流量计是通过传播时间差法进行流量测量。流量计配有 4 对超声换能器，每对换能器以一定角度嵌入在流量计表体内，形成一个直射式的测量通道。

流量计主要由流量计表体、超声换能器、信号处理单元 3 部分组成。维护保养内容如下：

（1）换能器（探头）的健康度小于 75% 时，拆卸检查探头，若探头损坏应成对更换。对拆卸下的探头进行外观检查，使用干棉布清洁探头和平衡孔的污垢。

（2）流量计安装前，清洁流量计内管壁。一般使用柴油或酒精等有机溶剂进行清洁。

（3）通过 MEPAFLOW600 CBM 软件核查流量计运行状况。当流速剖面系数高出理想值的 1.11 倍 ±0.05 倍时，结合历史记录，清洗流量计前后直管段。

（4）定期检查超声流量计各个声道的信号形态，包括信号振幅、信噪比、传输时间的标准偏差、信号质量、流速剖面系数、漩涡角等信息，进行流量计性能评估。

2. 外夹式超声波流量计

外夹式超声波流量计主要由变送器、超声波换能器及测量管道组成。超声波换能器安装在管道外部，日常维护主要是检查清洁流量计，定期清洁流量计传感器。超声波流量计常见故障见表 9–3–9。

表 9–3–9 超声波流量计常见故障

序号	故障现象	故障分析	处理方法
1	表头显示屏无显示；无脉冲输出；无实时状态信号	供电电源无法供电或电源不稳定	检测流量计表头接线端子 1、2 处输入电压；检查布线和终端接线
		电路板损坏、熔断器烧毁或其他故障	更换电路板或联系制造厂家
2	表头显示屏显示报警或错误；声速不正常	超声换能器脏污	清洗超声换能器
		超声换能器故障	更换超声换能器
		清洗超声换能器时，线缆接错	检查线缆并修正
3	独立声道的声速偏差过大	超声换能器或电路板错误	更换超声换能器或电路板
		超声换能器损坏	更换超声换能器
		由阀门或其他因素所引起的噪音	检查就近阀门是否有故障、是否有噪音源
		高流速状态下，受到超声噪音干扰或流动条件变化，引起信号质量报警	1. 降低流速； 2. 检查产生超声噪音的原因进行排除； 3. 控制流动条件
4	增益增大	气体组分或过程压力短时间内差异过大	1. 检查色谱分析仪工作是否正常； 2. 检查上游压力和计量压力变送器是否正常
		超声换能器脏污	清理超声换能器

续表

序号	故障现象	故障分析	处理方法
5	测量数据读取无效	所有超声换能器被阻塞	1. 将 FLOWSIC 600 超声波流量计减压并排气； 2. 拆卸健康度较低的成对超声换能器中的一个超声换能器； 3. 检查流量计本体测量部分中是否有异物
		电子装置有缺陷	更换电子装置
		参数设置错误	比较存储装置中的参数与缺省值，修正错误参数
		一个或多个声道被阻塞	1. 将 FLOWSIC 600 超声波流量计减压并排气； 2. 拆卸受影响的超声换能器，检查是否有污物； 3. 检查在流量计本体测量部分中是否有异物； 4. 检查声道电子装置
6	4 对声道健康度均降低	有新增的噪音源	查找并消除噪音源
		气体流速超过极限	降低差压幅度或降低分输量

（二）压力、温度仪表

储气库仪表主要包括压力变送器、压力表、双金属温度计及温度变送器。各类仪表维护保养操作如下：

（1）压力变送器：每周清洁仪表，检查配管配线，检查密封压盖 O 形圈有无损坏或老化，防止雨水浸入；每季度进行仪表零位调校；每年进行仪表周期检定。

（2）压力表：检查外观及示值是否正常，连接部位检漏；每半年进行检定，发现故障及时维修更换。

（3）双金属温度计：检查外观及示值是否正常；每年进行检定，发现故障及时维修更换。

（4）温度变送器：每周清洁仪表，检查配线，检查密封压盖 O 形圈有无损坏或老化，防止雨水浸入；每年进行校准。

（三）分析小屋

储气库分析小屋是为在线气相色谱分析仪、在线水烃露点分析仪、在线硫化氢（总硫）分析仪等设备，专门设计定制的承载橇装小屋（图 9-3-32），主要作用是定期检测管道中天然气组分、水烃露点、硫化氢含量等，监测气质、测量流量，同时为防止水合物生成提供数据。

图 9-3-32　分析小屋

1. 在线气相色谱分析仪

通过天然气管路中的采样探头采集天然气样品。通过采样线路到预处理系统进行样品过滤、调节压力和流量，之后样品进入分析仪进行分离和成分检测。

（1）工作原理

气相色谱的流动相为惰性气体 He。当天然气进入色谱柱后，由于吸附剂对每个组分的吸附力不同，经过一定时间后，各组分在色谱柱中的运行速度也不同。吸附力弱的组分容易被解吸，最先离开色谱柱进入检测器；吸附力最强的组分不易被解吸，最后离开色谱柱。如此，各组分得以在色谱柱中分离，依次进入检测器中被检测记录。检测器将样品浓度或质量的变化，转变为电信号，经放大后在记录仪上记录，得到色谱图。根据色谱图上每个峰的保留时间，进行定性分析；根据峰面积或峰高的大小，进行定量分析。如图 9-3-33 ~ 图 9-3-35 所示。

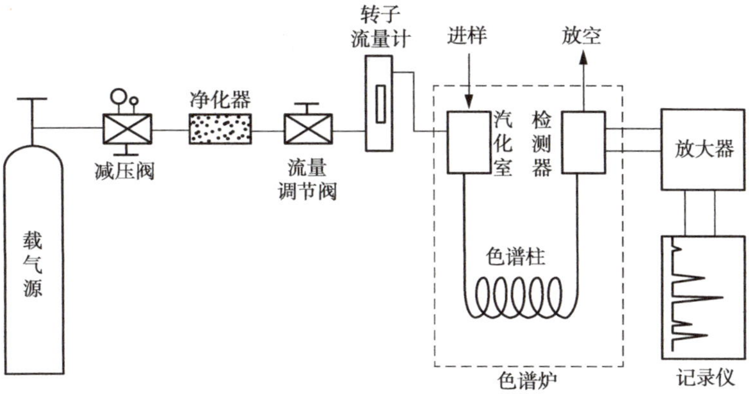

图 9-3-33　在线气相色谱分析仪结构原理图

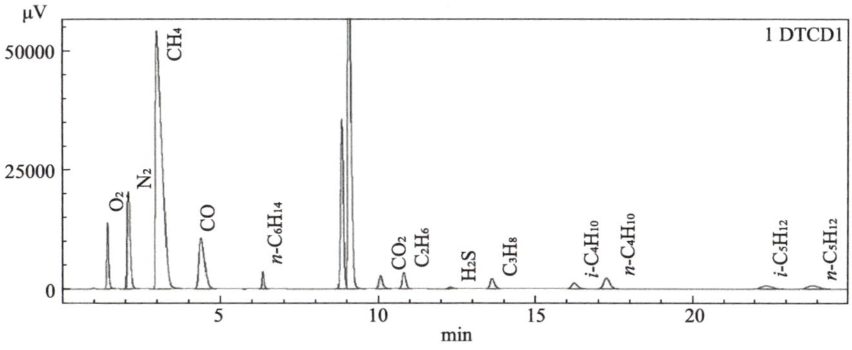

图 9-3-34　天然气色谱图

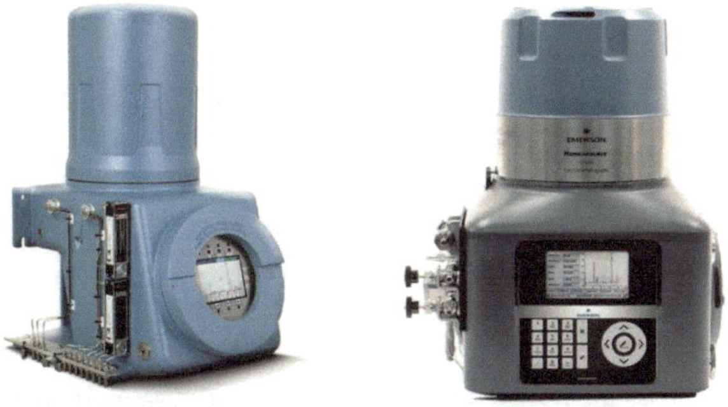

Emerosn Rosemount 770XA　　Emerosn Rosemount 370XA

图 9-3-35　常见天然气在线气相色谱分析仪

（2）维护保养

①投用前，检查调节载气 He、样品气的进气压力和流量，是否达到设备要求。环境温度低时，开启样品气加热装置。

②定期检查和记录各气瓶压力和有效期，不合格的气瓶应及时更换，所有气瓶避免阳光直射。

③定期或按需标定色谱仪，标定所需标准气体的成分和含量要符合设备要求。

④色谱仪应进行周期检定，检定周期一般不超过两年。

（3）常见故障处理

若色谱仪故障灯亮起，显示屏上显示故障代码和提示信息，则首先查阅使用手册，根据故障代码和提示信息排查处理。常见故障处理参见“4. 分析小屋系统故障处理”。

2. 在线水、烃露点分析仪

天然气水露点和烃露点在线检测方法主要有电介法、冷镜法、光纤法等，储气库使用的是光纤法测量设备。

（1）工作原理

光纤法是由高折射层和低折射层组成，这些折射层与光源和处理单元相连，水蒸气引起折射率变化，折射率变化导致的波长偏移量与气体中的水分含量成正比，进而根据气体的含水量计算出水露点。露点分析仪及其结构原理见图 9-3-36。

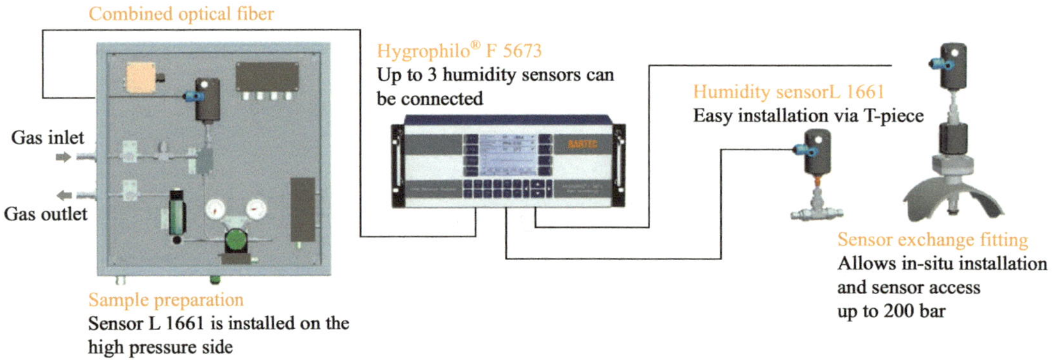

图 9-3-36 采用光纤法的 Bartec Benke Hygrophil F 露点分析仪及其结构原理

（2）维护保养

①投用前，检查样品气管路所有阀门状态，调节进气压力和流量达到设备要求。环境温度低时，开启样品气加热装置。

②定期对样品气管路进行验漏，避免气体泄漏造成火灾、爆炸或人员窒息等事故。

③露点仪应按期标定校准。

（3）常见故障处理

一般情况下露点仪正常投运后不易出现故障，常见故障都出在配套管路和设备上。若露点仪故障灯亮起，显示屏上显示故障代码和提示信息，则首先查阅其使用手册，根据故障代码和提示信息排查处理。常见故障处理参见4.分析小屋系统故障处理。

3.辅助系统

分析小屋本体为内外双层钢板夹保温层，整体相对密封。由于存在天然气、氢气、氮气、氦气等气体泄漏可能，因此采用防爆设计，并设有可燃和有毒气体报警系统、声光报警器、强制排风扇等，对小屋空气进行监测、报警和强制排风。小屋配套设施主要有样品气采样器、采样管路、样品气预处理系统、排液放空管路、气瓶架等，辅助完成气体分析。小屋设置防爆空调、供配电和通信系统。

维护保养注意事项：

（1）进入小屋前，观察屋外声光报警器。若有报警，确定周围环境安全后，自外部打开防爆风机。彻底通风报警消除后，开门进入，查找泄漏点。

（2）小屋可燃和有毒气体探测器应进行周期检定。每年测试小屋ESD按钮、声光报警器、远程报警信号等安全控保装置和功能。

（3）小屋门为外开逃生门，定期检查在锁闭状态下，是否可自内部一推即开。

（4）定期对所有气体管路进行验漏，防止气体泄漏造成火灾、爆炸或人员窒息等事故。关严停用和备用气瓶的瓶口阀。

（5）小屋温湿度控制在分析仪设备的建议范围内。通过防爆空调和电加热器对温湿度进行调节，一般温度保持在18～24℃，相对湿度保持在20%～80%。

（6）环境温度较低时，标准气体气瓶应放置在小屋内，防止烃组分析出影响标定准确性。

（7）若管道内天然气含液较多，应经常吹扫样品气和排液放空管路。环境温度过低时，开启加热装置，增加检查频次。

（8）小屋分析仪设备的供电为双电源，其中一路为UPS电源。每年测试市电断路后，能否无缝切换UPS电源。

4.分析小屋系统故障处理

（1）载气He压力低：依次检查载气气瓶压力是否足够、调压阀是否调节到位、管路阀门是否正确打开。

（2）样品气压力低：依次检查样品气管路阀门是否正确打开、调压阀是否调节到位、流量调节阀是否调节到位、取样器处压力是否足够。若压力和流量过小，且无法向上调节，则可能为管路堵塞，可自分析仪端到取样器端，逐段拆卸检查气流是否正常。常见原因有水合物冻堵、油污堵塞、过滤器堵塞等，可通过开启加热器、高压气源吹扫、更换过滤器滤芯（滤膜）等方式解决。若频繁出现堵塞，可考虑改造加装样品气前置过滤器。

（3）分析结果误差较大：若烷烃组分含量均较低，N_2、CO_2等组分含量较高，投运初期，则先考虑取样管路中样品气是否置换完毕。若取样管路较长，检测周期间隔较长，投运后样品气需较长时间才能置换完整个管路。运行期，则考虑色谱仪是否较长时间未标定，按照用户手册说明，用有效的标准气体对色谱仪进行标定。

（4）各组分摩尔分数总和不为100%：分析结果或远程采集的数据为未归一之前的结果，应将采集数据设置为进行归一化算法之后的结果。

（5）色谱仪及分析仪运行正常，但远程数据不更新：首先考虑通信异常，分析结果一般采用RS485 Modbus协议或网络协议通信，检查通信设备和线路是否正常。其次用通信调试软件测试是否能采集到色谱仪及分析仪对应的信号。

（6）各仪器仪表投运时，要预热至特定温度才开始采样检测。环境温度较低时可能需要1～2h，因此开机较慢。